I0890188

Le Livre de la Prière Commune

de l'Administration des Sacrements
et des autres rites
et cérémonies de l'Eglise

avec le Psautier, ou les Psaumes de David

selon l'usage de
l'Eglise Episcopale

CHURCH

Church Publishing Incorporated, New York

Approbation

Après l'avoir fait examiner conformément au canon II 3.5, je certifie que cette édition du *Livre de la Prière Commune* a été comparée avec l'original officiel du Book of Common Prayer comme le demande le dit canon, et qu'elle y est conforme.

Charles Mortimer Guilbert
Conservateur du Book of Common Prayer
Février 1983

Copyright © 1983 by the Church Pension Fund

Tous droits réservés. Tout enregistrement, toute représentation, reproduction intégrale ou partielle de ce livre faits sans le consentement du Church Pension Fund est illicite.

Psautier Œcuménique, Texte officiel © A.E.L.F., Paris, 1977.

Citations scripturaires tirées de la Traduction Œcuménique de la Bible, © Editions du Cerf, Paris, 1972, 1975.

The Church Pension Fund
19 East 34th Street
New York, NY 10016

ISBN: 978-0-89869-105-4

Table des matières

Ratification du Livre de la Prière Commune (1789)

Par les évêques, le clergé et les laïcs de l'Eglise Protestante Episcopale aux Etats-Unis d'Amérique, réunis en assemblée ce seizième jour d'octobre de l'an de grâce mil sept cent quatre-vingt-neuf.

Cette assemblée ayant, au cours de sa présente session, publié un *Livre de la Prière Commune, de l'administration des Sacrements, et des autres rites et cérémonies de l'Eglise,* confirme le dit livre par ces présentes ; elle l'établit comme la liturgie de cette Eglise et enjoint à tous ses membres de le recevoir comme tel. Ce livre entrera en usage à partir du premier jour d'octobre de l'an de grâce mil sept cent quatre-vingt-dix.

Préface de 1789

L'une des plus belles acquisitions de cette sainte «liberté que le Christ a acquise pour nous» est de permettre dans le culte qu'on lui rend des formes et des usages différents, pourvu que la substance même de la foi demeure intacte; et dans chaque Eglise de rapporter à la discipline tout ce qui n'est pas clairement déterminé comme appartenant à la doctrine. En conséquence, il est permis d'un commun accord et par l'autorité légitime de faire les adaptations, les ajouts, les modifications et les coupures que l'on juge les plus capables de contribuer à l'édification des fidèles «selon les exigences diverses des temps et des circonstances».

L'Eglise d'Angleterre, à qui, après Dieu, l'Eglise Protestante Episcopale de ces Etats est redevable de sa fondation première et d'une longue continuité de soutien et de protection, a dans la préface du *Livre de la Prière Commune* établi comme règle que «les formes particulières du Culte divin et les rites et les cérémonies qui y sont pratiqués étant par nature indifférents et altérables, et reconnus comme tels, il est raisonnable de permettre à ceux qui sont revêtus de l'autorité d'y faire de temps en temps, après de sérieuses et d'importantes considérations, tous les changements qu'ils jugent nécessaires ou utiles».

Ce n'est pas seulement dans cette préface que l'Eglise d'Angleterre a reconnu la nécessité et l'avantage de faire à l'occasion des changements et des amendements dans les formes de son culte public, elle l'a aussi déclaré dans ses Articles de foi et dans ses Homélies. Nous voyons qu'elle a tâché de tenir un juste milieu entre trop de rigueur à refuser des changements dans des choses sagement instituées autrefois et trop de libéralité à les permettre.

Sous le règne de plusieurs princes, depuis la rédaction de sa Liturgie sous Edouard VI, de justes et d'importantes considérations l'ont amenée à consentir à ce que l'on fît sur des points particuliers les changements demandés par le temps; l'essentiel cependant (tant dans ses éléments constitutifs que dans sa structure et son organisation) est demeuré stable et intact.

Le but principal de ces différentes révisions et de ces changements était, comme l'Eglise d'Angleterre le déclare dans la même préface, de faire ce qu'elle croyait le plus capable de maintenir la paix et l'unité, d'inciter au respect, d'inspirer la piété et la dévotion dans le culte divin, et enfin de ne point donner lieu à ceux qui en cherchaient l'occasion de blâmer à tort sa liturgie. Et quoique, comme elle le déclare, cette liturgie ne contienne rien qui soit contraire à la Parole de Dieu, ou à la saine doctrine, rien dont un homme pieux ne puisse faire usage en toute conscience et à quoi il ne puisse se soumettre, rien qu'on ne puisse défendre avec impartialité pourvu qu'on lui donne une interprétation juste et favorable, telle que celle que conformément à l'équité on doit accorder à tous les écrits humains, on doit bien penser d'après les principes déjà exposés, que les temps demanderaient de nouveaux changements. On nomma pour cela en 1689 une commission de révision de la liturgie, mais ce grand et salutaire ouvrage ne fut point achevé alors, et depuis l'Autorité civile n'a pas jugé à propos d'en nommer d'autre.

Mais lorsque selon les desseins de la Providence, ces Etats Américains se furent rendus indépendants quant au gouvernement civil, leur autonomie ecclésiastique s'en suivit nécessairement, et les différentes confessions chrétiennes de ces Etats eurent l'entière liberté d'organiser leurs Eglises respectives et d'établir les formes de culte et la discipline de la manière jugée la plus apte à favoriser leur prospérité future en conformité avec la Constitution et les lois de leur patrie.

Les premiers changements dont s'occupa notre Eglise furent ceux que la Révolution avait rendus indispensables dans les prières que l'on faisait pour les gouvernants civils. Et son premier soin à cet égard fut de les faire conformément à la fin propre de ces prières, c'est-à-dire que les gouvernants «reçoivent la grâce, la sagesse et l'intelligence pour exercer la justice et maintenir la vérité» et que le peuple «mène une vie calme et paisible dans la piété et la vertu.»

Mais pendant que l'assemblée de l'Eglise s'occupait de revoir ces corrections, elle ne put s'empêcher, exprimant à Dieu sa reconnaissance, de saisir l'heureuse occasion qui lui était offerte (puisque elle était dégagée de toute influence et contrainte de la part des autorités séculières) et d'aller plus loin dans la révision de sa liturgie en faisant les modifications et les adaptations qu'elle jugeait nécessaires.

Il paraît inutile de détailler tous ces changements, la comparaison de ce livre avec le *Livre de la Prière Commune* de l'Eglise d'Angleterre les fera apparaître, ainsi, on l'espère, que les raisons qui les ont fait adopter. On verra de même que l'Eglise Protestante Episcopale ne cherche point à s'écarter des points essentiels de doctrine, de discipline ou de culte de l'Eglise d'Angleterre et qu'elle ne s'en éloigne qu'autant que les circonstances locales l'exigent.

A présent que cet important ouvrage est achevé, il faut espérer qu'il sera reçu et examiné par tout membre de notre Eglise et tout chrétien sincère, avec douceur, honnêteté et charité, sans préjugés ni prévention, en considérant sérieusement ce qu'est le Christianisme et ce que sont les vérités de l'Evangile, et en suppliant sincèrement le Dieu tout-puissant de bénir tout effort pour les faire connaître à l'humanité de la manière la plus claire, la plus simple, la plus persuasive et la plus imposante, pour l'amour de Jésus Christ, notre Sauveur.

Philadelphie, octobre 1789.

Directives générales

La Sainte Eucharistie, acte principal du culte chrétien le jour du Seigneur et aux autres fêtes majeures, et la Prière du matin et du soir de l'Office quotidien, telles qu'elles sont ici présentées, sont les célébrations régulières de l'Eglise Episcopale dans son culte public.

Outre ces célébrations et les autres rites contenus dans ce livre, on peut prendre d'autres formes établies par l'autorité compétente. On peut aussi, avec l'autorisation de l'évêque, employer des dévotions particulières tirées de ce livre ou des Saintes Ecritures, selon les besoins de la communauté.

A l'occasion, pour les jours de jeûne ou d'action de grâce ordonnés par l'autorité civile ou religieuse, et pour lesquels ce livre ne prévoit ni rite, ni prière, l'évêque peut établir des formes de prières adaptées aux circonstances.

L'Assemblée chrétienne tout entière participe à la célébration, de manière à ce que chaque ordre de l'Eglise, laïcs, évêques, prêtres et diacres, remplisse les fonctions qui lui sont propres, telles qu'on les trouvera exposées dans les rubriques de chaque célébration.

Le culte est normalement présidé par un évêque ou un prêtre. Les diacres ne peuvent pas présider en vertu de leur ordre, mais, comme les laïcs, ils peuvent officier à la Liturgie de la Parole, soit dans la forme proposée dans l'Office quotidien, soit (en l'absence d'un évêque ou d'un prêtre) dans celle de l'Eucharistie.

Dans des circonstances exceptionnelles, lorsqu'on ne peut avoir de prêtre, l'évêque peut, à son jugement, autoriser un diacre à présider aussi d'autres rites. Les directives pour chaque célébration indiquent les limites de cette présidence.

Hormis quelques rares exceptions (mariage, rites d'ordination), les textes du *Livre de la Prière Commune* emploient le tutoiement tel qu'il est pratiqué dans la majorité des pays où ce livre est en usage. Pour des raisons de convenance, il est toujours possible de préférer le vouvoiement (et vice versa) et changer le texte en ce sens. On fera de même pour le passage du masculin au féminin, ou du singulier au pluriel.

Les hymnes auxquels se réfèrent les rubriques sont ceux qui sont autorisés par l'Eglise Episcopale. Les paroles des autres œuvres chorales doivent être tirées des Saintes Ecritures, de ce livre, ou de textes qui participent du même esprit.

Lorsque les rubriques indiquent qu'une partie de la liturgie doit être «récitée», il faut comprendre qu'elle peut aussi être «chantée», et vice versa.

Pour des raisons d'ordre musical, on peut prendre d'autres textes liturgiques autorisés dans le passé, à la place de ceux qui y correspondent dans ce livre.

Les citations bibliques de ce livre sont tirées de la *Traduction Œcuménique de la Bible (T.O.B.)*, sauf celles des psaumes qui sont données dans la version du *Psautier Œcuménique*.

Calendrier liturgique

L'année liturgique consiste en deux cycles de fêtes, dont l'un dépend de la date mobile du dimanche de la Résurrection, ou jour de Pâques, et l'autre de la date fixe du 25 décembre, fête de la Nativité de Notre Seigneur, ou jour de Noël.

Le jour de Pâques est toujours le premier dimanche après la pleine lune qui tombe le 21 mars ou la date postérieure la plus rapprochée. Il ne peut tomber ni avant le 22 mars, ni après le 25 avril.

La suite des dimanches de l'année liturgique dépend de la date de Pâques. Mais les dimanches de l'Avent sont toujours les quatre dimanches qui précèdent le jour de Noël, que celui-ci tombe un dimanche ou un jour de semaine. La date de Pâques détermine aussi celle du Mercredi des cendres qui ouvre le Carême, et celle de la fête de l'Ascension qui se place un jeudi, quarante jours après Pâques.

1. Fêtes principales

Les principales fêtes célébrées par l'Eglise Episcopale sont les suivantes:

Jour de Pâques	Toussaint, *1er novembre*
Fête de l'Ascension	Jour de Noël, *25 décembre*
Pentecôte	Epiphanie, *6 janvier*
Trinité	

Ces fêtes ont la préséance sur toutes les autres mémoires ou célébrations. En plus de sa célébration à la date fixe, on peut célébrer la Toussaint le dimanche qui suit le 1er novembre.

2. Dimanches

Tous les dimanches de l'année sont fêtes de Notre Seigneur Jésus Christ. En plus des fêtes mentionnées ci-dessus, seules les fêtes à date fixe qui suivent, ont la priorité sur la célébration du dimanche.

Saint Nom de Jésus
Présentation
Transfiguration

On peut célébrer la fête de la Dédicace d'une église, ou sa fête patronale ou titulaire, le jour même, ou la transférer à un dimanche, sauf pendant le temps de l'Avent, du Carême, ou de Pâques.

Quand elles tombent un dimanche, toutes les autres fêtes de Notre Seigneur et toutes les fêtes majeures fixées dans le calendrier sont normalement transférées à un autre jour ouvert de la semaine. Cependant, si on le désire, on peut prendre la collecte, la préface et une ou plusieurs des lectures de la fête, à la place de celles du dimanche. Cela n'est pas permis durant la période qui va du dernier dimanche après la Pentecôte au premier dimanche après l'Epiphanie inclus, et du dernier dimanche après l'Epiphanie au dimanche de la Trinité inclus.

On ne peut célébrer une occasion particulière le dimanche qu'avec la permission expresse de l'évêque, et pour une raison urgente et suffisante.

3. Fêtes et Jeûnes

Les fêtes et jeûnes suivants sont régulièrement observés au cours de l'année liturgique. A moins d'indications contraires dans les règles précédentes concernant les dimanches, ils ont la préséance sur tous les autres jours de mémoire ou de célébration particulière:

Autres fêtes de Notre Seigneur

Saint Nom de Jésus
Présentation
Annonciation
Visitation
Saint Jean Baptiste
Transfiguration
La Sainte Croix

Autres fêtes majeures

Toutes les fêtes des Apôtres
Toutes les fêtes des Evangélistes
Saint Etienne
Saints Innocents
Saint Joseph
Sainte Marie Madeleine
La Sainte Vierge Marie
Saint Michel et tous les Anges
Saint Jacques de Jérusalem
Le jour de Fête nationale
Le jour d'Action de grâce

Jeûnes	Mercredi des cendres	Vendredi Saint

On ne célèbre pas les fêtes à date fixe du calendrier pendant la semaine sainte ou la semaine de Pâques. Les fêtes majeures qui tombent ces jours-là sont transférées au premier jour ouvert après le deuxième dimanche de Pâques, dans l'ordre où elles tombent.

Les fêtes à date fixe n'ont pas la préséance sur le Mercredi des cendres.

On peut célébrer les fêtes de Notre Seigneur et autres fêtes majeures à date fixe qui tombent ou sont transférées à un jour de semaine, n'importe quel jour ouvert de la semaine de leur occurrence. Cela ne concerne pas Noël, l'Epiphanie et la Toussaint.

4. Jours de pénitence

On pratique des actes de discipline et de renoncement:

le Mercredi des cendres et les autres jours de semaine du Carême et de la Semaine Sainte, excepté la fête de l'Annonciation.

le Vendredi Saint et tous les autres vendredis de l'année, en mémoire de la Crucifixion du Seigneur, excepté ceux du temps de Noël et de Pâques, et à toute fête du Seigneur qui tomberait un vendredi.

5. Jours de célébration facultative

On peut marquer les jours suivants, observant les règles qui régissent les dimanches et jours de fêtes mentionnées ci-dessus, et prenant les collectes, psaumes et lectures autorisés par l'Eglise Episcopale:

Mémoires indiquées dans le calendrier.
Autres mémoires, en prenant le commun des saints.
Quatre-temps, traditionnellement célébrés les mercredi, vendredi et samedi qui suivent le premier dimanche du Carême, le jour de la Pentecôte, la fête de la Sainte-Croix et le 13 décembre.
Rogations, traditionnellement célébrées les lundi, mardi et mercredi qui précèdent la fête de l'Ascension.

Occasions diverses: étant entendu qu'on ne peut pas célébrer l'Eucharistie pour de telles occasions le Mercredi des cendres, le Jeudi, le Vendredi ou le Samedi Saints et que l'on ne peut pas non plus remplacer ou compléter le propre d'une fête principale par celui indiqué pour les occasions diverses.

Il appartient à l'autorité ecclésiastique locale d'indiquer d'autres mémoires de signification particulière.

Janvier

1	A	**Le Saint Nom de Notre Seigneur Jésus Christ**
2	b	
3	c	
4	d	
5	e	
6	f	**Epiphanie de Notre Seigneur Jésus Christ**
7	g	
8	A	
9	b	
10	c	William Laud, archevêque de Cantorbéry, 1645
11	d	
12	e	
13	f	Hilaire, évêque de Poitiers, 367
14	g	
15	A	
16	b	
17	c	Antoine, abbé en Egypte, 356
18	d	**Confession de Saint Pierre, apôtre**
19	e	Wulfstan, évêque de Worcester, 1095
20	f	Fabien, évêque de Rome et martyr, 250
21	g	Agnès, martyre à Rome, 304
22	A	Vincent, diacre de Saragosse et martyr, 304
23	b	Phillips Brooks, évêque du Massachusetts, 1893
24	c	
25	d	**Conversion de Saint Paul, apôtre**
26	e	Timothée et Tite, compagnons de Saint Paul
27	f	Jean Chrysostome, évêque de Constantinople, 407
28	g	Thomas d'Aquin, prêtre et moine, 1274
29	A	
30	b	
31	c	

Février

1	d	
2	e	**Présentation de Notre Seigneur Jésus Christ au Temple**
3	f	Anskar, archevêque de Hambourg, missionnaire au Danemark et en Suède
4	g	Corneille, le centurion
5	A	Les martyrs du Japon, 1597
6	b	
7	c	
8	d	
9	e	
10	f	
11	g	
12	A	
13	b	Absalom Jones, prêtre, 1818
14	c	Cyrille, moine, et Méthode, évêque, missionnaires chez les Slaves, 869, 885
15	d	Thomas Bray, prêtre et missionnaire, 1730
16	e	
17	f	
18	g	
19	A	
20	b	
21	c	
22	d	
23	e	Polycarpe, évêque de Smyrne et martyr, 156
24	f	**Saint Matthias, apôtre**
25	g	
26	A	
27	b	George Herbert, prêtre, 1633
28	c	
29		

Mars

	1	d	David, évêque de Menevia, Pays de Galles, vers 544
	2	e	Chad, évêque de Lichfield, 697
	3	f	John et Charles Wesley, prêtres, 1791, 1788
	4	g	
	5	A	
	6	b	
	7	c	Perpétue et ses compagnes, martyres à Carthage, 202
	8	d	
	9	e	Grégoire, évêque de Nysse, vers 394
	10	f	
	11	g	
	12	A	Grégoire le Grand, évêque de Rome, 604
	13	b	
	14	c	
	15	d	
	16	e	
	17	f	Patrice, évêque et missionnaire d'Irlande, 461
	18	g	Cyrille, évêque de Jérusalem, 386
	19	A	**Saint Joseph**
	20	b	Cuthbert, évêque de Lindisfarne, 687
	21	c	Thomas Ken, évêque de Bath & Wells, 1711
14	22	d	James De Koven, prêtre, 1879
3	23	e	Grégoire l'Illuminateur, évêque et missionnaire d'Arménie, vers 332
	24	f	
11	25	g	**Annonciation de Notre Seigneur Jésus Christ à la bienheureuse Vierge Marie**
	26	A	
19	27	b	Charles Henry Brent, évêque des Philippines, et de Western New York, 1929
8	28	c	
	29	d	John Keble, prêtre, 1866
16	30	e	
5	31	f	John Donne, prêtre, 1631

Avril

	1	g	Frederick Denison Maurice, prêtre, 1872
13	2	A	James Lloyd Breck, prêtre, 1876
	3	b	Richard, évêque de Chichester, 1253
	4	c	
10	5	d	
	6	e	
18	7	f	
7	8	g	William Augustus Muhlenberg, prêtre, 1877
	9	A	William Law, prêtre, 1761
15	10	b	
4	11	c	George Augustus Selwyn, premier évêque missionnaire de la Nouvelle Zélande, évêque de Lichfield, 1878
	12	d	
12	13	e	
1	14	f	
	15	g	
9	16	A	
17	17	b	
6	18	c	
	19	d	Alphège, archevêque de Cantorbéry, martyr, 1012
	20	e	
	21	f	Anselme, archevêque de Cantorbéry, 1109
	22	g	
	23	A	
	24	b	
	25	c	**Saint Marc l'évangéliste**
	26	d	
	27	e	
	28	f	
	29	g	Catherine de Sienne, 1380
	30	A	

Mai

1	b	**Saint Philippe et Saint Jacques, apôtres**
2	c	Athanase, évêque d'Alexandrie, 373
3	d	
4	e	Monique, mère d'Augustin d'Hippone, 387
5	f	
6	g	
7	A	
8	b	Dame Julienne de Norwich, vers 1417
9	c	Grégoire de Naziance, évêque de Constantinople, 389
10	d	
11	e	
12	f	
13	g	
14	A	
15	b	
16	c	
17	d	
18	e	
19	f	Dunstan, archevêque de Cantorbéry, 988
20	g	Alcuin, diacre et abbé de Tours, 804
21	A	
22	b	
23	c	
24	d	Jackson Kemper, premier évêque missionnaire aux Etats-Unis d'Amérique, 1870
25	e	Bède le vénérable, prêtre et moine de Jarrow, 735
26	f	Augustin, premier archevêque de Cantorbéry, 605
27	g	
28	A	
29	b	
30	c	
31	d	**Visitation de la bienheureuse Vierge Marie**

Il convient de commémorer la première édition du Livre de la Prière Commune (1549), un jour de la semaine qui suit la Pentecôte

Juin

1	e	Justin, martyr à Rome, vers 167
2	f	Les martyrs de Lyon, 177
3	g	Les martyrs de l'Ouganda, 1886
4	A	
5	b	Boniface, archevêque de Mayence, missionnaire en Allemagne et martyr, 754
6	c	
7	d	
8	e	
9	f	Colomban, abbé d'Iona, 597
10	g	Ephrem d'Edesse, en Syrie, diacre, 373
11	A	**Saint Barnabé, apôtre**
12	b	
13	c	
14	d	Basile le grand, évêque de Césarée, 379
15	e	
16	f	Joseph Butler, évêque de Durham, 1752
17	g	
18	A	Bernard Mizeki, catéchiste, martyr en Rhodésie, 1896
19	b	
20	c	
21	d	
22	e	Alban, premier martyr de Grande Bretagne, vers 304
23	f	
24	g	**Nativité de Saint Jean Baptiste**
25	A	
26	b	
27	c	
28	d	Irénée, évêque de Lyon, vers 202
29	e	**Saint Pierre et Saint Paul, apôtres**
30	f	

Juillet

1	g	
2	A	
3	b	
4	c	
5	d	
6	e	
7	f	
8	g	
9	A	
10	b	
11	c	Benoît de Nursie, abbé du Mont-Cassin, vers 540
12	d	
13	e	
14	f	
15	g	
16	A	
17	b	William White, évêque de Pennsylvanie, 1836
18	c	
19	d	
20	e	
21	f	
22	g	**Sainte Marie Madeleine**
23	A	
24	b	Thomas a Kempis, prêtre, 1471
25	c	**Saint Jacques, apôtre**
26	d	Les parents de la bienheureuse Vierge Marie
27	e	William Reed Huntington, prêtre, 1909
28	f	
29	g	Marthe et Marie de Béthanie
30	A	William Wilberforce, 1833
31	b	Joseph d'Arimathie

Août

1	c	
2	d	
3	e	
4	f	
5	g	
6	A	**Transfiguration de notre Seigneur Jésus Christ**
7	b	John Mason Neale, prêtre, 1866
8	c	Dominique, prêtre et moine,1221
9	d	
10	e	Laurent, diacre et martyr à Rome, 258
11	f	Claire, abbesse à Assise, 1253
12	g	
13	A	Jeremy Taylor, évêque de Down, Connor et Dromore, 1667
14	b	
15	c	**La sainte Vierge Marie, Mère de notre Seigneur Jésus Christ**
16	d	
17	e	
18	f	William Porcher DuBose, prêtre, 1918
19	g	
20	A	Bernard, abbé de Clairvaux, 1153
21	b	
22	c	
23	d	
24	e	**Saint Barthélémy, apôtre**
25	f	Louis, roi de France, 1270
26	g	
27	A	
28	b	Augustin, évêque d'Hippone, 430
29	c	
30	d	
31	e	Aidan, èvêque de Lindisfarne, 651

Septembre

1	f	
2	g	Les martyrs de Nouvelle Guinée, 1942
3	A	
4	b	
5	c	
6	d	
7	e	
8	f	
9	g	
10	A	
11	b	
12	c	John Henry Hobart, évêque de New York, 1830
13	d	Cyprien, évêque de Carthage et martyr, 258
14	e	**La Sainte Croix**
15	f	
16	g	Ninian, évêque du Galloway, vers 430
17	A	
18	b	Edward Bouverie Pusey, prêtre, 1882
19	c	Théodore de Tarse, archevêque de Cantorbéry, 690
20	d	John Coleridge Patteson, évêque de Mélanésie, et ses compagnons, martyrs, 1871
21	e	**Saint Matthieu, apôtre et évangéliste**
22	f	
23	g	
24	A	
25	b	Serge, abbé du monastère de la Sainte Trinité, Moscou, 1392
26	c	Lancelot Andrewes, évêque de Winchester, 1626
27	d	
28	e	
29	f	**Saint Michel et tous les anges**
30	g	Jérôme, prêtre et moine à Bethléem, 420

Octobre

1 A Rémi, évêque de Reims, vers 530
2 b
3 c
4 d François d'Assise, moine, 1226
5 e
6 f William Tyndale, prêtre, 1536
7 g
8 A
9 b Robert Grosseteste, évêque de Lincoln, 1253
10 c
11 d
12 e
13 f
14 g
15 A Samuel Isaac Joseph Schereschewsky, évêque de Shanghai, 1906
16 b Hugh Latimer et Nicholas Ridley, évêques, 1555 et Thomas Cranmer, archevêque de Cantorbéry, 1556
17 c Ignace, évêque d'Antioche, martyr, vers 115
18 d **Saint Luc, évangéliste**
19 e Henry Martyn, prêtre, missionnaire en Inde et en Perse, 1812
20 f
21 g
22 A
23 b **Saint Jacques de Jérusalem, frère du Seigneur, martyr, vers 62**
24 c
25 d
26 e Alfred le Grand, roi des Saxons occidentaux, 899
27 f
28 g **Saint Simon et Saint Jude, apôtres**
29 A James Hannington, évêque de l'Afrique Equatoriale, et ses compagnons, martyrs, 1885
30 b
31 c

Novembre

1	d	**Toussaint**
2	e	Commémoraison de tous les fidèles défunts
3	f	
4	g	
5	A	
6	b	
7	c	Willibrord, archevêque d'Utrecht, missionnaire en Frise, 739
8	d	
9	e	
10	f	Léon le Grand, évêque de Rome, 461
11	g	Martin, évêque de Tours, 397
12	A	Charles Simeon, prêtre, 1836
13	b	
14	c	Consécration de Samuel Seabury, premier évêque américain, 1784
15	d	
16	e	Marguerite, reine d'Ecosse, 1083
17	f	Hugues, évêque de Lincoln, 1200
18	g	Hilda, abbesse de Whitby, 680
19	A	Elisabeth, princesse hongroise, 1231
20	b	
21	c	
22	d	
23	e	Clément, évêque de Rome, vers 100
24	f	
25	g	
26	A	
27	b	
28	c	
29	d	
30	e	**Saint André, apôtre**

Décembre

1	f	Nicholas Ferrar, diacre, 1637
2	g	Channing Moore Williams, évêque missionnaire en Chine et au Japon, 1910
3	A	
4	b	Jean de Damas, prêtre, vers 760
5	c	Clément d'Alexandrie, prêtre, vers 210
6	d	Nicolas, évêque de Myra, vers 342
7	e	Ambroise, évêque de Milan, 397
8	f	
9	g	
10	A	
11	b	
12	c	
13	d	
14	e	
15	f	
16	g	
17	A	
18	b	
19	c	
20	d	
21	e	**Saint Thomas, apôtre**
22	f	
23	g	
24	A	
25	b	**Nativité de notre Seigneur Jésus Christ**
26	c	**Saint Etienne, diacre et martyr**
27	d	**Saint Jean, apôtre et évangéliste**
28	e	**Saints Innocents**
29	d	
30	e	
31	A	

Titres des temps liturgiques, des dimanches et des fêtes majeures que l'Eglise Episcopale célèbre durant l'année

Temps de l'Avent

Premier dimanche de l'Avent
Deuxième dimanche de l'Avent
Troisième dimanche de l'Avent
Quatrième dimanche de l'Avent

Temps de Noël

Nativité du Seigneur : le jour de Noël, *25 décembre*
Premier dimanche après la Nativité
Le saint nom de Jésus, *1er janvier*
Deuxième dimanche après la Nativité

Temps de l'Epiphanie

Epiphanie, ou la manifestation du Christ aux païens, *6 janvier*
Premier dimanche après l'Epiphanie : Baptême de Notre Seigneur Jésus Christ
Du deuxième au huitième dimanche après l'Epiphanie
Dernier dimanche après l'Epiphanie

Temps du Carême

Le premier jour du Carême, ou Mercredi des cendres
Premier dimanche du Carême
Deuxième dimanche du Carême
Troisième dimanche du Carême
Quatrième dimanche du Carême
Cinquième dimanche du Carême

Semaine Sainte

Dimanche de la Passion : dimanche des Rameaux
Lundi de la Semaine Sainte
Mardi de la Semaine Saint
Mercredi de la Semaine Sainte
Jeudi Saint
Vendredi Saint
Samedi Saint

Temps pascal

Vigile pascale
Dimanche de la Résurrection, ou jour de Pâques
Lundi de Pâques
Mardi de Pâques
Mercredi de Pâques
Jeudi de Pâques
Vendredi de Pâques
Samedi de Pâques
Deuxième dimanche de Pâques
Troisième dimanche de Pâques
Quatrième dimanche de Pâques
Cinquième dimanche de Pâques
Sixième dimanche de Pâques
Ascension du Seigneur
Septième dimanche de Pâques : le dimanche après l'Ascension
La Pentecôte

Temps après la Pentecôte

Premier dimanche après la Pentecôte : La Trinité
Du deuxième au vingt-septième dimanche après la Pentecôte
Dernier dimanche après la Pentecôte

Fêtes de l'Eglise

Saint André, apôtre, *30 novembre*
Saint Thomas, apôtre, *21 décembre*
Saint Etienne, diacre et martyr, *26 décembre*
Saint Jean, apôtre et évangéliste, *27 décembre*
Saints Innocents, *28 décembre*
Confession de Saint Pierre, apôtre, *18 janvier*

Conversion de Saint Paul apôtre, *25 janvier*
Présentation de Notre Seigneur Jésus Christ au Temple, appelée aussi Purification de la Sainte Vierge Marie, *2 février*
Saint Matthias, apôtre, *24 février*
Saint Joseph, *19 mars*
Annonciation de Notre Seigneur Jésus Christ à la bienheureuse Vierge Marie, *25 mars*
Saint Marc l'évangéliste, *25 avril*
Saint Philippe et Saint Jacques, apôtres, *1er mai*
Visitation de la bienheureuse Vierge Marie, *31 mai*
Saint Barnabé, apôtre, *11 juin*
Nativité de Saint Jean Baptiste, *24 juin*
Saint Pierre et Saint Paul, apôtres, *29 juin*
Sainte Marie Madeleine, *22 juillet*
Saint Jacques, apôtre, *25 juillet*
Transfiguration de Notre Seigneur Jésus Christ, *6 août*
La Sainte Vierge Marie, Mère de Notre Seigneur, Jésus Christ, *15 août*
Saint Barthélémy, apôtre, *24 août*
La Sainte Croix, *14 septembre*
Saint Matthieu, apôtre et évangéliste, *21 septembre*
Saint Michel et tous les anges, *29 septembre*
Saint Luc l'évangéliste, *18 octobre*
Saint Jacques de Jérusalem, frère de Notre Seigneur Jésus Christ et martyr, *23 octobre*
Saint Simon et Saint Jude, apôtres, *28 octobre*
Toussaint, *1er novembre*

Fêtes civiles

Fête nationale
Jour d'Action de grâce

Office quotidien

Indications concernant l'Office

Plutôt que de célébrant, on parle ici d'officiant, pour indiquer qu'un laïc peut aussi assumer cette fonction.

Il convient que d'autres personnes soient chargées des lectures et des autres parties de l'office qui ne sont pas réservées à l'officiant. Lorsque l'évêque est présent, il convient qu'il conclue l'office par une bénédiction.

On peut prendre le rite de la Prière du matin ou du soir à la célébration de l'Eucharistie, à la place de tout ce qui précède l'offertoire.

Des indications supplémentaires de trouvent à la page 103.

Office quotidien: La Prière du matin

L'officiant commence pas lire un des passages de l'Ecriture qui suivent, ou davantage s'il le désire, ou bien par le verset «Seigneur, ouvre mes lèvres», qui se trouve à la page 40.

Avent

Veillez, car vous ne savez pas quand le maître de la maison va venir, le soir ou au milieu de la nuit, au chant du coq ou le matin. Craignez qu'il n'arrive à l'improviste et ne vous trouve en train de dormir. *Marc 13:35-36*

Dans le désert dégagez un chemin pour le Seigneur, nivelez dans la steppe une chaussée pour notre Dieu. *Isaïe 40:3*

La gloire du Seigneur sera dévoilée et tous les êtres de chair ensemble verront que la bouche du Seigneur a parlé. *Isaïe 40:5*

Noël

Voici, je viens vous annoncer une bonne nouvelle, qui sera une grande joie pour tout le peuple: il vous est né aujourd'hui dans la ville de David, un Sauveur qui est le Christ Seigneur. *Luc 2:10-11*

Voici la demeure de Dieu avec les hommes. Il demeurera avec eux. Ils seront ses peuples et lui, Dieu avec eux, sera leur Dieu. *Apocalypse 21:3*

Epiphanie

Les nations vont marcher vers ta lumière, et les rois vers la clarté de ton lever. *Isaïe 60:3*

Je t'ai destiné à être la lumière des nations, afin que mon salut soit présent jusqu'à l'extrémité de la terre. *Isaïe 49:6b*

Du Levant au Couchant, grand est mon nom parmi les nations. En tout lieu un sacrifice d'encens est présenté à mon nom, ainsi qu'une offrande pure, car grand est mon nom parmi les nations, dit le Seigneur, le tout-puissant. *Malachie 1:11*

Carême

Si nous disons, «nous n'avons pas de péché», nous nous égarons nous-mêmes, et la vérité n'est pas en nous. Si nous confessons nos péchés fidèle et juste comme il est, Dieu nous pardonnera nos péchés et nous purifiera de toute inquité. *I Jean 1:8-9*

Déchirez vos cœurs, non vos vêtements, et revenez au Seigneur, votre Dieu; il est bienveillant et miséricordieux, lent à la colère et plein de fidélité. Il regrette le malheur. *Joël 2:13*

Je vais aller vers mon père et je lui dirai: «Père, j'ai péché envers le ciel et contre toi. Je ne mérite plus d'être appelé ton fils.» *Luc 15:18-19*

Au Seigneur notre Dieu appartiennent la miséricorde et le pardon, car nous avons été rebelles envers lui et nous n'avons pas écouté la voix du Seigneur notre Dieu pour marcher selon ses instructions. *Daniel 9:9-10*

Jésus dit: «Si quelqu'un veut venir à ma suite, qu'il renonce à lui-même et prenne sa croix, et qu'il me suive». *Marc 8:34*

Semaine Sainte

Nous tous comme du petit bétail, nous étions errants, nous nous tournions chacun vers son chemin, et le Seigneur a fait retomber sur lui la perversité de nous tous. *Isaïe 53:6*

Vous tous qui passez sur le chemin, regardez et voyez s'il est douleur comme ma douleur, celle qui me fait si mal, celle que le Seigneur inflige. *Lamentations 1:12*

Temps pascal, y compris les fêtes de l'Ascension et de la Pentecôte.

Alleluia. Christ est ressuscité.
Le Seigneur est vraiment ressuscité. Alleluia!

Voici le jour que fit le Seigneur,
qu'il soit pour nous jour de fête et de joie! *Psaume 118:24*

Rendons grâce à Dieu, qui nous donne la victoire par notre Seigneur Jésus Christ. *I Corinthiens 15:57*

Du moment que vous êtes ressuscités avec le Christ, recherchez ce qui est en haut, là où se trouve le Christ assis à la droite de Dieu. *Colossiens 3:1*

Ce n'est pas dans un sanctuaire fait de main d'homme, simple copie du véritable, que Christ est entré, mais dans le ciel même, afin de paraître maintenant pour nous devant la face de Dieu. *Hébreux 9:24*

Vous allez recevoir une puissance, celle du Saint-Esprit qui viendra sur vous; vous serez alors mes témoins à Jérusalem, dans toute la Judée et la Samarie, et jusqu'aux extrémités de la terre. *Actes 1:8*

Fête de la Trinité

Saint, Saint, Saint, le Seigneur, le Dieu tout-puissant,
Celui qui était, qui est et qui vient! *Apocalypse 4:8*

Toussaint et autres fêtes majeures de saints

Rendez grâce au Père qui vous a permis d'avoir part à l'héritage des saints dans la lumière. *Colossiens 1:12*

Vous n'êtes plus des étrangers, ni des émigrés; vous êtes concitoyens des saints, vous êtes de la famille de Dieu. *Ephésiens 2:19*

Sur toute la terre en paraît le message et la nouvelle, aux limites du monde. *Psaume 19:5*

Actions de grâce

Rendez grâce au Seigneur, proclamez son nom, annoncez parmi les peuples ses hauts faits. *Psaume 105:1*

En tout temps

Grâce et paix de la part de Dieu notre Père et de Jésus Christ notre Seigneur. *Philippiens 1:2*

Quelle joie quand on m'a dit: «Nous irons à la maison du Seigneur.» *Psaume 122:1*

Accueille les paroles de ma bouche, le murmure de mon cœur; qu'ils parviennent devant toi, Seigneur, mon rocher, mon défenseur! *Psaume 19:15*

Envoie ta lumière et ta vérité: qu'elles guident mes pas et me conduisent à ta montagne sainte jusqu'en ta demeure. *Psaume 43:3*

Le Seigneur est dans son Temple saint: silence devant lui, terre entière! *Habaquq 2:20*

L'heure vient — et maintenant elle est là — où les vrais adorateurs adoreront le Père en esprit et en vérité; tels sont, en effet, les adorateurs que cherche le Père. *Jean 4:23*

Ainsi parle celui qui est haut et élevé, qui demeure en perpétuité et dont le nom est saint: «Haut placé et saint je demeure, tout en étant avec celui qui est broyé et qui en son esprit se sent rabaissé, pour rendre vie à l'esprit des gens rabaissés, pour rendre vie au cœur des gens broyés.» *Isaïe 57:15*

On peut faire ensuite la confession des péchés, ou continuer directement l'office en prenant le verset: «Seigneur, ouvre mes lèvres».

Confession des péchés

L'officiant s'adresse à l'assemblée:

Frères et sœurs bien-aimés, nous voici rassemblés en présence du Dieu tout-puissant, notre Père du ciel, pour proclamer sa louange, entendre sa Parole sainte et lui demander pour nous-mêmes et pour les autres ce qui est nécessaire à la vie et au salut. Pour nous préparer de cœur comme d'esprit à l'adorer, agenouillons-nous en silence et, d'un cœur docile et pénitent, confessons nos péchés, pour que dans sa bonté infinie et sa miséricorde, il nous accorde le pardon.

ou bien

Confessons les péchés que nous avons commis contre Dieu et notre prochain.

On peut observer un temps de silence.

L'officiant et le peuple se mettent à genoux et disent: (On peut aussi prendre la confession à la page 229.

Dieu de miséricorde,
nous confessons que nous avons péché contre toi,
en pensée, en parole et en acte,
par ce que nous avons fait
et ce que nous avons omis de faire.
Nous ne t'avons pas aimé de tout notre cœur,
nous n'avons pas aimé notre prochain comme nous-mêmes.
Nous regrettons sincèrement ces fautes,
  humblement nous nous en repentons.
Pour l'amour de ton Fils Jésus Christ,
  prends pitié de nous et pardonne-nous;
alors ta volonté fera notre joie
  et nous pourrons marcher sur tes chemins
pour la gloire de ton Nom. Amen.

Seul le prêtre se lève et dit:

Que le Dieu tout-puissant vous fasse miséricorde, qu'il vous pardonne vos péchés, par Jésus Christ notre Seigneur; qu'il vous affermisse en tout bien et, par la puissance de l'Esprit-Saint, qu'il vous garde pour la vie éternelle. *Amen.*

Un diacre ou un laïc employant la formule précédente substituera «nous» à «vous», «nos» à «vos».

Invitatoire et Psaumes

Tous se lèvent.

L'officiant: Seigneur, ouvre mes lèvres,
Le peuple: Et ma bouche publiera ta louange,

Tous ensemble

Gloire au Père, et au Fils, et au Saint-Esprit, au Dieu qui est, qui était, et qui vient, pour les siècles des siècles. Amen. [Alleluia.]

En Carême l'Alleluia est omis.

On chante ensuite ou l'on récite un des psaumes invitatoires, Venite ou Jubilate.

On peut chanter ou réciter avec le psaume invitatoire l'une des antiennes suivantes.

Avent

Il approche notre Sauveur et notre Roi: venez, adorons-le.

Noël

Alleluia. Un enfant nous est né: venez, adorons-le. Alleluia.

De l'Epiphanie à la fête du Baptême du Christ, et à la fête de la Transfiguration et à celle de la Sainte Croix

Le Seigneur a manifesté sa gloire: venez, adorons-le.

Carême

Le Seigneur est plein de tendresse et de pitié: venez, adorons-le.

Du jour de Pâques à l'Ascension

Alleluia, Le Seigneur est vraiment ressuscité: Venez, adorons-le. Alleluia.

De l'Ascension au jour de la Pentecôte

Alleluia. Le Christ notre Seigneur est monté aux cieux: Venez, adorons-le. Alleluia.

Le jour de la Pentecôte

Alleluia. L'Esprit du Seigneur renouvelle la face de la terre: Venez, adorons-le. Alleluia.

Dimanche de la Trinité

Un seul Dieu, le Père, le Fils, et le Saint-Esprit: Venez, adorons-le.

Les autres dimanches et en semaine

Au Seigneur la terre, c'est lui qui l'a faite: Venez, adorons-le.

ou bien

Adorez le Seigneur éblouissant de sainteté: Venez, adorons-le.

ou bien

La miséricorde du Seigneur est éternelle: Venez, adorons-le.

Dans les antiennes qui suivent on ne prend l'Alleluia que durant le temps pascal.

Les fêtes de l'Incarnation

[Alleluia.] Le Verbe s'est fait chair et il a habité parmi nous: venez, adorons-le. [Alleluia.]

La fête de tous les Saints et les autres fêtes majeures de saints

[Alleluia.] Le Seigneur est glorifié dans ses saints: Venez, adorons-le. [Alleluia.]

Venite *Psaume 95:1-7*

Venez, crions de joie pour le Seigneur,
  acclamons notre Rocher, notre salut!
Allons jusqu'à lui en rendant grâce,
  par nos hymnes de fête acclamons-le!

Oui, le grand Dieu, c'est le Seigneur,
  le grand roi au-dessus de tous les dieux:
  il tient en sa main les profondeurs de la terre,
et les sommets des montagnes sont à lui;
  à lui la mer, c'est lui qui l'a faite,
  et les terres, car ses mains les ont pétries.

Entrez, inclinez-vous, prosternez-vous,
  adorons le Seigneur qui nous a faits,
Oui, il est notre Dieu;
  nous sommes le peuple qu'il conduit,
  le troupeau guidé de sa main.
Aujourd'hui écouterez-vous sa parole?

Ou le psaume en entier tel qu'il est donné à la page 535.

Jubilate *Psaume 100*

Acclamez le Seigneur, terre entière,
  servez le Seigneur dans l'allégresse,
  venez à lui avec des chants de joie!

Reconnaissez que le Seigneur est Dieu:
il nous a faits, et nous sommes à lui,
nous, son peuple, son troupeau.

Venez dans sa maison lui rendre grâce,
dans sa demeure chanter ses louanges;
rendez-lui grâce et bénissez son nom!

Oui, le Seigneur est bon,
éternel est son amour,
sa fidélité demeure d'âge en âge.

Durant la semaine de Pâques, on récite ou l'on chante comme invitatoire le texte suivant. On peut le prendre jusqu'à la Pentecôte.

Le Christ notre Pâque *Pascha nostrum*

1 Corinthiens 5:7-8; Romains 6:9-11; 1 Corinthiens 15:20-22

Alleluia.
Le Christ notre Pâque a été immolé,
célébrons donc la fête,
non pas avec du vieux levain,
ni du levain de méchanceté et de perversité,
mais avec des pains sans levain,
dans la pureté et dans la vérité. Alleluia.

Ressuscité des morts, Christ ne meurt plus;
la mort sur lui n'a plus d'empire.
Car en mourant, c'est au péché qu'il est mort,
une fois pour toutes;
vivant, c'est pour Dieu qu'il vit.
De même vous aussi:
considérez que vous êtes morts au péché
et vivants pour Dieu, en Jésus Christ.

Christ est ressuscité des morts,
prémices de ceux qui sont morts.
En effet, puisque la mort est venue par un homme,
c'est par un homme aussi que vient la réssurrection:
comme tous meurent en Adam,
en Christ, tous recevront la vie. Alleluia.

On chante ensuite, ou l'on récite les psaumes qui sont prescrits.

Psaumes

A la fin des psaumes, on chante ou l'on récite:

Gloire au Père, et au Fils, et au Saint-Esprit,
pour les siècles des siècles. *Amen.*

ou bien

Gloire au Père, et au Fils, et au Saint-Esprit,
au Dieu qui est, qui était, et qui vient,
pour les siècles des siècles. *Amen.*

ou bien

Rendons gloire au Père tout-puissant,
à son Fils Jésus Christ, le Seigneur,
à l'Esprit qui habite en nos cœurs,
pour les siècles des siècles. *Amen.*

On choisit la formule qui convient au ton psalmodique adopté.

Lectures

On fait une ou deux lectures, selon ce qui est prescrit. Le lecteur commence par ces mots:

Lecture de __________ .

On peut citer le chapitre et le verset.

Après chaque lecture, le lecteur peut dire:

	Parole du Seigneur.
Réponse:	Nous rendons grâce à Dieu.
ou encore:	Ici se termine la lecture.

On peut observer un temps de silence après chaque lecture. On chante ensuite, ou l'on récite un des cantiques bibliques ou hymnes qui suivent; si l'on fait trois lectures, le texte d'évangile est lu après le second.

I Cantique de Moïse *Cantemus Domino*

Exode 15:1-6, 11-13, 17-18

Il convient particulièrement au temps pascal.

Je chanterai pour le Seigneur!
  Eclatante est sa gloire:
Il a jeté dans la mer cheval et cavalier!

Ma force et mon chant, c'est le Seigneur:
  il est pour moi le salut.
Il est mon Dieu, je le célèbre;
  j'exalte le Dieu de mon Père.

Le Seigneur est le guerrier des combats;
  son nom est: «Le Seigneur».

Les chars du Pharaon et ses armées,
  il les lance dans la mer.
L'élite de leurs chefs
  a sombré dans la mer Rouge.

L'abîme les recouvre:
  ils descendent comme la pierre,
  au fond des eaux.

Ta droite, Seigneur, magnifique en sa force,
  ta droite, Seigneur, écrase l'ennemi.

Qui est comme toi parmi les dieux, Seigneur?
Qui est comme toi, magnifique en sainteté,
  terrible en ses exploits, auteur de prodiges?

Tu étends ta main droite: la terre les avale.
Tu conduis par ton amour
  ce peuple que tu as racheté;
tu le guides par ta force vers ta sainte demeure.

Tu les amènes, tu les plantes
sur la montagne, ton héritage,
le lieu que tu as fait, Seigneur, pour l'habiter,
le sanctuaire, Seigneur, fondé par tes mains.

Le Seigneur règnera pour les siècles des siècles.

Gloire au Père, et au Fils, et au Saint-Esprit,
au Dieu qui est, qui était, et qui vient,
pour les siècles des siècles. Amen.

2 **Premier cantique d'Isaïe** *Ecce, Deus*

Isaïe 12:2-6

Voici le Dieu qui me sauve:
j'ai confiance, je n'ai plus de crainte.
Ma force et mon chant, c'est le Seigneur;
il est pour moi le salut.

Exultant de joie,
vous puiserez les eaux
aux sources du salut.

Ce jour-là, vous direz:
«Rendez grâce au Seigneur,
proclamez son nom,
annoncez parmi les peuples ses hauts faits!»

Redites-le: «Sublime est son nom!»
Jouez pour le Seigneur,
car il a fait des prodiges
que toute la terre connaît.

Jubilez, criez de joie,
habitants de Sion,
car il est grand au milieu de toi,
le Saint d'Israël!

Gloire au Père, et au Fils, et au Saint-Esprit,
pour les siècles des siècles. Amen.

3 **Deuxième cantique d'Isaïe** *Quærite Dominum*
Isaïe 55:6-11

Recherchez le Seigneur,
puisqu'il se laisse trouver,
appelez-le, puisqu'il est proche.

Que le méchant abandonne son chemin,
et l'homme malfaisant ses pensées.

Qu'il retourne vers le Seigneur
qui lui manifestera sa tendresse,
vers notre Dieu
qui se surpasse pour pardonner.

C'est que vos pensées ne sont pas mes pensées
et mes chemins ne sont pas vos chemins
—Oracle du Seigneur.

C'est que les cieux sont hauts
par rapport à la terre:
ainsi mes chemins sont hauts,
par rapport à vos chemins,
et mes pensées,
par rapport à vos pensées,

C'est que, comme descend la pluie
ou la neige du haut des cieux,
ou comme elle ne retourne pas là-haut
sans avoir saturé la terre,
sans l'avoir fait enfanter et bourgeonner,
sans avoir donné semence au semeur
et nourriture à celui qui mange,

ainsi se comporte ma parole
du moment qu'elle sort de ma bouche:
elle ne retourne pas vers moi sans résultat,
sans avoir exécuté ce qui me plaît
et fait aboutir ce pour quoi
je l'avais envoyée.

Gloire au Père, et au Fils, et au Saint-Esprit,
au Dieu qui est, qui était, et qui vient,
pour les siècles des siècles. Amen.

4 Troisième cantique d'Isaïe *Surge, illuminare*

Isaïe 60:1-3, 11a, 14c, 18-19

Mets-toi debout, et deviens lumière,
car elle arrive, ta lumière:
la gloire du Seigneur
sur toi s'est levée.

Voici qu'en effet les ténèbres couvrent la terre
et un brouillard les cités,
mais sur toi le Seigneur va se lever
et sa gloire sur toi, est en vue.

Les nations vont marcher vers ta lumière
et les rois vers la clarté de ton lever.

Tes portes, on les tiendra constamment ouvertes,
de jour et de nuit, jamais elles ne seront fermées.

Ils t'appelleront «Ville du Seigneur»,
«Sion du Saint d'Israël».

Désormais ne se feront plus entendre
ni la violence, dans ton pays,
ni dans tes frontières les dégats et les brisements.

Tu appelleras tes murailles «Salut»,
et tes portes «Louanges».

Désormais, ce n'est plus le soleil
qui sera pour toi la lumière du jour,
ce n'est plus la lune, avec sa clarté,
qui sera pour toi la lumière de la nuit.

C'est le Seigneur qui sera pour toi
la lumière de toujours,
C'est ton Dieu
qui sera ta splendeur.

Gloire au Père, et au Fils, et au Saint-Esprit,
pour les siècles des siècles. Amen.

5 Hymne de l'univers

Benedicite, omnia opera Domini

Cantique des trois jeunes gens, Daniel 3:57-87

On peut prendre une des sections de ce cantique, ou davantage. Quelque soit le choix, on commence par l'invocation pour conclure par la doxologie.

Invocation

Toutes les œuvres du Seigneur,
bénissez le Seigneur:
A lui, haute gloire, louange éternelle!

I L'ordre cosmique

Vous les anges du Seigneur,
bénissez le Seigneur,
A lui, haute gloire, louange éternelle!

Vous les cieux,
bénissez le Seigneur,
et vous, les eaux par-dessus le ciel,
bénissez le Seigneur,
et toutes les puissances du Seigneur,
bénissez le Seigneur.

Et vous, le soleil et la lune,
bénissez le Seigneur,
et vous les astres du ciel,
bénissez le Seigneur,
vous toutes, pluies et rosées,
bénissez le Seigneur,

Vous tous, souffles et vents,
bénissez le Seigneur,

et vous, le feu et la chaleur,
  bénissez le Seigneur,
et vous, la fraîcheur et le froid,
  bénissez le Seigneur!

Et vous, le givre et la rosée,
  bénissez le Seigneur,
et vous, le gel et le froid,
  bénissez le Seigneur,
et vous, la glace et la neige,
  bénissez le Seigneur!

Et vous, les nuits et les jours,
  bénissez le Seigneur,
et vous, la lumière et les ténèbres,
  bénissez le Seigneur,
et vous les éclairs et les nuées,
  bénissez le Seigneur!
A lui, haute gloire, louange éternelle!

II La terre et ses créatures

Que la terre bénisse le Seigneur:
A lui, haute gloire, louange éternelle!

Et vous, montagnes et collines,
  bénissez le Seigneur,
et vous, les plantes de la terre,
  bénissez le Seigneur,
et vous, sources et fontaines,
  bénissez le Seigneur!

Et vous, océans et rivières,
  bénissez le Seigneur,
baleines et bêtes de la mer,
  bénissez le Seigneur,
vous tous, les oiseaux dans le ciel,
  bénissez le Seigneur,
vous tous, fauves et troupeaux,
  bénissez le Seigneur:
A lui, haute gloire, louange éternelle!

III Le peuple de Dieu

Et vous, les enfants des hommes,
bénissez le Seigneur:
A lui, haute gloire, louange éternelle!

Toi, Israël,
bénis le Seigneur!
Et vous, les prêtres,
bénissez le Seigneur,
vous, ses serviteurs,
bénissez le Seigneur!

Les esprits et les âmes des justes,
bénissez le Seigneur,
les saints et les humbles de cœur,
bénissez le Seigneur:
A lui, haute gloire, louange éternelle!

Doxologie

Bénissons le Père, le Fils et l'Esprit Saint:
à lui, haute gloire, louange éternelle!
Béni sois-tu, Seigneur, au firmament du ciel:
à toi, haute gloire, louange éternelle!

6 **Hymne de louange** *Benedictus es, Domine*

Cantique des trois jeunes gens, Daniel 3:52-56

Béni sois-tu, Seigneur, Dieu de nos pères:
à toi, louange et gloire éternellement.

Béni soit le nom très saint de ta gloire:
à toi, louange et gloire éternellement!

Béni sois-tu dans ton saint temple de gloire:
à toi, louange et gloire éternellement!

Béni sois-tu sur le trône de ton règne:
à toi, louange et gloire éternellement!

Béni sois-tu, toi qui sondes les abîmes:
à toi, louange et gloire éternellement!
Toi qui sièges au-dessus des Kéroubim:
à toi, louange et gloire éternellement!
Béni sois-tu au firmament dans le ciel:
à toi, louange et gloire éternellement!
Bénissons le Père, le Fils et l'Esprit Saint:
à toi louange et gloire éternellement!

7 **Chant de pénitence** *Kyrie Pantocrator*

Prière de Manassé, 1-2, 4, 6-7, 11-15

Il convient particulièrement au Carême et aux autres occasions pénitentielles.

Seigneur tout-puissant, roi de l'univers,
Dieu d'Abraham, d'Isaac et de Jacob
et de leur juste descendance,
tu as créé le ciel et la terre
avec toute leur splendeur.

Toute chose te craint
et frémit devant ta puissance.
Mais la miséricorde de ta promesse est immense,
elle dépasse tout ce que l'on peut imaginer;
car toi, Seigneur, tu es compatissant,
lent à la colère et riche en pitié.
Tu retiens ton bras,
tu ne nous punis pas selon nos péchés.
C'est toi, Seigneur, qui dans ta grande bonté
as promis aux pécheurs le pardon,
afin qu'ils se repentent
et qu'ils soient sauvés.

Et maintenant, je m'incline en mon cœur,
implorant ta bonté, sûr de ta miséricorde,
j'ai péché, Seigneur, j'ai péché,
et ma faute, moi je la connais.

Je te supplie dans ma prière:
pardonne-moi, Seigneur, pardonne-moi,
ne me fais point périr avec mes péchés
   et ne me condamne pas aux profondeurs de l'abîme.
Car toi, Seigneur, tu es le Dieu des pénitents;
en moi tu feras voir ta bonté,
   indigne que je suis, selon ta grande pitié;
et je te louerai sans cesse tous les jours de ma vie.
Car toute puissance te chante dans les cieux
et la gloire t'appartient pour les siècles des siècles. Amen.

8 Cantique de Marie *Magnificat*

Luc 1:46-55

Mon âme exalte le Seigneur,
exulte mon esprit en Dieu, mon Sauveur!

Il s'est penché sur son humble servante;
désormais tous les âges me diront bienheureuse.

Le puissant fit pour moi des merveilles;
Saint est son nom!

Son amour s'etend d'âge en âge
sur ceux qui le craignent.

Déployant la force de son bras,
il disperse les superbes.

Il renverse les puissants de leurs trônes,
il élève les humbles.

Il comble de bien les affamés,
renvoie les riches les mains vides.

Il relève Israël son serviteur,
il se souvient de son amour,

de la promesse faite à nos pères,
en faveur d'Abraham et de sa race, à jamais.

Gloire au Père, et au Fils, et au Saint-Esprit,
pour les siècles des siècles. Amen.

9 Cantique de Zacharie *Benedictus Domine Deus*

Luc 1:68-79

Béni soit le Seigneur, le Dieu d'Israël,
qui visite et rachète son peuple.

Il a fait surgir la force qui nous sauve
dans la maison de David, son serviteur,

comme il l'avait dit par la bouche des saints,
par ses prophètes, depuis les temps anciens:

salut qui nous arrache à l'ennemi,
à la main de tous nos oppresseurs,

amour qu'il montre envers nos pères,
mémoire de son alliance sainte,

serment juré à notre père Abraham
  de nous rendre sans crainte,

afin que délivrés de la main des ennemis
nous le servions dans la justice et la sainteté,
en sa présence, tout au long de nos jours.

Et toi, petit enfant, tu seras appelé
  prophète du Très-Haut:
tu marcheras devant, à la face du Seigneur,
  et tu prépareras ses chemins

pour donner à son peuple de connaître le salut
par la rémission de ses péchés,

grâce à la tendresse, à l'amour de notre Dieu,
quand nous visite l'astre d'en haut,

pour illuminer ceux qui habitent dans les ténèbres
  et l'ombre de la mort,
pour conduire nos pas
  au chemin de la paix.

Gloire au Père, et au Fils, et au Saint-Esprit,
pour les siècles des siècles. Amen.

10 Cantique de Siméon *Nunc dimittis*

Luc 2:29-32

Maintenant, ô Maître souverain,
tu peux laisser ton serviteur s'en aller
en paix, selon ta parole.

Car mes yeux ont vu le salut
que tu préparais à la face des peuples:

lumière qui se révèle aux nations
et donne gloire à ton peuple Israël.

Gloire au Père, et au Fils, et au Saint-Esprit,
pour les siècles des siècles. Amen.

11 Cantique de l'Agneau *Dignus es*

Apocalypse 4:11, 5:9-10, 13

Tu es digne, Seigneur notre Dieu,
de recevoir
l'honneur, la gloire et la puissance.

C'est toi qui créas l'univers;
tu as voulu qu'il soit:
il fut créé.

Tu es digne, Christ et Seigneur,
de prendre le Livre
  et d'en ouvrir les sceaux.

Car tu fus immolé,
rachetant pour Dieu, au prix de ton sang,
des hommes de toute tribu,
  langue, peuple et nation.

Tu as fait de nous, pour notre Dieu,
  un royaume et des prêtres
et nous régnerons sur la terre.

A celui qui siège sur le trône
    et à l'Agneau,
louange, honneur, gloire et puissance
    pour les siècles des siècles. Amen.

12 Cantique des rachetés *Magna et mirabilia*

Apocalypse 15:3-4

Grandes, merveilleuses, tes œuvres,
Seigneur, Dieu de l'univers!

Ils sont justes, ils sont vrais, tes chemins,
Roi des nations.

Qui ne te craindrait, Seigneur?
A ton nom, qui ne rendrait gloire?

Oui, toi seul es saint!
Oui, toutes les nations viendront
    et se prosterneront devant toi;
oui, ils sont manifestes, tes jugements.

Gloire au Père, et au Fils, et au Saint-Esprit,
pour les siècles des siècles. Amen.

13 Gloire à Dieu *Gloria in excelsis Deo*

Gloire à Dieu au plus haut des cieux
et paix sur la terre aux hommes qu'il aime.

Nous te louons, nous te bénissons, nous t'adorons,
nous te glorifions,
nous te rendons grâce pour ton immense gloire.

Seigneur Dieu, roi du ciel, Dieu le Père tout-puissant.
Seigneur, Fils unique, Jésus Christ.
Seigneur Dieu, Agneau de Dieu, le Fils du Père.

Toi qui enlèves le péché du monde, prends pitié de nous.
Toi qui enlèves le péché du monde, reçois notre prière.
Toi qui es assis à la droite du Père, prends pitié de nous.

Car toi seul es saint, toi seul es Seigneur,
toi seul es le Très-Haut: Jésus Christ,
avec le Saint-Esprit,
dans la gloire de Dieu le Père. Amen.

14 **A toi, Dieu** *Te Deum laudamus*

A toi, Dieu, notre louange!
nous t'acclamons: tu es Seigneur!
  à toi, Père éternel,
  l'hymne de l'univers.

Devant toi se prosternent les archanges,
les anges et les esprits des cieux;
ils te rendent grâce;
ils adorent et ils chantent:

  Saint, Saint, Saint, le Seigneur,
  Dieu de l'univers;
  le ciel et la terre sont remplis de ta gloire.

C'est toi que les Apôtres glorifient,
toi que proclament les prophètes,
toi dont témoignent les martyrs;
c'est toi que par le monde entier
l'Eglise annonce et reconnaît.

  Dieu nous t'adorons:
  Père infiniment saint,
  Fils éternel et bien-aimé,
  Esprit de puissance et de paix.

Christ, le Fils du Dieu vivant,
le Seigneur de la gloire,
tu n'as pas craint de prendre chair
dans le corps d'une vierge
pour libérer l'humanité captive.

Par ta victoire sur la mort,
tu as ouvert à tout croyant
les portes du Royaume;
tu règnes à la droite du Père;
tu viendras pour le jugement.

Montre-toi le défenseur et l'ami
des hommes sauvés par ton sang;
prends-les avec tous les saints
dans ta joie et dans ta lumière.

Symbole des Apôtres

Tous ensemble, debout.

Je crois en Dieu, le Père tout-puissant,
créateur du ciel et de la terre.

Et en Jésus Christ, son Fils unique, notre Seigneur,
qui a été conçu du Saint-Esprit,
est né de la Vierge Marie,
a souffert sous Ponce Pilate,
a été crucifié, est mort et a été enseveli,
est descendu aux enfers,
le troisième jour est ressuscité des morts,
est monté aux cieux,
est assis à la droite de Dieu le Père tout-puissant,
d'où il viendra juger les vivants et les morts.

Je crois en l'Esprit-Saint,
à la sainte Eglise catholique,
à la communion des saints,
à la rémission des péchés,
à la résurrection de la chair,
à la vie éternelle. Amen.

Prières

La peuple reste debout ou se met à genoux.

L'officiant : Le Seigneur soit avec vous.
Le peuple : Et avec ton esprit.
L'officiant : Prions le Seigneur.

Tous ensemble

Notre Père, qui es aux cieux,
que ton Nom soit sanctifié,
que ton règne vienne.
Que ta volonté soit faite
  sur la terre comme au ciel.
Donne-nous aujourd'hui notre pain de ce jour.
Pardonne-nous nos offenses,
  comme nous pardonnons aussi
  à ceux qui nous ont offensés.
Et ne nous soumets pas à la tentation,
mais délivre-nous du mal.
Car c'est à toi qu'appartiennent le règne,
  la puissance et la gloire,
dans les siècles des siècles. Amen.

On prend ensuite l'une de ces deux séries d'invocations.

A

V. Fais-nous voir, Seigneur, ton amour,
R. Et donne-nous ton salut.
V. Revêts tes prêtres de justice,
R. Que tes fidèles crient de joie.
V. Donne la paix, Seigneur, à toute la création,
R. Toi seul peux nous donner de vivre en sûreté.
V. Seigneur, sois le gardien de cette nation,
R. Et guide-nous dans les voies de la justice et de la vérité.

V. Que ton chemin soit connu sur la terre,
R. Et ton salut parmi toutes les nations.
V. Que le pauvre ne soit pas oublié pour toujours,
R. Que jamais ne périsse l'espoir des malheureux.
V. Créé en nous un cœur pur, O Dieu,
R. Que ton Saint-Esprit nous soutienne.

B

V. Sauve ton peuple, Seigneur et bénis ton héritage,
R. Veille sur lui, porte-le à jamais.
V. Chaque jour nous te bénirons,
R. Nous louerons ton Nom toujours et à jamais.
V. Garde-nous en ce jour de tout péché,
R. Pitié pour nous, Seigneur, pitié pour nous.
V. Que ton amour, Seigneur, soit sur nous,
R. Comme notre espoir est en toi.
V. En toi, Seigneur, notre espérance,
R. Nous ne serons jamais déçus.

L'officiant dit ensuite l'une des collectes suivantes, il peut en prendre plus d'une.

Collecte du jour

Collecte du dimanche

Chaque semaine, Seigneur, tu nous donnes la joie de faire mémoire de la glorieuse résurrection de ton Fils : Bénis-nous en ce jour où nous venons t'adorer, pour que toute notre semaine se passe sous ton regard bienveillant. Par Jésus le Christ notre Seigneur. *Amen.*

Collecte du vendredi

Dieu tout-puissant, ton Fils bien-aimé n'est monté dans la joie qu'après avoir connu la souffrance, il n'est entré dans la gloire qu'après la crucifixion : De grâce accorde-nous, qu'en marchant dans la voie de la croix, nous découvrions qu'elle seule conduit à la vie et à la paix. Par Jésus le Christ, notre Seigneur. *Amen.*

Collecte du samedi

Après la création du monde, Dieu tout-puissant, tu t'es reposé de ton œuvre immense, et tu as sanctifié un jour de repos pour toutes tes créatures : Accorde-nous de nous décharger des soucis terrestres pour nous préparer à servir dans ton sanctuaire; et fais que notre repos sur la terre soit une préparation de celui que tu as promis éternel à ton peuple. Par Jésus le Christ, notre Seigneur. *Amen.*

Collecte pour une vie renouvelée

O Dieu, roi des siècles, ta lumière sépare le jour de la nuit et transforme en matin l'ombre de la mort : Eloigne de nous les mauvais désirs, dispose nos cœurs à garder tes commandements et guide nos pas au chemin de la paix ; qu'ayant accompli avec allégresse ta volonté pendant le jour, nous trouvions notre joie à te rendre grâce quand viendra la nuit. Par Jésus le Christ, notre Seigneur. *Amen.*

Collecte pour la paix

O Dieu, tu es l'auteur de cette paix que tu aimes tant, te connaître est vie éternelle, te servir, liberté parfaite : Protège tes humbles serviteurs de tous les assauts de l'ennemi, et, puisque nous nous confions à ta protection, fais que nous n'ayons plus à craindre aucun adversaire. Par Jésus le Christ, notre Seigneur. *Amen.*

Collecte pour demander la grâce divine

Dieu éternel et tout-puissant, qui nous as fait parvenir à ce jour nouveau; protège-nous par ta puissance, pour que nos cœurs ne s'abandonnent pas au péché, mais surmontent les difficultés ; et dans tout ce que nous entreprenons conduis-nous à accomplir ta volonté. Par Jésus le Christ, notre Seigneur. *Amen.*

Collecte pour demander d'être guidé

Père céleste, en qui nous avons la vie, le mouvement et l'être : nous t'en prions, que ton Saint-Esprit nous guide et nous gouverne, pour que dans les soucis et les occupations de l'existence tu ne sois pas oublié, mais qu'au contraire nous prenions conscience que nous marchons toujours sous ton regard. Par Jésus le Christ, notre Seigneur. *Amen.*

On ajoute ensuite une des prières pour la mission de l'Eglise, sauf si l'on poursuit par la célébration de l'Eucharistie ou par la prière d'intercession.

Dieu éternel et tout-puissant, dont l'Esprit sanctifie et gouverne le corps entier du peuple fidèle: Exauce les prières que nous t'adressons pour tous les membres de ta sainte Eglise ; que chacun d'eux, selon sa vocation et son ministère, te serve avec fidélité. Par Jésus le Christ, notre Seigneur. *Amen.*

ou bien

D'un seul sang, O Dieu, tu as créé tous les peuples de la terre, et tu as envoyé ton Fils bien-aimé annoncer la paix à ceux qui sont loin et à ceux qui sont proches : Fais que partout les hommes te cherchent et puissent te trouver ; ramène les nations à ton bercail, répands sur toute chair ton Esprit et hâte la venue de ton royaume. Par Jésus le Christ, notre Seigneur. *Amen*

ou bien

Seigneur Jésus Christ, en signe d'amour tu as étendu les bras sur la croix pour que tous aient part au salut que tu donnes : Revêts-nous de ton Saint-Esprit, pour que dans un geste d'amour nous puissions atteindre ceux qui ne te connaissent pas, et que nous les conduisions à te connaître et à t'aimer. Nous te le demandons pour la gloire de ton Nom. *Amen.*

On peut chanter alors un hymne ou une autre œuvre chorale.

On peut prendre d'autres intercessions et actions de grâce.

Avant de terminer l'office, on peut prendre une des deux prières qui suivent, ou les prendre toutes les deux.

Action de grâce générale

Tous ensemble :

Dieu tout-puissant, Père de miséricorde,
nous te rendons grâce de ta bonté
   et de ton amour
envers nous, tes serviteurs indignes,
et envers tous ceux que tu as faits.
Nous te bénissons, parce que tu nous as créés,
   tu nous protèges,
   et tu nous combles des bienfaits de cette vie;
mais surtout, parce que dans ton amour inépuisable
   tu as racheté le monde, par ton Fils Jésus Christ,
et tu nous donnes les moyens de recevoir ta grâce,
   et l'espérance de la gloire sans fin.
Nous t'en prions, rends-nous
   sensibles à ta miséricorde,
   pour que nous te rendions
   gloire d'un cœur reconnaissant,
   non seulement de nos lèvres,
   mais par toute notre vie,
en nous mettant à ton service,
et en marchant devant toi,
   dans la justice et la sainteté,
   tout au long de nos jours.
Nous te le demandons par ton Fils,
   Jèsus le Christ, notre Seigneur. Amen.

Prière de Saint Jean Chrysostome

Dieu tout-puissant, toi qui nous as accordé la grâce de t'adresser d'un cœur unanime notre prière commune, tu as promis par ton Fils, que lorsque deux ou trois se réuniraient en son nom, tu serais au milieu d'eux : Comble maintenant, Seigneur, nos désirs et nos vœux, selon ce qui nous est utile; donne-nous en cette vie la connaissance de ta vérité, et dans le monde à venir, la vie éternelle. *Amen.*

On peut dire ensuite:

Bénissons le Seigneur.
Nous rendons grâce à Dieu.

De la vigile pascale jusqu'au jour de la Pentecôte, on peut ajouter «Alleluia, Alleluia» au verset et à sa réponse.

L'officiant peut conclure l'office en prenant un des textes suivants :

La grâce de Jésus Christ notre Seigneur, l'amour de Dieu le Père, et la communion de l'Esprit-Saint, soient toujours avec nous. *Amen.* *2 Corinthiens 13:14*

Que le Dieu de l'espérance nous comble de joie et de paix, afin que nous débordions d'espérance par la puissance de l'Esprit-Saint. *Amen.* *Romains 15:13*

Gloire à Dieu qui peut, par sa puissance qui agit en nous, faire au-delà, infiniment au-delà de ce que nous demandons et concevons. A lui la gloire dans l'Eglise et en Jésus Christ, pour toutes les générations des siècles. *Amen.* *Ephésiens 3:20-21*

Office du milieu du jour

L'officiant : Dieu, viens à mon aide.
Le peuple : Seigneur, à mon secours.

Tous ensemble :

Gloire au Père, et au Fils, et au Saint-Esprit, au Dieu qui est, qui était et qui vient, pour les siècles des siècles. Amen. Alleluia.

En Carême l'Alleluia est omis.

On peut chanter un hymne adapté à l'office.

On chante ensuite ou l'on récite l'un des psaumes qui suivent, ou davantage. On peut aussi prendre les psaumes 19, 67, une ou plusieurs strophes du psaume 119, ou choisir parmi les psaumes 120 à 133.

Psaume 119 *Lucerna pedibus meis*
[«Num» versets 105-112]

Ta parole est la lumière de mes pas,
 la lampe de ma route.
Je l'ai juré, je tiendrai mon serment,
 j'observerai tes justes décisions.
J'ai vraiment trop souffert, Seigneur;
 fais-moi vivre selon ta parole.
Accepte en offrande ma prière, Seigneur:
 apprends-moi tes décisions.
A tout instant j'expose ma vie,
 je n'oublie rien de ta loi.

Des impies me tendent un piège:
je ne dévie pas de tes préceptes.
Tes exigences resteront mon héritage,
la joie de mon cœur.
Mon cœur incline à pratiquer tes commandements:
c'est à jamais ma récompense.

Psaume 121 *Levavi oculos*

Je lève les yeux vers les montagnes :
d'où le secours me viendra-t-il ?
Le secours me viendra du Seigneur
qui a fait le ciel et la terre.

Qu'il empêche ton pied de glisser
qu'il ne dorme pas, ton gardien.
Non, il ne dort pas, ne sommeille pas,
le gardien d'Israël.

Le Seigneur, ton gardien, ton ombrage,
se tient près de toi.
Le soleil pendant le jour ne pourra te frapper,
ni la lune, durant la nuit.
Le Seigneur te gardera de tout mal,
il gardera ta vie.
Le Seigneur te gardera, au départ et au retour,
maintenant et à jamais.

Psaume 126 *In convertendo*

Quand le Seigneur ramena les captifs à Sion,
nous étions comme en rêve!
Alors notre bouche était pleine de rires,
nous poussions des cris de joie;
alors on disait parmi les nations :
«Quelles merveilles fait pour eux le Seigneur !»
Quelles merveilles le Seigneur fit pour nous :
nous étions en grande fête!

Ramène, Seigneur, nos captifs,
comme les torrents au désert.

Qui sème dans les larmes
        moissonne dans la joie :
il s'en va, il s'en va en pleurant,
        il jette la semence;
il s'en vient, il s'en vient dans la joie,
        il rapporte les gerbes.

A la fin des psaumes, on chante ou l'on récite :

Gloire au Père, et au Fils, et au Saint-Esprit, pour les siècles des siècles. Amen.

Ou, selon le ton psalmodique adopté, l'une des autres formules données à la page 44.

On lit un des passages de l'Ecriture qui suivent, ou un autre passage qui convienne.

L'amour de Dieu a été répandu dans nos cœurs par l'Esprit-Saint qui nous a été donné. *Romains 5:5*

Le peuple : Nous rendons grâce à Dieu

ou bien

Si quelqu'un est en Christ, il est une nouvelle créature. Le monde ancien est passé, voici qu'une réalité nouvelle est là. Tout vient de Dieu, qui nous a réconciliés avec lui par le Christ et nous a confié le ministère de la réconciliation.
2 Corinthiens 5:17-18

Le peuple : Nous rendons grâce à Dieu.

ou bien

Du Levant au Couchant, grand est mon nom parmi les nations. En tout lieu un sacrifice d'encens est présenté à mon nom, ainsi qu'une offrande pure, car grand est mon nom parmi les nations, dit le Seigneur, le tout-puissant.
Malachie 1:11

Le peuple : Nous rendons grâce à Dieu.

On peut faire ici une méditation à haute voix ou en silence.

L'officiant commence les prières :

Seigneur, prends pitié.
O Christ, prends pitié.
Seigneur, prends pitié.

Tous ensemble :

Notre Père, qui es aux cieux,
que ton Nom soit sanctifié,
que ton règne vienne.
Que ta volonté soit faite
  sur la terre comme au ciel.
Donne-nous aujourd'hui notre pain de ce jour.
Pardonne-nous nos offenses,
  comme nous pardonnons aussi
  à ceux qui nous ont offensés.
Et ne nous soumets pas à la tentation,
mais délivre-nous du mal.

L'officiant : Seigneur, entends ma prière,
Le peuple : Et que mon cri parvienne jusqu'à toi.
L'officiant : Prions le Seigneur.

L'officiant dit ensuite une des collectes suivantes. On peut, si on le désire, prendre la collecte du jour.

Pèré céleste, envoie ton Esprit-Saint dans nos cœurs ; qu'il nous dirige selon ta volonté, nous réconforte dans nos détresses, nous protège de toute erreur et nous mène à la vérité tout entière. Par Jésus le Christ, notre Seigneur. *Amen.*

Sauveur des nations, à l'heure où, élevé sur la croix, tu étendais sur le monde les bras de ton amour, fais que tous les peuples de la terre se tournent vers toi pour être sauvés. Nous te le demandons par ton amour. *Amen.*

Sauveur tout-puissant, au milieu du jour tu as appelé ton serviteur Saint Paul à être l'apôtre des nations ; Nous t'en prions, illumine le monde de l'éclat de ta gloire pour que tous les peuples soient conduits à t'adorer. Toi qui vis et règnes dans les siècles des siècles. *Amen.*

Seigneur Jésus Christ, tu as dit à tes apôtres : «Je vous laisse la paix, je vous donne ma paix.» Ne regarde pas nos péchés, mais la foi de ton Eglise; donne-nous la paix et l'unité de la Cité du ciel, où tu vis et règnes avec le Père et le Saint-Esprit, dans les siècles des siècles. *Amen.*

On peut proposer des intentions libres.

On conclut l'office de cette manière :

L'officiant : Bénissons le Seigneur.
Le peuple : Nous rendons grâce à Dieu.

Indications concernant la célébration

On trouvera ici les indications permettant d'organiser un office du soir à célébrer en fin d'après-midi ou en soirée. Cet ordre peut être utilisé comme office complet à la place de la Prière du soir, comme introduction à celle-ci, ou à une autre célébration, ou enfin comme prière avant le repas du soir ou une autre activité. Il convient tout à fait à la célébration en privé.

Le service peut être entièrement dirigé par des laïcs. Lorsqu'un prêtre ou un diacre le préside, c'est lui qui doit lire la Prière de la lumière, prononcer la bénédiction et, à la fin, renvoyer la communauté. Lorsqu'il est présent, l'évêque donnera la bénédiction.

Il ne convient pas de prendre ce rite durant la Semaine Sainte, sauf le Jeudi Saint. La Vigile pascale a son propre office de la lumière.

Pour la lecture biblique du début, on peut prendre un des textes suggérés ci-dessous, particulièrement aux occasions indiquées :

Isaïe 60:19-20 (Avent)
Luc 12:35-37 (Avent)
Jean 1:1-5 (Noël)
Isaïe 60:1-3 (Epiphanie)
1 Jean 1:5-7 (Carême)
Jean 12:35-36 (Carême)
Apocalypse 21:10, 22-24 (Pâques)
Psaume 36:5-9 (Ascension)
Joël 2:28-30 (Pentecôte)
Colossiens 1:9, 11-14 (Fête de saint)
1 Pierre 2:9 (Fête de saint)
Apocalypse 22:1, 4-5 (Fête de saint)

Des indications supplémentaires se trouvent à la page *104*.

Office du Lucernaire

Les lumières de l'église sont éteintes, au moins partiellement, lorsque commence la célébration.

Tous se lèvent, l'officiant salue l'assemblée en ces termes :

Lumière et paix en Jésus Christ notre Seigneur.

Le peuple : Nous rendons grâce à Dieu.

Du jour de Pâques au jour de la Pentecôte, on dit à la place :

L'officiant : Alleluia. Christ est ressuscité.
Le peuple : Le Seigneur est vraiment ressuscité. Alleluia.

Durant le Carême et à d'autres temps de pénitence, on dit :

L'officiant : Béni soit Dieu qui pardonne nos péchés.
Le peuple : Eternel est son amour.

On peut ensuite lire un des passages de l'Ecriture qui suivent, ou d'autres passages convenant à l'occasion ou au temps liturgique.

Jésus dit : «Vous êtes la lumière du monde. Une ville située sur une hauteur ne peut être cachée. Quand on allume une lampe, ce n'est pas pour la mettre sous le boisseau, mais sur son support, et elle brille pour tous ceux qui sont dans la maison. De même, que votre lumière brille aux yeux des hommes, pour qu'en voyant vos bonnes actions, ils rendent gloire à votre Père qui est aux cieux.» *Matthieu 5:14-16*

Ce n'est pas nous-mêmes, mais Jésus Christ Seigneur que nous proclamons. Quant à nous-mêmes, nous nous proclamons vos serviteurs à cause de Jésus. Car le Dieu qui a dit : «Que la lumière brille au milieu des ténèbres», c'est lui-même qui a brillé dans nos cœurs pour faire resplendir la connaisance de sa gloire qui rayonne sur le visage du Christ. *2 Corinthiens 4:5-6*

J'avais dit : «Les ténèbres m'écrasent ! » mais la nuit devient lumière autour de moi. Même la ténèbre pour toi n'est pas ténèbre, et la nuit comme le jour est lumière. *Psaume 139: 11-12*

L'officiant dit alors la prière de la lumière, en prenant l'une de celles qui suivent, ou toute autre qui convienne ; il dit d'abord :

Prions le Seigneur.

Nous te rendons grâce, Dieu tout-puissant, de nous accorder la clarté de la lumière du soir, alors que le jour est déjà sur son déclin ; et nous prions ta bonté infinie d'illuminer aussi nos cœurs par la lumière de ton Saint-Esprit, tandis que la clarté de cette lumière nous enveloppe. Par Jésus le Christ, notre Seigneur. *Amen.*

Donne-nous, Seigneur, la lampe de la charité qui jamais ne défaille : qu'elle brûle en nous et répande sa clarté sur ceux qui nous entourent ; que par son éclat nous puissions découvrir la Cité sainte où demeure la lumière véritable qui brille sans fin, Jésus le Christ, notre Seigneur. *Amen.*

Dieu tout-puissant, tu as fait du crépuscule, de l'aube et de la pleine lumière, une même journée ; et tu fais connaître au soleil l'heure de son coucher : Nous t'en prions, dissipe les ténèbres de nos cœurs, qu'à ton éclat nous puissions te reconnaître, toi le vrai Dieu, la lumière éternelle, qui vis dans les siècles des siècles. *Amen.*

Sois notre lumière dans les ténèbres, Seigneur, et dans ta miséricorde infinie, protège-nous des dangers de la nuit qui vient. Par Jésus le Christ, notre Seigneur. *Amen.*

Avent

Collecte du premier dimanche de l'Avent.

Noël, Epiphanie et autres fêtes de l'Incarnation

Collecte du premier dimanche après la Nativité.

Carême et autres temps de pénitence

Dieu éternel et miséricordieux, allume en nous le feu de ton amour, que sa flamme nous purifie de nos péchés et nous rende dignes de t'adorer en esprit et en vérité. Par Jésus le Christ, notre Seigneur. *Amen.*

Temps pascal

O Dieu, tu as conduit jusqu'à la liberté ton peuple ancien, le jour par une colonne de nuée et la nuit par une colonne de feu : puisque nous marchons dans la lumière de ta présence, accorde-nous la liberté joyeuse de tes enfants. Par Jésus le Christ, notre Seigneur. *Amen.*

Fêtes de saints

Seigneur Christ, à chaque génération tes saints ont été la lumière du monde : accorde-nous, puisque nous suivons leurs traces, d'être dignes d'entrer avec eux dans le royaume éternel. Là où tu vis et règnes dans les siècles des siècles. *Amen.*

On allume alors les cierges de l'autel, ainsi que d'autres cierges ou lampes.

Pendant ce temps on peut chanter une œuvre chorale ou un psaume, ou garder le silence.

Puis on chante l'hymne qui suit, ou un autre si l'on désire :

Joie et Lumière *Phos hilaron*

Joie et lumière
de la gloire éternelle du Père,
le Très-Haut, le Très-Saint !
O Jésus Christ !

Parvenus à la fin de ce jour,
contemplant cette clarté dans le soir,
nous chantons le Père et le Fils
et le Saint-Esprit de Dieu.

Oui, tu es digne d'être chanté
dans tous les temps par des voix sanctifiées,
Fils de Dieu qui donnes vie :
tout l'univers te rend gloire.

L'office se poursuit d'une des manières suivantes :

Par la Prière du soir, en commençant par les psaumes ; ou par un autre office ou une dévotion.

Par la célébration de l'Eucharistie, en commençant par la salutation et la collecte du jour.

Il peut être suivi d'un repas ou d'une autre activité, en ce cas le Phos hilaron peut être suivi de la récitation du Notre Père et de la bénédiction de la table ou de la bénédiction finale.

On peut aussi en faire un office du soir complet, en y ajoutant les éléments suivants :

Psaumes, suivis si l'on veut d'un temps de silence ou d'une collecte, ou des deux.

Lecture de la Bible, suivie si l'on veut d'un sermon, d'un passage de litterature d'inspiration chrétienne, ou d'un moment de silence.

Cantique biblique, on prend le Magnificat, ou un autre cantique biblique, ou un autre hymne de louange.

Prières, on peut prendre une litanie, ou une autre forme de dévotion appropriée, comprenant la Prière du Seigneur.

Bénédiction ou renvoi, ou les deux. On peut alors échanger la paix.

Aux jours de fêtes ou à d'autres occasions d'importance particulière, on peut prendre la collecte du jour, ou celle du temps liturgique, avant la bénédiction ou le renvoi. Les autres jours on peut prendre l'une des collectes suivants, ou choisir parmi celles qui sont proposées dans l'office de la Prière du soir ou des Complies.

Béni sois-tu, Seigneur, Dieu de nos Pères, créateur de l'alternance du jour et de la nuit ; toi qui donnes le repos à ceux qui peinent, qui renouvelles la force des faibles et nous accordes au soir de pouvoir te chanter. Reste avec nous dans la nuit qui vient, comme tu nous as protégés dans ce jour qui s'achève ; garde-nous de tout péché, de tout mal, de toute crainte, toi notre lumière, notre salut, le rempart de nos vies. A toi la gloire dans les âges sans fin. *Amen.*

Dieu éternel et tout-puissant, que notre prière devant toi s'élève comme un encens et nos mains comme l'offrande du soir. Accorde-nous de contempler ta présence dans ta Parole et dans tes Sacrements, et de te reconnaître dans la vie de ceux qui nous entourent. Suscite en nous l'amour qui brûlait dans le cœur de ton Fils quand il souffrait sa passion; qu'il brûle en nous pour la vie éternelle. *Amen.*

Un évêque ou un prêtre peut prendre la bénédiction suivante, ou une autre formule de bénédiction.

Que le Seigneur vous bénisse et vous garde. *Amen.*
Qu'il fasse rayonner sur vous son visage
et vous accorde sa grâce. *Amen.*
Qu'il vous découvre sa face
et vous donne sa paix. *Amen.*

Un diacre ou un laïc qui prendraient cette formule de bénédiction, remplaceraient «vous» par «nous».

On peut aussi renvoyer l'assemblée (pendant le temps pascal, on ajoute « Alleluia, Alleluia »).

Le peuple répond:

Nous rendons grâce à Dieu.

Durant le temps pascal le peuple répond:

Nous rendons grâce à Dieu. Alleluia, Alleluia.

Office quotidien: La Prière du soir

L'officiant commence par lire un des passages de l'Ecriture qui suivent, ou davantage s'il le désire, ou il peut en prendre parmi ceux qui sont donnés aux pages 35-38.

Il peut aussi prendre le rite de la lumière donné aux pages 71-76, et continuer avec les psaumes;

ou bien, il prend le verset «Dieu, viens à mon aide», qui se trouve à la page 79.

Que ma prière devant toi s'élève comme un encens, et mes mains comme l'offrande du soir.
Psaume 141:2

A vous grâce et paix de la part de Dieu notre Père et de Jésus Christ notre Seigneur. *Philippiens 1:2*

Adorez le Seigneur, éblouissant de sainteté, tremblez devant lui, terre entière. *Psaume 96:9*

A toi le jour, Seigneur, à toi la nuit, toi qui ajustas le soleil et les astres! C'est toi qui fixas les bords de la mer; l'hiver et l'été, c'est toi qui les formas. *Psaume 74:16-17*

Je bénis le Seigneur qui me conseille: même la nuit mon cœur m'avertit. Je garde le Seigneur devant moi sans relâche; il est à ma droite: je suis inébranlable.
Psaume 16:7-8

L'auteur des Pléiades et d'Orion, qui change l'obscurité en clarté matinale, qui réduit le jour en sombre nuit, qui convoque les eaux de la mer pour les répandre sur la face de la terre: il se nomme le Seigneur. *Amos 5:8*

J'avais dit: «Les ténèbres m'écrasent!» mais la nuit devient lumière autour de moi. Même la ténèbre pour toi n'est pas ténèbre, et la nuit comme le jour est lumière! *Psaume 139:11-12*

Jésus dit: «Je suis la lumière du monde. Celui qui vient à ma suite ne marchera pas dans les ténèbres; il aura la lumière qui conduit à la vie.» *Jean 8:12*

On peut ensuite faire la confession des péchés ou continuer directement l'office en prenant le verset «Dieu, viens à mon aide».

Confession des péchés

L'officiant s'adresse à l'assemblée:

Chers amis dans le Christ, agenouillons-nous en silence, en présence du Dieu tout-puissant, et d'un coeur docile et pénitent, confessons nos péchés, pour que dans sa bonté infinie et sa miséricorde, il nous accorde le pardon.

ou bien

Confessons les péchés que nous avons commis contre Dieu et notre prochain.

On peut observer un temps de silence.

L'officiant el le peuple se mettent à genoux et disent: (On peut aussi prendre la confession à la page 229.)

Dieu de miséricorde,
nous confessons que nous avons péché contre toi,
en pensée, en parole et en acte,
par ce que nous avons fait,
et ce que nous avons omis de faire.
Nous ne t'avons pas aimé de tout notre coeur;
nous n'avons pas aimé notre prochain comme nous-mêmes.
Nous regrettons sincèrement ces fautes,
  humblement nous nous en repentons.

Pour l'amour de ton Fils Jésus Christ,
prends pitié de nous et pardonne-nous,
alors ta volonté fera notre joie
  et nous pourrons marcher dans tes chemins
pour la gloire de ton Nom. *Amen.*

Seul le prêtre se lève et dit:

Que le Dieu tout-puissant vous fasse miséricorde,
qu'il vous pardonne vos péchés,
  par Jésus Christ, notre Seigneur;
qu'il vous affermisse en tout bien
et, par la puissance de l'Esprit-Saint,
  qu'il vous garde pour la vie éternelle. *Amen.*

Un diacre ou un laïc employant la formule précédente substituera «nous» à «vous», «nos» à «vos».

Invitatoire et Psaumes

Tous se lèvent.

L'officiant: Dieu, viens à mon aide.
Le peuple: Seigneur, à mon secours.

Tous ensemble

Gloire au Père, et au Fils, et au Saint-Esprit, au Dieu qui est, qui était, et qui vient, pour les siècles des siècles. Amen. Alleluia.

En Carême l'Alleluia est omis.

On chante ensuite ou l'on récite l'hymne qui suit, ou un autre qui convienne; on peut aussi prendre un psaume invitatoire.

Joie et Lumière *Phos hilaron*

Joie et lumière
de la gloire éternelle du Père,
le Très-Haut, le Très-Saint!
O Jésus Christ!

Parvenus à la fin de ce jour,
contemplant cette clarté dans le soir,
nous chantons le Père et le Fils
et le Saint-Esprit de Dieu.

Oui, tu es digne d'être chanté
dans tous les temps par des voix sanctifiées,
Fils de Dieu qui donne vie:
tout l'univers te rend gloire.

On chante ensuite le ou les psaumes qui sont prescrits.

Psaumes

A la fin de chaque psaume, on chante ou l'on récite:

Gloire au Père, et au Fils, et au Saint-Esprit, pour les siècles des siècles. Amen.

ou bien

Gloire au Père, et au Fils, et au Saint-Esprit, au Dieu qui est, qui était, et qui vient, pour les siècles des siècles. Amen.

ou bien

Rendons gloire au Père tout-puissant, à son Fils Jésus Christ, le Seigneur, à l'Esprit qui habite en nos cœurs, pour les siècles des siècles. Amen.

On choisit la formule qui convient au ton psalmodique adopté.

Lectures

On fait une ou deux lectures, selon ce qui est prescrit. Le lecteur commence par ces mots:

Lecture de ___________.

On peut citer le chapitre et le verset.

Après chaque lecture, le lecteur peut dire :

Parole du Seigneur.

Réponse : Nous rendons grâce à Dieu

ou encore : Ici se termine la lecture.

On peut observer un temps de silence après chaque lecture; on chante ensuite, ou l'on récite un des cantiques bibliques ou hymnes qui suivent, ou l'un de ceux donnés aux pages 45-57. Si l'on fait trois lectures, le texte d'évangile est lu après le second.

Cantique de Marie *Magnificat*

Luc 1:46-55

Mon âme exalte le Seigneur,
exulte mon esprit en Dieu, mon Sauveur!

Il s'est penché sur son humble servante;
désormais, tous les âges me diront bienheureuse.

Le Puissant fit pour moi des merveilles;
Saint est son nom!

Son amour s'étend d'âge en âge
sur ceux qui le craignent.

Déployant la force de son bras,
il disperse les superbes.

Il renverse les puissants de leurs trônes,
il élève les humbles.

Il comble de biens les affamés,
renvoie les riches les mains vides.

Il relève Israël, son serviteur,
il se souvient de son amour,

de la promesse faite à nos pères,
en faveur d'Abraham et de sa race, à jamais.

Gloire au Père, et au Fils, et au Saint-Esprit,
pour les siècles des siècles. Amen.

Cantique de Siméon *Nunc dimittis*

Luc 2:29-32

Maintenant, ô Maître souverain,
tu peux laisser ton serviteur s'en aller
en paix, selon ta parole.

Car mes yeux ont vu le salut
que tu préparais à la face des peuples :

lumière qui se révèle aux nations
et donne gloire à ton peuple Israël.

Gloire au Père, et au Fils, et au Saint-Esprit,
pour les siècles des siècles. Amen.

Symbole des Apôtres

Tous ensemble, debout.

Je crois en Dieu, le Père tout-puissant,
créateur du ciel et de la terre.

Et en Jésus Christ, son Fils unique, notre Seigneur,
qui a été conçu du Saint-Esprit,
est né de la Vierge Marie,
a souffert sous Ponce Pilate,
a été crucifié, est mort et a été enseveli,
est descendu aux enfers,
le troisième jour est ressuscité des morts,

est monté aux cieux,
est assis à la droite de Dieu le Père tout-puissant,
d'où il viendra juger les vivants et les morts.

Je crois en l'Esprit Saint,
à la sainte Eglise catholique,
à la communion des saints,
à la rémission des péchés,
à la résurrection de la chair,
à la vie éternelle. Amen.

Prières

Le peuple reste debout ou se met à genoux.

L'officiant : Le Seigneur soit avec vous.
Le peuple : Et avec ton esprit.
L'officiant : Prions le Seigneur.

Tous ensemble

Notre Père, qui es aux cieux,
que ton Nom soit sanctifié,
que ton règne vienne.
Que ta volonté soit faite
   sur la terre comme au ciel.
Donne-nous aujourd'hui notre pain de ce jour.
Pardonne-nous nos offenses,
   comme nous pardonnons aussi
   à ceux qui nous ont offensés.
Et ne nous soumets pas à la tentation,
mais délivre-nous du mal.
Car c'est à toi qu'appartiennent le règne,
   la puissance et la gloire,
dans les siècles des siècles. Amen.

On prend ensuite l'une de ces deux séries d'invocations.

A

V. Fais-nous voir, Seigneur, ton amour,
R. Et donne-nous ton salut.
V. Revêts tes prêtres de justice,
R. Que tes fidèles crient de joie.
V. Donne la paix, Seigneur, à toute la création,
R. Toi seul peux nous donner de vivre en sûreté.
V. Seigneur, sois le gardien de cette nation,
R. Et guide-nous dans les voies de la justice et de la vérité.
V. Que ton chemin soit connu sur la terre,
R. Et ton salut parmi toutes les nations.
V. Que le pauvre ne soit pas oublié pour toujours,
R. Que jamais ne périsse l'espoir des malheureux.
V. Crée en nous un cœur pur, O Dieu,
R. Que ton Saint-Esprit nous soutienne.

B

Demandons au Seigneur que ce soir tout entier soit parfait, saint, paisible et sans péché.
Nous t'en supplions, Seigneur.

Que tes saints anges nous conduisent dans les voies de la paix et de la bonne volonté.
Nous t'en supplions, Seigneur.

Que nous obtenions le pardon de nos péchés et la rémission de nos fautes.
Nous t'en supplions, Seigneur.

Que tu accordes la paix à ton Eglise et au monde entier,
Nous t'en supplions, Seigneur.

Que notre vie ait une fin chrétienne dans la foi et le respect de ton Nom, et que nous ne soyons pas condamnés au redoutable tribunal du Christ.
Nous t'en supplions, Seigneur.

Que nous soyons réunis par le Saint-Esprit à la communion de [__________ et de] tous tes saints, nous confiant les uns les autres au Christ et lui offrant toute notre vie.
Nous t'en supplions, Seigneur.

L'officiant dit ensuite l'une des collectes suivantes ; il peut en prendre plus d'une.

Collecte du jour

Collecte du dimanche

Seigneur notre Dieu, ton Fils Jésus Christ a triomphé des puissances de la mort, et il nous a préparé une place dans la Jérusalem nouvelle : Puisque nous te rendons grâce aujourd'hui de sa résurrection, accorde-nous de pouvoir un jour chanter ta louange dans la cité dont il est la lumière. Lui qui vit et règne dans les siècles des siècles. *Amen.*

Collecte du vendredi

Seigneur Jésus Christ, par ta mort tu as détruit l'aiguillon de la mort : Accorde à tes serviteurs de te suivre par la foi là où tu nous as précédés; que nous puissions à la fin nous endormir en toi et nous réveiller semblables à toi. Nous te le demandons au nom de ta tendresse. *Amen.*

Collecte du samedi

O Dieu, source de la lumière éternelle, répands ton jour sans fin sur ceux qui veillent en t'attendant : Que nos lèvres te louent, que nos vies te bénissent, et que demain, notre adoration te rende gloire. Par Jésus le Christ, notre Seigneur. *Amen.*

Collecte pour la paix

O Dieu qui nous fais désirer ce qui est saint, choisir ce qui est juste et accomplir ce qui est bon : Donne à tes serviteurs cette paix que le monde ne peut donner, afin que nos cœurs s'attachent à tes commandements, et que, délivrés de la crainte de tout ennemi, nous puissions vivre dans le calme et la tranquillité. Par Jésus le Christ, notre Seigneur. *Amen.*

Collecte pour demander aide dans les périls

Sois notre lumière dans les ténèbres, Seigneur, et dans ta miséricorde infinie, protège-nous des dangers de la nuit qui vient. Par Jésus le Christ, notre Seigneur. *Amen.*

Collecte pour demander la protection divine

O Dieu, tu es la vie de tous les vivants, la lumière des croyants, la force de ceux qui peinent et le repos des défunts : Nous te rendons grâce pour les bienfaits de ce jour qui s'achève, et nous implorons ta protection pour la nuit qui vient, conduis-nous en sûreté jusqu'aux heures du matin. Nous te le demandons par celui qui est mort et ressuscité pour nous, ton Fils Jésus Christ notre Sauveur. *Amen.*

Collecte pour demander la présence du Christ

Reste avec nous, Seigneur, car il se fait tard et déjà le jour baisse. Sois notre compagnon sur la route, enflamme notre cœur, ravive notre espérance, pour que nous te découvrions dans les Ecritures et dans le pain partagé. Nous te le demandons dans ta tendresse. *Amen.*

On ajoute ensuite l'une des prières pour la mission de l'Eglise, sauf si l'on poursuit par la célébration de l'Eucharistie ou par une prière d'intercession.

O Dieu et Père de tous, toi que tous les cieux glorifient : Fais que la terre entière t'adore et te chante , que toutes les nations t'obéissent, que toutes les langues te confessent et que partout les peuples t'aiment et te servent dans la paix. Par Jésus le Christ, notre Seigneur. *Amen.*

ou bien

Veille, Seigneur, avec ceux qui travaillent, veillent ou pleurent cette nuit, et donne mission à tes anges de garder ceux qui dorment. Prends soin des malades, Seigneur Christ, donne le repos à ceux qui sont fatigués, bénis les mourants, soulage ceux qui souffrent, console les affligés et préserve le bonheur de ceux qui sont dans la joie. Nous te le demandons par ton amour. *Amen.*

ou bien

O Dieu qui manifestes dans tes serviteurs les signes de ta présence : Envoie sur nous ton Esprit d'amour, que ta grâce abondante augmente en nous dans le partage et le don. Par Jésus le Christ notre Seigneur. *Amen.*

On peut chanter alors un hymne ou une autre œuvre chorale.

On peut prendre d'autres intercessions et actions de grâce.

Avant de terminer l'office, on peut prendre une des deux prières qui suivent, ou les prendre toutes les deux.

Action de grâce générale

Tous ensemble

Dieu tout-puissant, Père de miséricorde,
nous te rendons grâce de ta bonté
    et de ton amour
envers nous, tes serviteurs indignes,
et envers tous ceux que tu as faits,

Nous te bénissons, parce que tu nous as créés,
tu nous protèges,
et tu nous combles des bienfaits de cette vie;
mais surtout parce que, dans ton amour inépuisable
tu as racheté le monde, par ton Fils Jésus Christ,
et tu nous donnes les moyens de recevoir ta grâce,
et l'espérance de la gloire sans fin
Nous t'en prions, rends-nous
sensibles à ta miséricorde,
pour que nous te rendions
gloire d'un cœur reconnaissant,
non seulement de nos lèvres,
mais par toute notre vie;
en nous mettant à ton service,
et en marchant devant toi,
dans la justice et la sainteté,
tout au long de nos jours.
Nous te le demandons par ton Fils,
Jésus le Christ, notre Seigneur. *Amen.*

Prière de Saint Jean Chrysostome

Dieu tout-puissant, toi qui nous as accordé la grâce de t'adresser d'un cœur unanime notre prière commune, tu as promis par ton Fils, que lorsque deux ou trois se réuniraient en son nom, tu serais au milieu d'eux : Comble maintenant, Seigneur, nos désirs et nos vœux, selon ce qui nous est utile; donne-nous en cette vie la connaissance de ta vérité, et dans le monde à venir, la vie éternelle. *Amen.*

On peut dire ensuite :

Bénissons le Seigneur.
Nous rendons grâce à Dieu.

De la vigile pascale jusqu'au jour de la Pentecôte, on peut ajouter «Alleluia, Alleluia» au verset et à sa réponse.

L'officiant peut conclure l'office en prenant un des textes suivants :

La grâce de Jésus Christ notre Seigneur, l'amour de Dieu le Père, et la communion de l'Esprit-Saint, soient toujours avec nous. *Amen.* *2 Corinthiens 13:4*

Que le Dieu de l'espérance nous comble de joie et de paix, afin que nous débordions d'espérance par la puissance de l'Esprit-Saint. *Amen.* *Romains 15:13*

Gloire à Dieu qui peut, par sa puissance qui agit en nous, faire au-delà, infiniment au-delà de ce que nous demandons et concevons. A lui la gloire dans l'Eglise et en Jésus Christ, pour toutes les générations des siècles. *Amen.* *Ephésiens 3:20-21*

Complies

L'officiant commence en disant:

Que le Seigneur tout-puissant nous accorde une nuit paisible et une fin heureuse. *Amen.*

L' officiant: Notre secours est le Nom du Seigneur,
Le peuple: Lui qui a fait le ciel et la terre.

L'officiant peut dire ensuite:

Confessons nos péchés au Seigneur notre Dieu.

Tous ensemble:

Dieu tout-puissant, notre Père des cieux,
nous avons péché contre toi
  en pensée, en parole,
  par action et par omission.
Oui, nous avons vraiment péché.
Pour l'amour de ton Fils Jésus Christ,
prends pitié de nous et pardonne-nous;
et accorde-nous de te servir
  dans une vie nouvelle
qui soit à la gloire de ton Nom. *Amen.*

L'officiant:

Que le Dieu tout-puissant nous pardonne nos péchés, qu'il nous accorde la grâce et le soutien de son Saint-Esprit. *Amen.*

L'officiant dit ensuite:

Dieu, viens à mon aide.

Le peuple: Seigneur, à mon secours.

Tous ensemble:

Gloire au Père, et au Fils, et au Saint-Esprit, au Dieu qui est, qui était, et qui vient, pour les siècles des siècles. Amen. Alleluia.

En Carême l'Alleluia est omis.

On chante ensuite ou l'on récite un des psaumes qui suivent, ou davantage. On peut prendre aussi d'autres psaumes qui conviennent.

Psaume 4 *Cum invocarem*

Quand je crie, réponds-moi,
Dieu, ma justice!

Toi qui me libères dans la détresse,
pitié pour moi, écoute ma prière!

Fils des hommes,
  jusqu'où irez-vous dans l'insulte à ma gloire,
l'amour du néant et la course au mensonge?

Sachez que le Seigneur a mis à part son fidèle,
le Seigneur entend quand je crie vers lui.

Mais vous, tremblez, ne péchez pas;
réfléchissez dans le secret, faites silence.

Offrez les offrandes justes,
et faites confiance au Seigneur.

Beaucoup demandent:
  «Qui nous fera voir le bonheur?»
Sur nous, Seigneur, que s'illumine ton visage!

Tu mets dans mon cœur plus de joie
que toutes leurs vendanges et leurs moissons.

Dans la paix moi aussi je me couche et je dors,
car tu me donnes d'habiter, Seigneur,
    seul, dans la confiance.

Psaume 31 *In te, Domine, speravi*

En toi, Seigneur, j'ai mon refuge;
garde-moi d'être humilié pour toujours.

Dans ta justice, libère-moi;
écoute, et viens me délivrer.
Sois le rocher qui m'abrite,
la maison fortifiée qui me sauve.

Ma forteresse et mon roc, c'est toi:
pour l'honneur de ton nom,
    tu me guides et tu me conduis.
Tu m'arraches au filet qu'ils m'ont tendu;
oui, c'est toi mon abri.

En tes mains je remets mon esprit;
tu me rachètes, Seigneur, Dieu de vérité.

Psaume 91 *Qui habitat*

Quand je me tiens sous l'abri du Très-Haut
et repose à l'ombre du Puissant,
je dis au Seigneur: «Mon refuge,
mon rempart, mon Dieu, dont je suis sûr!»

C'est lui qui te sauve des filets du chasseur
    et de la peste maléfique;
il te couvre et te protège.
Tu trouves sous son aile un refuge;
sa fidélité est une armure, un bouclier.

Tu ne craindrais ni les terreurs de la nuit,
ni la flèche qui vole au grand jour,
ni la peste qui rode dans le noir,
ni le fléau qui frappe à midi.

Qu'il en tombe mille à tes côtés,
qu'il en tombe dix mille à ta droite,
toi, tu restes hors d'atteinte.

Il suffit que tu ouvres les yeux,
tu verras le salaire du méchant.
Oui, le Seigneur est ton refuge;
tu as fait du Très-Haut ta forteresse.

Le malheur ne pourra te toucher,
ni le danger, approcher de ta demeure:
il donne mission à ses anges
de te garder sur tous tes chemins.

Ils te porteront sur leurs mains
pour que ton pied ne heurte les pierres;
tu marcheras sur la vipère et le scorpion,
tu écraseras le lion et le Dragon

Puisqu'il s'attache à moi, je le délivre;
je le défends, car il connaît mon nom.
Il m'appelle, et moi, je lui réponds;
je suis avec lui dans son épreuve.

«Je veux le libérer, le glorifier;
de longs jours, je veux le rassasier,
et je ferai qu'il voie mon salut.»

Psaume 134 *Ecce nunc*

Vous tous, bénissez le Seigneur,
vous qui servez le Seigneur,
qui veillez dans la maison du Seigneur
au long des nuits.

Levez les mains vers le sanctuaire,
et bénissez le Seigneur.
Que le Seigneur te bénisse de Sion,
lui qui a fait le ciel et la terre!

A la fin des psaumes, on chante ou l'on récite:

Gloire au Père, et au Fils, et au Saint-Esprit,
pour les siècles des siècles. Amen.

Ou, selon le ton psalmodique adopté, l'une des autres formules données à la page 44.

On lit l'un des passages de l'Ecriture qui suivent, ou un autre passage qui convienne.

Seigneur, tu es au milieu de nous, ton nom a été proclamé sur nous: ne nous lâche pas, Seigneur notre Dieu.
Jérémie 14:9, 22

Le peuple: Nous rendons grâce à Dieu.

ou bien

Venez à moi, vous tous qui peinez sous le poids du fardeau, et moi je vous donnerai le repos. Prenez sur vous mon joug et mettez-vous à mon école, car je suis doux et humble de cœur, et vous trouverez le repos de vos âmes. Oui, mon joug est facile à porter et mon fardeau léger. *Matthieu 11:28–30*

Le peuple: Nous rendons grâce à Dieu.

ou bien

Que le Dieu de la paix qui a fait remonter d'entre les morts, par le sang d'une alliance éternelle, le grand pasteur des brebis, notre Seigneur Jésus, vous rende aptes à tout ce qui est bien pour faire sa volonté; qu'il réalise en nous ce qui lui est agréable, par Jésus Christ, à qui soit la gloire dans les siècles des siècles. *Hébreux 13:20–21*

Le peuple: Nous rendons grâce à Dieu.

ou bien

Soyez sobres, veillez. Votre adversaire, le diable, comme un lion rugissant, rode, cherchant qui dévorer. Résistez-lui fermes dans la foi. *1 Pierre 5:8–9a*

Le peuple: Nous rendons grâce à Dieu.

On peut chanter ici un hymne du soir.

Puis l'on prie ainsi:

V. En tes mains, Seigneur, je remets mon esprit.
R. C'est toi qui m'as racheté, Seigneur, Dieu de vérité.
V. Garde-nous, Seigneur, comme la prunelle de l'œil.
R. A l'ombre de tes ailes, cache-nous.

Seigneur, prends pitié.
O Christ, prends pitié.
Seigneur, prends pitié.

Tous ensemble

Notre Père, qui es aux cieux,
que ton Nom soit sanctifié,
que ton règne vienne.
Que ta volonté soit faite
  sur la terre comme au ciel.
Donne-nous aujourd'hui notre pain de ce jour.
Pardonne-nous nos offenses,
  comme nous pardonnons aussi
  à ceux qui nous ont offensés.
Et ne nous soumets pas à la tentation,
mais délivre-nous du mal.

L'officiant: Seigneur, entends ma prière,
Le peuple: Et que mon cri parvienne jusqu'à toi.
L'officiant: Prions le Seigneur.

L'officiant dit ensuite l'une des collectes suivantes:

Sois notre lumière dans les ténèbres, Seigneur, et dans ta miséricorde infinie, protège-nous des dangers de la nuit qui vient. Par Jésus le Christ, notre Seigneur. *Amen.*

Manifeste ta présence, Dieu de miséricorde et protège-nous durant les heures de la nuit, pour qu'au milieu des changements de cette vie nous puissions nous reposer sur toi, qui ne changes jamais. Par Jésus le Christ, notre Seigneur. *Amen.*

Regarde de ton trône céleste, Dieu tout-puissant, et de la lumière de ton ciel éclaire cette nuit : que de nuit comme de jour, ton peuple glorifie ton saint Nom. Par Jésus le Christ, notre Seigneur. *Amen.*

Nous t'en supplions, Seigneur, visite cette demeure et repousse loin d'elle toutes les embûches de l'ennemi ; que tes saints anges y habitent pour nous garder dans la paix, et que ta bénédiction soit toujours sur nous. Par Jésus le Christ, notre Seigneur. *Amen.*

Collecte du samedi

Nous te rendons grâce, Dieu tout-puissant, car la lumière de sa résurrection nous a révélé ton Fils Jésus Christ, et nous te prions : puisque à la fin de ce jour nous chantons sa gloire, fais que notre joie abonde au matin quand nous célébrerons le mystère pascal. Par Jésus le Christ notre Seigneur. *Amen.*

On peut ajouter l'une des prières suivantes:

Veille, Seigneur, avec ceux qui travaillent, veillent ou pleurent cette nuit, et donne mission à tes anges de garder ceux qui dorment. Prends soin des malades, Seigneur Christ, donne le repos à ceux qui sont fatigués, bénis les mourants, soulage ceux qui souffrent, console les affligés et préserve le bonheur de ceux qui sont dans la joie. Nous te le demandons par ton amour. *Amen.*

ou bien

O Dieu, c'est ta providence infaillible qui soutient notre monde et conduit notre vie : Veille, nous t'en prions, de jour comme de nuit, sur ceux qui travaillent pendant que dorment les autres; Fais que nous n'oubliions jamais que la vie de tous dépend du travail de chacun. Par Jésus le Christ, notre Seigneur. *Amen.*

On peut observer un temps de silence, et proposer aussi des intentions libres.

On conclut l'office par le cantique de Siméon. Tous chantent ou récitent cette antienne:

Guide-nous, Seigneur, quand nous veillons, garde-nous quand nous dormons : nous veillerons avec le Christ et nous reposerons en paix.

Au temps pascal, on ajoute: Alleluia, alleluia, alleluia.

Maintenant, ô Maître souverain,
tu peux laisser ton serviteur s'en aller
en paix, selon ta parole.

Car mes yeux ont vu le salut
que tu préparais à la face des peuples :

lumière qui se révèle aux nations
et donne gloire à ton peuple Israël.

Gloire au Père, et au Fils, et au Saint-Esprit,
pour les siècles des siècles. Amen.

Tous répètent l'antienne :

Guide-nous, Seigneur, quand nous veillons, garde-nous quand nous dormons : nous veillerons avec le Christ et nous reposerons en paix.

Au temps pascal, on ajoute : Alleluia, alleluia, alleluia.

L'officiant : Bénissons le Seigneur.
Le peuple : Nous rendons grâce à Dieu.

L'officiant conclut :

Que le Seigneur tout-puissant et miséricordieux nous bénisse et nous garde, le Père, le Fils et le Saint-Esprit. *Amen.*

Prières quotidiennes personnelles et familiales

La structure de cet ordre suit celle de l'Office quotidien.

Lorsqu'il est célébré par plusieurs personnes, l'une d'entre elles fait les lectures et lit la collecte, et les autres disent les autres parties, à l'unisson ou d'une autre manière qui convienne (voir à ce sujet les suggestions pour la lecture des psaumes, à la page 453.)

Pour des raisons d'ordre pratique, on donne pour chaque office un psaume, une lecture et une ou deux collectes. Mais on peut, si on le désire, prendre aussi la collecte du jour, ou l'une des collectes indiquées dans l'Office quotidien.

On peut aussi remplacer le psaume ou la lecture par ceux qui sont prescrits dans

a) Le Lectionnaire des dimanches, Jours de fêtes, du commun des saints et pour diverses occasions.

b) Le Lectionnaire de l'Office quotidien.

c) Tout manuel de dévotion qui présente des textes choisis selon le calendrier liturgique.

Au matin

Extrait du psaume 51

Seigneur, ouvre mes lèvres,
et ma bouche annoncera ta louange.

Crée en moi un cœur pur, ô mon Dieu,
renouvelle et raffermis au fond de moi mon esprit.
Ne me chasse pas loin de ta face,
ne me reprends pas ton esprit saint.

Rends-moi la joie d'être sauvé;
que l'esprit généreux me soutienne.

Gloire au Père, et au Fils, et au Saint-Esprit,
pour les siècles des siècles. *Amen.*

Lecture

Béni soit Dieu, le Père de notre Seigneur Jésus Christ : dans sa grande miséricorde, il nous a fait renaître pour une espérance vivante, par la résurrection de Jésus Christ d'entre les morts. *I Pierre 1:3*

On peut observer un temps de silence.

On peut prendre un hymne ou un cantique biblique.
On peut aussi réciter le Symbole des Apôtres.

On peut prier à ses intentions personnelles et celles des autres.

Prière du Seigneur

Collecte :

Dieu éternel et tout-puissant, qui nous as fait parvenir à ce jour nouveau : protège-nous par ta puissance, pour que nos cœurs ne s'abandonnent pas au péché, mais surmontent les difficultés ; et dans tout ce que nous entreprenons, conduis-nous à accomplir ta volonté. Par Jésus le Christ, notre Seigneur. *Amen.*

A midi

Extrait du psaume 113

Louez, serviteurs du Seigneur,
louez le nom du Seigneur!
Béni soit le nom du Seigneur,
maintenant et pour les siècles des siècles.
Du levant au couchant du soleil,
loué soit le nom du Seigneur!

Le Seigneur domine tous les peuples,
sa gloire domine les cieux.

Lecture

O Dieu, comme une œuvre bien établie, tu peux modeler la paix parce qu'on a confiance en toi. Notre salut est dans la conversion et le repos, notre force est dans le calme et la confiance. *Isaïe 26:3,30:15*

On peut prier à ses intentions personnelles et celles des autres.

Prière du Seigneur

Collecte :

Sauveur des nations, à l'heure où, élevé sur la croix, tu étendais sur le monde les bras de ton amour, fais que tous les peuples de la terre se tournent vers toi pour être sauvés. Nous te le demandons par ton amour. *Amen.*

ou bien

Seigneur Jésus Christ, tu as dit à tes apôtres : «Je vous laisse la paix, je vous donne ma paix.» Ne regarde pas nos péchés, mais la foi de ton Eglise ; donne-nous la paix et l'unité de la Cité du ciel, où tu vis et règnes avec le Père et le Saint-Esprit, dans les siècles des siècles. *Amen.*

Au soir

On peut prendre ce rite avant ou après le repas du soir.

On peut aussi prendre l'office du Lucernaire à la page 71.

Joie et lumière
de la gloire éternelle du Père,
le Très-Haut, le Très-Saint!
O Jésus Christ!

Parvenus à la fin de ce jour,
contemplant cette clarté dans le soir,
nous chantons le Père et le Fils
et le Saint-Esprit de Dieu.

Oui, tu es digne d'être chanté
dans tous les temps par des voix sanctifiées,
Fils de Dieu qui donnes vie :
tout l'univers te rend gloire.

Lecture

Ce n'est pas nous-mêmes, mais Jésus Christ Seigneur que nous proclamons. Quant à nous-mêmes, nous nous proclamons vos serviteurs à cause de Jésus. Car le Dieu qui a dit : «Que la lumière brille au milieu des ténèbres,» c'est lui-même qui a brillé dans nos cœurs pour faire resplendir la connaissance de sa gloire qui rayonne sur le visage du Christ. *2 Corinthiens 4:5-6*

On peut prier à ses intentions personnelles et celles des autres.

Prière du Seigneur

Collecte:

Reste avec nous, Seigneur, car il se fait tard et déjà le jour baisse. Sois notre compagnon sur la route, enflamme notre cœur, ravive notre espérance, pour que nous te découvrions dans les Ecritures et dans le pain partagé. Nous te le demandons dans ta tendresse. *Amen.*

A la fin de la journée

Psaume 134

Vous tous, bénissez le Seigneur,
vous qui servez le Seigneur,
qui veillez dans la maison du Seigneur
au long des nuits.

Levez les mains vers le sanctuaire,
et bénissez le Seigneur.
Que le Seigneur te bénisse de Sion,
lui qui a fait le ciel et la terre!

Lecture

Seigneur, tu es au milieu de nous, ton nom a été proclamé sur nous: ne nous lâche pas, Seigneur notre Dieu.
Jérémie 14:9,22

On peut aussi dire:

Maintenant, ô Maitre souverain,
tu peux laisser ton serviteur s'en aller
en paix, selon ta parole.
Car mes yeux ont vu le salut
que tu préparais à la face des peuples:

lumière qui se révèle aux nations
et donne gloire à ton peuple Israël.

On peut prier à ses intentions personnelles et celles des autres. Il convient que l'on rende grâce des bienfaits de cette journée et que l'on demande pardon pour les péchés que l'on a commis.

Prière du Seigneur

Collecte:

Nous t'en supplions, Seigneur, visite cette demeure et repousse loin d'elle toutes les embûches de l'ennemi; que tes saints anges y habitent pour nous garder dans la paix, et que ta bénédiction soit toujours sur nous. Par Jésus le Christ, notre Seigneur. *Amen.*

Que le Seigneur tout-puissant et miséricordieux nous bénisse et nous garde, le Père, le Fils et le Saint-Esprit. *Amen.*

Indications supplémentaires

Prière du matin et du soir

L'officiant peut choisir un des passages bibliques qui servent d'introduction à l'office, y compris ceux qui sont indiqués pour des temps liturgiques spécifiques ou des jours particuliers.

On peut prendre comme refrain de l'un des psaumes invitatoires l'antienne propre du temps liturgique donnée aux pages 40-42.

Comme antienne des psaumes et des cantiques bibliques on peut prendre des passages de ces mêmes psaumes, les textes d'introduction, ou d'autres pris directement dans la Bible.

On chante toujours, ou l'on récite le Gloria Patri à la fin de la psalmodie. On peut aussi le faire après l'invitatoire, le cantique biblique «Le Christ notre Pâque», à la fin de chaque psaume et de chaque section du psaume 119,

Si on le désire, on peut omettre le Gloria Patri indiqué comme conclusion de certains cantiques bibliques.

On peut prendre des adaptations métriques de l'invitatoire ou des cantiques bibliques qui suivent les lectures.

Dans des circonstances spéciales, on peut chanter un hymne à la place d'un cantique biblique.

On omet le Symbole des Apôtres lorsqu'on célèbre l'Eucharistie à la suite de l'office et que l'on y récite le Symbole de Nicée. On peut aussi l'omettre en semaine à l'un des offices.

On peut omettre la Prière du Seigneur lorsque l'office est suivi de la Litanie majeure ou de l'Eucharistie.

Au cours des prières d'intercession et d'action de grâce, on peut donner aux membres de l'assemblée la possibilité d'exprimer leurs intentions personnelles, soit dans l'invitation à la prière, soit à l'intérieur de celle-ci. On peut aussi prévoir un moment de prière silencieuse.

On peut faire une homélie à la fin de l'office, ou si on le désire, au cours de celui-ci, soit après les lectures, soit après la collecte, au moment du chant d'un hymne ou d'une œuvre chorale.

A l'occasion, on peut, à la discrétion du ministre, faire suivre la lecture biblique d'un texte non-biblique emprunté à la littérature d'inspiration chréttienne.

On peut recevoir des offrandes au cours de l'office.

Lorsqu'on célèbre l'Eucharistie

Lorsqu'on utilise la Prière du matin ou du soir comme Liturgie de la Parole à la célébration de l'Eucharistie, on peut remplacer le Symbole des Apôtres par le Symbole de Nicée, et le célébrant peut passer directement de la salutation «Le Seigneur soit avec vous» et la réponse qui lui est faite, à la collecte du jour. On fait toujours une lecture d'Evangile.

En de telles circonstances, la Prière d'intercession doit suivre les directives à la page 284.

La liturgie continue avec [le rite de la paix et] l'offertoire.

Office du lucernaire

Il est souhaitable qu'au début de cet office, il y ait dans l'église aussi peu de lumière que possible. Il ne convient pas qu'on joue de la musique avant l'office ou pendant la procession.

A l'entrée des ministres, on peut porter devant eux un ou deux cierges allumés, c'est à leur lumière que l'on pourra lire la lecture d'entrée et la prière de la lumière. Si, de Pâques à la Pentecôte, on se sert du cierge pascal, il doit être allumé à son emplacement habituel avant que l'assemblée se réunisse. L'officiant se placera près du cierge, au début de la célébration, pour profiter de sa lumière.

On peut tirer la lecture d'entrée de l'une des versions de l'Ecriture autorisées; on la fait sans introduction ou conclusion. On peut l'omettre si l'on fait par la suite d'autres lectures de l'Ecriture.

Au temps pascal, on peut allumer au cierge pascal les cierges de l'autel et les autres. Autrement, on peut placer sur l'autel, ou tout près, les cierges que l'on porte en procession, et s'en servir pour allumer les autres cierges. Au temps de l'Avent, on peut allumer la couronne de l'Avent après la prière de la lumière. On peut à des occasions particulières distribuer des cierges allumés aux membres de l'assemblée.

Lorsqu'on célèbre cet office dans une maison particulière, on peut placer des cierges allumés sur la table où l'on prendra le repas, ou ailleurs.

Si l'on veut utiliser l'encens, il convient de le faire après que l'on a allumé les cierges et pendant que l'on chante le Phos hilaron.

Si l'on veut faire de cette célébration un office complet, on prend les psaumes et les lectures indiqués dans le lectionnaire de l'office ou au propre du jour; on peut aussi prendre ceux qui conviennent au temps liturgique ou à l'occasion particulière. Les psaumes qui conviennent le plus à l'office du lucernaire sont les psaumes 8, 23, 27, 36, 84, 93, 113, 114, 117, 121, 134, 139, 141, 143. Si on le désire, on peut faire plus d'une lecture, en plaçant entre chacune un chant ou une période de silence.

On peut chanter un hymne avant la bénédiction ou le renvoi.

Si un repas doit suivre, on peut prendre comme conclusion de l'office une prière de bénédiction de la table.

Cantiques bibliques que l'on suggère pour la Prière du matin

	Après la lecture de l'Ancien Testament	Après la lecture du Nouveau Testament
Dimanche	9. Benedictus Dominus *Avent*: 4. Surge, illuminare *Carême*: 7. Kyrie Pantokrator *Pâques*: 1. Cantemus Domino	14. Te Deum laudamus *Avent et Carême*: 9. Benedictus Dominus
Lundi	2. Ecce Deus	12. Magna et mirabilia
Mardi	6. Benedictus es	11. Dignus es
Mercredi	4. Surge, illuminare *Carême*: 7. Kyrie Pantokrator	9. Benedictus Dominus
Jeudi	1. Cantemus Domino	13. Gloria in excelsis *Avent et Carême*: 12. Magna et mirabilia
Vendredi	3. Quærite Dominum *Carême*: 7. Kyrie Pantokrator	11. Dignus es
Samedi	5. Benedicite	12. Magna et mirabilia
Aux fêtes du Seigneur et aux autres Fêtes majeures		
	9. Benedictus Dominus	14. Te Deum laudamus

Cantiques bibliques que l'on suggère pour la Prière du soir

		Après la lecture de l'Ancien Testament	*Après la lecture du Nouveau Testament*
Dimanche		Magnificat	Nunc dimittis*
Lundi	1.	Cantemus Domino	Nunc dimittis
		Carême:	
	7.	Kyrie Pantokrator	
Mardi	3.	Quærite Dominum	Magnificat
Mercredi	5.	Benedicite	Nunc dimittis
Jeudi	4.	Surge, illuminare	Magnificat
Vendredi	6.	Benedictus es	Nunc dimittis
Samedi	2.	Ecce Deus	Magnificat

Aux fêtes du Seigneur et autres Fêtes majeures

		Magnificat	Nunc dimittis*

**Si l'on ne fait qu'une seule lecture on suggère alors de prendre le Magnificat.*

Litanie majeure

Litanie majeure

On peut la réciter ou la chanter, à genoux, debout, ou en procession; avant la célébration de l'Eucharistie ou à la suite des collectes de la Prière du matin ou du soir. On peut aussi la prendre séparément, surtout pendant le Carême et pour les Rogations.

Dieu le Père, créateur du ciel et de la terre,
Aie pitié de nous

Dieu le Fils, rédempteur du monde,
Aie pitié de nous

Dieu le Saint-Esprit, sanctificateur des croyants,
Aie pitié de nous

Sainte et bienheureuse Trinité, un seul Dieu,
Aie pitié de nous

Seigneur Jésus, ne retiens pas nos péchés, ni ceux de nos pères, ne nous rends pas selon nos offenses. Epargne-nous, Seigneur, Epargne le peuple racheté par ton sang précieux, dans ton amour, protège-nous à jamais.
Epargne-nous, Seigneur.

De tout mal et de toute méchanceté, de tout péché, des pièges du démon, de la damnation éternelle,
Délivre-nous, Seigneur.

De tout aveuglement du cœur, de l'orgueil, de la vaine gloire et de l'hypocrisie, de l'envie, de la haine et de la malice, et de tout manque de charité,
Délivre-nous, Seigneur.

De tous penchants mauvais, des séductions du monde, des convoitises de la chair et des tromperies du démon,
Délivre-nous, Seigneur.

De toute fausse doctrine, de l'hérésie et du schisme, de la dureté du cœur du mépris de ta Parole et de tes commandements,
Délivre-nous, Seigneur.

De la foudre et de la tempête, des tremblements de terre, de l'inondation et du feu, de la famine, de l'épidémie et de toute calamité,
Délivre-nous, Seigneur.

De toute oppression, des conspirations et de la rebellion, de la violence, de la guerre, et du meurtre, de la mort subite et imprévue,
Délivre-nous, Seigneur.

Par le mystère de ton incarnation, par ta nativité et ta soumission à la Loi, par ton baptême, ton jeûne au désert et ta tentation,
Délivre-nous, Seigneur.

Par ton agonie et ta sueur de sang, par ta passion et par ta croix, par ta mort et ta mise au tombeau, par ta glorieuse résurrection et par ton ascension, par l'envoi du Saint-Esprit,
Délivre-nous, Seigneur.

Au temps de l'épreuve, au temps de la prospérité, à l'heure de la mort, et au jour du jugement,
Délivre-nous, Seigneur.

Nous qui sommes pécheurs, de grâce écoute-nous, Seigneur notre Dieu. Pour qu'il te plaise de gouverner ta sainte Eglise universelle et de la conduire dans la voie de la justice,
De grâce, écoute-nous.

Pour qu'il te plaise d'accorder à tous les évêques, prêtres et diacres, la vraie connaissance de ta Parole; que dans leur prédication et dans leur vie, ils la proclament fidèlement,
De grâce, écoute-nous.

Pour qu'il te plaise de bénir ton peuple et de le garder,
De grâce, écoute-nous.

Pour qu'il te plaise d'envoyer des ouvriers à ta moisson et d'attirer dans ton royaume l'humanité toute entière,
De grâce, écoute-nous.

Pour qu'il te plaise d'accorder à tous les peuples la grâce d'entendre ta Parole et de l'accueillir, et que se développent en eux les fruits de l'Esprit,
De grâce, écoute-nous.

Pour qu'il te plaise de conduire à la vérité ceux qui sont égarés ou aveuglés,
De grâce, écoute-nous.

Pour qu'il te plaise de nous donner un cœur qui te craigne et qui t'aime, pour vivre selon tes commandements,
De grâce, écoute-nous.

Pour qu'il te plaise de pénétrer le cœur de tes serviteurs, le chef de l'Etat, et tous ceux qui détiennent l'autorité, afin qu'ils pratiquent la justice, aiment la clémence et marchent dans la vérité,
De grâce, écoute-nous.

Pour qu'il te plaise de faire cesser la guerre partout dans le monde, et de donner l'unité, la paix et la concorde aux nations, et la liberté à tous les peuples,
De grâce, écoute-nous

Pour qu'il te plaise d'avoir pitié des captifs et des prisonniers, des affamés et des sans-logis, des opprimés et des délaissés,
De grâce, écoute-nous.

Pour qu'il te plaise de nous donner les fruits de la terre et de les préserver à notre usage, afin que tous en soient rassasiés au temps voulu,
De grâce, écoute-nous.

Pour qu'il te plaise de nous inspirer dans la diversité de nos vocations à te servir d'un cœur simple pour le bien de tous,
De grâce, écoute-nous.

Pour qu'il te plaise de protéger de tout danger ceux qui travaillent ou ceux qui voyagent,
De grâce, écoute-nous.

Pour qu'il te plaise d'assister les mères dans les douleurs de l'enfantement, les jeunes enfants et les orphelins, les veufs et les foyers en difficulté,
De grâce, écoute-nous.

Pour qu'il te plaise de visiter les isolés, de soutenir ceux qui souffrent [dans leur cœur, dans leur corps ou dans leur esprit,] et de fortifier de ta présence les faibles et les infirmes,
De grâce, écoute-nous.

Pour qu'il te plaise de secourir ceux qui sont en danger, d'aider ceux qui sont dans le besoin, de réconforter ceux qui sont en difficulté,
De grâce, écoute-nous.

Pour qu'il te plaise d'étendre ta miséricorde sur toute l'humanité,
De grâce, écoute-nous.

Pour qu'il te plaise de nous donner un repentir sincère, de pardonner tous nos péchés, nos négligences et nos erreurs, et de nous revêtir de la grâce de ton Saint-Esprit, qui renouvelle nos vies,
De grâce, écoute-nous.

Pour qu'il te plaise de pardonner à nos ennemis, ceux qui nous persécutent et nous calomnient, et de leur donner un cœur nouveau,
De grâce, écoute-nous.

Pour qu'il te plaise de soutenir ceux qui tiennent bon, de réconforter ceux qui manquent de courage, de relever ceux qui tombent, et enfin, d'écraser Satan, sous nos pieds,
De grâce, écoute-nous.

Pour qu'il te plaise d'accorder la vie éternelle et la paix aux fidèles défunts,
De grâce, écoute-nous.

Pour qu'il te plaise que dans la communion de [__________ et] tous les saints nous ayons part au royaume du ciel,
De grâce, écoute-nous.

Jésus, Fils de Dieu, de grâce, écoute-nous.
Jésus, Fils de Dieu, de grâce, écoute-nous.

Agneau de Dieu, qui enlèves le péché du monde,
Prends pitié de nous.

Agneau de Dieu, qui enlèves le péché du monde,
Prends pitié de nous.

Agneau de Dieu, qui enlèves le péché du monde,
Donne-nous la paix.

O Christ, écoute-nous, O Christ, exauce-nous.
O Christ, écoute-nous, O Christ, exauce-nous.

Seigneur, aie pitié de nous.		Kyrie eleison
O Christ, aie pitié de nous.	*ou bien*	*Christe eleison*
Seigneur, aie pitié de nous.		Kyrie eleison

Quand la litanie introduit l'Eucharistie, on s'arrête ici pour continuer par la salutation et la collecte du jour ; autrement l'officiant et le peuple continuent :

Notre Père qui es aux cieux,
que ton Nom soit sanctifié,
que ton règne vienne,
que ta volonté soit faite,
 sur la terre comme au ciel.
Donne-nous aujourd'hui
 notre pain de ce jour.
Pardonne-nous nos offenses
 comme nous pardonnons aussi
 à ceux qui nous ont offensés.
Et ne nous soumets pas à la tentation,
mais délivre-nous du mal. *Amen.*

V. Que ton amour, Seigneur, soit sur nous,
R. Comme notre espoir est en toi.

L'officiant conclut par la collecte suivante, ou une autre :

Prions le Seigneur

Tu as promis, Dieu tout-puissant, d'exaucer les demandes de ceux qui t'invoqueraient au nom de ton Fils : Nous t'en supplions, dans ta miséricorde, prête l'oreille aux prières et aux supplications que nous venons de te présenter, Fais que nous obtenions pleinement ce que nous demandons avec foi, selon ta volonté, pour que ton secours nous soutienne et que ta gloire soit manifestée. Par Jésus le Christ, notre Seigneur. *Amen.*

L'officiant peut ajouter d'autres prières et terminer la litanie en disant :

La grâce de Jésus Christ notre Seigneur, l'amour de Dieu le Père, et la communion de l'Esprit Saint soient toujours avec nous. *Amen.*

Supplication

On l'utilise dans la litanie à la place du verset et de la collecte qui suivent la Prière du Seigneur, ou à la fin de la Prière du matin ou du soir. On peut aussi la prendre séparément, surtout en temps de guerre, de catastrophe naturelle, ou de grandes inquiétudes dans le pays.

Seigneur, lève-toi, viens à notre aide,
Rachète-nous au nom de ton amour.

O Dieu, nous avons entendu dire et nos pères nous ont raconté, quelle action tu accomplis de leur temps, aux jours d'autrefois.

Seigneur, lève-toi, viens à notre aide,
Rachète-nous au nom de ton amour.

Rendons gloire au Père tout-puissant, à son Fils Jésus Christ, le Seigneur, à l'Esprit qui habite en nos cœurs, pour les siècles des siècles. *Amen.*

Seigneur, lève-toi, viens à notre aide,
Rachète-nous au nom de ton amour.

V. Délivre-nous de nos ennemis, ô Christ,
R. Dans ta bonté considère nos malheurs.
V. Dans ta pitié, vois la tristesse de nos cœurs,
R. Dans ta miséricorde, pardonne les péchés de ton peuple.
V. Dans ta compassion, accueille nos prières.
R. Fils de David, aie pitié de nous.
V. Maintenant et à jamais, daigne nous entendre, O Christ,
R. Christ écoute-nous, Christ exauce-nous.

L'officiant conclut :

Prions le Seigneur

Nous t'en supplions humblement, ô Père : Regarde avec bonté notre faiblesse, et pour la gloire de ton nom, écarte de nous les maux que nous avons justement mérités. Au milieu de nos épreuves, fais-nous garder confiance en ton amour, et accorde-nous de te servir par une vie toujours sainte et pure. Nous te le demandons par Jésus Christ notre seul avocat et médiateur. *Amen.*

Collectes de l'Année liturgique

Indications concernant le Propre de l'Année liturgique

Le propre de l'année liturgique comprend les collectes prescrites, les préfaces, sur lesquelles on trouvera des directives dans les pages qui suivent, et les psaumes et lectures dont les références sont données séparément.

Le propre d'un dimanche est aussi celui de l'Eucharistie célébrée les jours de semaine qui suivent, sauf fête ou circonstance prévue par le calendrier liturgique.

On détermine le propre à employer pour les dimanches après la Pentecôte (sauf le dimanche de la Trinité), selon la date de ce dimanche dans le calendrier. Ainsi n'importe quelle année, le propre du dimanche après la Trinité (deuxième dimanche après la Pentecôte) est le numéro du propre (3 à 8) dont la date tombe ce dimanche, ou en est le plus proche, soit avant, soit après. Pour la suite, on continue l'ordre des dimanches. Par exemple, si le dimanche après la Trinité tombe le 26 mai, la série commence par le propre 3 (on prend les propres 1 et 2 pour les jours de semaine après la Pentecôte et la Trinité). Si le dimanche après la Trinité tombe le 13 juin, la série commence par le propre 6 (on omet les propres 1 à 3 cette année-là, et on prend les propres 4 et 5 pour les semaines après la Pentecôte et la Trinité). Voir aussi les tableaux des pages 734-735.

La collecte propre d'un dimanche ou d'une fête peut servir à l'office de la veille au soir.

On trouvera aux pages 156 et 160 des indications concernant le commun des saints et les services pour diverses circonstances.

Collectes

Premier dimanche de l'Avent

Dieu tout-puissant, accorde-nous la grâce de rejeter les œuvres des ténèbres et de revêtir les armes de la lumière, dès cette vie passagère que ton Fils est venu partager en grande humilité : Qu'au dernier jour, quand il reviendra dans la gloire pour juger les vivants et les morts, nous ressuscitions pour la vie éternelle. Par Jésus Christ notre Seigneur, qui vit et règne avec toi et le Saint-Esprit, un seul Dieu, maintenant et toujours. *Amen.*

Préface de l'Avent

Deuxième dimanche de l'Avent

Dieu de miséricorde, tu as envoyé tes messagers les prophètes prêcher le repentir et préparer le chemin du salut : Accorde-nous la grâce d'accueillir leurs appels en renonçant au péché; et nous pourrons saluer avec joie l'avènement de Jésus Christ, notre Rédempteur. Lui qui vit et règne avec toi et le Saint-Esprit, un seul Dieu, maintenant et toujours. *Amen.*

Préface de l'Avent

Troisième dimanche de l'Avent

Réveille, Seigneur, ta puissance et viens : Que ta grâce abondante et ta miséricorde, hâtent la délivrance que retardent nos péchés. Par Jésus Christ notre Seigneur, qui vit et règne avec toi et le Saint-Esprit, un seul Dieu, maintenant et toujours. *Amen.*

Préface de l'Avent

Les mercredi, vendredi et samedi de cette semaine sont traditionnellement les Quatre-Temps d'hiver.

Quatrième dimanche de l'Avent

Purifie notre conscience, O Dieu, par ta présence quotidienne : Pour qu'au jour où ton Fils viendra, il trouve en nous une demeure prête à l'accueillir. Lui qui vit et règne avec toi et le Saint-Esprit, un seul Dieu, maintenant et toujours. *Amen.*

Préface de l'Avent

Nativité du Seigneur: le jour de Noël *25 décembre*

Chaque année, Seigneur, nous célébrons dans la joie la naissance de ton Fils unique : Nous accueillons avec allégresse celui qui vient nous racheter ; accorde-nous de le contempler avec assurance, quand il viendra nous juger. Lui qui vit et règne avec toi et le Saint-Esprit, un seul Dieu, maintenant et toujours. *Amen.*

ou bien

O Dieu, tu as fait resplendir cette sainte nuit de l'éclat de la vraie lumière : Accorde-nous qu'illuminés dès ici-bas par la révélation de ce mystère, nous goûtions dans le ciel la plénitude de sa joie. Par Jésus Christ notre Seigneur, qui vit et règne avec toi et le Saint-Esprit, un seul Dieu dans la gloire éternelle. *Amen.*

ou bien

Dieu tout-puissant, tu nous as donné ton Fils unique, pour qu'il prenne notre nature et naisse [en ce jour] d'une vierge sainte : Puisque nous sommes déjà régénérés par ta grâce et devenus tes enfants par adoption, fais que nous soyons de jour en jour renouvelés par ton Saint-Esprit. Par Jésus Christ notre Seigneur, qui vit et règne avec toi et le Saint-Esprit, un seul Dieu dans la gloire éternelle. *Amen.*

Préface de l'Incarnation

On prend la collecte ci-dessus et l'une des séries de lectures propres du jour de Noël pour chacun des jours de la semaine entre la fête des Saints Innocents et le premier dimanche après la Nativité.

Premier dimanche après la Nativité

La célébration de ce dimanche prime sur les trois jours de fêtes de saints qui suivent le jour de Noël. Si l'une de ces fêtes tombe ce dimanche, on l'observera, ainsi que celles qui la suivent, avec un jour de retard.

Dieu tout-puissant, tu as répandu sur nous la lumière nouvelle de ton Verbe fait chair. Nous t'en prions : puisqu'elle brûle en nos cœurs, fais qu'elle illumine notre vie tout entière. Par Jésus Christ notre Seigneur, qui vit et règne avec toi dans l'unité du Saint-Esprit, un seul Dieu, dans les siècles des siècles. *Amen.*

Preface de l'Incarnation

Le saint nom de Jésus *1er janvier*

Père éternel, le nom de Jésus que tu as donné à ton Fils incarné signifie déjà le salut qu'il nous porte : Nous t'en prions, enracine en chacun de nos cœurs l'amour de celui qui est le Sauveur du monde, Jésus, le Christ notre Seigneur. Lui qui vit et règne avec toi et le Saint-Esprit, un seul Dieu, dans la gloire éternelle. *Amen.*

Préface de l'Incarnation

Deuxième dimanche après la Nativité

O Dieu, toi qui as merveilleusement créé l'homme et, plus merveilleusement encore as rétabli sa dignité: Fais-nous participer à la divinité de celui qui a daigné partager notre humanité, ton Fils Jésus Christ. Lui qui vit et règne avec toi, dans l'unité du Saint-Esprit, un seul Dieu, dans les siècles des siècles. *Amen.*

Préface de l'Incarnation

Epiphanie *6 janvier*

O Dieu, tu as révélé ton Fils unique aux nations de la terre grâce à l'étoile qui les guidait : Puisque nous te connaissons déjà par la foi, conduis-nous jusqu'à la contemplation de ta splendeur. Par Jésus Christ notre Seigneur, qui vit et règne avec toi et le Saint-Esprit, un seul Dieu, dans les siècles des siècles. *Amen.*

Préface de l'Epiphanie

On prend la collecte précédente, avec le psaume et les lectures de l'Epiphanie ou ceux du deuxième dimanche après la Nativité, pour chacun des jours de la semaine entre l'Epiphanie et le dimanche qui suit. La préface est celle de l'Epiphanie.

Premier dimanche après l'Epiphanie : Baptême de Notre Seigneur

Père des cieux, quand Jésus fut baptisé au Jourdain, tu l'as proclamé ton Fils bien-aimé et tu l'as consacré par l'Esprit Saint: Accorde à ceux qui sont baptisés en son nom d'être fidèles à leurs promesses et de le proclamer sans crainte leur Seigneur et Sauveur. Lui qui vit et règne avec toi et le Saint-Esprit, un seul Dieu, dans les siècles des siècles. *Amen.*

Préface de l'Epiphanie

Deuxième dimanche après l'Epiphanie

Ton Fils, Dieu tout-puissant, est la lumière du monde : Accorde à ton peuple, illuminé par ta Parole et tes Sacrements , de rayonner de la gloire du Christ ; pour qu'il soit connu, adoré et obéi jusqu'aux extrémités de la terre. Lui qui vit et règne avec toi et le Saint-Esprit, un seul Dieu, maintenant et toujours. *Amen.*

Préface de l'Epiphanie ou du Jour du Seigneur

Troisième dimanche après l'Epiphanie

Accorde-nous, Seigneur, de répondre avec empressement à l'appel du Christ, notre Sauveur, et de proclamer à tous les peuples la Bonne Nouvelle du salut ; et nous pourrons avec l'univers entier, percevoir la gloire de son œuvre merveilleuse. Lui qui vit et règne avec toi et le Saint-Esprit, un seul Dieu, dans les siècles des siècles. *Amen.*

Préface de l'Epiphanie ou du Jour du Seigneur

Quatrième dimanche après l'Epiphanie

Dieu éternel et tout-puissant, qui régis l'univers du ciel et de la terre : Exauce en ta bonté, les prières de ton peuple, et fais à notre temps, la grâce de ta paix. Par Jésus Christ notre Seigneur, qui vit et règne avec toi et le Saint-Esprit, un seul Dieu, dans les siècles des siècles. *Amen.*

Préface de l'Epiphanie ou du Jour du Seigneur

Cinquième dimanche après l'Epiphanie

Libère-nous, O Dieu, de l'esclavage du péché et donne-nous cette vie en abondance que tu nous as manifestée dans ton Fils Jésus Christ, notre Sauveur. Lui qui vit et règne avec toi et le Saint-Esprit un seul Dieu, maintenant et toujours. *Amen.*

Préface de l'Epiphanie ou du Jour du Seigneur

Sixième dimanche après l'Epiphanie

O Dieu, force de ceux qui mettent en toi leur confiance : Dans ta bonté, accueille nos prières, et puisque sans toi, dans notre faiblesse, nous ne pouvons rien accomplir de bon, donne-nous le secours de ta grâce, afin qu'en observant tes commandements, nous puissions vouloir et agir de manière à te plaire. Par Jésus Christ notre Seigneur, qui vit et règne avec toi et le Saint-Esprit, un seul Dieu, dans les siècles des siècles. *Amen.*

Préface de l'Epiphanie ou du Jour du Seigneur

Septième dimanche après l'Epiphanie

Tu nous as appris, Seigneur, que sans l'Amour nos actions ne valent rien : Envoie ton Esprit-Saint, et répands en nos cœurs le don parfait de la charité, lien de la paix et de toutes les vertus, sans lequel tout vivant n'est que mort à tes yeux. Nous te le demandons pour l'amour de ton Fils unique, Jésus Christ. Lui qui vit et règne avec toi et le Saint-Esprit, un seul Dieu, maintenant et toujours. *Amen.*

Préface de l'Epiphanie ou du Jour du Seigneur

Huitième dimanche après l'Epiphanie

Père très-aimant, tu veux que nous te rendions grâce de tout, que nous n'ayons d'autre crainte que celle de te perdre, et que nous nous déchargions de tout souci sur toi qui prends soin de nous : De grâce, préserve-nous des angoisses du monde et de ce manque de foi qu'est la peur; qu'aucun nuage de cette vie mortelle ne nous cache la lumière de l'amour immortel que tu nous as manifesté dans ton Fils, Jésus Christ, notre Seigneur. Lui qui vit et règne avec toi, dans l'unité du Saint-Esprit, un seul Dieu, maintenant et toujours. *Amen.*

Préface de l'Epiphanie ou du Jour du Seigneur

Dernier dimanche après l'Epiphanie

On prend toujours ce propre, le dimanche qui précède le Mercredi des cendres.

Dieu tout-puissant, avant qu'il ne souffrît sa passion tu as révélé sur la montagne sainte, la gloire de ton Fils unique: Puisque nous contemplons par la foi la lumière de son visage, accorde-nous la force de porter notre croix, et de refléter de plus en plus l'image de sa gloire. Par Jésus Christ, notre Seigneur, qui vit et règne avec toi et le Saint-Esprit, un seul Dieu, dans les siècles des siècles. *Amen.*

Préface de l'Epiphanie

Mercredi des cendres

Le propre de ce jour est à la page 172.

Dieu éternel et tout-puissant, tu n'as de mépris pour aucune de tes œuvres, et tu pardonnes à ceux qui se repentent: Crée en nous un cœur pur, mets en nous un esprit nouveau; que, déplorant notre misère et nos fautes, nous obtenions de toi, Dieu de clémence, le pardon et la rémission de nos péchés. Par Jésus Christ notre Seigneur, qui vit et règne avec toi et le Saint-Esprit, un seul Dieu dans les siècles des siècles. *Amen.*

Préface du Carême

Cette collecte, ainsi que le psaume et les lectures qui y correspondent, sert pour les jours qui suivent, sauf lorsqu'il est indiqué autrement.

Premier dimanche du Carême

Nous t'en supplions, Dieu tout-puissant, toi dont le Fils bien-aimé, conduit par l'Esprit, a été tenté par Satan: Hâte-toi de nous secourir, car des tentations multiples nous assaillent; et, puisque tu connais nos faiblesses, fais-nous éprouver la force de ton salut. Par Jésus Christ, ton Fils, notre Seigneur, qui vit et règne avec toi et le Saint-Esprit, un seul Dieu, maintenant et toujours. *Amen.*

Préface du Carême

Les mercredi, vendredi et samedi de cette semaine sont traditionnellement les Quatre-Temps de printemps.

Deuxième dimanche du Carême

O Dieu, dont la gloire est de faire toujours miséricorde: Sois clément envers ceux qui se sont écartés de tes voies et ramène-les le cœur pénitent à une foi plus solide; qu'ils adhèrent à la vérité de ta Parole et y demeurent fermement attachés. Par Jésus Christ, ton Fils, qui vit et règne avec toi et le Saint-Esprit, un seul Dieu, dans les siècles des siècles. *Amen.*

Préface du Carême

Troisième dimanche du Carême

Tu le vois, Dieu tout-puissant, par nous mêmes nous n'avons aucune force pour nous défendre: Veille sur nos âmes et sur nos corps; pour que notre corps soit préservé de tout danger et notre âme purifée de toute pensée mauvaise. Par Jésus Christ notre Seigneur, qui vit et règne avec toi et le Saint-Esprit, un seul Dieu dans les siècles des siècles. *Amen.*

Préface du Carême

Quatrième dimanche du Carême

Père plein de bonté, ton Fils est descendu du ciel, pour être le pain véritable qui donne la vie au monde: Donne-nous toujours de ce pain; que le Christ demeure en nous et nous en lui. Car il vit et règne avec toi et le Saint-Esprit, un seul Dieu, maintenant et toujours.*Amen.*

Préface du Carême

Cinquième dimanche du Carême

Dieu tout-puissant, toi seul peux régler les passions et les volontés désordonnées des pécheurs: Donne à ton peuple d'aimer ce que tu commandes et de désirer ce que tu promets; pour que dans ce monde instable et agité nos cœurs s'établissent fermement là où se trouvent les vraies joies. Par Jésus Christ, tons Fils notre Seigneur, qui vit et règne avec toi et le Saint-Esprit, un seul Dieu, maintenant et toujours. *Amen.*

Préface du Carême

Dimanche de la Passion: dimanche des Rameaux

Le propre de ce jour est à la page 178.

Dieu éternel et tout-puissant, dans ta tendresse pour le genre humain, tu as envoyé ton Fils prendre notre nature et souffrir la mort de la croix : De grâce, accorde-nous, à l'exemple de sa grande humilité, de le suivre dans la voie de la souffrance et de partager aussi sa résurrection. Par Jésus Christ notre Seigneur, qui vit et règne avec toi et le Saint-Esprit, un seul Dieu dans les siècles des siècles. *Amen.*

Préface de la Semaine Sainte

Lundi de la Semaine Sainte

Dieu tout-puissant, ton Fils bien-aimé n'est monté dans la joie qu'après avoir connu la souffrance, il n'est entré dans la gloire qu'après la crucifixion: De grâce accorde-nous qu'en marchant dans la voie de la croix, nous découvrions qu'elle seule conduit à la vie et à la paix. Par Jésus Christ notre Seigneur, qui vit et règne avec toi, et le Saint-Esprit, un seul Dieu dans les siècles des siècles. *Amen.*

Préface de la Semaine Sainte

Mardi de la Semaine Sainte

O Dieu, par la passion de ton Fils bien-aimé, tu as fait de l'instrument d'une mort infâme le moyen de parvenir à la vie: Accorde-nous de nous glorifier dans la croix du Christ, pour souffrir volontiers avec lui l'opprobre et le dénuement. Lui qui vit et règne avec toi et le Saint-Esprit, un seul Dieu, dans les siècles des siècles. *Amen.*

Préface de la Semaine Sainte

Mercredi de la Semaine Sainte

Seigneur notre Dieu, ton Fils bien-aimé a livré son corps à ceux qui le frappaient, il n'a pas caché son visage aux crachats: Donne-nous la grâce d'accepter avec joie les souffrances du temps présent; puisque nous sommes sûrs de la gloire qui sera révélée en nous. Par Jésus Christ, ton Fils notre Seigneur, qui vit et règne avec toi et le Saint-Esprit, un seul Dieu dans les siècles des siècles. *Amen.*

Préface de la Semaine Sainte

Jeudi Saint

Le propre de ce jour est à la page 182.

Dieu tout-puissant, la veille de sa passion, ton Fils a institué le Sacrement de son Corps et de son Sang: Accorde-nous de le recevoir avec reconnaissance, en mémoire de celui qui nous donne, dans ces saints mystères, un gage de la vie éternelle. Lui qui vit et règne avec toi et le Saint-Esprit, un seul Dieu, dans les siècles des siècles. *Amen.*

Préface de la Semaine Sainte

Vendredi Saint

Le propre de ce jour est à la page 184.

Regarde, Dieu tout-puissant, la famille qui t'appartient; c'est pour elle que Jésus le Christ, notre Seigneur, a accepté d'être livré aux mains des pécheurs et de subir la mort sur la croix. Lui qui vit et règne avec toi et le Saint-Esprit, un seul Dieu, dans les siècles des siècles. *Amen.*

Samedi Saint

Le propre de ce jour est à la page 191.

O Dieu, créateur du ciel et de la terre, le corps crucifié de ton Fils bien-aimé a été mis au tombeau où il a reposé ce saint jour du Sabbat: De grâce, accorde-nous d'attendre avec lui le troisième jour, pour ressusciter avec lui, dans une vie nouvelle. Lui qui vit et règne avec toi et le Saint-Esprit, un seul Dieu, dans les siècles des siècles. *Amen.*

Le Jour de Pâques

La liturgie de la Vigile pascale est à la page 193.

O Dieu, pour nous racheter, tu as livré ton Fils unique à la mort de la croix et, par sa résurrection glorieuse, tu nous as arrachés au pouvoir de notre ennemi; Accorde-nous de mourir chaque jour au péché, pour vivre éternellement avec le Christ dans la joie de sa résurrection. Lui qui vit et règne avec toi et le Saint-Esprit, un seul Dieu, maintenant et toujours. *Amen.*

ou bien

Dieu qui as fait resplendir cette nuit très sainte par la gloire de la résurrection du Seigneur: Ravive en ton Eglise l'esprit filial qui nous est donné au baptême, afin que, renouvelés dans notre corps et notre âme, nous t'adorions en esprit et en vérité. Par Jésus Christ notre Seigneur, qui vit et règne avec toi dans l'unité du Saint-Esprit, un seul Dieu, maintenant et toujours. *Amen.*

ou bien

Dieu tout-puissant, par la victoire de ton Fils unique sur la mort, tu nous ouvres les portes de l'éternité: Nous t'en prions, puisque nous célébrons dans la joie le jour de la résurrection du Seigneur, que ton Esprit qui donne la vie nous ressuscite de la mort du péché. Par Jésus Christ notre Seigneur, qui vit et règne avec toi dans l'unité du Saint-Esprit, un seul Dieu, maintenant et toujours. *Amen.*

Préface de Pâques

Lundi de Pâques

Par ces fêtes pascales que nous célébrons avec vénération, accorde-nous, Dieu tout-puissant, d'être jugés dignes de parvenir aux joies éternelles, Par Jésus Christ, notre Seigneur, qui vit et règne avec toi et le Saint-Esprit, un seul Dieu, maintenant et toujours. *Amen.*

Préface de Pâques

Mardi de Pâques

O Dieu, par la résurrection glorieuse de ton Fils tu as détruit la mort et fait briller la vie immortelle; puisque nous sommes ressuscités avec lui, accorde-nous de demeurer en sa présence, et d'espérer joyeusement la gloire éternelle. Par Jésus Christ, notre Seigneur, qui vit et règne avec toi et le Saint-Esprit, un seul Dieu, maintenant et toujours. *Amen.*

Préface de Pâques

Mercredi de Pâques

Ton Fils bien-aimé, Dieu tout-puissant, s'est fait reconnaître à la fraction du pain; ouvre-nous les yeux, pour que par la foi, nous le contemplions dans toute son œuvre de salut. Lui qui vit et règne avec toi dans l'unité du Saint-Esprit, un seul Dieu, maintenant et toujours. *Amen.*

Préface de Pâques

Jeudi de Pâques

Dieu éternel et tout-puissant, par le mystère pascal tu as établi l'Alliance nouvelle de réconciliation: Accorde à tous ceux qui sont nés à nouveau au corps du Christ, d'exprimer par toute leur vie, ce qu'il professent par leur foi. Par Jésus Christ, notre Seigneur, qui vit et règne avec toi et le Saint-Esprit, un seul Dieu, dans les siècles des siècles. *Amen.*

Préface de Pâques

Vendredi de Pâques

Père tout-puissant, tu as livré ton Fils unique pour nos péchés et tu l'as ressuscité pour notre justification; de grâce purifie-nous du levain de méchanceté, pour te servir toujours par une vie pure et authentique. Par Jésus Christ, notre Seigneur, qui vit et règne avec toi et le Saint-Esprit, un seul Dieu dans les siècles des siècles. *Amen.*

Préface de Pâques

Samedi de Pâques

Nous te rendons grâce, Père saint, de nous avoir délivrés de la domination du péché et de la mort, pour nous introduire dans le royaume de ton Fils; nous t'en prions, puisque par sa mort il nous a ramené à la vie, que par son amour il nous élève aux joies éternelles. Lui qui vit et règne avec toi dans l'unité du Saint-Esprit, un seul Dieu, maintenant et toujours. *Amen.*

Préface de Pâques

Deuxième dimanche de Pâques

Dieu éternel et tout-puissant, par le mystère pascal tu as établi l'Alliance nouvelle de réconciliation: Accorde à tous ceux qui sont nés à nouveau au corps du Christ, d'exprimer par toute leur vie, ce qu'ils professent par leur foi. Par Jésus Christ, notre Seigneur, qui vit et règne avec toi et le Saint-Esprit, un seul Dieu, dans les siècles des siècles. *Amen.*

Préface de Pâques

Troisième dimanche de Pâques

Ton Fils bien-aimé, Dieu tout-puissant, s'est fait reconnaître à la fraction du pain; ouvre-nous les yeux, pour que par la foi, nous le contemplions dans toute son œuvre de salut. Lui qui vit et règne avec toi dans l'unité du Saint-Esprit, un seul Dieu, maintenant et toujours. *Amen.*

Préface de Pâques

Quatrième dimanche de Pâques

Seigneur notre Dieu, ton Fils Jésus est le bon berger de ton peuple : Accorde-nous de le reconnaître, lorsque nous l'entendons nous appeler chacun par notre nom ; et de le suivre là où il nous mène. Lui qui vit et règne avec toi et le Saint-Esprit, un seul Dieu, dans les siècles des siècles. *Amen.*

Prèface de Pâques

Cinquième dimanche de Pâques

Dieu tout-puissant, la vie éternelle c'est de te connaître, toi et celui que tu as envoyé : Accorde-nous de reconnaître en ton Fils, la voie, la vérité et la vie, pour marcher à sa suite sur le chemin d'éternité. Par Jésus Christ, ton Fils, notre Seigneur, qui vit et règne avec toi et le Saint Esprit, un seul Dieu, dans les siècles des siècles. *Amen.*

Préface de Pâques

Sixième dimanche de Pâques

Pour ceux qui t'aiment, tu as préparé, Seigneur, des biens qu'on ne saurait concevoir : Répands en nos cœur un tel amour pour toi que t'aimant en toute chose et par-dessus tout, nous obtenions de toi l'héritage promis qui surpasse tout désir. Par Jésus Christ notre Seigneur, qui vit et règne avec toi et le Saint-Esprit, un seul Dieu, dans les siècles des siècles. *Amen.*

Préface de Pâques

Lundi, mardi et mercredi de cette semaine sont les jours traditionnels des Rogations.

Ascension du Seigneur

Dieu tout-puissant, dans son ascension au plus haut des cieux, ton Fils bien-aimé a rempli l'univers : Aide-nous à percevoir par la foi que, selon sa promesse, il est présent dans son Eglise jusqu'à la fin des temps. Par Jésus Christ notre Seigneur, qui vit et règne avec toi et le Saint-Esprit, un seul Dieu, dans la gloire éternelle. *Amen*

ou bien

Dieu tout-puissant, puisque nous croyons que ton Fils unique Jésus Christ notre Seigneur est monté au ciel : Accorde-nous d'élever nos cœurs vers la demeure des cieux et avec lui d'y vivre toujours. Lui qui vit et règne avec toi et le Saint-Esprit, un seul Dieu, dans les siècles des siècles. *Amen.*

Préface de l'Ascension

Sauf lorsqu'il est indiqué autrement, on prend l'une ou l'autre de ces collectes, avec le psaume et les lectures propres, pour les deux jours qui suivent.

Septième dimanche de Pâques : le dimanche après l'Ascension

O Dieu, roi de gloire, c'est toi qui as fait monter triomphalement ton Fils unique dans le royaume des cieux : Ne nous laisse pas sans soutien, mais envoie-nous ton Esprit-Saint pour qu'il nous fortifie et élève nos cœurs vers cette demeure où le Christ nous a précédés. Lui qui vit et règne avec toi et le Saint-Esprit, un seul Dieu, dans la gloire éternelle. *Amen.*

Préface de l'Ascension

La Pentecôte

Quand on célèbre la Vigile de la Pentecôte, la liturgie commence par l'office du Lucernaire à la page 71 (on peut remplacer le Phos hilaron par le Gloria in excelsis), suivi de la salutation et de la collecte de la fête. Avant l'évangile on lit au moins trois des lectures indiquées, suivies d'un psaume, cantique biblique ou hymne. La célébration du baptême, de la confirmation (à partir de la présentation des candidats) ou le renouvellement des promesses du Baptême à la page 200, suit l'homélie.

Aujourd'hui, Dieu tout-puissant, par l'Esprit-Saint accordé selon ta promesse, tu ouvres le chemin de la vie éternelle à toutes les races et toutes les nations : Répands ce don sur l'immensité du monde ; que par la prédication de l'Evangile , il atteigne les extrémités de la terre. Par Jésus Christ notre Seigneur, qui vit et règne avec toi, dans l'unité du Saint-Esprit, un seul Dieu, dans les siècles des siècles. *Amen.*

ou bien

O Dieu, en ce jour, tu as instruit le cœur de tes fidèles par la lumière du Saint-Esprit : Par lui fais-nous apprécier ce qui est juste ; et donne-nous d'éprouver sans cesse le réconfort de sa présence. Par Jésus Christ ton Fils, notre Seigneur, qui vit et règne, avec toi et le Saint-Esprit, un seul Dieu, dans les siècles des siècles. *Amen.*

Préface de la Pentecôte

Dans la semaine qui suit, on prend le propre dont le numéro correspond le plus à la date de la Pentecôte cette année-là. Voir à la page 120.

Les mercredi, vendredi et samedi de cette semaine sont traditionnellement les Quatre-Temps d'été.

Premier dimanche après la Pentecôte : La Trinité

Dieu éternel et tout-puissant, par la confession de la vraie foi tu accordes à tes serviteurs la grâce de reconnaître la gloire de l'éternelle Trinité et d'adorer son unité dans la puissance de sa majesté; garde-nous fermes dans cette foi pour nous conduire enfin à la vision de ta gloire une et éternelle. O Père qui vit et règne avec le Fils et le Saint-Esprit, un seul Dieu dans les siècles des siècles. *Amen.*

Préface du dimanche de la Trinité

On utilise pour les jours de la semaine qui suivent, le propre dont le numéro correspond le plus à la date du dimanche de la Trinité de cette année.

Le Temps après la Pentecôte

Les directives pour l'emploi des Collectes qui suivent se trouvent à la page 120.

Propre 1 *Semaine du dimanche le plus proche du 11 mai*

Souviens-toi Seigneur, de ce que tu as accompli en nous et non pas de ce que nous méritons, et puisque tu nous appelles à ton service, rends-nous dignes de notre vocation. Par Jésus Christ notre Seigneur, qui vit et règne avec toi et le Saint-Esprit, un seul Dieu maintenant et toujours. *Amen.*

On n'emploie pas de préface propre

Propre 2 *Semaine du dimanche le plus proche du 18 mai*

Dieu de puissance et de miséricorde, dans ta bonté écarte de nous tout ce qui peut nous nuire : afin que sans aucune entrave ni d'esprit, ni de corps, nous accomplissions d'un cœur libre ce qui rejoint ta volonté. Par Jésus Christ notre Seigneur, qui vit et règne avec toi et le Saint Esprit, un seul Dieu maintenant et toujours. *Amen.*

On n'emploie pas de préface propre

Propre 3 *Le dimanche le plus proche du 25 mai*

Fais que les événements du monde, Seigneur, se déroulent dans la paix selon ton dessein. et que ton Eglise connaisse la joie de te servir dans une confiante sérénité. Par Jésus Christ notre Seigneur, qui vit et règne avec toi et le Saint-Esprit, un seul Dieu dans les siècles des siècles. *Amen.*

Préface du jour du Seigneur

Propre 4 *Le dimanche le plus proche du 1er juin*

O Dieu, ta Providence infaillible ordonne toute chose au ciel et sur la terre: Nous t'en prions, écarte de nous tout ce qui peut nous nuire et donne-nous ce qui nous est salutaire. Par Jésus Christ notre Seigneur, qui vit et règne avec toi et le Saint-Esprit, un seul Dieu dans les siècles des siècles. *Amen.*

Préface du jour du Seigneur

Propre 5 *Le dimanche le plus proche du 8 juin*

O Dieu, source de tout bien, inspire-nous de concevoir ce qui est juste et, dans ta miséricorde, aide-nous à l'accomplir. Par Jésus Christ notre Seigneur qui vit et règne avec toi et le Saint-Esprit, un seul Dieu, dans les siècles des siècles. *Amen.*

Préface du jour du Seigneur

Propre 6 *Le dimanche le plus proche du 15 juin*

Maintiens, Seigneur, l'Eglise, ta famille dans un amour inlassable et une foi constante ; aide-nous à proclamer ta vérité avec audace et à servir ta justice avec compassion . Par Jésus Christ notre Sauveur, qui vit et règne avec toi et le Saint-Esprit, un seul Dieu dans les siècles des siècles. *Amen.*

Préface du Jour du Seigneur

Propre 7 *Le dimanche le plus proche du 22 juin*

Seigneur, accorde-nous de glorifier et d'aimer toujours ton saint Nom, car jamais ta Providence n'abandonne ceux que tu as fondés dans la solidité de ton amour. Par Jésus Christ notre Seigneur, qui vit et règne avec toi et le Saint-Esprit, un seul Dieu dans les siècles des siècles. *Amen.*

Préface du Jour du Seigneur

Propre 8 *Le dimanche le plus proche du 29 juin*

Dieu tout-puissant, l'Eglise que tu construis a les apôtres et les prophètes pour fondation, le Christ en est la pierre angulaire : Donne-nous de trouver dans leur témoignage la cohésion et l'unité qui fassent de nous un temple saint érigé à ta gloire. Par Jésus Christ notre Seigneur, qui vit et règne avec toi et le Saint-Esprit, un seul Dieu dans les siècles des siècles. *Amen.*

Préface du Jour du Seigneur

Propre 9 *Le dimanche le plus proche du 6 juillet*

Tu nous as appris, Seigneur, qu'en t'aimant et en aimant notre prochain, nous gardons tous tes commandements: Donne-nous la grâce de ton Saint-Esprit; pour que nous nous consacrions à toi de tout notre cœur et qu'une affection sincère nous unisse. Par Jésus Christ notre Seigneur, qui vit et règne avec toi et le Saint-Esprit, un seul Dieu dans les siècles des siècles. *Amen.*

Préface du Jour du Seigneur

Propre 10 *Le dimanche le plus proche du 13 juillet*

Seigneur, dans ta bonté, réponds aux appels de ton peuple en prière ; donne à chacun de discerner ce qu'il doit faire et soutiens-le par ta grâce pour l'accomplir. Par Jésus Christ notre Seigneur, qui vit et règne avec toi et le Saint-Esprit, un seul Dieu maintenant et toujours. *Amen.*

Préface du Jour du Seigneur

Propre 11 *Le dimanche le plus proche du 20 juillet*

Dieu tout-puissant, source de toute sagesse, tu connais nos besoins avant même que nous ne les exprimions et tu sais l'insuffisance de notre prière: Aie pitié de notre faiblesse et, dans ta miséricorde, donne-nous ce que, dans notre indignité nous n'osons demander, ou dans notre aveuglement, nous ne savons pas te dire. Par les mérites de Jésus Christ notre Seigneur, lui qui vit et règne avec toi et le Saint-Esprit, un seul Dieu maintenant et toujours. *Amen.*

Préface du Jour du Seigneur

Propre 12 *Le dimanche le plus proche du 27 juillet*

Tu protèges, Seigneur, ceux qui mettent en toi leur confiance ; sans toi, rien n'est fort, rien n'est saint : multiplie pour nous tes gestes de miséricorde afin que, sous ta conduite, en faisant un bon usage des biens qui passent, nous ne perdions pas ceux de l'éternité. Par Jésus Christ notre Seigneur, qui vit et règne avec toi et le Saint-Esprit, un seul Dieu dans les siècles des siècles. *Amen.*

Préface du Jour du Seigneur

Propre 13 *Le dimanche le plus proche du 3 août*

Seigneur, que ton amour inlassable, purifie ton Eglise et la défende ; et, puisque sans toi elle ne peut être en sûreté, dans ta bonté, protège-la et gouverne-la toujours. Par Jésus Christ notre Seigneur, qui vit et règne avec toi et le Saint-Esprit, un seul Dieu dans les siècles des siècles. *Amen.*

Préface du Jour du Seigneur

Propre 14 *Le dimanche le plus proche du 10 août*

Inspire-nous Seigneur, de toujours concevoir ce qui est juste et de l'accomplir avec empressement ; et, puisque sans toi nous ne pouvons exister, fais-nous vivre selon ta volonté. Par Jésus Christ notre Seigneur, qui vit et règne avec toi et le Saint-Esprit, un seul Dieu dans les siècles des siècles. *Amen.*

Préface du Jour du Seigneur

Propre 15 *Le dimanche le plus proche du 17 août*

Dieu tout-puissant, tu nous as donné comme exemple de vie sainte, le Fils que tu as livré pour nous ; de grâce accorde-nous de recueillir avec reconnaissance les fruits de sa rédemption et de suivre chaque jour la voie qu'il a tracée. Par Jésus Christ ton Fils, notre Seigneur, qui vit et règne avec toi et le Saint-Esprit, un seul Dieu maintenant et toujours. *Amen.*

Préface du Jour du Seigneur

Propre 16 *Le dimanche le plus proche du 24 août*

Permets, Dieu tout-puissant, que ton Eglise rassemblée par l'Esprit Saint, manifeste ta puissance parmi tous les peuples, à la gloire de ton nom. Par Jésus Christ notre Seigneur, qui vit et règne avec toi et le Saint-Esprit, un seul Dieu dans les siècles des siècles. *Amen.*

Préface du Jour du Seigneur

Propre 17 *Le dimanche le plus proche du 31 août*

Dieu puissant, auteur de tout don parfait, enracine en nos cœurs l'amour de ton nom et fais-y grandir une foi véritable ; que ta bienveillance la nourrisse et produise en nous des fruits qui te plaisent. Par Jésus Christ notre Seigneur, qui vit règne avec toi et le Saint-Esprit, un seul Dieu dans les siècles des siècles. *Amen.*

Préface du Jour du Seigneur

Propre 18 *Le dimanche le plus proche du 7 septembre*

Accorde-nous Seigneur, de nous confier à toi de tout notre cœur; car si tu repousses les orgueilleux qui ne se fient qu'à leurs propres forces, tu n'abandonnes jamais ceux qui se glorifient de ta miséricorde. Par Jésus Christ notre Seigneur, qui vit et règne avec toi et le Saint-Esprit, un seul Dieu, maintenant et toujours. *Amen.*

Préface du Jour du Seigneur

Propre 19 *Le dimanche le plus proche du 14 septembre*

Seigneur, puisque sans toi il nous est impossible de te plaire, que ton Esprit Saint guide nos cœurs et les dirige en toutes choses. Par Jésus Christ notre Seigneur, qui vit et règne avec toi et le Saint-Esprit, un seul Dieu, maintenant et toujours. *Amen.*

Préface du Jour du Seigneur

Les mercredi, vendredi et samedi de cette semaine sont traditionnellement les Quatre-temps d'automne.

Propre 20 *Le dimanche le plus proche du 21 septembre*

Accorde-nous, Seigneur, d'avoir plus l'amour des biens du ciel que le souci des choses de la terre, et, dans cette vie passagère, de nous attacher à ce qui demeure. Par Jésus Christ notre Seigneur, qui vit et règne avec toi et le Saint-Esprit, un seul Dieu dans les siècles des siècles. *Amen.*

Préface du Jour du Seigneur

Propre 21 *Le dimanche le plus proche du 28 septembre*

O Dieu, qui donnes la preuve la plus sûre de ta puissance, lorsque tu prends pitié et pardonnes : Répands sur nous la plénitude de ta grâce; qu'en nous hâtant vers les biens que tu promets, nous ayons part aux richesses du Royaume. Par Jésus Christ notre Seigneur, qui vit et règne avec toi et le Saint-Esprit, un seul Dieu dans les siècles des siècles. *Amen.*

Préface du Jour du Seigneur

Propre 22 *Le dimanche le plus proche du 5 octobre*

Dieu tout-puissant, plus fidèle à écouter nos prières que nous ne le sommes à les adresser, tu combles ceux qui t'implorent bien au-delà de leurs mérites et de leurs désirs : Répands sur nous ta miséricorde en délivrant notre conscience de ce qui l'inquiète, et en nous accordant ce que nous ne sommes dignes de demander que par les mérites de Jésus Christ, notre médiateur et Sauveur. Lui qui vit et règne avec toi et le Saint-Esprit, un seul Dieu dans les siècles des siècles. *Amen.*

Préface du Jour du Seigneur

Propre 23 *Le dimanche le plus proche du 12 octobre*

Nous t'en prions, Seigneur, que ta grâce nous devance et qu'elle nous accompagne toujours, pour nous rendre attentifs à faire le bien sans relâche. Par Jésus Christ notre Seigneur, qui vit et règne avec toi et le Saint-Esprit, un seul Dieu, maintenant et toujours. *Amen.*

Préface du Jour du Seigneur

Propre 24 *Le dimanche le plus proche du 19 octobre*

Dieu éternel et tout-puissant, dans le Christ tu as révélé ta gloire à tous les peuples : Protège l'œuvre de ton amour, afin que ton Eglise, partout dans le monde, demeure inébranlable dans la foi pour proclamer ton Nom. Par Jésus Christ notre Seigneur, qui vit et règne avec toi et le Saint-Esprit, un seul Dieu, dans les siècles des siècles. *Amen.*

Préface du Jour du Seigneur

Propre 25 *Le dimanche le plus proche du 26 octobre*

Dieu éternel et tout-puissant, augmente en nous la foi, l'espérance et la charité ; et, pour que nous puissons obtenir ce que tu promets, fais-nous aimer ce que tu commandes. Par Jésus Christ notre Seigneur, qui vit et règne avec toi et le Saint-Esprit, un seul Dieu, dans les siècles des siècles. *Amen.*

Préface du Jour du Seigneur

Propre 26 *Le dimanche le plus proche du 2 novembre*

Dieu de puissance et de miséricorde, c'est ta grâce seule qui donne à tes fidèles de pouvoir vraiment te servir : Accorde-nous de courir sans que rien ne nous arrête vers les biens que tu promets. Par Jésus Christ notre Seigneur, qui vit et règne avec toi et le Saint-Esprit, un seul Dieu, dans les siècles des siècles. *Amen.*

Préface du Jour du Seigneur

Propre 27 *Le dimanche le plus proche du 9 novembre*

O Dieu, ton Fils bien-aimé est venu dans le monde pour détruire les œuvres de Satan et faire de nous tes enfants, héritiers de la vie éternelle : Puisque nous avons cette espérance, accorde-nous d'être purifiés à son image, afin qu'à son retour dans la gloire nous lui soyons semblables éternellement dans le royaume. Lui qui vit et règne avec toi et le Saint-Esprit, dans les siècles des siècles. *Amen.*

Préface du Jour du Seigneur

Propre 28 *Le dimanche le plus proche du 16 novembre*

Tu as voulu Seigneur, que la Sainte Ecriture soit rédigée pour notre instruction : donne-nous de l'écouter, de la lire, de la méditer, de l'apprendre et de nous en nourrir; pour être affermis pour toujours dans l'espérance de la vie éternelle que tu nous donnes en Jésus Christ notre Sauveur. Lui qui vit et règne avec toi et le Saint-Esprit, un seul Dieu, dans les siècles des siècles. *Amen.*

Préface du Jour du Seigneur

Propre 29 *Le dimanche le plus proche du 23 novembre*

Dieu éternel et tout-puissant, tu as voulu renouveler toutes choses en ton Fils bien-aimé, Roi des rois et Seigneur des seigneurs : Dans ton amour, accorde à tous les peuples de la terre, divisés et asservis par le péché, d'être libérés et rassemblés dans son règne d'amour. Lui qui vit et règne avec toi et le Saint-Esprit, un seul Dieu, maintenant et toujours. *Amen.*

Préface du Jour du Seigneur ou du Baptême

Propre des fêtes

Saint André *30 novembre*

Dieu tout-puissant, c'est par ta grâce qu'André, ton apôtre, a répondu aussitôt à l'appel de ton Fils et qu'il a amené avec lui son frère: Puisque ta Parole nous appelle, accorde-nous de suivre le Christ sans délai et de conduire à lui tous nos proches. Lui qui vit et règne avec toi et le Saint-Esprit, maintenant et toujours. *Amen.*

Préface des apôtres

Saint Thomas *21 décembre*

Dieu vivant, tu as raffermi ton apôtre Thomas dans sa foi en la résurrection de ton Fils : Accorde-nous de croire sans doute aucun en Jésus Christ et de façon si parfaite que notre foi ne soit jamais défaillante. Par Jésus Christ notre Seigneur, qui vit et règne avec toi et le Saint-Esprit, un seul Dieu, maintenant et toujours. *Amen.*

Préface des apôtres

Saint Etienne *26 décembre*

Nous te rendons grâce, Seigneur de gloire, pour l'exemple d'Etienne, le premier de tes martyrs, lui qui leva les yeux au ciel et pria pour ses persécuteurs le Christ glorieux qui se tient à ta droite. Lui qui vit et règne avec toi et le Saint-Esprit, un seul Dieu dans les siècles des siècles. *Amen.*

Préface de l'Incarnation

Saint Jean *27 décembre*

Répands sur ton Eglise, Seigneur, l'éclat de ta lumière : Qu'illuminés par l'enseignement de Jean, ton apôtre et évangéliste, nous puissons marcher dans la lumière de ta vérité, pour atteindre la plénitude de la vie éternelle. Par Jésus Christ notre Seigneur, qui vit et règne avec toi et le Saint-Esprit, un seul Dieu dans les siècles des siècles. *Amen.*

Préface de l'Incarnation

Saints Innocents *28 décembre*

O Dieu, nous faisons aujourd'hui mémoire du massacre des Saints Innocents de Bethléem : Nous t'en prions, répands ta miséricorde sur toutes les victimes innocentes , fais échouer les desseins mauvais des tyrans et bâtis ton règne de justice, d'amour et de paix. Par Jésus Christ notre Seigneur, qui vit et règne avec toi et le Saint-Esprit, un seul Dieu dans les siècles des siècles. *Amen.*

Préface de l'Incarnation

Confession de Saint Pierre *18 janvier*

Père tout-puissant, c'est toi qui as inspiré Simon Pierre, le premier des apôtres, à confesser Jésus comme Messie, le Fils du Dieu vivant : Maintiens fermement ton Eglise sur le roc de cette foi, afin que nous demeurions dans l'unité et la paix pour proclamer l'unique vérité et suivre le seul

Seigneur, Jésus Christ notre Sauveur. Lui qui vit et règne avec toi et le Saint-Esprit, un seul Dieu, maintenant et toujours. *Amen.*

Préface des apôtres

Conversion de Saint Paul *25 janvier*

O Dieu, par la prédication de Paul, ton apôtre, tu as fait briller la lumière de l'Evangile partout dans le monde : Nous t'en prions, puisque nous gardons le souvenir émerveillé de sa conversion, fais que nous te montrions notre reconnaissance en suivant son enseignement. Par Jésus Christ, notre Seigneur, qui vit et règne avec toi dans l'unité du Saint-Esprit, un seul Dieu, maintenant et toujours. *Amen.*

Préface des apôtres

Présentation *2 février*

Dieu éternel et tout-puissant, ton Fils unique fut en ce jour présenté au Temple : Fais, nous t'en prions, que nous puissions aussi avec une âme purifiée être présentés devant toi par Jésus le Christ notre Seigneur. Lui qui vit et règne avec toi et le Saint-Esprit, un seul Dieu, maintenant et toujours. *Amen.*

Préface de l'Epiphanie

Saint Matthias *24 février*

Dieu tout-puissant, à la place de Judas, tu as choisi Matthias, ton fidèle serviteur, pour être du nombre des douze : Préserve ton Eglise des faux apôtres et donne-lui toujours pour la gouverner des pasteurs fidèles et véridiques. Par Jésus Christ notre Seigneur, qui vit et règne avec toi, dans l'unité du Saint-Esprit, un seul Dieu, maintenant et toujours. *Amen.*

Préface des apôtres

Saint Joseph *19 mars*

Seigneur Dieu, tu as suscité Joseph, de la race de David, pour être le protecteur de ton Fils incarné et l'époux de la Vierge, sa Mère : Donne-nous la grâce d'imiter sa vie intègre et son obéissance à tes commandements. Par Jésus Christ notre Seigneur, qui vit et règne avec toi et le Saint-Esprit, un seul Dieu dans les siècles des siècles. *Amen.*

Préface de l'Epiphanie

Annonciation *25 mars*

Répands, Seigneur, ta grâce en nos cœurs : Par le message de l'ange tu nous as fait connaître l'incarnation de ton Fils bien-aimé ; conduis-nous par sa passion et par sa croix, jusqu'à la gloire de sa résurrection. Lui qui vit et règne avec toi dans l'unité du Saint-Esprit, un seul Dieu, maintenant et toujours. *Amen.*

Préface de l'Epiphanie

Saint Marc *25 avril*

Par la main de Marc, l'évangéliste, tu as donné à ton Eglise, Dieu tout-puissant, la Bonne Nouvelle de Jésus Christ, Fils de Dieu : Nous te rendons grâce pour son témoignage et nous t'en prions, établis-nous fermement dans sa vérité. Par Jésus Christ notre Seigneur, qui vit et règne avec toi et le Saint-Esprit, un seul Dieu, dans les siècles des siècles. *Amen.*

Préface de tous les saints

Saint Philippe et Saint Jacques *1er mai*

Tu as donné, Dieu tout-puissant, à tes apôtres Philippe et Jacques, la grâce et la force de rendre témoignage à la vérité : Puisque nous faisons mémoire de leur foi victorieuse, accorde-nous de glorifier, dans la vie comme dans la mort, le nom de Jésus Christ. Lui qui vit et règne avec toi et le Saint-Esprit, un seul Dieu, maintenant et toujours. *Amen.*

Préface des apôtres

Visitation *31 mai*

C'est par ta grâce, Père des cieux, que la Vierge Mère de ton Fils incarné a été bénie en le portant dans son sein et plus encore en mettant ta parole en pratique : Puisque nous célébrons l'exaltation de ton humble servante, accorde-nous de suivre l'exemple de son attachement à ta volonté. Par Jésus Christ, notre Seigneur, qui vit et règne avec toi et le Saint-Esprit, un seul Dieu, dans les siècles des siècles. *Amen.*

Préface de l'Epiphanie

Saint Barnabé *11 juin*

Accorde-nous Seigneur, de suivre l'exemple de Barnabé, ton fidèle serviteur, lui qui, négligeant sa propre renommée pour le bien de ton Eglise, a donné généreusement de sa vie et de sa fortune pour le secours des pauvres et l'expansion de l'Evangile. Par Jésus Christ notre Seigneur, qui vit et règne avec toi et le Saint-Esprit, un seul Dieu, dans les siècles des siècles. *Amen.*

Préface des apôtres

Nativité de Saint Jean-Baptiste *24 juin*

Dieu tout-puissant, dans ta providence tu as permis la naissance miraculeuse de Jean-Baptiste, et tu l'as envoyé préparer le chemin de ton Fils en prêchant la repentance: Accorde-nous de suivre son enseignement et l'exemple de sa vie sainte ; que nous vivions sincèrement le repentir qu'il a prêché et que, comme lui, nous soyons véridiques dans nos paroles, courageux pour combattre le péché et prêts à souffrir patiemment pour la vérité. Par Jésus-

Christ, ton Fils notre Seigneur, qui vit et règne avec toi et le Saint-Esprit, un seul Dieu, dans les siècles des siècles. *Amen.*

Préface de l'Avent

Saint Pierre et Saint Paul *29 juin*

Dieu tout-puissant, tu as été glorifié par le martyre des saints apôtres Pierre et Paul: Accorde à ton Eglise, instruite par leur exemple, formée par leur enseignement et unie par les liens de l'Esprit de s'appuyer fermement sur son unique fondement, Jésus le Christ notre Seigneur. Lui qui vit et règne avec toi, dans l'unité du Saint-Esprit, un seul Dieu; maintenant et toujours. *Amen.*

Préface des apôtres

Sainte Marie-Madeleine *22 juillet*

Dieu tout-puissant, ton Fils bien-aimé a redonné à Marie-Madeleine la santé du corps et de l'âme, et il l'a appelée à témoigner de sa résurrection : Accorde-nous dans ta miséricorde d'être guéris de toute infirmité et de te connaître dans la puissance de la vie immortelle du Christ. Lui qui vit et règne avec toi et le Saint-Esprit, un seul Dieu, maintenant et toujours. *Amen.*

Préface de tous les saints

Saint Jacques *25 juillet*

Dieu de bonté, nous faisons aujourd'hui mémoire de l'apôtre Jacques, le premier des douze à souffrir le martyre pour le nom de Jésus Christ : Répands, nous t'en prions, sur ceux qui dirigent ton Eglise cet esprit de service désintéressé qui seul leur donnera une autorité véritable parmi ton peuple. Par Jésus Christ notre Seigneur, qui vit et règne avec toi et le Saint-Esprit, un seul Dieu, maintenant et toujours. *Amen.*

Préface des apôtres

Transfiguration *6 août*

O Dieu, qui sur la montagne as révélé à des témoins choisis ton Fils unique merveilleusement transfiguré: délivre-nous de l'inquiétude de ce monde, pour nous faire contempler, par la foi, le Christ dans sa splendeur. Lui qui vit et règne avec toi et le Saint-Esprit, un seul Dieu dans les siècles des siècles. *Amen.*

Préface de l'Epiphanie

Le Sainte Vierge Marie *15 août*

O Dieu qui as pris auprès de toi la bienheureuse Vierge Marie, la Mère de ton Fils: Accorde-nous d'avoir part avec elle à la gloire de ton règne éternel, puisque nous avons nous aussi été rachetés par le sang du Christ. Lui qui vit et règne avec toi et le Saint-Esprit, un seul Dieu, maintenant et toujours. *Amen.*

Préface de l'Incarnation

Saint Barthélémy *24 août*

Dieu éternel et tout-puissant, toi qui as fait la grâce à ton apôtre Barthélemy de croire en ta Parole et de l'annoncer avec foi : Donne à ton Eglise d'aimer ce qu'il a cru et de prêcher ce qu'il a enseigné. Par Jésus Christ notre Seigneur, qui vit et règne avec toi et le Saint-Esprit, un seul Dieu dans les siècles des siècles. *Amen.*

Préface des apôtres

La sainte Croix *14 septembre*

Dieu tout-puissant, toi dont le Fils a été élevé sur la croix pour qu'il attire à lui le monde entier: Accorde-nous la grâce de prendre notre croix et de le suivre, puisque nous nous glorifions dans le mystère de notre rédemption. Par

Jésus Christ notre Seigneur, qui vit et règne avec toi et le Saint-Esprit, un seul Dieu dans la gloire éternelle. *Amen.*

Préface de la semaine sainte

Saint Matthieu *14 septembre*

Nous te rendons grâce, Père des cieux, pour le témoignage que Matthieu, ton apôtre et évangéliste, a rendu à la Bonne Nouvelle de Jésus Christ, notre Sauveur: Nous t'en prions, qu'à son exemple nous soyons toujours prêts à répondre à l'appel du Christ et à marcher à sa suite. Lui qui vit et règne avec toi et le Saint-Esprit, un seul Dieu, maintenant et toujours. *Amen.*

Préface des apôtres

Saint Michel et tous les anges *29 septembre*

Dieu éternel, tu as disposé dans un ordre admirable le ministère des anges et des hommes: Daigne nous donner pour protecteurs sur la terre ceux qui dans le ciel t'entourent et te servent. Par Jésus Christ notre Seigneur, qui vit et règne avec toi et le Saint-Esprit, un seul Dieu dans les siècles des siècles. *Amen.*

Préface du dimanche de la Trinité

Saint Luc *18 octobre*

Dieu tout-puissant, c'est toi qui as inspiré à Luc le médecin de proclamer dans son évangile l'amour et la force de guérison de ton Fils: De grâce, conserve à ton Eglise ce pouvoir et cet amour; qu'ils servent à la louange et à la gloire de ton nom. Par Jésus Christ notre Seigneur, qui vit et règne avec toi et le Saint-Esprit, un seul Dieu maintenant et toujours. *Amen.*

Préface de tous les saints

Saint Jacques de Jérusalem *23 octobre*

Accorde-nous Seigneur, qu'à l'exemple de Jacques le juste, le frère du Seigneur, ton Eglise se consacre continuellement à la prière et à la réconciliation. Par Jésus Christ notre Seigneur, qui vit et règne avec toi et le Saint-Esprit, un seul Dieu, maintenant et toujours. *Amen.*

Préface de tous les saints

Saint Simon et Saint Jude *28 octobre*

Nous te rendons grâce, Dieu tout-puissant, pour le glorieux collège apostolique, et tout particulièrement en ce jour, pour Simon et Jude: dans leur mission, ils ont été zélés et fidèles; accorde-nous la même ardeur pour faire connaître la miséricorde et l'amour de Jésus Christ notre Sauveur. Lui qui vit et règne avec toi et le Saint-Esprit, un seul Dieu, dans les siècles des siècles. *Amen.*

Préface des apôtres

Toussaint *1er novembre*

Dieu tout-puissant, tu rassembles tes élus dans une même communauté, le corps mystique de ton Fils, le Christ notre Seigneur: Accorde-nous la grâce de suivre tes saints dans leur vie de piété et de vertu, pour parvenir à ces joies ineffables que tu as préparées pour tous ceux qui t'aiment en vérité. Par Jésus Christ notre Seigneur, qui vit et règne avec toi et le Saint-Esprit, un seul Dieu, dans le gloire éternelle. *Amen.*

Préface de tous les saints

Fêtes civiles

Fête de l'indépendance des Etats-Unis *4 juillet*

Seigneur, Dieu tout-puissant, c'est en ton nom que les fondateurs de cette nation ont conquis l'indépendance, pour eux-mêmes comme pour nous; ils ont allumé le flambeau de la liberté pour des nations encore à naître: Accorde-nous, ainsi qu'à tout le peuple de ce pays, la grâce de maintenir nos libertés dans la justice et dans la paix. Par Jésus Christ notre Seigneur, qui vit et règne avec toi et le Saint-Esprit, un seul Dieu, dans les siècles des siècles. *Amen.*

Pour célébrer cette fête ou une autre fête nationale, on peut aussi prendre la collecte «Pour la nation» à la page 167.

Préface du dimanche de la Trinité

Jour d'action de grâce

Nous te rendons grâce, Père plein de bonté, pour les fruits de la terre selon leur saison et pour le labeur de ceux qui les récoltent. Nous t'en prions, fais de nous des intendants fidèles de tes dons généreux; que nous puissions, pour ta gloire, pourvoir à nos nécessités et soulager ceux qui sont dans le dénuement. Par Jésus Christ notre Seigneur, qui vit et règne avec toi et le Saint-Esprit, un seul Dieu, maintenant et toujours. *Amen.*

On peut prendre comme Prière des fidèles la Litanie d'Action de grâce, à la page 686.

Préface du dimanche de la Trinité

Commun des saints

On observe la fête d'un saint selon les règles de priorité présentées dans le Calendrier liturgique.

Au choix du célébrant, et lorsque cela convient, on peut prendre une des collectes qui suivent, avec les psaumes et les lectures qui y correspondent,

a) à la commémoraison d'un saint inscrit au calendrier, pour qui il n'existe pas de propre dans ce livre.

b) à la fête patronale ou à la commémoraison d'un saint qui n'est pas inscrit au calendrier.

Pour un martyr

Dieu tout-puissant, tu as donné à ton serviteur *N.* la hardiesse de confesser devant les chefs des nations le nom de Jésus Christ notre Sauveur et le courage de mourir pour sa foi: Accorde-nous d'être toujours prêts à rendre compte de l'espérance qui est en nous, et de souffrir avec joie pour Jésus le Christ notre Seigneur. Lui qui vit et règne avec toi et le Saint-Esprit, un seul Dieu, dans les siècles des siècles. *Amen.*

ou bien

Dieu tout-puissant, c'est par ta grâce que *N.* ton saint martyr a triomphé de la souffrance et t'est resté fidèle jusqu'à la mort: Dans l'action de grâce, nous faisons mémoire de *lui*; accorde-nous d'être fidèles à te rendre témoignage dans ce monde, pour recevoir avec *lui* la couronne de vie. Par Jésus Christ notre Seigneur, qui vit et règne avec toi et le Saint-Esprit, un seul Dieu, dans les siècles des siècles. *Amen.*

ou bien

Dieu éternel et tout-puissant, c'est toi qui as allumé dans le cœur de ton saint martyr *N.* le feu de ton amour: Accorde à tes humbles serviteurs une même foi, une même force d'aimer; puisque son triomphe nous réjouit, que son exemple nous soit salutaire. Par Jésus Christ notre Seigneur, qui vit et règne avec toi et le Saint-Esprit, un seul Dieu, dans les siècles des siècles. *Amen.*

Préface d'un saint

Pour un missionnaire

Dieu éternel et tout-puissant, nous te rendons grâce pour ton serviteur *N.* que tu as appelé à prêcher l'évangile au peuple de __________ (*ou* aux __________): Suscite dans ce pays et partout ailleurs des hérauts de ton évangile, messagers de ton royaume, afin que ton Eglise proclame l'insondable richesse du Christ notre Sauveur. Lui qui vit et règne avec toi et le Saint-Esprit, un seul Dieu, maintenant et toujours. *Amen.*

ou bien

Dieu tout-puissant, qui veux être glorifié dans tes saints, c'est toi qui as suscité ton serviteur *N.*, pour qu'*il* soit une lumière qui brille dans le monde: Nous t'en prions, illumine nos cœurs, qu'à notre tour, nous proclamions ta louange, toi qui nous as appelés des ténèbres à ta merveilleuse lumière. Par Jésus Christ notre Seigneur, qui vit et règne avec toi et le Saint-Esprit, un seul Dieu, maintenant et toujours. *Amen.*

Préface de la Pentecôte

Pour un pasteur

Père des cieux, berger de ton peuple, nous te rendons grâce pour ton serviteur *N.* qui fut fidèle à prendre soin de ton troupeau et à le nourrir: Nous t'en prions, qu'à son exemple, et selon l'enseignement de sa vie sainte, nous parvenions, par ta grâce, à la pleine stature du Christ notre Sauveur. Lui qui vit et règne avec toi et le Saint-Esprit, un seul Dieu, dans les siècles des siècles. *Amen.*

ou bien

O Dieu, notre Père des cieux, tu as suscité [l'évêque] *N.*, pour que comme pasteur de ton Eglise, il paisse ton troupeau: Répands sur tous les pasteurs l'abondance des dons de l'Esprit-Saint; qu'ils servent dans ta maison en vrais serviteurs du Christ, et intendants de tes saints mystères. Par Jésus Christ notre Seigneur, qui vit et règne avec toi et le Saint-Esprit, un seul Dieu, dans les siècles des siècles. *Amen.*

Préface d'un saint

Pour un théologien ou un docteur

Par ton Saint-Esprit, tu donnes, Seigneur, un message de sagesse à l'un, de science à l'autre, à un autre le même Esprit donne la foi: Nous te rendons gloire pour les dons de ta grâce manifestés en ton serviteur *N.*; Fais, nous t'en prions, que ton Eglise n'en soit jamais privée. Par Jésus Christ notre Seigneur, qui vit et règne avec toi et le Saint-Esprit, un seul Dieu, dans les siècles des siècles. *Amen.*

ou bien

Tu as donné, Dieu tout-puissant, à ton serviteur *N.* les dons particuliers de ta grâce pour comprendre et enseigner la vérité qui est dans le Christ Jésus: Accorde-nous par son enseignement de te connaître, toi le seul vrai Dieu, et celui que tu as envoyé, Jésus le Christ notre Seigneur. Lui qui vit et règne avec toi et le Saint-Esprit, un seul Dieu, dans les siècles des siècles. *Amen.*

Préface d'un saint ou du dimanche de la Trinité

Pour un religieux ou une religieuse

Ton Fils, Dieu tout-puissant, s'est fait pauvre pour nous enrichir de sa pauvreté: Délivre-nous d'un amour désordonné de ce monde, afin que, stimulés par la piété de *ton serviteur N.*, nous puissions te servir d'un cœur simple et atteindre les richesses du siècle à venir. Par Jésus Christ notre Seigneur, qui vit et règne avec toi, dans l'unité du Saint-Esprit, un seul Dieu, maintenant et toujours. *Amen.*

ou bien

O Dieu, c'est par ta grâce, que ton serviteur *N.*, enflammé de ton amour, est devenu pour ton Eglise une lumière radieuse: Nous t'en prions, que l'Esprit de discipline et d'amour nous embrase, pour que nous marchions devant toi en enfants de lumière. Par Jésus Christ notre Seigneur, qui vit et règne avec toi, dans l'unité du Saint-Esprit, un seul Dieu, maintenant et toujours. *Amen.*

Préface d'un saint

Pour un saint

Dieu tout-puissant, qui nous environnes d'une immense nuée de témoins: Accorde-nous qu'encouragés par l'exemple de ton serviteur *N.*, nous courions avec endurance l'épreuve qui nous est proposée, pour atteindre avec *lui* ta joie éternelle. Nous te le demandons par celui qui est l'initiateur de notre foi et qui la mène à son accomplissement, Jésus le Christ notre Seigneur. Lui qui vit et règne avec toi et le Saint-Esprit, un seul Dieu, dans les siècles des siècles. *Amen.*

ou bien

Tu nous as rapprochés, Dieu tout-puissant, des innombrables créatures des cieux et des esprits des justes parvenus à l'accomplissement: Accorde-nous de demeurer dans leur communion durant notre pèlerinage sur la terre, et de partager leur joie dans la patrie céleste. Par Jésus Christ notre Seigneur, qui vit et règne avec toi et le Saint-Esprit, un seul Dieu, maintenant et toujours. *Amen.*

ou bien

Dieu tout-puissant, par ton Saint-Esprit, tu nous unis aux saints du ciel et de la terre: Permets que dans notre pèlerinage terrestre nous soyons toujours soutenus par cette communion de prière et d'amour, et que nous soyons sensibles au témoignage qu'ils rendent autour de nous, à ta puissance et à ta miséricorde. Nous te le demandons pour l'amour de Jésus Christ, en qui, par l'Esprit, tu accueilles toutes nos intercessions. Lui qui vit et règne dans les siècles des siècles. *Amen.*

Préface d'un saint

Collectes pour diverses circonstances

Leur emploi est facultatif et réglé par le calendrier liturgique.

1. De la Sainte Trinité

Dieu tout-puissant, tu t'es révélé à ton Eglise tel que tu es éternellement, un seul Dieu d'amour dans la Trinité des Personnes: Que ta grâce nous soutienne dans la confession de cette foi et l'adoration continuelle du Père, et du Fils et du Saint-Esprit, un seul Dieu dans les siècles des siècles. *Amen.*

Préface du dimanche de la Trinité

2. Du Saint Esprit

Que ton Saint-Esprit habite en nous, Dieu tout-puissant, qu'il nous illumine et nous fortifie pour te servir. Par Jésus Christ notre Seigneur, qui vit et règne avec toi, dans l'unité du Saint-Esprit, un seul Dieu, maintenant et toujours. *Amen.*

Préface de la Pentecôte

3. Des saints Anges

Dieu éternel, tu as disposé dans un ordre admirable le ministère des anges et des hommes: Daigne nous donner pour protecteurs sur la terre ceux qui dans le ciel t'entourent et te servent. Par Jésus Christ notre Seigneur, qui vit et règne avec toi et le Saint-Esprit, un seul Dieu dans les siècles des siècles. *Amen.*

Préface du dimanche de la Trinité

4. De l'Incarnation

O Dieu, toi qui as merveilleusement créé l'homme, et plus merveilleusement encore as rétabli sa dignité: Fais-nous participer à la divinité de celui qui a daigné partager notre humanité, ton Fils Jésus Christ. Lui qui vit et règne avec toi, dans l'unité du Saint-Esprit, un seul Dieu dans les siècles des siècles. *Amen.*

Préface de l'Epiphanie

5. De l'Eucharistie

Convient particulièrement au jeudi

Dieu notre Père, dans cet admirable Sacrement, ton Fils Jésus Christ nous a laissé le mémorial de sa passion: Donne-nous de vénérer d'un si grand amour le mystère de son corps et de son sang, que nous puissions éprouver sans cesse le fruit de sa rédemption. Lui qui vit et règne avec toi et le Saint-Esprit, un seul Dieu, dans les siècles des siècles. *Amen.*

Préface de l'Epiphanie

6. De la Croix

Convient particulièrement au vendredi

Dieu tout-puissant, c'est pour notre rédemption que ton Fils bien-aimé a volontairement souffert la honte et l'agonie de la croix: Donne-nous le courage de prendre notre croix et de marcher à sa suite. Lui qui vit et règne avec toi et le Saint-Esprit, un seul Dieu, dans les siècles des siècles. *Amen.*

Préface de la Semaine Sainte

7. Pour tous les baptisés

Convient particulièrement au samedi

Seigneur, notre Dieu, puisque nous avons renonçé à notre existence de péché; accorde-nous, avec tous ceux qui ont été baptisés dans la mort et la résurrection de ton Fils, d'être renouvelés par la transformation spirituelle de l'intelligence, pour vivre dans la justice et la sainteté véritable. Par Jésus Christ notre Seigneur, qui vit et règne avect toi et le Saint-Esprit, un seul Dieu, maintenant et toujours. *Amen.*

Préface du Baptême

8. Pour les défunts

Seigneur, Dieu éternel, tu tiens toutes les âmes dans ta vie: Donne ta paix et ta lumière à ton Eglise au paradis et sur la terre; et accorde-nous de suivre l'exemple de ceux qui t'ont servi et maintenant reposent, pour entrer avec eux dans la joie éternelle. Par Jésus Christ notre Seigneur, qui vit et règne avec toi, dans l'unité du Saint-Esprit, un seul Dieu, maintenant et toujours. *Amen.*

ou bien

Dieu tout-puissant, nous faisons aujourd'hui mémoire de ton serviteur *N.*: Ouvre-*lui*, nous t'en prions, les portes de la vie en plénitude et permets-*lui* toujours davantage de te servir dans la joie; qu'avec tous tes serviteurs fidèles *il* ait part à la victoire éternelle de Jésus Christ. Lui qui vit et règne avec toi, dans l'unité du Saint-Esprit, un seul Dieu dans les siècles des siècles. *Amen.*

On peut aussi prendre l'une des collectes de la Célébration des funérailles.

Comme Prière des fidèles on peut prendre l'une des formes qui se trouvent dans la Célébration des funérailles.

Préface de la commémoraison des défunts

On peut prendre la postcommunion spéciale à la page 377.

9. Du règne du Christ

Dieu éternel et tout-puissant, tu as voulu renouveler toutes choses en ton Fils bien-aimé, Roi des rois et Seigneur des seigneurs: Dans ton amour, accorde à tous les peuples de la terre, divisés et asservis par le péché, d'être libérés et rassemblés dans son règne d'amour. Lui qui vit et règne avec toi et le Saint-Esprit, un seul Dieu maintenant et toujours. *Amen.*

Préface de l'Ascension ou du Baptême

10. Au Baptême

Dieu tout-puissant, par le baptême dans la mort et la résurrection de ton Fils, tu nous as fait renoncer à notre existence de péché : Puisque nous sommes nés à nouveau dans le Christ, fais-nous vivre toujours dans la justice et la sainteté. Par Jésus Christ notre Seigneur, qui vit et règne avec toi et le Saint-Esprit, un seul Dieu, maintenant et toujours. *Amen.*

Préface du Baptême

11. A la confirmation

Dieu tout-puissant, par le baptême dans la mort et la résurrection de ton Fils, nous avons été rachetés de notre existence de péché : Accorde-nous d'être renouvelés par ton Esprit Saint pour vivre dans la justice et la sainteté véritable. Par Jésus Christ notre Seigneur, qui vit et règne avec toi et le Saint-Esprit, un seul Dieu, maintenant et toujours. *Amen.*

Préface du Baptême ou de la Pentecôte

12. Anniversaire de la dédicace d'une église

C'est ta gloire, Dieu tout-puissant, que nous célébrons dans la dédicace de cette maison de prière: Nous te rendons grâce pour la communion ressentie par ceux qui ont prié dans ce lieu et nous te demandons que tous ceux qui ici te cherchent puissent te trouver; qu'ils soient comblés de ta joie et de ta paix. Par Jésus Christ notre Seigneur, qui vit et règne avec toi dans l'unité du Saint-Esprit, un seul Dieu maintenant et toujours. *Amen.*

Comme Prière des fidèles, on peut prendre la Litanie d'Action de grâce pour une église à la page 454.

Préface de la dédicace d'une église

13. Pour une assemblée ecclésiastique

Dieu éternel et tout-puissant, tu nous as donné ton Saint-Esprit pour qu'il demeure à jamais avec nous: Que sa présence et sa grâce sanctifient les évêques, les autres membres du clergé et les laïcs ici (bientôt) rassemblés en ton nom; afin que, maintenue dans la vraie foi et dans une discipline authentique, ton Eglise réalise la volonté de celui qui l'a aimée jusqu'à se livrer pour elle, ton Fils Jésus le Christ notre Sauveur. Lui qui vit et règne avec toi, dans l'unité du Saint-Esprit, un seul Dieu, maintenant et toujours. *Amen.*

Préface de la Pentecôte ou du temps liturgique

14. Pour l'unité de l'Eglise

Dieu tout-puissant, avant sa passion, ton Fils bien-aimé a prié pour que ses disciples soient un comme il ne fait qu'un avec toi : Accorde à ton Eglise, unie par les liens de l'amour et de l'obéissance à ton nom, d'être rassemblée par l'Esprit en un seul corps, afin que le monde croie en celui que tu as envoyé, ton Fils Jésus Christ notre Seigneur. Lui qui vit et règne avec toi, dans l'unité du Saint-Esprit, un seul Dieu, maintenant et toujours. *Amen.*

Préface du baptême ou du dimanche de la Trinité

15. Pour le ministère (Quatre-Temps)

On la prend en ces jours traditionnels ou à d'autres occasions.

I. Pour ceux qui vont être ordonnés

Dieu tout-puissant, auteur de tout don parfait, dans ta providence tu as institué divers ordres dans ton Eglise: Donne ta grâce à ceux que tu appelles [maintenant] au service de ton peuple. Remplis-les de la vérité de ta doctrine, revêts-les de la sainteté de vie; qu'ils servent fidèlement devant toi, pour la gloire et le bien de ton Eglise sainte. Par Jésus Christ notre Seigneur, qui vit et règne avec toi dans l'unité du Saint-Esprit, un seul Dieu, maintenant et toujours. *Amen.*

Préface des apôtres

II. Pour le choix de personnes aptes au ministère

O Dieu, c'est toi qui as conduit tes apôtres à ordonner des ministres en tous lieux: Accorde à ton Eglise, dirigée par l'Esprit-Saint, de choisir pour le ministère de la Parole et des Sacrements des personnes aptes à cette tâche, et de les soutenir dans leur œuvre pour l'extension de ton royaume. Nous te le demandons par celui qui est le berger, le gardien de nos âmes, Jésus le Christ notre Seigneur. Lui qui vit et règne avec toi et le Saint-Esprit, un seul Dieu, dans les siècles des siècles. *Amen.*

Préface du temps liturgique

III. Pour tous les chrétiens selon leur vocation

Dieu éternel et tout-puissant, dont l'Esprit sanctifie et gouverne le corps entier du peuple fidèle: Exauce les prières que nous t'adressons pour tous les membres de ta sainte Eglise; que chacun d'eux, selon sa vocation et son ministère, te serve avec fidélité. Par Jésus Christ notre Seigneur, qui vit et règne avec toi, dans l'unité du Saint-Esprit, un seul Dieu, maintenant et toujours. *Amen.*

Préface du baptême ou du temps liturgique

16. Pour la mission de l'Eglise

D'un seul sang, O Dieu, tu as créé tous les peuples de la terre, et tu as envoyé ton Fils bien-aimé annoncer la paix à ceux qui sont loin et à ceux qui sont proches: Fais que partout les hommes te cherchent et puissent te trouver; ramène les nations à ton bercail, répands sur toute chair ton Esprit et hâte la venue de ton royaume. Par Jésus Christ notre Seigneur, qui vit et règne avec toi et le Saint-Esprit, un seul Dieu, maintenant et toujours. *Amen.*

ou bien

O Dieu des nations de la terre: Souviens-toi des multitudes créées à ton image qui ne connaissent pas l'œuvre rédemptrice de ton Fils; que, par la prière et l'effort de ton Eglise, elles soient amenées à te connaître et à t'adorer tel que tu es révélé en Jésus Christ. Lui qui vit et règne avec toi et le Saint-Esprit, un seul Dieu, dans les siècles des siècles. *Amen.*

Préface du temps liturgique ou de la Pentecôte

17. Pour la nation

Seigneur, Dieu tout-puissant, tu as créé pour ta gloire tous les peuples de la terre; tu veux qu'ils te servent dans la liberté et dans la paix: Donne au peuple de notre pays du zèle pour la justice et la force de la tolérance; que nous fassions usage de notre liberté en obéissant à ta volonté. Par Jésus Christ notre Seigneur, qui vit et règne avec toi et le Saint-Esprit, un seul Dieu, dans les siècles des siècles. *Amen.*

On peut prendre aussi la collecte pour la Fête de l'Indépendance.

Préface du dimanche de la Trinité

18. Pour la paix

Nous t'en prions, Dieu tout-puissant, allume dans chaque cœur le véritable amour de la paix, et, dans ta sagesse, guide ceux qui gouvernent les nations; que ton règne s'étende dans la tranquillité jusqu'à ce que la connaissance de ton amour remplisse la terre. Par Jésus Christ notre Seigneur, qui vit et règne avec toi, dans l'unité du Saint-Esprit, un seul Dieu, maintenant et toujours. *Amen.*

Préface du temps liturgique

19. Pour les Rogations

On les prend les jours traditionnels ou à d'autres occasions.

I. Pour des saisons fertiles

Dieu tout-puissant, Seigneur du ciel et de la terre: que ta providence nous donne les récoltes de la mer et du sol, qu'elle les conserve à notre usage, que réussissent ceux qui peinent à les ramasser; et, puisque nous recevons sans cesse de ta main toutes sortes de biens, fais que nous t'en soyons toujours reconnaissants. Par Jésus Christ notre Seigneur, qui vit et règne avec toi et le Saint-Esprit, un seul Dieu dans les siècles des siècles. *Amen.*

Préface du temps liturgique

II. Pour le commerce et l'industrie

Dieu tout-puissant, dans sa vie terrestre Jésus ton Fils a partagé la difficulté du travail et il l'a sanctifié de ses mains: Sois présent à ton peuple là où il travaille; que ceux qui font marcher le commerce et l'industrie de ce pays répondent à ta volonté; et donne à chacun de nous satisfaction dans notre métier et une rémunération équitable. Par Jésus Christ notre Seigneur, qui vit et règne avec toi, dans l'unité du Saint-Esprit, un seul Dieu, maintenant et toujours. *Amen.*

Préface du temps liturgique

III. Pour le respect de la création

Dieu tout-puissant, toi dont la main est largement ouverte à chacune de tes créatures: Rends-nous toujours sensibles à ta providence attentive et fais que, n'oubliant pas les comptes que nous devrons un jour te rendre, nous nous montrions des intendants fidèles de tes dons. Par Jésus Christ notre Seigneur, qui vit et règne avec toi et le Saint-Esprit, un seul Dieu, dans les siècles des siècles. *Amen.*

Préface du temps liturgique

20. Pour les malades

Père des cieux, toi qui donnes la vie et la santé : Réconforte et soulage tes serviteurs malades et donne ta force de guérison à ceux qui les assistent; que *[N. ou NN., ou]* ceux pour qui nous prions soient fortifiés dans *leur* faiblesse et qu'ils se sentent confiants dans ta sollicitude. Par Jésus Christ notre Seigneur, qui vit et règne avec toi et le Saint-Esprit, un seul Dieu, maintenant et toujours. *Amen.*

Préface du temps liturgique

On peut prendre la postcommunion à la page 356.

21. Pour la justice sociale

Dieu tout-puissant, qui nous as créés à ton image: Accorde-nous de lutter contre le mal et de ne jamais accepter l'oppression; et, pour que nous fassions un bon usage de notre liberté, aide-nous à l'employer au maintien de la justice, dans nos communautés et parmi les nations. Par Jésus Christ notre Seigneur, qui vit et règne avec toi et le Saint-Esprit, un seul Dieu, maintenant et toujours. *Amen.*

Préface du temps liturgique

22. Pour les services sociaux

Dieu tout-puissant, toi dont le Fils n'est pas venu pour être servi, mais pour servir: Bénis tous ceux qui, à sa suite, se dévouent au service des autres; qu'avec sagesse, patience et courage, ils assistent en son nom les malheureux et les indigents. Nous te le demandons pour l'amour de celui qui a donné sa vie pour nous, ton Fils Jésus Christ, notre Sauveur. Lui qui vit et règne avec toi et le Saint-Esprit, un seul Dieu dans les siècles des siècles. *Amen.*

Préface du temps liturgique

23. Pour l'éducation

Dieu tout-puissant, source de toute sagesse: Illumine de ton Saint-Esprit ceux qui enseignent et ceux qui étudient; qu'heureux de la connaissance de la vérité, ils t'adorent et te servent de génération en génération. Par Jésus Christ notre Seigneur, qui vit et règne avec toi et le Saint-Esprit, un seul Dieu, dans les siècles des siècles. *Amen.*

Préface du temps liturgique

24. Pour le travail quotidien

Les cieux et la terre proclament ta gloire, Père tout-puissant, ils racontent l'ouvrage de tes mains: Garde-nous de servir nos intérêts égoïstes dans nos diverses occupations; fais-nous plutôt accomplir le travail que tu nous donnes dans la beauté et la vérité, pour le bien de tous. Nous te le demandons pour l'amour de celui qui est venu parmi nous comme celui qui sert, ton Fils Jésus Christ notre Seigneur. Lui qui vit et règne avec toi et le Saint-Esprit, un seul Dieu dans les siècles des siècles. *Amen.*

Préface du temps liturgique

25. Pour la fête du travail

Dieu tout-puissant, nos vies sont tellement liées les unes aux autres, que tout ce que nous faisons de bien ou de mal affecte d'autres vies: Guide-nous dans notre travail; que nous ne le fassions pas pour nous-mêmes, mais pour le bien de tous. Rends-nous conscients des justes aspirations des autres travailleurs lorsque nous cherchons une rémunération méritée, et aide-nous à nous soucier des chômeurs. Par Jésus Christ notre Seigneur, qui vit et règne avec toi et le Saint-Esprit, un seul Dieu, dans les siècles des siècles. *Amen.*

Préface du temps liturgique

Liturgies particulières

Mercredi des cendres

Le célébrant commence la liturgie de ce jour par la salutation et la collecte.

Prions le Seigneur:

Dieu éternel et tout-puissant, tu n'as de mépris pour aucune de tes œuvres, et tu pardonnes à ceux qui se repentent: Crée en nous un cœur pur, mets en nous un esprit nouveau: que, déplorant notre misère et nos fautes, nous obtenions de toi, Dieu de clémence, le pardon et la rémission de nos péchés. Par Jésus Christ notre Seigneur, qui vit et règne avec toi et le Saint-Esprit, un seul Dieu, dans les siècles des siècles. *Amen.*

Ancien Testament Joël 2:1-2, 12-17, *ou* Isaïe 58:1-12
Psaume 103, *ou* 103:8-14
Epître 2 Corinthiens 5:20b—6:10
Evangile Matthieu 6:1-6, 16-21

Après le sermon tous se lèvent, et le célébrant, ou un autre ministre qu'il a désigné, invite l'assemblée à observer saintement le Carême; il dit:

Chers frères [*ou* amis], les premiers chrétiens observaient avec une grande dévotion les fêtes de la passion et de la résurrection du Seigneur, et l'Eglise a pris l'habitude de s'y préparer par un temps de pénitence et de jeûne.

C'était en Carême que l'on préparait au saint baptême les convertis à la foi et que ceux qui avaient été excommuniés à cause de péchés notoires étaient réconciliés par la pénitence, recevaient le pardon et étaient rétablis dans la communion de l'Eglise. Cela rappelait à toute l'assemblée la promesse de pardon faite dans l'Evangile et la nécessité continuelle pour tous les chrétiens de renouveler leur repentir et leur foi.

C'est pourquoi je vous invite, au nom de l'Eglise, à observer ce Carême saintement, par l'examen de conscience, le repentir, la prière, le jeûne, l'abnégation, par la lecture et la méditation de la Parole de Dieu. Et pour bien commencer nos actes de pénitence et nous rappeler notre nature mortelle, mettons-nous à genoux devant le Seigneur notre Créateur et notre Rédempteur.

Tous se mettent à genoux et gardent un temps de silence.

S'il y a imposition des cendres, le célébrant dit la prière qui suit:

Dieu tout-puissant, toi qui nous as façonnés de la poussière de la terre: Fais que ces cendres soient pour nous, marques de pénitence et signe de notre mortalité; qu'elles nous rappellent que c'est seulement par ta grâce que la vie éternelle nous est donnée. Par Jésus le Christ notre Sauveur. Amen.

On impose les cendres en prononçant ces paroles:

Souviens-toi que tu es poussière et que tu retourneras en poussière.

Puis on chante ou récite le psaume qui suit:

Psaume 51 *Miserere mei, Deus*

3 Pitié pour moi, mon Dieu, dans ton amour,
selon ta grande miséricorde, efface mon péché.
4 Lave-moi tout entier de ma faute,
purifie-moi de mon offense.

5 Oui je connais mon péché,
ma faute est toujours devant moi.
6 Contre toi, et toi seul, j'ai péché,
ce qui est mal à tes yeux, je l'ai fait.

Ainsi tu peux parler et montrer ta justice,
être juge et montrer ta victoire.
7 Moi, je suis né dans la faute,
j'étais pécheur dès le sein de ma mère.

8 Mais tu veux au fonds de moi la vérité;
dans le secret, tu m'apprends la sagesse.
9 Purifie-moi avec l'hysope, et je serai pur;
lave-moi et je serai blanc plus que la neige.

10 Fais que j'entende les chants et la fête:
ils danseront, les os que tu broyais.
11 Détourne ta face de mes fautes,
enlève tous mes péchés.

12 Crée en moi un cœur pur, o mon Dieu,
renouvelle et raffermis au fond de moi mon esprit.
13 Ne me chasse pas loin de ta face,
ne me reprends pas ton esprit saint.

14 Rends-moi la joie, d'être sauvé;
que l'esprit généreux me soutienne.
15 Aux pécheurs j'enseignerai tes chemins;
vers toi reviendront les égarés.

16 Libère-moi du sang versé, Dieu mon sauveur,
et ma langue acclamera ta justice.
17 Seigneur, ouvre mes lèvres,
et ma bouche annoncera ta louange.

18 Si j'offre un sacrifice, tu n'en veux pas,
tu n'acceptes pas d'holocauste.
19 Le sacrifice qui plaît à Dieu,
c'est un esprit brisé;
tu ne repousses pas, ô mon Dieu,
un cœur brisé et broyé.

Litanie pénitentielle

Le célébrant et le peuple ensemble, disent à genoux:

Père saint et miséricordieux,
nous reconnaissons et confessons devant toi,
devant nos frères et toute la communion des saints
du ciel et de la terre,
que nous, avons péché,
en pensée, en parole et en acte,
par ce que nous avons fait
et ce que nous avons omis de faire.

Le célébrant continue:

Nous ne t'avons pas aimé de tout notre cœur, de toute notre force, de tout notre esprit. Nous n'avons pas aimé notre prochain comme nous-même. Nous n'avons pas pardonné, comme nous avons reçu le pardon.
Prends pitié de nous, Seigneur.

Nous sommes restés sourds à ton appel à servir comme le Christ nous as servis. Nous n'avons pas été fidèles à l'esprit du Christ. Nous avons contristé ton Esprit Saint.
Prends pitié de nous, Seigneur.

Seigneur, nous reconnaissons nos infidélités passées, l'orgueil, l'hypocrisie, l'impatience qui marquent notre vie.
Nous les reconnaissons devant toi, Seigneur.

Nos désirs égoïstes, notre attitude de complaisance envers nous-même, notre exploitation des autres,
Nous les reconnaissons devant toi, Seigneur.

Nos réactions de colère devant nos frustrations, l'envie avec laquelle nous regardons ceux qui sont plus favorisés que nous,
Nous les reconnaissons devant toi, Seigneur.

Notre amour immodéré des biens terrestres, du confort; notre attitude malhonnête dans le travail, dans la vie quotidienne,
Nous les reconnaissons devant toi, Seigneur.

Accueille notre repentir, Seigneur, pour le mal que nous avons commis, pour notre aveuglement devant la souffrance et les besoins des autres, pour notre indifférence à l'injustice et à la cruauté.
Accueille notre repentir, Seigneur.

Pour tous nos faux jugements, nos pensées peu charitables envers notre prochain, nos préjugés ou notre mépris pour ceux qui sont différents de nous,
Accueille notre repentir, Seigneur.

Pour le gaspillage et la pollution de ta création et notre insouciance à l'égard de ceux qui viendront après nous,
Accueille notre repentir, Seigneur.

Fais-nous revenir, Dieu notre salut, oublie ton ressentiment contre nous.
Ecoute-nous favorablement, car ta miséricorde est infinie.

Accomplis en nous ton œuvre de salut,
Que nous puissions manifester ta gloire au monde.

Par la croix et la passion de ton Fils, notre Seigneur,
Conduis-nous avec tous tes saints à la joie de sa résurrection.

L'évêque, s'il est présent, ou le prêtre, se met debout et, se tournant vers le peuple, il dit:

Le Dieu tout- puissant, Père de notre Seigneur Jésus Christ, ne veut pas la mort du pécheur, mais qu'il se convertisse et qu'il vive. Il a donné le pouvoir à ses ministres et leur a ordonné d'annoncer le pardon à son peuple qui se repent et de prononcer l'absolution de ses péchés. Il pardonne et absout ceux qui se repentent véritablement et croient d'un cœur sincère à son saint Evangile.

Prions-le donc de nous accorder un repentir sincère et de nous donner son Saint-Esprit; afin que nous puissions lui plaire par nos actions de ce jour et que notre vie désormais soit pure et sainte, pour qu'au dernier jour nous entrions dans sa joie éternelle. Par Jésus le Christ, notre Seigneur. *Amen.*

Lorsqu'un diacre ou un lecteur laïc dirige le service, il reste à genoux, et à la place de la prière précédente, il prend celle qui est prescrite à la Prière du matin.

On se donne ensuite la paix.

En l'absence d'un évêque ou d'un prêtre, tout ce qui précède peut être dirigé par un diacre ou un lecteur laïc.

On peut prendre la litanie pénitentielle à d'autres occasions, en la faisant précéder d'une invitation et d'un psaume de pénitence.

Lorsque suit la célébration de l'Eucharistie, la liturgie continue avec l'offertoire.

Préface du Carême

Dimanche de la Passion: Dimanche des Rameaux

Liturgie des Rameaux

Lorsque les circonstances le permettent, l'assemblée peut se réunir dans un lieu séparé de l'église, de sorte que tous puissent y entrer en procession.

Les palmes ou les rameaux d'arbres ou d'arbustes, que l'on portera dans la procession peuvent être distribuées aux fidèles avant la liturgie ou après la bénédiction des rameaux.

On peut chanter ou réciter l'antienne qui suit, ou une autre œuvre chorale qui convienne, l'assistance est debout.

Béni soit le Roi qui vient au nom du Seigneur.
Paix au ciel et gloire au plus haut des cieux.

Le célébrant: Prions le Seigneur.

Seigneur, Dieu de notre salut. Aide-nous à entrer joyeusement dans la célébration des actions éclatantes, par lesquelles dans ta puissance tu nous as donné la vie et l'immortalité. Par Jésus le Christ, notre Seigneur. *Amen.*

Un diacre ou une autre personne lit l'un des textes suivants:

Année A Matthieu 21:1-11
Année B Marc 11:1-11a
Année C Luc 19:29-40

Le célébrant prononce alors la bénédiction suivante:

Le célébrant: Le Seigneur soit avec vous
Le peuple: Et avec ton esprit.
Le célébrant: Rendons grâce au Seigneur notre Dieu
Le peuple: Cela est juste et bon.

Il est bon de te louer, Dieu tout-puissant, pour ton amour manifesté en ton Fils Jésus Christ, c'est par lui que tu nous as rachetés. Car en ce jour, il est entré en triomphe dans Jérusalem, la ville sainte et ceux qui le proclamaient roi, étendaient leurs manteaux sur le chemin et jonchaient la route de rameaux.

Fais que ces branches soient pour nous des signes de sa victoire, et puisque c'est en son nom que nous les portons, accorde-nous de l'acclamer toujours comme notre roi et de le suivre sur le chemin qui mène à la vie éternelle. Lui qui vit et règne dans la gloire, avec toi et le Saint-Esprit, maintenant et toujours. *Amen.*

On peut chanter ou réciter l'antienne suivante, ou une autre œuvre chorale.

Béni soit celui qui vient au nom du Seigneur.
Hosanna au plus haut des cieux.

La Procession

Le diacre: Allons en paix;
Le peuple: Au nom du Christ. Amen.

Pendant la procession, tous tiennent des branches à la main et chantent hymnes, psaumes ou œuvres chorales, tels que l'hymne «Gloria, Laus et Honor» et le psaume 118:19-29.

La procession peut s'arrêter pendant qu'on lit cette collecte ou une autre qui convienne.

Dieu tout-puissant, ton Fils bien-aimé n'est monté dans la joie qu'après avoir connu la souffrance, il n'est entré dans la gloire qu'après la crucifixion: De grâce, accorde-nous, qu'en marchant dans la voie de la croix, nous découvrions qu'elle seule conduit à la vie et à la paix. Par Jésus le Christ notre Seigneur. *Amen.*

En l'absence d'un évêque ou d'un prêtre, un diacre ou un lecteur laïc peut diriger le service ci-dessus.

On peut prendre des sélections adaptées du rite précédent aux services de ce jour, autres que la célébration principale.

A l'Eucharistie

Lorsque la liturgie des Rameaux précède immédiatement l'Eucharistie, la célébration commence par la salutation et la collecte du jour.

Prions le Seigneur:

Dieu éternel et tout-puissant, dans ta tendresse pour le genre humain, tu as envoyé ton Fils prendre notre nature et souffrir la mort de la croix: De grâce, accorde-nous, à l'exemple de sa grande humilité, de le suivre dans la voie de la souffrance, et de partager aussi sa résurrection. Par Jésus Christ notre Seigneur, qui vit et règne avec toi et le Saint-Esprit, un seul Dieu, dans les siècles des siècles. *Amen.*

Ancien Testament Isaïe 45:21-25, *ou* Isaïe 52:13-53:12
Psaume 22:1-21, *ou* 22:1-11
Epître Philippiens 2:5-11

On annonce de cette manière l'évangile de la Passion:

La Passion de notre Seigneur Jésus Christ selon ________

On omet les acclamations faites habituellement avant et après l'évangile.

Année A Matthieu 26:36—27:54(55-66) *ou* 27:1-54(55-66)
Année B Marc 14:32—15:39(40-47) *ou* 15:1-39(40-47)
Année C Luc 22:39—23:49(50-56) *ou* 23:1-49(50-56)

L'Evangile de la Passion peut être lu ou chanté par des laïcs. Des rôles spécifiques peuvent être donnés à différentes personnes, l'assemblée tenant le rôle de la foule.

L'assemblée peut rester assise pendant la première partie de la Passion, Tous se lèvent au verset de l'arrivée au Golgotha [Matthieu 27:33, Marc 15:23, Luc 23:33].

Si le Service commence par la Liturgie des Rameaux, on peut omettre le Symbole de Nicée et la Confession des péchés.

Préface de la Semaine Sainte

Jeudi Saint

On commence l'Eucharistie de la manière habituelle, et l'on prend la collecte, le psaume et les lectures qui suivent.

Dieu tout-puissant, la veille de sa passion, ton Fils a institué le Sacrement de son Corps et de son Sang : Accorde-nous de le recevoir avec reconnaissance, en mémoire de celui qui nous donne, dans ces saints mystères, un gage de la vie éternelle. Lui qui vit et règne avec toi et le Saint-Esprit, un seul Dieu, dans les siècles des siècles. *Amen.*

Ancien Testament Exode 12:1-14a
Psaume 78:14-20, 23-25
Epître I Corinthiens 11:23-26(27-32)
Evangile Jean 13:1-5 *ou* Luc 22:14-30

Si l'on fait la cérémonie traditionnelle du lavement des pieds, il convient qu'elle suive l'Evangile et l'homélie.

Pendant cette cérémonie, on peut chanter ou réciter le texte suivant ou tout autre qui convienne:

Le Seigneur Jésus, après avoir dîné avec ses disciples et leur avoir lavé les pieds, leur dit: «Comprenez-vous ce que j'ai fait pour vous, moi le Seigneur et Maître? Je vous ai donné un exemple, pour que vous fassiez pour les autres ce que moi, j'ai fait pour vous.»

Je vous laisse la paix, je vous donne ma paix. Ce n'est pas à la manière du monde que je vous la donne.

Je vous donne un commandement nouveau : aimez-vous les uns les autres comme je vous ai aimés.

Je vous laisse la paix, je vous donne ma paix. Ce n'est pas à la manière du monde que je vous la donne.

A ceci tous vous reconnaîtront pour mes disciples : à l'amour que vous aurez les uns pour les autres.

La liturgie continue avec la Prière des fidèles.

Si l'on désire administrer la sainte Communion le Vendredi Saint, on consacrera le Sacrement lors de cette célébration.

Préface de la Semaine Sainte

Vendredi Saint

En ce jour l'entrée des ministres se fait en silence.

Tous se mettent à genoux pour prier en silence; puis le célébrant se lève et commence la liturgie par la collecte du jour.

Immédiatement avant la collecte, le célébrant peut dire:

Béni soit notre Dieu,
Le peuple: Dans les siècles des siècles. Amen.

Prions le Seigneur:

Regarde, Dieu tout-puissant, la famille qui t'appartient; c'est pour elle que Jésus le Christ, notre Seigneur, a accepté d'être livré aux mains des pécheurs et de subir la mort sur la croix. Lui qui vit et règne avec toi et le Saint-Esprit, un seul Dieu, dans les siècles des siècles. *Amen.*

Ancien Testament Isaïe 52:13—53:12, *ou* Genèse 22:1-18, *ou* Sagesse 2:1, 12-24
Psaume 22:1-11(12-21), *ou* 40:1-14, *ou* 69:1-23
Epître Hébreux 10:1-25

On annonce de cette manière l'évangile de la Passion

La Passion de notre Seigneur Jésus-Christ selon saint Jean.

On omet les acclamations faites habituellement avant et après l'évangile.

Jean 18:1—19:37 *ou* 19:1-37

L'Evangile de la Passion peut être chanté ou lu par des laïcs. Des rôles spécifiques peuvent être donnés à différentes personnes, l'assemblée tenant le rôle de la foule.

L'assemblée peut rester assise pendant la première partie de la Passion; tous se lèvent au verset de l'arrivée au Golgotha (Jean 19:17).

On fait ensuite une prédication.

On peut chanter un hymne.

Collectes solennelles

Tous sont debout; le diacre ou une autre personne désignée dit au peuple:

Chers frères [*ou* amis], Dieu, notre Père des cieux, a envoyé son Fils dans le monde non pas pour le condamner, mais pour que, par lui, le monde soit sauvé; afin que tous ceux qui croient en lui soient délivrés du pouvoir du péché et de la mort et deviennent, avec lui, héritiers de la vie éternelle.

Prions donc pour tous les hommes selon leurs besoins.

Parmi les intentions qui suivent, celles qui sont en retrait peuvent être adaptées par des ajouts ou des omissions selon le désir du célébrant. Le peuple peut se tenir debout ou se mettre à genoux.

Un diacre ou une autre personne désignée peut lire les intentions. Le célébrant dit les collectes.

Prions pour la sainte Eglise catholique du Christ répandue à travers le monde;

Pour son unité dans le témoignage et le service,
Pour tous les évêques et les autres ministres, et le peuple qu'ils servent,
Pour *N.*, notre évêque, et tout le peuple de ce diocèse,
Pour tous les chrétiens de cette communauté,
Pour ceux qui vont recevoir le baptême (particulièrement __________).

Que Dieu confirme son Eglise dans la foi, la fasse grandir dans l'amour et la conserve dans la paix.

Silence

Dieu éternel et tout-puissant, dont l'Esprit sanctifie et gouverne le corps entier du peuple fidèle: Exauce les prières que nous t'adressons pour tous les membres de ta sainte Eglise; que chacun d'eux, selon sa vocation et son ministère, te serve avec fidélité. Par Jésus le Christ notre Seigneur. *Amen.*

Prions pour toutes les nations et les peuples de la terre, et pour ceux qui exercent les pouvoirs de gouvernement;

Pour le Chef de l'Etat,
Pour les Corps législatif et judiciaire,
Pour les membres des Nations Unies et leurs représentants,
Pour tous ceux qui servent le bien public;

Qu'avec l'aide de Dieu, ils cherchent la justice et la vérité, pour vivre dans la paix et la concorde.

Silence

Nous t'en prions, Dieu tout-puissant, allume dans chaque cœur le véritable amour de la paix, et, dans ta sagesse, guide ceux qui gouvernent les nations; que ton règne s'étende dans la tranquillité, jusqu'à ce que la connaissance de ton amour remplisse la terre. Par Jésus le Christ, notre Seigneur. *Amen.*

Prions pour tous ceux qui souffrent et sont affligés de corps ou d'esprit;

Pour ceux qui ont faim et qui sont sans abri, les pauvres et les opprimés,
Pour les malades, les blessés et les infirmes,
Pour ceux qui connaissent la solitude, la peur, l'angoisse,
Pour ceux qu'assaillent la tentation, le doute, le désespoir,
Pour ceux qui sont dans le deuil ou dans la peine,
Pour les prisonniers, les captifs, ceux qui sont en danger de mort;

Que Dieu dans sa miséricorde les soutienne, qu'il leur fasse connaître son amour, et qu'il suscite en nous la volonté et la patience de les aider selon leurs besoins.

Silence

Dieu de bonté, consolation des affligés, force de ceux qui souffrent: Entends les prières de ceux qui t'appellent à leur aide; Fais qu'ils trouvent présente dans leur détresse ta miséricorde infinie. Et donne-nous, nous t'en prions, la force de les servir, pour l'amour de celui qui a souffert pour nous, ton Fils Jésus, le Christ notre Seigneur. *Amen.*

Prions pour ceux qui n'ont pas reçu l'Evangile du Christ:

Pour ceux qui n'ont jamais entendu la Parole du Salut,
Pour ceux qui ont perdu la foi,
Pour ceux qui sont endurcis par le péché ou l'indifférence,
Pour ceux qui sont méprisants ou dédaigneux,
Pour les ennemis de la croix du Christ et ceux qui persécutent ses disciples,

Pour ceux qui, au nom du Christ, ont persécuté les autres;

Que Dieu leur ouvre le cœur à sa vérité et les mène à l'obéissance et à la foi.

Silence

Dieu de clémence, toi qui nous as créés et nous aimes tous: Prends pitié de ceux qui ne te connaissent pas tel que ton Fils Jésus Christ t'a révélé; fais que ton Evangile soit prêché avec éloquence et conviction à ceux qui ne l'ont pas reçu; convertis les cœurs de ceux qui s'y opposent, et ramène à ton troupeau ceux qui s'en sont éloignés; qu'il n'y ait plus qu'un seul troupeau, sous un seul pasteur, le Christ Jésus notre Seigneur. *Amen.*

Recommandons-nous à notre Dieu, et demandons-lui la grâce d'une vie sainte, afin qu'avec ceux qui ont quitté ce monde et sont morts dans la paix du Christ, et ceux dont la foi est connue de lui seul, nous soyons jugés dignes d'entrer dans la plénitude de la joie de notre Seigneur et, au jour de la résurrection, de recevoir la couronne de la vie éternelle.

Silence

O Dieu, puissance inaltérable et lumière sans déclin: Regarde avec amour l'Eglise tout entière, ce mystère admirable et saint. En ta providence partout à l'œuvre poursuis dans la paix ton plan de salut; que le monde entier voit et comprenne: ce qui était abattu est relevé, ce qui avait vieilli est rénové, et tout retrouve son intégrité première en celui en qui tout a été fait, ton Fils Jésus, le Christ, notre Seigneur. *Amen.*

On peut conclure ici la liturgie en chantant un hymne ou une autre œuvre chorale, puis en récitant la Prière du Seigneur et la prière finale qui se trouve à la page 190.

Si on le désire, on peut maintenant porter dans l'église une croix de bois et la placer bien en vue des fidèles.

On peut faire alors des dévotions qui peuvent comprendre les textes suivants (en entier ou en extrait) ou d'autres textes adaptés. Si les textes sont récités au lieu d'être chantés, l'assemblée répète les parties en italique.

Répons 1

Ta croix, Seigneur, nous la vénérons,
et ta sainte résurrection, nous la chantons.
C'est par le bois de la croix
que la joie est venue sur le monde.

Que Dieu nous prenne en grâce et nous bénisse,
que son visage s'illumine pour nous,
et qu'il vienne parmi nous.

Que ton chemin soit connu sur la terre,
ton salut rédempteur parmi toutes les nations.

Que les peuples, Seigneur Dieu, te rendent grâce;
qu'ils te rendent grâce tous ensemble.

Ta croix, Seigneur, nous la vénérons,
et sa sainte résurrection, nous la chantons.
C'est par le bois de la croix
que la joie est venue sur le monde.

Répons 2

Nous t'adorons, O Christ, et nous te bénissons,
Car par ta sainte croix tu as racheté le monde.

Si nous mourons avec lui, avec lui nous vivrons;
si nous souffrons avec lui, avec lui nous régnerons.

Nous t'adorons, O Christ, et nous te bénissons,
Car par ta sainte croix, tu as racheté le monde.

Répons 3

Sauveur du monde, qui nous as rachetés par ta croix et ton sang précieux; *Sauve-nous et aide-nous, nous t'en supplions, Seigneur.*

On chante alors un hymne proclamant la gloire de la croix.

On peut conclure ici le service par la prière du Seigneur et la prière finale.

En l'absence d'un évêque ou d'un prêtre, un diacre ou un lecteur laïc peut diriger tout ce qui précède.

Là où l'on administre la sainte communion en la prenant dans la réserve sacramentelle, on suit l'ordre:

Confession des péchés
Prière du Seigneur
Communion

On conclut le service par la prière suivante. On n'ajoute ni bénédiction, ni renvoi.

Seigneur Jésus Christ, Fils du Dieu vivant, nous te prions de mettre ta passion, ta croix et ta mort entre ton jugement et nos âmes, maintenant et à l'heure de notre mort. Donne ta miséricorde et ta grâce aux vivants, ton pardon et ton repos aux morts, la paix et la concorde à ta sainte Eglise, et à nous pécheurs, la vie éternelle et la gloire. Car tu vis et règnes avec le Père et le Saint-Esprit, un seul Dieu, maintenant et toujours. *Amen.*

Samedi Saint

On ne célèbre pas l'Eucharistie en ce jour.

S'il y a une liturgie de la Parole, le célébrant commence par la collecte du jour:

O Dieu, créateur du ciel et de la terre, le corps crucifié de ton Fils bien-aimé a été mis au tombeau où il a reposé ce saint jour du Sabbat: De grâce, accorde-nous d'attendre avec lui le troisième jour, pour ressusciter avec lui, dans une vie nouvelle. Lui qui vit et règne avec toi et le Saint-Esprit, un seul Dieu dans les siècles des siècles. *Amen.*

Ancien Testament Job 14:1-4
Psaume 130, *ou* 31:1-5
Epître I Pierre 4:1-8
Evangile Matthieu 27:57-66, *ou* Jean 19:38-42

Après l'Evangile (et l'homélie), au lieu de la Prière des fidèles, on chante ou l'on récite le texte à la page 310, «En pleine vie . . .»

On conclut le service par la Prière du Seigneur et la salutation «La grâce de Jésus Christ notre Seigneur . . .» (page 64).

Indications concernant la célébration de la Vigile

La Grande Vigile, quand on la célèbre, est le premier service du Jour de Pâques. On la célèbre à une heure qui convient entre le coucher du soleil du Samedi saint et le lever du soleil du jour de Pâques.

Le service comprend normalement quatre parties :
1. L'Office de la Lumière.
2. La Liturgie de la Parole.
3. L'Initiation chrétienne, ou le renouvellement des promesses du Baptême.
4. La Sainte Eucharistie avec l'administration de la communion pascale.

Il est d'usage que tous les ministres ordonnés, ainsi que les lecteurs laïcs, les chanteurs et d'autres membres de l'assemblée participent à ce service.

L'évêque lorsqu'il est présent est le célébrant principal; il préside au Baptême et donne la Confirmation; normalement c'est lui qui fait l'homélie.

Les prêtres présents se partagent la lecture des collectes qui suivent chaque lecture et assistent l'évêque au baptême et à l'Eucharistie. En l'absence d'un évêque, un prêtre préside le service.

Il est réservé au diacre de porter le cierge pascal à sa place et de chanter l'Exsultet. Il est préférable que chaque lecture soit faite par une personne différente.

En l'absence d'un évêque on d'un prêtre, un diacre ou un lecteur laïc peut diriger les deux premières parties du service, le Renouvellement des promesses du Baptême, et la Liturgie de la Parole de l'Eucharistie de la Vigile, en concluant par la Prière des fidèles, la Prière du Seigneur et le renvoi.

Si l'on ne peut obtenir le ministère d'un prêtre, l'évêque peut autoriser un diacre à célébrer le baptême public et à administrer la communion pascale en la prenant dans la réserve sacramentelle.

Quand on ne célèbre pas la Vigile, l'Office de la Lumière peut avoir lieu à une heure qui convienne avant la Liturgie du Jour de Pâques.

La grande Vigile de Pâques

Office de la Lumière

On allume un feu dans les ténèbres; après quoi le célébrant peut s'adresser au peuple en ces termes, ou d'autres semblables:

Chers amis dans le Christ, en cette nuit très sainte où notre Seigneur Jésus est passé de la mort à la vie, l'Eglise invite ses fidèles, disseminés partout dans le monde à se réunir pour veiller et prier. Car c'est la Pâque du Seigneur, où en écoutant sa Parole et en célébrant ses Sacrements nous avons part à son triomphe sur la mort.

Le célébrant peut dire la prière suivante:

Prions le Seigneur.

Seigneur notre Dieu, par ton Fils bien-aimé tu as donné à ton peuple l'éclat de ta lumière: daigne bénir cette flamme qui brille dans la nuit; accorde-nous, durant ces fêtes pascales, d'être enflammés d'un si grand désir du ciel que nous puissions parvenir, avec un cœur pur, aux fêtes de l'éternelle lumière. Par Jésus le Christ notre Seigneur. *Amen.*

On allume alors le cierge pascal au feu nouveau, et le diacre (ou le célébrant en l'absence d'un diacre), portant le cierge, conduit la procession jusqu'au sanctuaire, en s'arrêtant trois fois pour chanter ou proclamer:

Lumière du Christ.
Le peuple: Nous rendons grâce à Dieu.

Si l'on a distribué des cierges aux membres de l'assemblée, ils sont alors allumés à une flamme provenant du cierge pascal. On peut aussi allumer d'autres cierges et les lumières de l'église, sauf ceux de l'autel.

Le cierge pascal est placé sur un chandelier.

Puis le diacre, ou une autre personne désignée, debout près du cierge, chante ou proclame l'Exsultet qui suit (on peut supprimer les passages indiqués).

Exultez de joie, multitude des anges,
exultez, serviteurs de Dieu,
sonnez cette heure triomphale
et la victoire d'un si grand roi.

Sois heureuse aussi, notre terre,
irradiée de tant de feux,
car il t'a prise dans sa clarté
et son règne a chassé la nuit.

Réjouis-toi, mère Eglise,
toute parée de sa splendeur,
entends vibrer dans ce lieu saint
l'acclamation de tout ton peuple.

Et vous tous, qui vous tenez
près de cette flamme merveilleuse et sainte,
avec moi priez le Dieu tout-puissant,
qu'il m'accorde la grâce de chanter la louange
d'une si grande lumière.
Par Jésus Christ, son Fils notre Seigneur,
qui vit et règne avec lui, dans l'unité du Saint-Esprit,
un seul Dieu, dans les siècles des siècles. *Amen.*

Le Seigneur soit avec vous.
Le peuple: Et avec ton esprit.
Le diacre: Rendons grâce au Seigneur notre Dieu.
Le peuple: Cela est juste et bon.

Le diacre:

Vraiment, il est juste et bon, toujours et partout, de te chanter à pleine voix et de tout cœur, Père tout-puissant, Dieu invisible, et ton Fils unique, Jésus Christ notre Seigneur.

C'est lui l'agneau pascal véritable qui, à la fête de la Pâque, a acquitté pour nous la dette du péché d'Adam et a délivré par son sang ton peuple fidèle.

Car voici la nuit où tu as tiré de leur servitude au pays d'Egypte les enfants d'Israël, et leur as fait passer la mer Rouge à pied sec.

C'est la nuit où tous ceux qui croient au Christ sont délivrés de la condamnation des ténèbres et sont restaurés à la grâce et la sainteté de vie.

C'est la nuit où le Christ, brisant les liens de l'enfer et de la mort, s'est relevé victorieux de la tombe.

Merveilleuse condescendance de ta grâce! Imprévisible choix de ton amour: pour racheter l'esclave, tu livres le Fils!

Nuit très sainte, qui chasse le mal et lave les fautes, rend l'innocence aux coupables et l'allégresse aux affligés, dissipe l'orgueil et la haine, apporte la concorde et la paix.

Nuit bienheureuse, où le ciel s'unit à la terre, où l'homme est reconcilié à Dieu.

Père saint, accueille notre sacrifice du soir, l'offrande de ce cierge en ton honneur. Qu'il brille sans cesse pour chasser toute ténèbre. Qu'il brûle encore quand se lèvera l'astre du matin, celui qui ne connaît pas de couchant, le Christ, qui illumine toute la création. Lui qui vit et règne dans les siècles des siècles. *Amen.*

Il est d'usage que le cierge pascal soit allumé durant les célébrations liturgiques du jour de Pâques au jour de la Pentecôte.

Liturgie de la Parole

Le célébrant peut introduire le service des lectures en ces termes ou d'autres semblables:

Ecoutons le récit du Salut de Dieu à l'œuvre dans l'histoire, comment dans les temps passés, il a sauvé son peuple, et demandons-lui de nous conduire tous à la plénitude de sa rédemption.

On lit au moins deux des lectures qui suivent, dont l'une est toujours celle de l'Exode. Après chaque lecture, on chante le psaume ou le cantique biblique indiqué, ou un autre psaume, cantique ou hymne qui convienne. On peut observer un moment de silence, puis on peut dire la collecte indiquée, ou une autre collecte qui convienne.

Le récit de la Création
Genèse 1: 1—2:2

Psaume 33: 1-11, *ou* Psaume 36: 5-10

Prions le Seigneur. *(Silence)*
O Dieu, toi qui as merveilleusement créé l'homme et, plus merveilleusement encore as rétabli sa dignité: Fais-nous participer à la divinité de celui qui a daigné partager notre humanité, ton Fils Jésus, le Christ, notre Seigneur. *Amen.*

Le Déluge
Genèse 7: 1-5, 11-18; 8: 6-18; 9: 8-13

Psaume 46

Prions le Seigneur. *(Silence)*

Dieu tout-puissant, pour signifier ton alliance avec toutes les créatures, tu as placé un arc dans le ciel: accorde à tes serviteurs, régénérés par l'eau et l'Esprit, de te présenter un sacrifice d'action de grâce qui te soit agréable. Par Jésus, le Christ, notre Seigneur. *Amen.*

Le sacrifice d'Abraham
Genèse 22 : 1-8

Psaume 33 : 12-22, *ou* Psaume 16

Prions le Seigneur. *(Silence)*

Dieu très saint, Père de tous les croyants: Par la grâce du mystère pascal, multiplie le nombre de tes enfants, pour la gloire de ton nom; que ton Eglise ait la joie de voir accomplie ta promesse à notre père Abraham. Par Jésus, le Christ, notre Seigneur. *Amen.*

Le libération d'Israël, le passage de la mer Rouge
Exode 14 : 10—15 : 1

Cantique 1, *le Cantique de Moïse*

Prions le Seigneur. *(Silence)*

O Dieu, dont les merveilles d'autrefois resplendissent encore aujourd'hui; par la puissance de ton bras tu as délivré ton peuple élu de l'esclavage de Pharaon, nous donnant ainsi le signe du salut de toutes les nations dans les eaux du baptême: accorde à tous les peuples de la terre de figurer parmi les enfants d'Abraham et de trouver leur joie dans l'héritage d'Israël. Par Jésus, le Christ, notre Seigneur. *Amen.*

La présence de Dieu dans Israël renouvelé
Isaïe 4: 2-6

Psaume 122

Prions le Seigneur. *(Silence)*

O Dieu, tu as conduit ton peuple ancien, le jour par une colonne de nuée et la nuit par une colonne de feu: Accorde à ceux qui te servent aujourd'hui sur cette terre, d'atteindre enfin la joie de la Jérusalem céleste, où tu essuieras toute larme, c'est là qu'avec tous tes saints, nous chanterons à jamais ta louange. Par Jésus, le Christ, notre Seigneur. *Amen.*

Le Salut offert librement à tous
Isaïe 55: 1-11

Cantique 2, *Le premier cantique d'Isaïe*, *ou* Psaume 42: 1-7

Prions le Seigneur. *(Silence)*

O Dieu, par la puissance de ta Parole, tu as tout créé et par ton Esprit tu as renouvelé la terre: Donne aujourd'hui l'eau vive à tous ceux qui ont soif de toi, pour qu'ils portent des fruits en abondance dans ton règne de gloire. Par Jésus, le Christ, notre Seigneur. *Amen.*

Un coeur nouveau et un esprit nouveau
Ezéchiel 36: 21-28

Psaume 42: 1-7, *ou* Cantique 2, *Le premier cantique d'Isaïe*

Prions le Seigneur. *(Silence)*

Dieu éternel et tout-puissant, par le mystère pascal tu as établi l'Alliance nouvelle de réconciliation: Accorde à tous ceux qui sont nés à nouveau au corps du Christ, d'exprimer par toute leur vie, ce qu'ils professent par leur foi. Par Jésus, le Christ, notre Seigneur. *Amen.*

La vallée des ossements desséchés
Ezéchiel 37: 1-14

Psaume 30, *ou* Psaume 143

Prions le Seigneur. *(Silence)*

Dieu tout-puissant, par la Pâque de ton Fils, tu nous as fait passer du péché à la justice, de la mort à la vie: Donne à ceux qui ont reçu le sceau de l'Esprit-Saint la volonté et la force de proclamer ton nom par toute la terre. Par Jésus, le Christ, notre Seigneur. *Amen.*

Le rassemblement du peuple de Dieu
Sophonie 3: 12-30

Psaume 98, *ou* Psaume 126

Prions le Seigneur. *(Silence)*

O Dieu, puissance inaltérable et lumière sans déclin: regarde avec amour l'Eglise tout entière, ce mystère admirable et saint. En ta providence partout à l'œuvre poursuis dans la paix ton plan de salut; que le monde entier voit et comprenne: ce qui était abattu est relevé, ce qui avait vieilli est rénové, et tout retrouve son intégrité première en celui en qui tout a été fait, ton Fils Jésus, le Christ, notre Seigneur. *Amen.*

Une homélie peut suivre l'une des lectures qui précèdent.

On administre ici ou après l'Evangile le Sacrement du Baptême (en commençant par la présentation des candidats et en concluant par la réception des nouveaux baptisés). On peut aussi administrer la confirmation.

En l'absence de candidats au baptême ou à la confirmation, le célébrant, ici ou après l'Evangile, préside au Renouvellement des promesses du Baptême.

Le célébrant peut d'abord s'adresser au peuple en ces termes ou d'autres semblables; tous sont debout.

Chers amis, par le mystère pascal nous avons été mis au tombeau avec le Christ dans le baptême, afin qu'avec lui nous vivions d'une vie nouvelle. C'est pourquoi, après avoir observé le Carême jusqu'à la fin, je vous invite à renouveler la renonciation à Satan que l'on fait lors du baptême. Renouvelons notre profession de foi au Dieu vivant et vrai et à son Fils, Jésus Christ, et notre promesse de le servir fidèlement dans sa sainte Eglise catholique.

Renouvellement des promesses du Baptême

Le célébrant: Affirmez-vous à nouveau votre rejet du mal et renouvelez-vous votre engagement à Jésus Christ?
Le peuple: Oui, je le veux.

Le célébrant: Croyez-vous en Dieu le Père?
Le peuple: Je crois en Dieu, le Père tout-puissant,
créateur du ciel et de la terre.

Le célébrant: Croyez-vous en Jésus Christ, le Fils de Dieu?
Le peuple: Je crois en Jésus Christ,
son Fils unique, notre Seigneur,
qui a été conçu du Saint-Esprit,
est né de la Vierge Marie,
a souffert sous Ponce Pilate,
a été crucifié, est mort
et a été enseveli, est descendu aux enfers,
le troisième jour est ressuscité des morts,
est monté aux cieux,
est assis à la droite de Dieu le Père
tout-puissant,
d'où il viendra juger les vivants et les
morts.

Le célébrant: Croyez-vous en l'Esprit-Saint?
Le peuple: Je crois en l'Esprit-Saint,
à la Sainte Eglise catholique,
à la communion des saints.
à la rémission des péchés,
à la resurrection de la chair,
à la vie éternelle.

Le célébrant: Serez-vous assidus à l'enseignement des apôtres, à la communion fraternelle, à la fraction du pain et aux prières?
Le peuple: Oui, avec l'aide de Dieu.

Le célébrant: Persévérerez-vous dans votre résistance au mal et, si vous péchez, promettez-vous de vous repentir et de revenir au Seigneur?
Le peuple: Oui, avec l'aide de Dieu.

Le célébrant: Proclamerez-vous, tant par vos paroles que par votre exemple, la Bonne Nouvelle de Dieu manifestée en Jésus Christ?
Le peuple: Oui, avec l'aide de Dieu.

Le célébrant: Rechercherez-vous, pour le servir, le Christ dans les personnes que vous rencontrerez, et aimerez-vous votre prochain comme vous-mêmes?
Le peuple: Oui, avec l'aide de Dieu.

Le célébrant: Etes-vous prêts à lutter pour la justice et la paix parmi tous les peuples et à respecter la dignité de chaque être humain?
Le peuple: Oui, avec l'aide de Dieu.

Le célébrant conclut ainsi le renouvellement des promesses du Baptême:

Que le Dieu tout-puissant, Père de notre Seigneur Jésus Christ, qui nous a fait renaître par l'eau et l'Esprit Saint, et qui nous as accordé le pardon des péchés, nous garde encore par sa grâce, dans le Christ Jésus notre Seigneur, pour la vie éternelle. *Amen.*

A l'Eucharistie

On allume maintenant les cierges de l'autel au cierge pascal.

On chante l'un des cantiques suivants. Immédiatement avant le chant, le célébrant peut dire au peuple:

Alleluia. Christ est ressuscité.
Le peuple: Le Seigneur est vraiment ressuscité. Alleluia.

Les Cantiques

Gloria in excelsis
Te Deum laudamus
Pascha nostrum

Le célébrant dit alors:

Le Seigneur soit avec vous.
Le peuple: Et avec ton esprit.
Le célébrant: Prions le Seigneur.

Le célébrant dit l'une des collectes suivante:

O Dieu, pour nous racheter, tu as livré ton Fils unique à la mort de la croix et, par sa résurrection glorieuse, tu nous as arrachés au pouvoir de notre ennemi; Accorde-nous de mourir chaque jour au péché, pour vivre éternellement avec le Christ dans la joie de sa résurrection. Lui qui vit et règne avec toi et le Saint-Esprit, un seul Dieu, maintenant et toujours. *Amen.*

ou bien

O Dieu, qui as fait resplendir cette nuit très sainte par la gloire de la résurrection du Seigneur: Ravive en ton Eglise l'esprit filial qui nous est donné au baptême; afin que, renouvelés dans notre corps et notre âme, nous t'adorions en esprit et en vérité. Par Jésus Christ notre Seigneur, qui vit et règne avec toi dans l'unité du Saint-Esprit, un seul Dieu, maintenant et toujours. *Amen* .

Epître Romains 6: 3-11

On peut chanter et répéter l'Alleluia.

On peut chanter le psaume 114, ou un autre psaume, ou un hymne qui convienne.

Evangile Matthieu 28: 1-10

Si elle n'a pas déjà été faite, c'est ici que se place la prédication.

On omet le Symbole de Nicée à ce service.

On peut aussi placer ici la célébration du baptême, la confirmation ou le renouvellement des promesses du Baptême.

La célébration continue par la Prière des fidèles.

Préface de Pâques

Célébration du Baptême

Indications concernant la célébration

Le Baptême dans l'eau et l'Esprit Saint est une initiation complète au Corps du Christ qu'est l'Eglise. Le lien qui nous unit à Dieu par le baptême est indissoluble.

Il convient d'administrer le sacrement du Baptême pendant l'Eucharistie principale des dimanches et jours de fête.

Lorsque l'évêque est présent, c'est lui qui officie : il prêche, administre le baptême et préside l'Eucharistie. Ses fonctions sont les suivantes : il préside à la présentation et à l'examen des candidats, prononce l'action de grâce sur l'eau baptismale, (consacre le saint-chrême,) dit la prière «Nous te rendons grâce, Père des cieux, car par l'eau et l'Esprit . . .» et assume le reste de la célébration.

En l'absence de l'évêque, c'est un prêtre qui préside le service. S'il utilise le saint-chrême pour marquer le nouveau baptisé du signe de la croix, il doit avoir été préalablement consacré par l'évêque.

Chaque candidat au baptême doit être parrainé par au moins un baptisé.

Lors du baptême d'adultes ou d'adolescents, ce sont les parrains et marraines qui les présentent au célébrant, marquant ainsi leur intention de les assister dans leur vie chrétienne par la prière et par l'exemple. Lors du baptême de petits enfants, ce sont les parrains et marraines qui font les promesses baptismales et s'engagent en leur nom.

Il est opportun que les parents soient inclus parmi les parrains et marraines de leurs enfants. Parents, parrains et marraines recevront un enseignement sur le sens du baptême, sur l'obligation qui est la leur d'aider les nouveaux chrétiens à croître dans la connaissance et l'amour de Dieu, et sur leurs responsabilités en tant que membres de son Eglise.

Des indications supplémentaires se trouvent à la page 220.

Célébration du Baptême

On peut chanter un hymne, un psaume ou une autre œuvre chorale.

L'assemblée est debout; le célébrant dit :

Béni soit Dieu, le Père, le Fils et le Saint-Esprit.

Le peuple : Béni soit son règne, maintenant et à jamais. *Amen.*

Du jour de Pâques au jour de Pentecôte, on dit à la place :

Le célébrant : Alleluia, Christ est ressuscité.
Le peuple : Le Seigneur est vraiment ressuscité. Alleluia.

Durant le Carême et à d'autres temps de pénitence, on dit :

Le célébrant : Béni soit Dieu qui pardonne nos péchés.
Le peuple : Eternel est son amour.

Le célébrant continue :

Il n'y a qu'un Corps et qu'un Esprit
Le peuple : Et il n'y a qu'une espérance dans l'appel que Dieu nous fait.
Le célébrant : Un seul Seigneur, une seule foi, un seul Baptême.
Le peuple : Un seul Dieu et Père de tous.

Le célébrant : Le Seigneur soit avec vous.
Le peuple : Et avec ton esprit.
Le célébrant : Prions le Seigneur.

Collecte du jour

Le peuple : Amen.

Lors de la célébration principale des dimanches et jours de fêtes, on prend la collecte et les lectures propres du jour. En d'autres circonstances on peut prendre la collecte propre du baptême (p. 163) et choisir parmi les lectures prévues pour cette célébration (p. 736), (cf. Indications supplémentaires p. 220)

Lectures

Le peuple s'assied. On fait une ou deux lectures selon ce qui est prescrit. Le lecteur commence par ces mots :

Lecture de ________ .

On peut citer le chapître et le verset.

Après chaque lecture, le lecteur peut dire :

Parole du Seigneur.
Le peuple : Nous rendons grâce à Dieu

ou encore : Ici se termine la lecture (l'épître).

On peut observer une période de silence.

On peut faire suivre chaque lecture d'un psaume, d'un hymne ou d'une autre œuvre chorale.

Puis, tous debout, le diacre ou un prêtre lit l'évangile, en commençant :

Evangile de Jésus Christ selon ______ __ .
Le peuple : Gloire à Toi, Seigneur.

A la fin de l'évangile, le lecteur dit :

Evangile du Seigneur. (*ou bien :* Acclamons la Parole de Dieu.)
Le peuple : Louange à toi, Seigneur Jésus.

Sermon

Il peut également se faire après le don de la paix.

Présentation et examen des candidats

Le célébrant dit :

Que l'on présente maintenant le(s) candidat(s) au baptême.

Baptême d'adultes ou d'adolescents

Les candidats qui peuvent répondre pour eux-mêmes sont présentés individuellement par leur(s) parrain(s) et marraine(s) de la façon suivante :

Parrain(s) et Marraine(s) Je présente *N.* pour qu'*il* reçoive le sacrement de Baptême.

A chaque candidat qui lui est présenté, le Célébrant pose la question :

Voulez-vous recevoir le sacrement de Baptême?

Le candidat : Oui, je le veux.

Baptême de tout petits et jeunes enfants

Les candidats qui ne peuvent répondre pour eux-mêmes sont présentés individuellement par leurs parents, parrains et marraines de la façon suivante :

Les parents, parrains et marraines :

Nous présentons *N.* pour qu'*il* reçoive le sacrement de Baptême.

Quand tous le candidats ont été présentés, le Célébrant interroge les parents, parrains et marraines :

Veillerez-vous à ce que l'enfant que vous présentez soit élevé dans la foi chrétienne, et qu'il en vive?

Les parents, parrains et marraines :

Oui, avec l'aide de Dieu.

Le célébrant :

Saurez-vous par vos prières et votre témoignage, aider cet(te) enfant à atteindre la taille du Christ dans sa plénitude?

Les parents, parrains et marraines

Oui, avec l'aide de Dieu.

Le célébrant pose alors les questions suivantes aux candidats qui peuvent répondre pour eux-mêmes, et aux parents, parrains et marraines qui parlent au nom des enfants.

Question : Renoncez-vous à Satan et à toutes les forces spirituelles du mal qui se rebellent contre Dieu?

Réponse : J'y renonce.

Question : Renoncez-vous à tout ce qui, dans le monde, peut corrompre et détruire les créatures de Dieu?

Réponse : J'y renonce.

Question : Renoncez-vous à tous désirs mauvais qui pourraient vous séparer de l'amour de Dieu?

Réponse : J'y renonce.

Question : Vous tournez-vous vers le Christ et le reconnaissez-vous comme votre Sauveur?

Réponse : Oui, je le veux.

Question : Mettez-vous toute votre confiance dans sa grâce et dans son amour?

Réponse : Oui, je le veux.

Question : Promettez-vous de le suivre et de lui obéir comme à votre Seigneur et Maître?
Réponse : Oui, je le veux.

Lorsque d'autres candidate doivent lui être présentés, l'évêque dit :

Que l'on présente maintenant les autres candidats.

Les personnes qui présentent les candidats disent :

Je présente *ces personnes* à la confirmation.

ou bien : Je présente *ces personnes* pour *qu'elles* soient reçues dans la communion de notre Eglise.

ou bien : Je présente *ces personnes* qui désirent renouveler les promesses de *leur* baptême.

L'évêque demande aux candidats :

Affirmez-vous à nouveau votre rejet du mal?
Le candidat : Oui, je l'affirme.

L'évêque :
Renouvelez-vous votre engagement à Jésus Christ?

Le candidat :
Oui, et avec la grâce de Dieu, je le suivrai, car il est mon Seigneur et Sauveur.

Lorsque tous les candidats ont été présentés, le célébrant s'adresse à l'assemblée.

Vous qui êtes les témoins des promesses qui ont été faites, voulez-vous faire tout ce qui est en votre pouvoir pour aider *ces personnes* à vivre dans le Christ?

Le peuple : Oui. Nous le voulons.

Le célébrant prononce alors ces paroles ou d'autres semblables :

Unissons-nous maintenant à *ceux* qui s'engagement à suivre le Christ, et renouvelons notre alliance baptismale.

Alliance baptismale

Le célébrant : Croyez-vous en Dieu, le Père?
Le peuple : Je crois en Dieu, le Père tout-puissant,
créateur du ciel et de la terre.

Le célébrant : Croyez-vous en Jésus Christ, le Fils de Dieu?
Le peuple : Je crois en Jésus Christ, son Fils unique,
notre Seigneur,
qui a été conçu du Saint-Esprit,
est né de la Vierge Marie,
a souffert sous Ponce Pilate,
a été crucifié, est mort
et a été enseveli,
est descendu aux enfers,
le troisième jour est ressuscité des morts,
est monté aux cieux,
est assis à la droite de Dieu
le Père tout-puissant,
d'où il viendra juger les vivants et les morts.

Le célébrant : Croyez-vous en l'Esprit Saint?
Le peuple : Je crois en l'Esprit Saint.
à la Sainte Eglise catholique
à la communion des saints,
à la remission des péchés,
à la vie éternelle.

Le célébrant : Serez-vous assidus à l'enseignements des apôtres, à la communion fraternelle, à la fraction du pain et aux prières?
Le peuple : Oui, avec l'aide de Dieu.

Le célébrant : Persévérerez-vous dans votre résistance au mal et, si vous péchez, promettez-vous de vous repentir et de revenir au Seigneur?
Le peuple : Oui, avec l'aide de Dieu.

Le célébrant : Proclamerez-vous, tant par vos paroles que par votre exemple, la Bonne Nouvelle de Dieu manifestée en Jésus Christ?
Le peuple : Oui, avec l'aide de Dieu.

Le célébrant : Rechercherez-vous, pour le servir, le Christ dans les personnes que vous rencontrerez, et aimerez-vous votre prochain comme vous-mêmes?
Le peuple : Oui, avec l'aide de Dieu.

Le célébrant : Etes-vous prêts à lutter pour la justice et la paix parmi tous les peuples et à respecter la dignité de chaque être humain?
Le peuple : Oui, avec l'aide de Dieu.

Prière pour les candidats

Le célébrant dit alors à l'assemblée :

Prions maintenant pour *ceux* qui vont recevoir le sacrement de la vie nouvelle (et pour *ceux* qui *ont* renouvelé *leur* engagement envers Christ.)

Un lecteur propose les intentions de prière.

Le lecteur : Délivre-*les*, Seigneur, de tout ce qui conduit au péché et à la mort.
Le peuple : Seigneur, écoute nos prières.

Le lecteur : Ouvre *leur* cœur à ta grâce et à ta vérité.
Le peuple : Seigneur, écoute nos prières.

Le lecteur : Remplis-*les* de ton Saint-Esprit, lui qui donne la vie.
Le peuple : Seigneur, écoute nos prières.

Le lecteur : Garde-*les* dans la foi et dans la communion de ta sainte Eglise.
Le peuple : Seigneur, écoute nos prières.

Le lecteur : Enseigne-*leur* à aimer les autres dans la puissance de l'Esprit.
Le peuple : Seigneur, écoute nos prières.
Le lecteur : Envoie-*les* dans le monde témoigner de ton amour.
Le peuple : Seigneur, écoute nos prières.
Le lecteur : Conduis-*les* à la plénitude de ta gloire et de ta paix.
Le peuple : Seigneur, écoute nos prières.

Le célébrant dit :

Seigneur, accorde à tous ceux qui sont baptisés dans la mort de ton Fils, de vivre dans la puissance de sa résurrection et d'attendre son retour dans la gloire. Lui qui vit et règne, maintenant et toujours. *Amen.*

Action de grâce sur l'eau

Le célébrant bénit l'eau en disant :

Le Seigneur soit avec vous.
Le peuple : Et avec ton esprit.

Le célébrant : Rendons grâce au Seigneur notre Dieu.
Le peuple : Cela est juste et bon.

Le célébrant :

Nous te rendons grâce, Dieu tout-puissant, pour le don de l'eau que tu nous as fait. Au commencement du monde ton Esprit planait sur les eaux, et c'est à travers elles que tu as fait passer les enfants d'Israël de la servitude d'Egypte à la terre promise. C'est dans l'eau que ton Fils Jésus, baptisé par Jean, a reçu l'onction de l'Esprit Saint comme Christ, le Messie, pour nous faire passer, par sa mort et sa résurrection, de la servitude du péché à la vie éternelle.

Oui, nous te rendons grâce, Dieu notre Père, pour l'eau du baptême : elle nous ensevelit dans la mort du Christ, pour nous faire partager sa résurrection; par elle nous renaissons à l'Esprit-Saint. Aussi, obéissant joyeusement à ton Fils, nous acueillons dans notre communion avec lui ceux qui viennent à lui avec foi, les baptisant au nom du Père, et du Fils, et du Saint-Esprit.

Le célébrant touche l'eau en disant :

Maintenant, Seigneur, sanctifie cette eau, nous t'en prions, par la puissance de ton Esprit, afin que ceux qui viennent ici soient purifiés de leurs péchés. Qu'étant nés de nouveau, ils continuent à vivre de la vie même du Christ ressuscité.

A lui, à toi, à l'Esprit Saint, tout honneur et toute gloire, maintenant et dans les siècles des siècles. *Amen.*

Consécration du saint-chrême

L'évêque peut alors consacrer l'huile ou saint-chrême, en disant, la main placée sur le vase contenant l'huile :

Père éternel, ton fils bien aimé a reçu l'onction de l'Esprit Saint pour être le Sauveur et le serviteur de tous : Nous t'en prions, consacre cette huile afin que ceux qui en reçoivent le sceau aient part au sacerdoce royal de Jésus Christ. Lui qui vit et règne avec toi et le Saint-Esprit, dans les siècles des siècles. *Amen.*

Le Baptême

Chaque candidat est présenté par son nom au célébrant, à un prêtre assistant ou à un diacre, qui le plonge dans l'eau ou lui en verse sur la tête en disant :

N., je te baptise au nom du Père, et du Fils, et du Saint-Esprit. *Amen.*

Lorsque ce rite a été achevé pour chaque candidat, l'évêque ou le prêtre, d'un endroit où il peut être vu de toute l'assemblée, prie sur eux en ces termes

Nous te rendons grâce Père des cieux, car, par l'eau et l'Esprit-Saint, tu as accordé à *tes serviteurs* le pardon des péchés, et tu *les* as élevés à la vie nouvelle de ta grâce. Soutiens-*les*, Seigneur, par ton Saint-Esprit: donne-*leur* un cœur qui cherche et sache trouver, le courage de vouloir et de persévérer, une disposition à te connaître et à t'aimer, ainsi que le don de la joie et de l'émerveillement devant toutes tes œuvres. *Amen.*

Alors l'évêque ou le prêtre, pose une main sur la tête du baptisé et lui marque le front du signe de la croix, (avec le saint-chrême s'il le désire) en disant :

N., par le baptême tu reçois le sceau de l'Esprit Saint, et la marque de ton appartenance au Christ pour toujours. *Amen.*

Ce rite peut être effectué immédiatement après celui de l'eau et avant la prière précédente.

Quand tous ont été baptisés, le célébrant dit :

Accueillons les nouveaux baptisés.

Le célébrant et le peuple :

Nous vous recevons dans la famille de Dieu. Confessez la

foi au Christ crucifié, proclamez sa résurrection et avec nous ayez part à son sacerdoce éternel.

S'il n'y pas de confirmation, d'admission ou de renouvellement des promesses du Baptême, on se donne ici la paix.

Le célébrant : Que la paix du Seigneur soit toujours avec vous.
Le peuple : Et avec ton esprit.

A la confirmation, l'admission dans la communion de l'Eglise, ou le renouvellement des promesses du Baptême

L'évêque dit à l'assemblée :

Prions maintenant pour *ceux* qui ont renouvelé *leur* engagement envers le Christ.

On peut observer un moment de silence.

L'évêque dit alors :

Dieu tout-puissant, nous te rendons grâce, car par la mort et la résurrection de ton Fils, tu as vaincu le péché et tu nous as ramenés vers toi : par le sceau de l'Esprit Saint tu nous as attachés à ton service. Renouvelle en *tes serviteurs*, ici présents, l'Alliance que tu as conclue avec *eux* à *leur* baptême. Envoie-*les* maintenant accomplir, dans la puissance de l'Esprit le service auquel tu *les* destines. Par Jésus Christ, ton Fils, notre Seigneur, qui vit et règne avec toi, en l'unité du Saint-Esprit, un seul Dieu, maintenant et toujours. *Amen.*

Pour la Confirmation

L'évêque impose les mains à chacun et dit :

Fortifie, Seigneur, *ton serviteur* N. par la puissance de ton Saint-Esprit, rends-*le* capable de te servir, et soutiens-*le* tous les jours de sa vie. *Amen.*

ou bien

Assiste, Seigneur, *ton serviteur N.* de ta grâce divine, afin qu'*il* t'appartienne pour toujours et croisse de jour en jour dans l'Esprit Saint, jusqu'à ce qu'*il* parvienne à ton royaume éternel. *Amen.*

Pour l'admission dans la communion de l'Eglise

N., nous te reconnaissons comme membre de l'Eglise, une, sainte, catholique et apostolique : et nous te recevons dans notre communion ecclésiale. Que Dieu, le Père, le Fils et le Saint-Esprit, te bénisse, te protège et te garde. *Amen.*

Pour le renouvellement des promesses du Baptême

N., que l'Esprit Saint, qui a commencé en toi son œuvre excellente, te dirige et te soutienne au service du Christ et de son royaume. *Amen.*

L'évêque dit alors :

Dieu éternel et tout-puissant, que ta main paternelle soit étendue sans cesse sur *tes serviteurs* : que ton Saint-Esprit demeure avec *eux* toujours. Amène-*les* à connaître ta Parole et à la mettre en pratique, pour qu'*ils* te servent dans cette vie et demeurent avec toi dans la vie à venir. Par Jésus le Christ notre Seigneur. *Amen.*

On fait alors l'échange de la paix.

L'évêque : Que la paix du Seigneur soit toujours avec vous.

Le peuple : Et avec ton esprit.

L'Eucharistie

La célébration continue par la Prière des fidèles ou l'offertoire de la liturgie eucharistique : lorsqu'il est présent l'évêque en est le célébrant principal.

A l'exception des fêtes majeures, on peut prendre la préface propre du baptême.

Alternative pour la fin du service

S'il n'y a pas de célébration de l'Eucharistie, la liturgie continue avec la Prière du Seigneur.

Notre Père, qui es aux cieux,
que ton Nom soit sanctifié,
que ton règne vienne.
Que ta volonté soit faite
sur la terre comme au ciel.
Donne-nous aujourd'hui notre pain de ce jour.
Pardonne-nous nos offenses,
comme nous pardonnons aussi
à ceux qui nous ont offensés.
Et ne nous soumets pas à la tentation,
mais délivre-nous du mal.
Car c'est à toi qu'appartiennent le règne,
la puissance et la gloire,
dans les siècles des siècles. *Amen.*

Le célébrant dit alors :

Nous te louons et nous te rendons grâce, Père de miséricorde, car tu nous adoptes comme tes propres enfants: tu fais de nous les membres de ta sainte Eglise et tu nous rends dignes d'avoir part à l'héritage des saints dans la lumière. Par Jésus Christ, ton Fils, notre Seigneur, qui vit et règne avec toi et le Saint-Esprit, un seul Dieu, dans les siècles des siècles. *Amen.*

On peut recevoir des offrandes et les présenter, et ajouter d'autres prières pour conclure ainsi :

Que le Dieu tout-puissant, Père de notre Seigneur Jésus Christ, de qui toute famille tient son nom au ciel et sur la terre, daigne vous armer de puissance par son Saint-Esprit, qu'il fasse habiter le Christ en vos cœurs par la foi, afin que vous soyez comblés jusqu'à recevoir toute la plénitude de Dieu. *Amen.*

Indications supplémentaires

Il convient particulièrement d'administrer le baptême lors de la Vigile pascale, le jour de la Pentecôte, à la Toussaint et le dimanche qui suit, et à la fête du Baptême du Seigneur (le premier dimanche après l'Epiphanie). Dans la mesure du possible, on réservera à ces occasions l'administration du baptême, ou on le fera administrer lorsqu'un évêque sera présent.

Dans les cas où il ne serait pas possible qu'un évêque ou un prêtre soit disponible ces jours-là, l'évêque peut autoriser un diacre à présider la célébration. En pareille circonstance, le diacre omettra la prière sur les candidats, à la page 216, de même que la formule et ce qui la suit.

Ces parties omises pourront être reprises à l'occasion d'un autre baptême public que présidera un évêque ou un prêtre.

Lorsqu'il n'y a pas de candidats au baptême, on peut utiliser le rituel de renouvellement des promesses du Baptême à la place du Symbole de Nicée dans la liturgie des quatre jours cités plus haut.

Si on le désire on peut chanter le Gloria in excelsis immédiatement après les paroles d'ouverture de la célébration, et avant la salutation: «Le Seigneur soit avec vous».

Quand l'évêque est présent et lors d'occasions qui le justifient, la collecte (à la page 163) et les lectures prévues pour la célébration du baptême (à la page 736) peuvent remplacer le propre du jour.

Les lectures peuvent être faites par des laïcs, et il convient que l'on assigne cette fonction aux parrains et marraines. De même un des parrains ou marraines peut diriger les intercessions (à la page 213).

On ne récite pas le Symbole de Nicée au cours de la célébration du baptême.

Lorsque la présentation des candidats ne se fait pas aux fonts baptismaux, le clergé, les candidats et les parrains et marraines s'y rendent pendant les intercessions (à la page 213) pour la bénédiction de l'eau.

Si l'on y va en procession, on peut chanter un psaume (le psaume 42 par exemple), un hymne, ou une autre œuvre chorale.

Lorsque c'est possible, les fonts baptismaux seront remplis d'eau immédiatement avant que l'on procède à la bénédiction.

Pour cette bénédiction et pour l'administration du baptême, le célébrant, dans la mesure du possible, se placera face à l'assemblée près du baptistère, et les parrains et marraines seront regroupés de telle sorte qu'on voie clairement ce qui se passe.

Après le baptême, on peut remettre un cierge (qui peut être allumé au cierge pascal) à chacun des nouveaux baptisées ou à leur parrain ou marraine.

Il peut être opportun de retourner au sanctuaire pour la prière «Nous te rendons grâce, Père des cieux» et pour la suite du service. Pendant la procession on pourra chanter un psaume, (le psaume 23 par exemple), un hymne ou une autre œuvre chorale.

Les nouveaux baptisés ou leurs parrains et marraines pourront présenter les offrandes de pain et de vin lors de l'Eucharistie qui suivra l'administration du sacrement de baptême.

Baptême sous condition

S'il y a des raisons de douter qu'une personne ait été baptisée dans l'eau, «Au nom du Père, et du Fils, et du Saint-Esprit» (ce qui constitue le rite essentiel du baptême), on la baptisera de la façon usuelle, mais on utilisera la formulation suivante

Si tu n'es pas déjà baptisé, *N.*, je te baptise au nom du Père, et du Fils, et du Saint-Esprit.

Baptême en cas d'urgence

Dans les cas d'urgence, tout baptisé peut administrer le sacrement de baptême en utilisant la formule qui suit.

S'il est connu, on exprime le nom de la personne qu'on veut baptiser et on lui verse de l'eau sur la tête en disant :

Je te baptise au nom du Père, et du Fils, et du Saint-Esprit.

On récite alors la Prière du Seigneur.

On peut ajouter d'autres prières, telles que celle-ci :

Nous te rendons grâce, Père des cieux, car, par l'eau et l'Esprit Saint, tu as accordé à *ton serviteur* le pardon des péchés, et tu l'as élevé à la vie nouvelle de ta grâce. Fortifie-*le* Seigneur, de ta présence, entoure-*le* de tes soins et protège-*le* toujours.

La personne qui a administré le baptême dans un cas d'urgence doit en informer la paroisse concernée afin qu'on puisse le noter dans le registre.

Si la personne ainsi baptisée recouvre la santé, le baptême devra être reconnu au cours d'une célébration sacramentelle publique, présidée par un évêque ou un prêtre à laquelle elle participera en compagnie de ses parrain(s) et marraine(s) : on omettra l'administration de l'eau qui n'a pas à être répétée.

La Sainte Eucharistie

Liturgie de la Parole de Dieu et Liturgie Eucharistique

Exhortation

On peut employer cette exhortation, intégralement ou en partie, au cours de la liturgie ou en d'autres occasions. En l'absence d'un diacre ou d'un prêtre, un laïc peut la lire. L'assemblée se tient debout ou assis.

Bien-aimés dans le Seigneur, la veille de sa passion le Christ notre Sauveur a institué le sacrement de son corps et de son sang, signe et gage de son amour, pour que nous fassions mémoire perpétuelle du sacrifice de sa mort et participions spirituellement à sa vie ressuscitée. Dans ces saints mystères, en effet, nous ne faisons qu'un avec le Christ et lui avec nous; en lui, nous devenons un seul corps et membres les uns des autres.

Ainsi, songeant à son grand amour pour nous et obéissant à son commandement, son Eglise rend au Dieu tout-puissant, notre Père céleste, une action de grâce incessante pour la création du monde, pour sa providence éternelle, pour son amour envers l'humanité et pour la rédemption du monde par Jésus Christ notre Sauveur; lui qui a pris notre chair et s'est humilié jusqu'à la mort sur la croix pour faire de nous des enfants de Dieu, par le pouvoir du Saint-Esprit, et nous élever à la vie éternelle.

Mais pour bien participer à la célébration de ces saints mystères et nous nourrir de cet aliment spirituel, il nous faut nous souvenir de la dignité de ce Saint Sacrement. Je vous invite donc à considérer comment Saint Paul exhorte chacun à se préparer soigneusement avant de manger ce pain et de boire à cette coupe.

Car si grand est le bénéfice de recevoir le saint Sacrement d'un cœur pénitent et d'une foi vivante, grand aussi est le danger de le recevoir de manière indigne en ne reconnaissant pas le corps du Seigneur. Jugez-vous donc vous-mêmes, de crainte d'être jugés du Seigneur.

Examinez votre vie et votre conduite selon les commandements de Dieu, pour percevoir comment vous l'avez offensé par action ou par omission, en pensée, en parole ou en acte. Reconnaissez vos péches devant le Dieu tout-puissant avec le ferme propos de vous corriger, vous montrant prêts à réparer vos torts et à pardonner à ceux qui vous ont offensés afin d'obtenir vous-mêmes le pardon. Ainsi réconciliés les uns avec les autres vous pourrez vous nourrir à ce banquet céleste,

Et si dans votre préparation vous avez besoin d'aide ou de conseil, confiez votre douleur à un prêtre discret et compréhensif; vous profiterez ainsi de l'absolution en même temps que de conseils spirituels pour éliminer les scrupules ou les doutes, recevoir l'assurance du pardon et être fortifiés dans votre foi.

Au Christ notre Seigneur qui nous aime, lui qui nous a lavés dans son sang, lui qui fait de nous un peuple de prêtres au service du Père, gloire et honneur dans son Eglise pour les siècles. Par lui offrons sans cesse le sacrifice de louange comme il est notre devoir et notre salut et, avec foi, osons nous approcher du trône de gloire [et confessons humblement nos péchés au Dieu tout-puissant].

Décalogue

Dieu prononça ces paroles:

C'est moi le Seigneur, ton Dieu, qui t'ai fait sortir du pays d'Egypte, de la maison de servitude: tu n'auras pas d'autres dieux face à moi.
Aie pitié de nous, Seigneur
et dispose nos cœurs à garder ce commandement.

Tu ne feras aucune image sculptée, rien qui ressemble à ce qui est dans les cieux là-haut ou sur la terre ici-bas, ou dans les eaux en-dessous de la terre. Tu ne te prosterneras pas devant ces images, ni ne les serviras.
Aie pitié de nous, Seigneur,
et dispose nos cœurs à observer ce commandement.

Tu ne prononceras pas à tort le nom du Seigneur ton Dieu.
Aie pitié de nous, Seigneur,
et dispose nos cœurs à observer ce commandement.

Souviens-toi du jour du Sabbat pour le sanctifier.
Aie pitié de nous, Seigneur,
et dispose nos cœurs à observer ce commandement.

Honore ton père et ta mère.
Aie pitié de nous, Seigneur,
et dispose nos cœurs à observer ce commandement.

Tu ne tueras pas.
Aie pitié de nous, Seigneur,
et dispose nos cœurs à observer ce commandement.

Tu ne commetras pas d'adultère.
Aie pitié de nous, Seigneur,
et dispose nos cœurs à observer ce commandement.

Tu ne voleras pas.
Aie pitié de nous, Seigneur,
et dispose nos cœurs à observer ce commandement.

Tu ne témoigneras pas faussement contre ton prochain.
Aie pitié de nous, Seigneur,
et dispose nos cœurs à observer ce commandement.

Tu ne convoiteras pas.
Aie pitié de nous, Seigneur,
et inscris ces commandements dans notre cœur, nous t'en prions.

Rite pénitentiel I

On l'emploie au début de la liturgie, ou comme rite indépendant.

On peut chanter un hymne, un psaume ou une autre œuvre chorale.

L'assemblée est debout; le célébrant dit:

Béni soit Dieu, le Père, le Fils et le Saint-Esprit.

Le peuple: Béni soit son règne, maintenant et à jamais. Amen.

Du jour de Pâques jusqu'au jour de la Pentecôte, on dit à la place:

Le célébrant: Alleluia. Christ est ressuscité.
Le peuple: Le Seigneur est vraiment ressuscité. Alleluia.

Durant le Carême et à d'autres temps de pénitence, on dit:

Le célébrant: Béni soit Dieu qui pardonne nos péchés.
Le peuple: Eternel est son amour.

Lorsqu'on emploie cette célébration comme rite indépendant, on peut lire l'Exhortation à la page 224, ou faire une homélie.

On peut lire le décalogue à la page 225, l'assemblée s'agenouille.

Le célébrant peut lire une des péricopes suivants:

Ecoutez ce que dit notre Seigneur Jésus Christ: Tu aimeras le Seigneur ton Dieu de tout cœur, de tout ton âme et de toute ta pensée. C'est là le grand, le premier commandement. Un second est aussi important: Tu aimeras ton prochain comme toi-même. De ces deux commandements dépendent toute la Loi et les Prophètes.
Matthieu 22:37-40

Si nous disons: «Nous n'avons pas de péché», nous nous égarons nous-mêmes et la vérité n'est pas en nous. Si nous confessons nos péchés, fidèle et juste comme il est, il nous pardonnera nos péchés et nous purifiera de toute iniquité. *I Jean 1:8-9*

Ayant un grand prêtre éminent qui a traversé les cieux, Jésus le Fils de Dieu, avançons donc avec pleine assurance vers le trône de la grâce, afin d'obtenir miséricorde et de trouver grâce, pour être aidés en temps voulu.
Hébreux 4:14, 16

Le diacre ou le célébrant dit:

Humblement, confessons nos péchés au Dieu tout-puissant.

On peut observer un temps de silence.

Le ministre avec le peuple:

Dieu de miséricorde,
nous confessons que nous avons péché contre toi,
en pensée, en parole et en acte;
par ce que nous avons fait
et ce que nous avons omis de faire.
Nous ne t'avons pas aimé de tout notre cœur;
nous n'avons pas aimé notre prochain comme nous-mêmes.
Nous regrettons sincèrement ces fautes,
 humblement nous nous en repentons.
Pour l'amour de ton Fils Jésus Christ,
 prends pitié de nous et pardonne-nous;
alors ta volonté fera notre joie
 et nous pourrons marcher dans tes chemins
pour la gloire de ton Nom. *Amen.*

ou bien

Père tout-puissant et miséricordieux,
nous nous sommes égarés et détournés de tes sentiers
comme des brebis perdues.
Nous avons trop suivi les inclinations
et les désirs de notre cœur.
Nous avons désobéi à tes saints commandements,
nous n'avons pas fait ce que nous aurions dû faire
et nous avons fait ce que nous ne devions pas faire.
Mais toi, Seigneur, prends pitié de nous,
epargne ceux qui confessent leurs fautes,
fais revivre ceux qui se repentent,
selon les promesses faites à l'humanité
en Jésus Christ, notre Seigneur;
et accorde-nous, Père de miséricorde,
pour l'amour de ton Fils,
de mener désormais une vie simple,
droite et fidèle
à la gloire de ton saint Nom. *Amen.*

L'évêque lorsqu'il est présent, ou le prêtre, se lève et dit:

Que le Seigneur tout-puissant et miséricordieux, vous accorde l'absolution et la rémission de tous vos péchés, une vraie repentance, l'amendement de votre vie, ainsi que la grâce et la consolation de son Saint-Esprit. *Amen.*

Un diacre ou un laïc employant la forme précédente substituera «nous» à «vous», «nos» à «vos» et «notre» à «votre».

Quand ce rite sert d'introduction à la célébration, on continue avec le Kyrie eleison, ou le Trisagion, ou le Gloria in exelsis.

Employé comme rite indépendant, on le conclut par des prières et la salutation «La grâce de Jésus Christ notre Seigneur . . .» (page 64) ou une bénédiction.

Indications concernant la célébration

C'est la prérogative de l'évêque lorsqu'il est présent, d'être le célébrant principal à la table du Seigneur et de prêcher l'Evangile.

A toute célébration de la liturgie, il convient que le célébrant principal, évêque ou prêtre, soit assisté par d'autres prêtres, par des diacres et par des laïcs.

Il est souhaitable que les autres prêtres présents se tiennent près du célébrant à l'autel, qu'ils participent à la consécration des dons, à la fraction du pain et à la distribution de la communion.

Il appartient au diacre de lire l'évangile et de diriger la Prière des fidèles. Les diacres devraient servir à la table du Seigneur, en préparant les offrandes de pain et de vin et en les disposant à l'autel, en aidant aussi à la distribution de la communion. En l'absence d'un diacre, un prêtre assistant peut remplir ces fonctions.

Des laïcs désignés par le célébrant devraient normalement faire les lectures qui précèdent l'évangile, ils peuvent diriger la Prière des fidèles.

On peut prendre la Prière du matin ou du soir, comme première partie de la liturgie jusqu'au rite de la paix et la préparation des dons, pourvu qu'on fasse une lecture d'évangile et que les intercessions soient conformes aux indications concernant la Prière des fidèles.

Des indications supplémentaires se trouvent à la page 307.

Sainte Eucharistie: Rite I

Liturgie de la Parole

On peut chanter un hymne, un psaume ou une autre œuvre chorale.

L'assemblée est debout; le célébrant peut dire:

Béni soit Dieu, le Père, le Fils et le Saint-Esprit.

Le peuple: Béni soit son règne, maintenant et à jamais. Amen.

Du jour de Pâques jusqu'au jour de la Pentecôte, on dit à la place:

Le célébrant: Alleluia. Christ est ressuscité.
Le peuple: Le Seigneur est vraiment ressuscité. Alleluia.

Durant le Carême et à d'autres temps de pénitence, on dit:

Le célébrant: Béni soit le Seigneur qui pardonne nos péchés.
Le peuple: Eternel est son amour.

Le célébrant dit:

Dieu tout-puissant, tu pénètres le cœur de tout homme, tu connais les désirs de chacun et rien ne te reste caché: Envoie ton Esprit Saint pour qu'il purifie nos pensées; nous pourrons ainsi t'aimer jusqu'à la perfection et célébrer dignement ton saint nom. Par Jésus le Christ notre Seigneur. *Amen.*

On peut alors réciter les dix commandements (à la page 225) ou lire ce qui suit:

Ecoutez ce que dit notre Seigneur Jésus Christ:

Tu aimeras le Seigneur ton Dieu de tout ton cœur, de toute ton âme et de toute ta pensée. C'est là le grand, le premier commandement. Un second est aussi important: Tu aimeras ton prochain comme toi-même. De ces deux commandements dépendent toute la loi et les Prophètes.

On chante ou récite:

Seigneur, aie pitié de nous.		Kyrie eleison.
O Christ, aie pitié de nous.	*ou*	*Christe eleison.*
Seigneur, aie pitié de nous.		Kyrie eleison.

[On peut aussi employer la formulation: « Seigneur, prends pitié ».]

ou bien

Dieu Saint,
Saint et Fort,
Saint et Immortel,
Aie pitié de nous.

Lorsqu'il est prescrit, on chante ou l'on récite l'hymne qui suit, ou un autre chant de louange. Tous sont debout.

Gloire à Dieu au plus haut des cieux
et paix sur la terre aux hommes qu'il aime.

Nous te louons, nous te bénissons, nous t'adorons,
nous te glorifions,
nous te rendons grâce pour ton immense gloire.

Seigneur Dieu, roi du ciel, Dieu le Père tout-puissant.
Seigneur, Fils unique, Jésus Christ.
Seigneur Dieu, Agneau de Dieu, le Fils du Père.

Toi qui enlèves le péché du monde, prends pitié de nous.
Toi qui enlèves le péché du monde, reçois notre prière.
Toi qui es assis à la droite du Père, prends pitié de nous.

Car toi seul es saint, toi seul es Seigneur,
toi seul es le Très Haut: Jésus Christ
avec le Saint-Esprit,
dans la gloire de Dieu le Père. Amen.

Collecte du jour

Le célébrant salue le peuple:

	Le Seigneur soit avec vous.
Le peuple:	Et avec ton esprit.
Le célébrant:	Prions le Seigneur.

Le célébrant dit la collecte.

Le peuple: Amen.

Lectures

On s'assied. On fait une ou deux lectures selon ce qui est prescrit. Le lecteur commence par ces mots:

Lecture de__________.

On peut citer le chapître et le verset.

Après chaque lecture, le lecteur peut dire:

	Parole du Seigneur.
Le peuple:	Nous rendons grâce à Dieu.
ou encore:	Ici se termine la lecture (l'épître).

On peut observer une période de silence après chaque lecture.

On peut faire suivre chaque lecture d'un psaume, d'un hymne ou d'une autre œuvre chorale.

Puis, tous debout, le diacre ou un prêtre lit l'évangile, en commençant :

	Evangile de Jésus Christ, selon__________.
Le peuple :	Gloire à toi, Seigneur.

A la fin de l'évangile, le lecteur dit :

Evangile du Seigneur. (*ou bien:* Acclamons la Parole de Dieu.)

Le peuple : Louange à toi, Seigneur Jésus!

Sermon

Les dimanches et les autres jours de fêtes majeures, on se lève pour réciter le Credo.

Symbole de Nicée

Nous croyons en un seul Dieu,
le Père tout-puissant,
créateur du ciel et de la terre,
de l'univers visible et invisible.

Nous croyons en un seul Seigneur, Jésus Christ,
le Fils unique de Dieu,
né du Père avant tous les siècles.
Il est Dieu, né de Dieu,
lumière, née de la lumière,
vrai Dieu, né du vrai Dieu.
Engendre, non pas créé,
de même nature que le Père ;
et par lui tout a été fait.

Pour nous les hommes, et pour notre salut,
il descendit du ciel ;

Par l'Esprit Saint
il a pris chair de la Vierge Marie,
et s'est fait homme.
Crucifié pour nous sous Ponce Pilate,
il souffrit sa passion et fut mis au tombeau.
Il ressuscita le troisième jour
conformément aux Ecritures,
et il monta au ciel:
il est assis à la droite du Père,

Il reviendra dans la gloire
pour juger les vivants et les morts,
et son règne n'aura pas de fin.

Nous croyons en l'Esprit-Saint,
qui est Seigneur et qui donne la vie,
Il procède du Père et du Fils
Avec le Père et le Fils,
il reçoit même adoration et même gloire,
il a parlé par les prophètes.
Nous croyons en l'Eglise,
une, sainte, catholique et apostolique.
Nous reconnaissons un seul baptême
pour le pardon des péchés,
Nous attendons la résurrection des morts,
et la vie du monde à venir. *Amen.*

ou bien

Je crois en un seul Dieu,
Le Père tout-puissant,
créateur du ciel et de la terre,
de l'univers visible et invisible.

Je crois en un seul Seigneur, Jésus Christ,
le Fils unique de Dieu,
né du Père avant tous les siècles:
Il est Dieu, né de Dieu,
lumière, née de la lumière,
vrai Dieu, né du vrai Dieu,
Engendré, non pas créé,
de même nature que le Père;
et par lui tout a été fait.

Pour nous les hommes, et pour notre salut,
il descendit du ciel;
Par l'Esprit Saint,
il a pris chair de la Vierge Marie,
et s'est fait homme.
Crucifié pour nous sous Ponce Pilate,
il souffrit sa Passion et fut mis au tombeau.

Il ressuscita le troisième jour,
conformément aux Ecritures,
et il monta au ciel;
il est assis à la droite du Père.
Il reviendra dans la gloire,
pour juger les vivants et les morts;
et son règne n'aura pas de fin.

Je crois en l'Esprit Saint,
qui est Seigneur et qui donne la vie;
il procède du Père et du Fils;
Avec le Père et le Fils,
il reçoit même adoration et même gloire;
il a parlé par les prophètes.
Je crois en l'Eglise,
une, sainte, catholique et apostolique.
Je reconnais un seul baptême
pour le pardon des péchés.
J'attends la résurrection des morts,
et la vie du monde à venir. *Amen.*

Prière des fidèles

On fait la prière d'intercession selon la forme qui suit ou selon les directives de la page 284.

Le diacre ou une autre personne dit :

Prions pour l'Eglise du Christ dans sa plénitude et pour le monde.

A chaque paragraphe de cette prière, l'assemblée peut faire la réponse qui lui sera indiquée.

Dieu éternel et tout-puissant, ta sainte Parole nous exhorte à t'offrir des prières, des supplications et des actions de grâce pour tous les hommes: Accueille ces prières que nous présentons à ta divine majesté, te suppliant d'animer sans cesse l'Eglise universelle de l'Esprit de vérité, d'unité et de paix ; et donne à tous ceux qui confessent ton saint Nom de s'accorder dans la vérité de ta Parole sainte et de vivre dans l'unité et l'amour.

Accorde ta grâce, Père céleste, à tous les évêques et autres ministres [particulièrement________], afin que par leur vie, comme par leur doctrine, ils annoncent ta Parole de vérité et de vie et administrent fidèlement tes saints Sacrements.

Accorde ta grâce divine à tout ton peuple, specialement à la communauté ici rassemblée, afin que nous recevions ta sainte Parole avec humilité et respect et que nous te servions dans la justice et la sainteté tout au long de nos jours.

Inspire et conduis les dirigeants de ce pays et des autres nations, [particulièrement________]; qu'ils prennent des décisions sages et les appliquent avec justice pour le bien et la paix du monde.

Ouvre, Seigneur, les yeux de tous les hommes à ta miséricorde partout à l'œuvre ; que, trouvant leur joie dans la création tout entière, ils t'honorent de leurs biens et soient des intendants fidèles de tes dons.

Dans ta bonté, nous te supplions très humblement, Seigneur, de consoler et de secourir [________] et tous ceux qui dans cette vie passagère sont dans la peine et l'affliction, dans la pauvreté, la maladie ou toute autre adversité.

On peut ajouter ici d'autres demandes ou actions de grâce.

Nous bénissons ton saint Nom pour ceux qui t'ont glorifié par leur vie et par leur mort [particulièrement________], te suppliant de leur accorder de t'aimer et de te servir toujours davantage. Accorde-nous la grâce de suivre l'exemple de [________et de] tous tes saints, pour avoir part avec eux à ton royaume céleste.

O Père, exauce ces prières, pour l'amour de Jésus Christ, notre unique médiateur et notre avocat auprès de toi. *Amen.*

Si l'on ne célèbre pas l'Eucharistie, ou si aucun prêtre n'est disponible, on conclut le rite comme indiqué à la page 307.

Confession des péchés

Si elle n'a pas été faite auparavant, on fait ici la confession des péchés. On peut l'omettre pour des raisons suffisantes.

Le diacre ou le célébrant fait l'invitation suivante, il peut aussi prendre l'exhortation à la page 225.

Vous qui êtes touchés d'une véritable et sérieuse repentance, qui, dans la charité, aimez votre prochain et êtes résolus à mener une vie nouvelle en suivant les commandements de Dieu, marchant désormais dans ses saintes voies : approchez avec foi et, pieusement agenouillés, faites votre humble confession au Dieu tout-puissant.

ou bien

Humblement, confessons nos péchés au Dieu tout-puissant.

On peut observer un temps de silence.

Le ministre avec le peuple :

Dieu tout-puissant,
Père de notre Seigneur Jésus Christ,
Créateur de toutes choses et Juge de tous les hommes,
nous reconnaissons et nous déplorons
  la multitude de nos péchés et la méchanceté
dont nous nous sommes rendus trop souvent coupables
  envers ta divine majesté,

par nos pensées, nos paroles et nos actes,
provoquant ainsi contre nous ta colère
 et ta juste indignation.

Nous nous repentons sincèrement
 et nous regrettons du fond du cœur
ces fautes que nous avons commises ;
le souvenir nous en est pénible,
 le fardeau pesant.

Prends pitié de nous,
 prends pitié de nous, Père de miséricorde;
pour l'amour de ton Fils, Jésus Christ notre Seigneur,
pardonne-nous tout le passé
 et accorde-nous de pouvoir désormais
 te servir et te plaire
en une vie nouvelle qui soit en l'honneur
 et à la gloire de ton Nom. *Amen.*

ou bien

Dieu de miséricorde,
nous confessons que nous avons péché contre toi
en pensée, en parole et en acte,
par ce que nous avons fait
et ce que nous avons omis de faire.
Nous ne t'avons pas aimé de tout notre cœur,
nous n'avons pas aimé notre prochain comme nous-mêmes.
Nous regrettons sincèrement ces fautes,
 humblement nous nous en repentons.
Pour l'amour de ton Fils Jésus Christ,
 prends pitié de nous et pardonne-nous;
alors ta volonté fera notre joie
 et nous pourrons marcher dans tes chemins
pour la gloire de ton Nom. *Amen.*

L'évêque lorsqu'il est présent, ou le prêtre, se lève et dit :

Dans sa grande miséricorde, le Dieu tout-puissant, notre Père céleste, a promis la rémission des péchés à ceux qui reviennent à lui avec un cœur pénitent et une foi véritable ; qu'il vous fasse miséricorde, qu'il pardonne tous vos péchés et vous en délivre, qu'il vous affermisse en tout bien et vous conduise à la vie éternelle: par Jésus Christ notre Seigneur. *Amen.*

Un ministre peut alors lire un ou plusiers des versets suivants en disant d'abord:

Ecoutez la parole que Dieu adresse à tous ceux qui se convertissent avec sincérité.

Venez à moi, vous tous qui peinez sous le poids du fardeau, et moi je vous donnerai le repos. *Matthieu 11:28*

Dieu a tant aimé le monde qu'il a donné son Fils, son unique, pour que tout homme qui croit en lui ne périsse pas mais ait la vie éternelle. *Jean 3:16*

Elle est digne de confiance, cette parole, et mérite d'être pleinement accueillie par tous: Christ Jésus est venu dans le monde pour sauver les pécheurs. *1 Timothée 1:15*

Mes petits enfants, je vous écris cela pour que vous ne péchiez pas. Mais si quelqu'un vient à pécher, nous avons un défenseur devant le Père, Jésus Christ, qui est juste; car il est, lui, victime d'expiation pour nos péchés; et pas seulement pour les nôtres, mais encore pour ceux du monde entier. *1 Jean 2: 1-2*

La Paix

Tout le monde se lève. Le célébrant dit à l'assemblée :

Que la paix du Seigneur soit toujours avec vous.

Le peuple : Et avec ton esprit.

Les ministres et le peuple peuvent se saluer alors au nom du Seigneur et échanger la paix.

Liturgie Eucharistique

Le célébrant peut commencer l'offertoire en prenant l'une des péricopes bibliques des pages 277-278 ou un autre verset de l'Ecriture.

Pendant l'offertoire, on peut chanter un hymne, un psaume ou une autre œuvre chorale.

Des représentants de la communauté apportent les offrandes de pain et de vin, d'argent ou autres dons au diacre ou au célébrant. Le peuple se tient debout pendant que les offrandes sont présentées et placées sur l'autel.

Grande Prière d'Action de grâce

On trouvera une autre Prière Eucharistique à la page 248.

Prière Eucharistique I

L'assemblée reste debout. Le célébrant, évêque ou prêtre, chante ou dit, tourné vers elle :

Le Seigneur soit avec vous.
Le peuple : Et avec ton esprit.
Le célébrant : Elevons notre cœur.
Le peuple : Nous le tournons vers le Seigneur.
Le célébrant : Rendons grâce au Seigneur notre Dieu.
Le peuple : Cela est juste et bon.

Le célébrant continue, tourné vers l'autel :

Vraiment il est juste et bon, c'est notre devoir et notre salut de te rendre grâce toujours et partout, Seigneur, Père très saint, Dieu éternel et tout-puissant.

Tous les dimanches et à toute autre occasion où cela est indiqué, on chante ou l'on dit ici la préface propre.

C'est pourquoi avec les anges et les archanges, et avec toute l'assemblée des cieux, nous célébrons et nous magnifions ton nom glorieux, à jamais nous te louons [en chantant] en disant,

Le célébrant et le peuple :

Saint, Saint, Saint le Seigneur, Dieu de l'univers,
le ciel et la terre sont remplis de ta gloire.
Gloire à toi Dieu très-haut.

On peut aussi ajouter :

Beni soit celui qui vient au nom du Seigneur.
Hosanna au plus haut des cieux.

L'assemblée s'agenouille ou reste debout.

Le célébrant continue :

A toi toute gloire, Dieu tout-puissant, notre Père des cieux qui, dans ta tendre miséricorde as livré ton Fils unique à la mort de la croix pour notre rédemption. Par son unique sacrifice, offert une fois pour toutes, il a fait une oblation suffisante, une offrande parfaite et une satisfaction totale pour les péchés du monde entier. Il a institué un mémorial perpétuel de sa mort et de son sacrifice précieux et nous a ordonné dans son saint Evangile de le célébrer jusqu'à son retour.

Pour prononçer les paroles qui suivent, le célébrant prend le pain, ou bien il le touche de sa main. Il fera de même avec la coupe et tout vase contenant le vin à consacrer.

La nuit où il fut livré, il prit du pain et t'ayant rendu grâce, il le rompit et le donna à ses disciples en disant : «Prenez, mangez; ceci est mon corps livré pour vous. Faites-ceci en mémoire de moi. »

De même après le repas, il prit la coupe et t'ayant rendu grâce, il a leur donna en disant : « Buvez-en tous, ceci est mon sang, le sang de la nouvelle Alliance, versé pour vous et pour la multitude en rémission des péchés. Chaque fois que vous en boirez, faites-le en mémoire de moi. »

C'est pourquoi, Seigneur notre Père céleste, nous aussi tes humbles serviteurs, fidèles au commandement de ton Fils bien-aimé, Jésus Christ notre Sauveur, nous présentons devant ta divine majesté ces saints dons, le mémorial qu'il nous a ordonné de célébrer. Faisant mémoire de sa passion bienheureuse, de sa mort précieuse, de sa puissante résurrection et de sa glorieuse ascension, nous te rendons grâce pour les innombrables bienfaits qu'elles nous ont obtenus.

Nous t'en supplions humblement, Père miséricordieux : exauce-nous et dans ta bonté daigne bénir et sanctifier, par ta Parole et ton Saint-Esprit, ces offrandes de pain et de vin, fruits de ta création. Qu'en les recevant suivant la sainte institution de ton Fils, en mémoire de sa passion et de sa mort, nous ayons part à son corps et à son sang précieux.

Et nous implorons ta bonté paternelle, d'accepter notre sacrifice de louange et d'action de grâce; te priant humblement de nous accorder que par les mérites et la mort de ton Fils, et par la foi en son sang, nous puissions, avec ton Eglise tout entière, obtenir la rémission de nos péchés et tous les autres bienfaits de sa passion.

Et maintenant, Seigneur, nous t'offrons nos corps, nos âmes, nos personnes en sacrifice vivant, saint et agréable. Nous t'en supplions, qu'avec ceux qui participeront à cette communion nous recevions le Corps et le Sang très précieux de ton Fils, pour être comblés de ta grâce et de ta bénédiction et ne former qu'un seul corps avec lui, afin qu'il demeure en nous et nous en lui.

Et bien qu'à cause de la multitude de nos péchés nous ne soyons pas dignes de t'offrir de sacrifice, nous te supplions d'accepter celui que nous te présentons comme c'est notre devoir, sans nous juger sur le mérite, mais en accordant ton pardon, par Jésus Christ notre Seigneur.

Par lui, avec lui et en lui, à toi Dieu le Père tout-puissant, dans l'unité du Saint-Esprit, tout honneur et toute gloire pour les siècles des siècles. *Amen.*

Et maintenant, comme nous l'avons appris du Sauveur, nous osons dire,

L'assemblée avec le célébrant :

Notre Père, qui es aux cieux,
que ton Nom soit sanctifié,
que ton règne vienne.
Que ta volonté soit faite sur la terre
  comme au ciel.
Donne-nous aujourd'hui notre pain de ce jour.
Pardonne-nous nos offenses,
  comme nous pardonnons aussi
  à ceux qui nous ont offensés.
Et ne nous soumets pas à la tentation,
mais délivre-nous du mal.
Car c'est à toi qu'appartiennent le règne,
la puissance et la gloire, dans les siècles des siècles. *Amen.*

Fraction du pain

Le célébrant rompt le pain consacré.

On observe une période de silence.

Puis on peut chanter ou dire :

[Alleluia] Le Christ notre Pâque a été immolé;
Célébrons donc la fête. [Alleluia.]

En Carême on omet l'alleluia, on peut l'omettre à d'autres occasions, sauf durant le temps pascal.

On peut chanter ce qui suit ou une autre œuvre chorale qui convienne.

Agneau de Dieu, qui enlèves le péché du monde, prends pitié de nous (*ou* aie pitié de nous.)

Agneau de Dieu, qui enlèves le péché du monde, prends pitié de nous (*ou* aie pitié de nous.)
Agneau de Dieu, qui enlèves le péché du monde, donne-nous la paix.

On peut dire la prière qui suit. L'assemblée peut la réciter aussi.

Nous n'avons point la présomption, Seigneur de miséricorde, de nous approcher de ta table, confiants en notre propre justice, mais en tes multiples et grandes compassions. Nous ne sommes pas même dignes de recueillir les miettes qui tombent de ta table. Mais toi, tu es le même Seigneur, dont la nature est d'être toujours miséricordieux. Accorde-nous donc la grâce, Dieu bienveillant, de manger la chair de ton Fils Jésus Christ, et de boire son sang pour que nous demeurions toujours en lui, et lui en nous. *Amen.*

Tourné vers l'assemblée, le célébrant peut faire l'invitation suivante :

Les dons de Dieu pour le peuple de Dieu.

Il peut ajouter : Prenez, en mémoire de ce que Christ est mort pour vous. Que votre cœur, par la foi, s'en nourrisse avec reconnaissance.

Les ministres reçoivent le sacrement sous les deux espèces, puis aussitôt après ils le distribuent aux fidèles.

On donne le pain et la coupe aux communiants en disant :

Le Corps de notre Seigneur Jésus Christ, qui a été livré pour toi, garde ton corps et ton âme pour la vie éternelle. Prends et mange ceci en mémoire de ce que Christ est mort pour toi, et nourris-toi de lui dans ton cœur, par la foi, avec reconnaissance.

Le Sang de notre Seigneur Jésus Christ, qui a été répandu pour toi, garde ton corps et ton âme pour la vie éternelle. Bois ceci en mémoire de ce que le Sang du Christ a été répandu pour toi, et sois pénétré de reconnaissance.

ou bien

Le Corps (Sang) de notre Seigneur Jésus Christ te [vous] garde pour la vie éternelle. [*Amen.*]

ou bien

Le Corps du Christ, le pain du ciel. [*Amen.*]
Le Sang du Christ, la coupe du salut. [*Amen.*]

Pendant la distribution de la communion, on peut chanter des hymnes, des psaumes ou d'autres œuvres chorales.

En cas de nécessité, le célébrant consacre davantage de pain et de vin, selon le rite à la page 309.

Après la communion, le célébrant dit :

Prions le Seigneur.

Le peuple peut se joindre à cette prière.

Dieu éternel et tout-puissant nous te rendons grâce de tout notre cœur, car dans ces saints mystères tu nous as nourris de ton aliment spirituel, le Corps et le Sang précieux de ton Fils Jésus Christ notre Sauveur, nous assurant ainsi de ta faveur et de ta bonté; nous sommes vraiment les membres du corps mystique de ton Fils, la bienheureuse assemblée des fidèles, et aussi, par l'espérance, les héritiers de ton royaume éternel. Et nous t'en supplions humblement, Père céleste, soutiens-nous par ta grâce pour que nous persévérions dans cette sainte compagnie et accomplissions toutes les bonnes œuvres que tu attends de nous. Par Jésus Christ notre Seigneur, à lui, à toi, à l'Esprit Saint, tout honneur et toute gloire pour les siècles des siècles. *Amen.*

L'évêque lorsqu'il est présent, ou le prêtre, prononce la bénédiction:

Que la paix de Dieu qui surpasse toute intelligence garde vos cœurs et vos pensées dans la connaissance et l'amour de Dieu et de son Fils Jésus Christ, notre Seigneur. Et que la bénédiction du Dieu tout-puissant, Père, Fils et Saint-Esprit descende sur vous et y demeure à jamais. *Amen.*

ou bien

Que la bénédiction du Dieu tout-puissant, Père, Fils et Saint-Esprit, descende sur vous et y demeure à jamais. *Amen.*

Le diacre ou le célébrant peut renvoyer l'assemblée en disant :

Allons au nom du Christ
Le peuple : Nous rendons grâce à Dieu.

ou bien

Le diacre : Allez en paix, aimez et servez le Seigneur.
Le peuple : Nous rendons grâce à Dieu.

ou bien

Le diacre : Allons dans le monde, joyeux de la puissance de l'Esprit.
Le peuple : Nous rendons grâce à Dieu.

ou bien

Le diacre : Bénissons le Seigneur.
Le peuple : Nous rendons grâce à Dieu.

De la veillée pascale jusqu'au jour de la Pentecôte, on peut ajouter « Alleluia, alleluia » au texte des renvois.

Le peuple répond :

Nous rendons grâce à Dieu. Alleluia, alleluia.

Autre forme possible de la Grande Prière d'Action de grâce

Prière Eucharistique II

L'assemblée reste debout. Le célébrant, évêque ou prêtre, chante ou dit tourné vers elle :

Le Seigneur soit avec vous.
Le peuple : Et avec ton esprit.
Le célébrant : Elevons notre cœur.
Le peuple : Nous le tournons vers le Seigneur.
Le célébrant : Rendons grâce au Seigneur notre Dieu.
Le peuple : Cela est juste et bon.

Le célébrant continue, tourné vers la table sainte :

Vraiment, il est juste et bon, c'est notre devoir et notre salut de te rendre grâce toujours et partout, Seigneur, Père très saint, Dieu éternel et tout-puissant.

Tous les dimanches et à toute autre occasion où cela est indiqué, on chante ou l'on dit la préface propre.

C'est pourquoi, avec les anges et les archanges, et avec toute l'assemblée des cieux, nous célébrons et nous magnifions ton nom glorieux, à jamais nous te louons en [chantant] disant,

Le célébrant et le peuple :

Saint, Saint, Saint le Seigneur, Dieu de l'univers,
le ciel et la terre sont remplis de ta gloire.
Gloire à toi, Dieu très haut.

On peut aussi ajouter :

Béni soit celui qui vient au nom du Seigneur.
Hosanna au plus haut des cieux.

L'assemblée s'agenouille ou reste debout.

Le célébrant continue :

Gloire à toi, Seigneur notre Dieu, car tu as créé le ciel et la terre, et à ton image, tu nous as façonnés. Tu as tellement aimé le monde, que tu nous as envoyé ton Fils unique, Jésus Christ, pour qu'il devienne l'un de nous. Pour nous racheter il a accepté la souffrance et s'est offert à la mort de la croix. C'est là qu'il accomplit le sacrifice total, le sacrifice parfait, qui sauve le monde. Il établit la commémoraison perpétuelle de sa mort et de son sacrifice précieux, et nous ordonna dans son saint évangile de la célébrer jusqu'à son retour.

Pour prononcer les paroles qui suivent, le célébrant prend le pain, ou bien il le touche de sa main. Il fera de même avec la coupe et tout vase contenant le vin à consacrer.

La nuit où il fut livré, il prit du pain, et t'ayant rendu grâce, il le rompit et le donna à ses disciples en disant : «Prenez, mangez, ceci est mon corps livré pour vous. Faites ceci en mémoire de moi. »

De même après le repas, il prit la coupe, et t'ayant rendu grâce, il la leur donna en disant : « Buvez-en tous, ceci est mon sang, le sang de la nouvelle Alliance, versé pour vous et pour la multitude, en rémission des péchés. Chaque fois que vous en boirez, faites-le en mémoire de moi. »

C'est pourquoi, Seigneur, notre Père céleste, ton peuple présente devant ta divine Majesté ces offrandes saintes, le mémorial que nous célébrons selon le commandement de ton Fils ; faisant mémoire de sa passion bienheureuse, de sa mort précieuse, de sa puissante résurrection et de sa glorieuse ascension, nous attendons son retour dans la puissance et la gloire.

Nous t'en supplions humblement, Père de miséricorde, exauce-nous, et daigne bénir et sanctifier par ta Parole et ton Saint-Esprit, ces offrandes de pain et de vin : qu'elles deviennent pour nous le corps et le sang de ton Fils bien-aimé Jésus Christ.

Et nous implorons ta bonté paternelle d'accepter ce sacrifice de louange et d'action de grâce, par lequel nous t'offrons, Seigneur, nos personnes, nos âmes et nos corps. Fais, nous t'en supplions, que tous ceux qui participent à cette Eucharistie sainte, reçoivent dignement le corps et le sang très précieux de ton Fils Jésus Christ, et soient comblés de ta grâce et de ta bénédiction. Qu'avec toute ton Eglise nous ne formions en lui qu'un seul corps, afin qu'il demeure en nous, et nous, en lui. Nous te le demandons, par Jésus le Christ, notre Seigneur.

Par lui, avec lui et en lui, à toi, Dieu le Père tout-puissant, dans l'unité du Saint-Esprit, tout honneur et toute gloire, pour les siècles des siècles. *AMEN.*

Et maintenant, comme nous l'avons appris du Sauveur, nous osons dire :

On continue avec la Prière du Seigneur, à la page 244.

Versets d'offertoire

Les versets d'offertoire se trouvent avec le Rite II de l'Eucharistie, aux pages 277-278.

Préfaces propres

Les préfaces propres se trouvent avec le Rite II de l'Eucharistie, aux pages 279-283.

Le Décalogue

Ecoutez ce que Dieu a commandé à son peuple :

Je suis le Seigneur ton Dieu,
qui t'ai fait sortir de la maison d'esclavage.
Tu n'auras pas d'autres dieux que moi.
Amen. Seigneur, prends pitié.

Tu ne feras aucune idole.
Amen. Seigneur, prends pitié.

Tu n'invoqueras pas à tort le nom du Seigneur ton Dieu.
Amen. Seigneur, prends pitié.

Tu feras du sabbat un mémorial, un jour sacré.
Amen. Seigneur, prends pitié.

Honore ton père et ta mère.
Amen. Seigneur, prends pitié.

Tu ne commettras pas de meurtre.
Amen. Seigneur, prends pitié.

Tu ne commettras pas d'adultère.
Amen. Seigneur, prends pitié.

Tu ne voleras pas.
Amen. Seigneur, prends pitié.

Tu ne porteras pas de faux témoignage contre ton prochain.
Amen. Seigneur, prends pitié.

Tu ne convoiteras rien de ce qui appartient à ton prochain.
Amen. Seigneur, prends pitié.

Rite pénitentiel II

On l'emploie au début de la liturgie, ou comme rite indépendant.

On peut chanter un hymne, un psaume ou une autre œuvre chorale.

L'assemblée est debout; le célébrant dit :

Béni soit Dieu, le Père, le Fils et le Saint-Esprit.

Le peuple : Béni soit son règne, maintenant et à jamais. Amen.

Du jour de Pâques jusqu'au jour de la Pentecôte, on dit à la place :

Le célébrant : Alleluia. Christ est ressuscité.
Le peuple : Le Seigneur est vraiment ressuscité. Alleluia.

Durant le Carême, et à d'autres temps de pénitence, on dit :

Le célébrant : Béni soit Dieu qui pardonne nos péchés.
Le peuple : Eternel est son amour.

Lorsqu'on emploie cette célébration comme rite indépendant, on peut lire l'Exhortation à la page 224, ou faire une homélie.

On peut lire le décalogue à la page 252; l'assemblée s'agenouille.

Le célébrant peut lire une des péricopes suivantes :

Jésus a dit : « Voici le premier commandement : Ecoute, Israël, le Seigneur notre Dieu est l'unique Seigneur. Tu aimeras le Seigneur ton Dieu de tout ton cœur, de toute ton âme, de toute ta pensée, et de toute ta force. Voici le second : Tu aimeras ton prochain comme toi-même. Il n'y a pas d'autre commandement plus grand que ceux-là. »
Marc 12: 29-31

Si nous disons : «Nous n'avons pas de péché», nous nous égarons nous-mêmes et la vérité n'est pas en nous. Si nous confessons nos péchés, fidèle et juste comme il est, il nous pardonnera nos péchés et nous purifiera de toute iniquité. *I Jean 1: 8,9*

Ayant un grand prêtre éminent qui a traversé les cieux, Jésus le Fils de Dieu, avançons donc avec pleine assurance vers le trône de la grâce, afin d'obtenir miséricorde et de trouver grâce, pour être aidés en temps voulu.
Hébreux 4: 14,16

Le diacre ou le célébrant dit :

Confessons les péchés que nous avons commis contre Dieu et notre prochain.

On peut observer un temps de silence.

Le ministre avec le peuple :

Dieu de miséricorde,
nous confessons que nous avons péché contre toi,
en pensée, en parole et en acte ;
par ce que nous avons fait
et ce que nous avons omis de faire.
Nous ne t'avons pas aimé de tout notre cœur;
nous n'avons pas aimé notre prochain comme nous-mêmes.
Nous regrettons sincèrement ces fautes,
  humblement nous nous en repentons.
Pour l'amour de ton Fils Jésus Christ,
  prends pitié de nous et pardonne-nous;
alors ta volonté fera notre joie
  et nous pourrons marcher dans tes chemins
pour la gloire de ton Nom. *Amen.*

L'évêque lorsqu'il est présent, ou le prêtre, se lève et dit :

Que le Dieu tout-puissant vous fasse miséricorde, qu'il vous pardonne tous vos péchés par Jésus Christ notre Seigneur; qu'il vous affermisse en tout bien et, par la puissance de l'Esprit-Saint, qu'il vous garde pour la vie éternelle. *Amen.*

Un diacre ou un laïc employant la formule précédente substituera «nous» à «vous» et «nos» à «vos».

Quand ce rite sert d'introduction à la célébration, on continue avec le Kyrie eleison, ou le Trisagion, ou le Gloria in excelsis.

Employé comme rite indépendant, on le conclut par des prières et la salutation «La grâce de Jésus Christ notre Seigneur. . . .» (p. 64) ou une bénédiction.

Indications concernant la célébration

C'est la prérogative de l'évêque lorsqu'il est présent, d'être le célébrant principal à la table du Seigneur et de prêcher l'Evangile.

A toute célébration de la liturgie, il convient que le célébrant principal, évêque ou prêtre, soit assisté par d'autres prêtres, par des diacres et par des laïcs.

Il est souhaitable que les autres prêtres présents se tiennent près du célébrant à l'autel, qu'ils participent à la consécration des dons, à la fraction du pain et à la distribution de la communion.

Il appartient au diacre de lire l'évangile et de diriger la Prière des fidèles. Les diacres devraient servir à la table du Seigneur, en préparant les offrandes de pain et de vin et en les disposant à l'autel, en aidant aussi à la distribution de la communion. En l'absence d'un diacre, un prêtre assistant peut remplir ces fonctions.

Des laïcs désignés par le célébrant devraient normalement faire les lectures qui précèdent l'évangile, ils peuvent diriger la Prière des fidèles.

On peut prendre la Prière du matin ou du soir, comme première partie de la liturgie jusqu'au rite de la paix et la préparation des dons, pourvu que l'on fasse une lecture d'évangile et que les intercessions soient conformes aux indications concernant la Prière des fidèles.

Des indications supplémentaires se trouvent à la page 307.

Sainte Eucharistie: Rite II

Liturgie de la Parole

On peut chanter un hymne, un psaume ou une autre œuvre chorale.

L'assemblée est debout; le célébrant dit :

Béni soit Dieu, le Père, le Fils et le Saint-Esprit.

Le peuple : Béni soit son règne, maintenant et à jamais. Amen.

Du jour de Pâques au jour de la Pentecôte, on dit à la place :

Le célébrant : Alleluia, Christ est ressuscité.
Le peuple : Le Seigneur est vraiment ressuscité. Alleluia.

Durant le Carême et à d'autres temps de pénitence, on dit :

Le célébrant : Béni soit Dieu qui pardonne nos péchés.
Le peuple : Eternel est son amour.

Le célébrant peut dire :

Dieu tout-puissant, tu pénètres le cœur de tout homme, tu connais les désirs de chacun et rien ne te reste caché: Envoie ton Esprit-Saint pour qu'il purifie nos pensées ; nous pourrons ainsi t'aimer jusqu'à la perfection et célébrer dignement ton saint nom. Par Jésus le Christ notre Seigneur. *Amen.*

Lorsqu'il est prescrit, on chante ou l'on récite l'hymne qui suit, ou un autre chant de louange. Tous sont debout.

Gloire à Dieu au plus haut des cieux
et paix sur la terre aux hommes qu'il aime.

Nous te louons, nous te bénissons, nous t'adorons,
nous te glorifions,
nous te rendons grâce pour ton immense gloire.

Seigneur Dieu, roi du ciel, Dieu le Père tout-puissant.
Seigneur, Fils unique, Jésus Christ.
Seigneur Dieu, Agneau de Dieu, le Fils du Père.

Toi qui enlèves le péché du monde, prends pitié de nous.
Toi qui enlèves le péché du monde, reçois notre prière.
Toi qui es assis à la droite du Père, prends pitié de nous.

Car toi seul es saint, toi seul es Seigneur,
toi seul es le Très Haut: Jésus Christ
avec le Saint-Esprit,
dans la gloire de Dieu le Père. Amen.

En d'autres occasions on prend :

Seigneur, aie pitié de nous.		Kyrie eleison.
O Christ, aie pitié de nous.	*ou*	*Christe eleison.*
Seigneur, aie pitié de nous.		Kyrie eleison.

[On peut aussi employer la formulation : «Seigneur, prends pitié».]

ou bien

Dieu Saint,
Saint et Fort,
Saint et Immortel,
Aie pitié de nous.

Collecte du jour

Le célébrant salue le peuple :

Le Seigneur soit avec vous.
Le peuple : Et avec ton esprit.

Le célébrant : Prions le Seigneur.

Le célébrant dit la collecte.

Le peuple : Amen.

Lectures

Le peuple s'assied. On fait une ou deux lectures selon ce qui est prescrit. Le lecteur commence pas ces mots

Lecture de__________.

On peut citer le chapitre et le verset.

Après chaque lecture, le lecteur peut dire :

Parole du Seigneur.
Le peuple : Nous rendons grâce à Dieu.

ou encore : Ici se termine la lecture (l'épître).

On peut observer une période de silence après chaque lecture.

On peut faire suivre chaque lecture d'un psaume, d'un hymne ou d'une autre œuvre chorale.

Puis, tous debout, le diacre ou un prêtre lit l'évangile, en commençant :

Evangile de Jésus Christ, selon__________.
Le peuple : Gloire à Toi, Seigneur.

A la fin de l'évangile, le lecteur dit :

Evangile du Seigneur. *(ou bien :* Acclamons la Parole de Dieu.)
Le peuple : Louange à toi, Seigneur Jésus !

Sermon

Les dimanches et les autres jours de fêtes majeures, on se lève pour réciter le Credo.

Symbole de Nicée

Nous croyons en un seul Dieu,
le Père tout-puissant,
créateur du ciel et de la terre,
de l'univers visible et invisible.

Nous croyons en un seul Seigneur, Jésus Christ,
le Fils unique de Dieu,
né du Père avant tous les siècles.
Il est Dieu, né de Dieu,
lumière, née de la lumière,
vrai Dieu, né du vrai Dieu.
Engendré, non pas créé,
de même nature que le Père ;
et par lui tout a été fait.

Pour nous les hommes, et pour notre salut,
il descendit du ciel ;
Par l'Esprit Saint
il a pris chair de la Vierge Marie,
et s'est fait homme.
Crucifié pour nous sous Ponce Pilate,
il souffrit sa passion et fut mis au tombeau.
Il ressuscita le troisième jour,
conformément aux Ecritures,
et il monta au ciel :
il est assis à la droite du Père.
Il reviendra dans la gloire
pour juger les vivants et les morts,
et son règne n'aura pas de fin.

Nous croyons en l'Esprit Saint,
qui est Seigneur et qui donne la vie,
Il procède du Père et du Fils.

Avec le Père et le Fils,
  il reçoit même adoration et même gloire,
  il a parlé par les prophètes.
Nous croyons en l'Eglise,
  une, sainte, catholique et apostolique.
Nous reconnaissons un seul baptême
  pour le pardon des péchés.
Nous attendons la résurrection des morts,
  et la vie du monde à venir. *Amen.*

On peut aussi employer la formulation du Symbole qui se trouve aux pages 235-236.

Prière des fidèles

Cette prière comprendra des intercessions pour :

L'Eglise universelle, ses membres et sa mission ;
La nation et ceux qui y ont autorité ;
Le bien du monde ;
Les intérêts de la communauté locale ;
Ceux qui souffrent et ceux qui sont en difficulté ;
Les défunts (avec, lorsqu'il convient, la commémoraison d'un saint).

Voir les formes de prières suggérées à partir de la page 284.

Si on ne célèbre pas l'Eucharistie, ou si aucun prêtre n'est disponible, on conclut le service comme indiqué à la page 307.

Confession des péchés

Si elle n'a pas été faite auparavant, on fait ici la confession des péchés. On peut l'omettre pour des raisons suffisantes.

On peut lire l'une des péricopes du rite pénitentiel à la page 252.

Le diacre ou le célébrant dit :

Confessons les péchés que nous avons commis contre Dieu et notre prochain.

On peut observer un temps de silence.

Le ministre avec le peuple :

Dieu de miséricorde,
nous confessons que nous avons péché contre toi,
en pensée, en parole et en acte ;
par ce que nous avons fait
et ce que nous avons omis de faire.
Nous ne t'avons pas aimé de tout notre cœur;
nous n'avons pas aimé notre prochain comme nous-mêmes.
Nous regrettons sincèrement ces fautes,
  humblement nous nous en repentons.
Pour l'amour de ton Fils Jésus Christ,
  prends pitié de nous et pardonne-nous;
alors ta volonté fera notre joie
  et nous pourrons marcher dans tes chemins
pour la gloire de ton Nom. *Amen.*

L'évêque lorsqu'il est présent, ou le prêtre, se lève et dit :

Que le Dieu tout-puissant vous fasse miséricorde, qu'il vous pardonne tous vos péchés, par Jésus Christ notre Seigneur ; qu'il vous affermisse en tout bien et, par la puissance de l'Esprit-Saint, qu'il vous garde pour la vie éternelle. *Amen.*

Rite de la Paix

Tout le monde se lève. Le célébrant dit à l'assemblée :

Que la paix du Seigneur soit toujours avec vous.

Le peuple : Et avec ton esprit.

Puis les ministres et le peuple peuvent se saluer au nom du Seigneur et échanger la paix.

Liturgie Eucharistique

Le célébrant peut commencer l'offertoire en prenant l'une des péricopes bibliques de la page 277 ou un autre verset de l'Ecriture.

Pendant l'offertoire, on peut chanter un hymne, un psaume ou une autre œuvre chorale.

Des représentants de la communauté apportent les offrandes de pain et de vin, d'argent ou autres dons au diacre ou au célébrant. Le peuple se tient debout pendant que les offrandes sont présentées et placées sur l'autel.

Grande Prière d'Action de grâce

On trouvera d'autres Prières Eucharistiques à partir de la page 269.

Prière Eucharistique A

L'assemblée reste debout. Le célébrant, évêque ou prêtre, chante ou dit, tourné vers elle :

Le Seigneur soit avec vous.
Le peuple : Et avec ton esprit.
Le célébrant : Elevons notre cœur.
Le peuple : Nous le tournons vers le Seigneur.
Le célébrant : Rendons grâce au Seigneur notre Dieu.
Le peuple : Cela est juste et bon.

Le célébrant continue, tourné vers l'autel :

Il est juste et bon, c'est notre joie, de te rendre grâce en tout temps et en tout lieu, Père tout-puissant, créateur du ciel et de la terre.

Tous les dimanches et à toute autre occasion où cela est indiqué, on chante, ou on dit ici la préface propre.

C'est pourquoi nous te louons, joignant nos voix aux anges et aux archanges, à toute l'assemblée des cieux qui chante sans cesse cet hymne à la gloire de ton nom :

Le célébrant et le peuple :

Saint, Saint, Saint le Seigneur, Dieu de l'univers,
le ciel et la terre sont remplis de ta gloire.
Hosanna au plus haut des cieux.
Béni soit celui qui vient au nom du Seigneur.
Hosanna au plus haut des cieux

L'assemblée reste debout ou se met à genoux.

Le célébrant continue :

Père saint et plein de bonté, dans ton amour infini, tu nous as créés pour être tiens ; et lorsque, succombant au péché, nous sommes devenus esclaves du mal et de la mort, dans ta miséricorde, tu as envoyé Jésus Christ, ton Fils unique éternel, pour partager notre nature humaine, vivre et mourir comme l'un de nous, et nous réconcilier avec toi, le Dieu et Père de tous.

Il a étendu les bras sur la croix, et, obéissant à ta volonté, il s'est offert lui-même, sacrifice parfait pour le salut du monde.

Pour prononcer les paroles qui suivent, le célébrant prend le pain, ou bien il le touche de sa main. Il fera de même avec la coupe et tout vase contenant le vin à consacrer.

La nuit où il fut livré à la souffrance et à la mort, notre Seigneur Jésus Christ prit du pain, et t'ayant rendu grâce, il le rompit et le donna à ses disciples en disant : «Prenez, mangez ; ceci est mon corps livré pour vous. Faites ceci en mémoire de moi.»

A la fin du repas, il prit la coupe et après avoir rendu grâce, il la leur donna, en disant :

«Buvez-en tous ; ceci est mon sang, le sang de la nouvelle Alliance, versé pour vous et pour la multitude, en rémission des péchés. Chaque fois que vous en boirez, faites-le en mémoire de moi.

Proclamons le mystère de la foi :

Le célébrant et le peuple :

Christ est mort. Christ est ressuscité. Christ reviendra.

(ou une autre acclamation approuvée)

Le célébrant continue :

Dans ce sacrifice de louange et d'action de grâce, nous célébrons, Père très saint, le mémorial de notre rédemption. En rappelant la mort de Jésus Christ, sa résurrection et son ascension, nous t'offrons ces dons qui viennent de toi.

Sanctifie-les par ton Esprit Saint, qu'ils deviennent pour ton peuple, le corps et le sang de ton Fils, nourriture et boisson saintes de la vie nouvelle en lui. Sanctifie-nous aussi, pour que nous puissons recevoir avec foi ce saint sacrement, et te servir dans l'unité, la fidélité et la paix. Et au dernier jour, conduis-nous avec tous les saints dans la joie de ton royaume éternel.

Nous te le demandons par ton Fils Jésus Christ. Par lui, avec lui, et en lui, à toi Dieu, le Père tout-puissant dans l'unité du Saint-Esprit, tout honneur et toute gloire, maintenant et dans les siècles des siècles. AMEN.

Et maintenant, comme nous l'avons appris du Sauveur, nous osons dire ,

L'assemblée avec le célébrant :

Notre Père qui es aux cieux,
que ton Nom soit sanctifié,
que ton règne vienne,

que ta volonté soit faite sur la terre
comme au ciel.
Donne-nous aujourd'hui notre pain de ce jour.
Pardonne-nous nos offenses,
comme nous pardonnons aussi
à ceux qui nous ont offensés.
Et ne nous soumets pas à la tentation,
mais délivre-nous du mal.
Car c'est à toi qu'appartiennent le règne,
la puissance et la gloire, dans les siècles des siècles. *Amen.*

Fraction du pain

Le célébrant rompt le pain consacré.

On observe une période de silence.

Puis on peut chanter ou dire :

[Alleluia.] Le Christ notre Pâque a été immolé;
Célébrons donc la fête. [Alleluia.]

En Carême on omet l'alleluia, on peut l'omettre à d'autres occasions, sauf durant le temps pascal.

On peut remplacer ce répons ou le compléter par un autre, ou par une œuvre chorale qui convienne.

Tourné vers l'assemblée, le célébrant fait l'invitation suivante :

Les dons de Dieu pour le Peuple de Dieu.

Il peut ajouter :

Prenez, en mémoire de ce que Christ est mort pour vous. Que votre cœur, par la foi, s'en nourrisse avec reconnaissance.

Les ministres reçoivent le sacrement sous les deux espèces, puis aussitôt après ils le distribuent au peuple.

On donne le pain et la coupe aux communiants en disant :

Le Corps (Sang) de notre Seigneur Jésus Christ te [vous] garde pour la vie éternelle. [*Amen.*]

ou bien

Le Corps du Christ, le pain du ciel. [*Amen.*]
Le Sang du Christ, la coupe du salut. [*Amen.*]

Pendant la distribution de la communion, on peut chanter des hymnes, des psaumes ou d'autres œuvres chorales.

En cas de nécessité, le célébrant consacre davantage de pain et de vin selon le rite à la page 309.

Après la communion, le célébrant dit :

Prions le Seigneur.

Le célébrant et le peuple :

Dieu éternel, notre Père des cieux,
dans ta grâce tu nous acceptes comme membres vivants
  de ton Fils Jésus Christ notre Sauveur,
  et tu nous as nourris de ton aliment spirituel
  dans le Sacrement de son corps et de son sang.
Envoie-nous maintenant en paix dans le monde,
et donne-nous la force et le courage
  pour t'aimer et te servir
  dans la joie et la simplicité du cœur.
Par le Christ notre Seigneur. *Amen.*

ou la prière suivante :

Dieu éternel et tout-puissant, nous te rendons grâce, car tu nous as nourris de ton aliment spirituel, le corps et le sang précieux de ton Fils Jésus Christ notre Sauveur; dans ces saints mystères tu nous as affermis dans la certitude d'être les membres vivants du Corps de ton Fils, les héritiers de ton royaume éternel. Et maintenant nous t'en prions, ô Père, envoie-nous pour accomplir ton œuvre dans le monde, pour t'aimer et te servir en témoins fidèles du Christ notre Seigneur. A lui, à toi, à l'Esprit-Saint, tout honneur et toute gloire, maintenant et toujours. *Amen.*

L'évêque lorsqu'il est présent, ou le prêtre, peut bénir le peuple.

Le diacre ou le célébrant renvoie l'assemblée en disant :

Allons, au nom du Christ.
Le peuple : Nous rendons grâce à Dieu.

ou bien

Le diacre : Allez en paix, aimez et servez le Seigneur
Le peuple : Nous rendons grâce à Dieu.

ou bien

Le diacre : Allons dans la monde, joyeux de la puissance de l'Esprit.
Le peuple : Nous rendons grâce à Dieu.

ou bien

Le diacre : Bénissons le Seigneur.
Le peuple : Nous rendons grâce à Dieu.

De la veillée pascale jusqu'au jour de la Pentecôte on peut ajouter «Alleluia, Alleluia» au texte des renvois.

Le peuple répond :

Nous rendons grâce à Dieu. Alleluia, alleluia.

Autres formes possibles de la Grande Prière d'Action de grâce

Prière Eucharistique B

L'assemblée reste debout. Le célébrant, évêque ou prêtre, chante ou dit, tourné vers elle :

Le Seigneur soit avec vous.
Le peuple : Et avec ton esprit.
Le célébrant : Elevons notre cœur.
Le peuple : Nous le tournons vers le Seigneur.
Le célébrant : Rendons grâce au Seigneur notre Dieu.
Le peuple : Cela est juste et bon.

Le célébrant continue, tourné vers l'autel :

Il est juste et bon, c'est notre joie, de te rendre grâce en tout temps et en tout lieu, Père tout-puissant, créateur du ciel et de la terre.

Tous les dimanches et à toute autre occasion où cela est indiqué, on chante ou l'on dit la préface propre.

C'est pourquoi nous te louons, en joignant nos voix aux anges et aux archanges, à toute l'assemblée des cieux, qui chante sans cesse cet hymne à la gloire de ton nom .

Le célébrant et le peuple

Saint, Saint, Saint le Seigneur, Dieu de l'univers,
le ciel et la terre sont remplis de ta gloire.
Hosanna au plus haut des cieux.
Béni soit celui qui vient au nom du Seigneur.
Hosanna au plus haut des cieux.

L'assemblée reste debout ou se met à genoux.

Le célébrant continue

Nous te rendons grâce, O Dieu, pour la bonté et l'amour que tu nous as manifestés dans ta création, dans la vocation d'Israël, ton peuple, dans ta parole proclamée par les prophètes, et par-dessus tout, dans le Verbe fait chair, ton Fils Jésus. Dans ces temps qui sont les derniers, il est né de la Vierge Marie, pour racheter le monde et le sauver. En lui, tu nous as délivrés du mal et rendus dignes de nous tenir devant toi. En lui, tu nous as fait passer de l'erreur à la vérité, du péché à la justice, de la mort à la vie.

Pour prononcer les paroles qui suivent, le célébrant prend le pain, ou bien il le touche de sa main. Il fera de même avec la coupe et toute vase contenant le vin à consacrer.

La nuit où il fut livré pour nous, notre Seigneur Jésus Christ prit du pain, et t'ayant rendu grâce, il le rompit et le donna à ses disciples en disant : «Prenez, mangez ; ceci est mon corps, livré pour vous. Faites ceci en mémoire de moi.»

Après le repas, il prit la coupe et après avoir rendu grâce, il la leur donna en disant : «Buvez-en tous ; ceci est mon sang, le sang de la nouvelle Alliance, versé pour vous et pour la multitude, en rémission des péchés. Chaque fois que vous en boirez, faites-le en mémoire de moi.»

C'est pourquoi, O Père, ainsi qu'il nous l'a commandé,

Le célébrant et le peuple

Nous rappelons sa mort,
Nous proclamons sa résurrection,
Nous attendons son retour dans la gloire.

Le célébrant continue

Et nous t'offrons ce sacrifice de louange et d'action de grâce, O Maître de tout, te présentant ce pain et ce vin, fruits de ta création.

Nous t'en prions, Dieu de bonté, envoie ton Esprit Saint sur ces dons, qu'ils deviennent le sacrement du corps du Christ et du sang de la nouvelle Alliance. Unis-nous à ton Fils dans son sacrifice, que sanctifiés par l'Esprit Saint, nous soyons, par le Christ, dignes de toi. Fais que dans la plénitude des temps toutes choses te soient soumises dans le Christ et conduis-nous dans la patrie céleste, où avec [__________ et] tous tes saints nous aurons part à l'héritage éternel de tes enfants. Par Jésus Christ notre Seigneur, le premier-né de toute créature, la tête de l'Eglise, l'auteur de notre salut.

Par lui, avec lui et en lui, à toi, Père tout-puissant, dans l'unité du Saint-Esprit, tout honneur et toute gloire, maintenant et dans les siècles des siècles. *AMEN.*

Et maintenant, comme nous l'avons appris du Sauveur, nous osons dire,

La liturgie continue avec la Prière du Seigneur à la page 265.

Prière Eucharistique C

Dans cette prière, les phrases en italique sont dites par le peuple.

Le célébrant, évêque ou prêtre, chante ou dit, tourné vers l'assemblée :

Le Seigneur soit avec vous.
Et avec ton esprit.

Elevons notre cœur.
Nous le tournons vers le Seigneur.

Rendons grâce au Seigneur notre Dieu.
Cela est juste et bon.

Le célébrant continue, tourné vers l'autel :

Tu es digne de gloire et de louange, Dieu tout-puissant, Maître de l'univers.
Gloire à toi dans les siècles des siècles.

A ton commandement toutes choses surgirent à l'existence : la vaste étendue des espaces interstellaires, les galaxies, les soleils, les planètes dans leur trajectoire, et cette terre fragile, notre foyer, notre île.
Ils ont été créés par ta volonté, c'est par toi qu'ils existent.

Des éléments originels tu as formé la race humaine, tu nous as dotés de la mémoire, de la raison, de l'adresse. Tu as fait de nous les maîtres de la création. Mais, trahissant ta confiance, nous nous sommes détournés de toi, nous nous sommes opposés les uns aux autres.
Prends pitié de nous, Seigneur, car nous avons péché devant ta face.

Sans relâche tu nous as appelés à te revenir. Par les prophètes et les sages tu as révélé ta Loi de justice. Et dans la plénitude des temps, tu as envoyé ton Fils unique, né d'une femme, pour accomplir ta Loi et nous ouvrir le chemin de la liberté et de la paix.
Par son sang, il nous a réconciliés.
Par ses blessures, nous sommes guéris.

C'est pourquoi nous te louons, nous unissant au chœur céleste, avec les prophètes, les apôtres, les martyrs, et toutes les générations qui ont mis en toi leur espérance, tous ensemble nous proclamons sans fin l'hymne de ta gloire :

Le célébrant et le peuple:

Saint, Saint, Saint le Seigneur, Dieu de l'univers,
le ciel et la terre sont remplis de ta gloire.
Hosanna au plus haut des cieux,
Béni soit celui qui vient au nom du Seigneur.
Hosanna au plus haut des cieux.

Le célébrant continue:

C'est pourquoi, Père très bon, nous qui avons été rachetés par ton Fils et qui sommes devenus un peuple nouveau, par l'eau et l'Esprit, nous présentons ces dons devant toi.

Sanctifie-les par ton Saint-Esprit, qu'ils deviennent le corps et le sang de Jésus Christ, notre Seigneur.

Pour prononcer les paroles qui suivent, le célébrant prend le pain, ou bien il le touche de sa mian. Il fera de même avec la coupe et tout vase contenant le vin à consacrer.

La nuit où il fut livré, il prit du pain, prononça la bénédiction, le rompit et le donna à ses amis en disant : «Prenez, mangez ; ceci est mon corps, livré pour vous. Faites ceci en mémoire de moi.»

Après le repas, il prit la coupe de vin, rendit grâce et dit : «Buvez-en tous. Ceci est mon sang, le sang de la nouvelle Alliance, versé pour vous et pour la multitude en rémission des péchés. Chaque fois que vous en boirez, faites-le en mémoire de moi.»

Faisant ici mémoire de son œuvre de rédemption, et t'offrant ce sacrifice d'action de grâce,
Nous célébrons sa mort et sa résurrection en attendant le jour de son retour.

Seigneur, Dieu de nos Pères, Dieu d'Abraham, d'Isaac et de Jacob, Dieu et Père de notre Seigneur Jésus Christ : ouvre-nous les yeux à ton action dans le monde où nous sommes. Permets que nous ne venions pas seulement à cette table pour être consolés, mais aussi pour être affermis, pour être pardonnés, mais aussi renouvelés. Que la grâce de cette sainte communion fasse de nous un seul corps, un seul esprit, dans le Christ, pour que nous servions dignement le monde en son nom.
Seigneur ressuscité, fais-toi reconnaître à la fraction du pain.

Reçois, O Père, nos louanges et nos prières, par Jésus Christ, notre Grand Prêtre ; à lui, à toi, dans l'unité de l'Esprit-Saint, ton Eglise rend honneur, gloire et adoration, de génération en génération. *AMEN.*

Et maintenant, comme nous l'avons appris du Sauveur, nous osons dire ,

La liturgie continue avec la Prière du Seigneur, à la page 265.

Prière Eucharistique D

L'assemblée reste debout. Le célébrant, évêque ou prêtre, chante ou dit, tourné vers elle :

	Le Seigneur soit avec vous.
Le peuple :	Et avec ton esprit.
Le célébrant :	Elevons notre cœur.
Le peuple :	Nous le tournons vers le Seigneur.
Le célébrant :	Rendons grâce au Seigneur notre Dieu.
Le peuple :	Cela est juste et bon.

Le célébrant continue, tourné vers l'autel :

Vraiment, il est bon de te rendre grâce, il est juste et bon de te glorifier, Père très saint, car tu es le seul Dieu, vivant et vrai : tu étais avant tous les siècles, tu demeures éternellement, lumière au delà de toute lumière.

Toi le Dieu de bonté, la source de la vie, tu as fait le monde pour que toute créature soit comblée de tes bénédictions, et se réjouisse de ta lumière.

Ainsi les anges innombrables qui te servent jour et nuit se tiennent devant toi, et, contemplant la splendeur de ta face, n'interrompent jamais leur louange. Unis à leur hymne d'allégresse, avec la création tout entière qui t'acclame par nos voix, Dieu, nous te louons :

Le célébrant et le peuple

Saint, Saint, Saint le Seigneur, Dieu de l'univers,
le ciel et la terre sont remplis de ta gloire.
Hosanna au plus haut des cieux.
Béni soit celui qui vient au nom du Seigneur.
Hosanna au plus haut des cieux.

L'assemblée reste debout ou se met à genoux.

Le célébrant continue

Nous te louons, Dieu saint, Seigneur de l'univers ; tes œuvres merveilleuses révèlent ta sagesse et clament ton amour. Tu nous as formés à ton image et tu nous as confié le monde, afin qu'en te servant, toi notre Créateur, nous puissions régner sur toute créature.

Quand notre désobéissance nous a éloignés de toi, tu ne nous as pas abandonnés au pouvoir de la mort ; dans ta miséricorde tu es venu à notre aide, afin qu'en te cherchant, nous puissions te trouver. Sans cesse tu nous as offert ton alliance, et tu nous as appris par les prophètes l'espérance du salut.

Tu as tellement aimé le monde, Père très saint, que tu nous as envoyé ton Fils unique, lorsque les temps furent accomplis, pour qu'il soit notre Sauveur. Conçu de l'Esprit-Saint, né de la Vierge Marie, il a partagé en tout la condition humaine, sauf le péché, annonçant aux pauvres la bonne nouvelle du salut, aux captifs, la délivrance, aux affligés, la joie. Pour accomplir ce dessein de ton amour, il s'est livré lui-même à la mort, et ressuscité des morts, il a détruit la mort et renouvelé la création tout entière.

Afin que nous ne vivions plus pour nous-mêmes, mais pour lui, qui est mort et ressuscité pour nous, il a envoyé l'Esprit-Saint, son premier don fait aux croyants, qui achève son œuvre dans le monde et accomplit la sanctification de tout.

Pour prononcer les paroles qui suivent, le célébrant prend le pain, ou bien il le touche de sa main. Il fera de même avec la coupe et tout vase contenant le vin à consacrer.

Quand l'heure fut venue où tu allais le glorifier, comme il avait aimé les siens qui étaient dans le monde, il les aima jusqu'au bout. Au cours du repas qu'il partageait avec eux, il prit du pain et t'ayant rendu grâce, il le rompit et le donna à ses disciples en disant : «Prenez, mangez ; ceci est mon corps, livré pour vous. Faites ceci en mémoire de moi.»

Après le repas, il prit la coupe et t'ayant rendu grâce, il la leur donna en disant : «Buvez-en tous ; ceci est mon sang, le sang de la nouvelle Alliance, versé pour vous et pour la multitude en rémission des péchés. Chaque fois que vous en boirez, faites-le en mémoire de moi.»

Père très bon, nous célébrons aujourd'hui ce mémorial de notre rédemption. En rappelant la mort de Jésus Christ et sa descente au séjour des morts, en proclamant sa résurrection et son ascension à ta droite dans le ciel, en attendant son retour dans la gloire, t'offrant aussi, ce pain et cette coupe pris parmi les biens que tu nous donnes, nous te chantons et nous te bénissons.

Le célébrant et le peuple

Nous te chantons, nous te bénissons,
nous te rendons grâce,
nous te prions, Seigneur, notre Dieu.

Le célébrant continue

Nous t'en prions, Seigneur, dans ton amour, que ton Esprit Saint vienne sur nous et sur ces offrandes, qu'il les sanctifie et les manifeste comme les dons saints destinés à ton peuple saint, le pain de la vie et la coupe du salut, le corps et le sang de ton Fils Jésus Christ.

Accorde à tous ceux qui partagent ce pain et boivent à cette coupe, de ne former qu'un seul corps et qu'un seul esprit, pour être, dans le Christ, un sacrifice vivant à la gloire de ton nom.

Souviens-toi, Seigneur, de ton Eglise, une sainte, catholique et apostolique, rachetée par le sang de ton Fils : révèle son unité, garde sa foi, et conserve-la en paix.

[Souviens-toi de (*NN* . . . et de) tous ceux qui servent dans ton Eglise.]
[Souviens-toi de tout ton peuple et de ceux qui cherchent ta vérité.]
[Souviens-toi de_________.]
[Souviens-toi de ceux qui sont morts dans la paix du Christ, et de tous ceux dont toi seul connais la foi ; conduis-les dans le lieu de la lumière et de la joie éternelles.]

Accorde-nous enfin, d'avoir part à l'héritage des saints, avec [la bienheureuse Vierge Marie, les patriarches, les prophètes, les apôtres, les martyrs, (saint_________) et] les témoins de tous les âges qui ont trouvé grâce auprès de toi. Nous nous unissons à eux pour te louer et te glorifier par ton Fils, Jésus le Christ notre Seigneur.

Par lui, avec lui et en lui, à toi, Dieu le Père tout-puissant, dans l'unité du Saint-Esprit, tout honneur et toute gloire, dans les siècles des siècles. *AMEN.*

Et maintenant, comme nous l'avons appris du Sauveur, nous osons dire,

La liturgie continue avec la Prière du Seigneur, à la page 265.

Versets d'offertoire

On peut prendre l'un des passages de l'Ecriture qui suivent, ou tout autre verset approprié.

Offre à Dieu la louange comme sacrifice et accomplis tes vœux envers le Très-Haut. *Psaume 50:14*

Donnez au Seigneur la gloire de son nom; Apportez votre offrande, entrez dans ses parvis. *Psaume 96:8*

Vivez dans l'amour, comme le Christ nous a aimés et s'est livré lui-même à Dieu pour nous, en offrande et victime, comme un parfum d'agréable odeur. *Ephésiens 5:2*

Je vous exhorte frères, au nom de la miséricorde de Dieu, à vous offrir vous-mêmes en sacrifice vivant, saint et agréable à Dieu: ce sera là votre culte spirituel.
Romains 12:2

Quand tu vas présenter ton offrande à l'autel, si là tu te souviens que ton frère a quelque chose contre toi, laisse-là ton offrande, devant l'autel, et va d'abord te réconcilier avec ton frère; viens ensuite alors présenter ton offrande.
Matthieu 5:23-24

Par le Christ, offrons sans cesse à Dieu un sacrifice de louange, c'est-à-dire le fruit de lèvres qui confessent son nom. N'oubliez pas la bienfaisance et l'entraide communautaire, car ce sont de tels sacrifices qui plaisent à Dieu. *Hébreux 13:15-16*

Tu es digne, Seigneur notre Dieu, de recevoir la gloire, l'honneur et la puissance, car c'est toi qui créas toutes choses; tu as voulu qu'elles soient et elles furent créées. *Apocalypse 4:11.*

A toi, Seigneur, la grandeur, la force, la splendeur, la majesté et la gloire, car tout ce qui est dans les cieux et sur la terre est à toi. A toi, Seigneur, la royauté et la souveraineté sur tous les êtres. *I Chronique 29:11*

ou cette invitation

Présentons avec joie au Seigneur les offrandes de notre travail et de notre vie.

Préfaces propres

Préface du Jour du Seigneur

On l'utilise le dimanche lorsqu'elle est prescrite, mais non les jours de semaine qui suivent.

1. *De Dieu le Père*

Car tu es la source de la lumière et de la vie, tu nous as faits à ton image et tu nous as appelés à une vie nouvelle en Jésus Christ notre Seigneur

ou bien

2. *De Dieu le Fils*

Par Jésus Christ notre Seigneur, lui qui le premier jour de la semaine, a vaincu la mort en surgissant de la tombe, et par sa résurrection glorieuse nous a ouvert la voie de la vie éternelle.

ou la suivante

3. *De Dieu le Saint-Esprit*

Pour manifester au monde ta gloire, tu as fait de nous, par l'eau et l'Esprit-Saint, un peuple nouveau en Jésus Christ notre Seigneur.

Préfaces du temps liturgique

On les prend les dimanches et jours de semaine, ainsi que, lorsque cela est indiqué explicitement, pour une fête ou une occasion particulière.

Avent

Car tu as envoyé ton Fils bien-aimé nous délivrer du péché et de la mort, et faire de nous les héritiers de sa vie éternelle ; afin qu'à son retour triomphant, quand il viendra dans la gloire juger le monde, nous puissions sans honte et sans peur contempler avec joie son avènement.

Incarnation

Car tu nous as donné Jésus Christ, ton Fils unique. Il est né pour nous de la chair de la Vierge Marie, et par la puissance de l'Esprit-Saint, il est devenu l'homme parfait, pour nous délivrer de l'esclavage du péché et nous permettre de devenir tes enfants.

Epiphanie

Car dans le mystère de l'incarnation du Verbe, tu as fait luire en nos cœurs une lumière nouvelle qui nous révèle ta gloire dans le visage de ton Fils, Jésus le Christ notre Seigneur.

Carême

Par Jésus Christ notre Seigneur, qui fut tenté comme nous en toutes choses, mais sans accepter le péché ; par sa grâce tu nous rends capables de triompher du mal et de ne plus vivre pour nous-mêmes, mais pour lui qui est mort et ressuscité pour nous.

ou bien

Tu invites les chrétiens à se préparer aux fêtes pascales dans la joie d'un cœur purifié; de sorte qu'en se donnant davantage à la prière, et aux œuvres de miséricorde, renouvelés par ta Parole et tes Sacrements, ils soient comblés de la grâce que tu réserves à ceux qui t'aiment.

Semaine Sainte

Par Jésus Christ notre Seigneur. Pour nos péchés il a été élevé sur la croix, attirant tout à lui; par sa souffrance et par sa mort il est devenu source de salut éternel, pour tous ceux qui mettent en lui leur confiance.

Pâques

Mais nous devons surtout te louer pour la glorieuse résurrection de ton Fils Jésus Christ notre Seigneur. Car il est le véritable agneau pascal offert pour nous, qui a enlevé le péché du monde; en mourant il a détruit la mort, en ressuscitant il a gagné pour nous la vie éternelle.

Ascension

Par ton Fils bien-aimé Jésus Christ notre Seigneur. Car après sa résurrection il s'est manifesté à ses disciples et sous leurs yeux il est monté au ciel pour nous y préparer une place, afin que là où il est, nous soyons aussi pour régner avec lui dans la gloire.

Pentecôte

Par Jésus Christ notre Seigneur. Selon sa promesse le Saint-Esprit descendit [en ce jour] sur les disciples, pour les instruire et les conduire à la vérité tout entière. Il unissait les peuple de toutes langues dans la confession d'une seule foi, et donnait à ton Eglise le pouvoir de te servir dans un sacerdoce royal et de prêcher l'Evangile à toutes les nations.

Préfaces pour d'autres occasions

Dimanche de la Trinité

Car avec le Fils et le Saint-Esprit coéternels, tu es un seul Dieu, un seul Seigneur, dans la Trinité des personnes et l'unité de substance ; et nous célébrons la seule et unique gloire du Père du Fils et du Saint-Esprit.

Tous les Saints

Car dans la multitude de tes saints tu nous as entourés d'une nuée de temoins ; afin que nous trouvions notre joie dans la communion avec eux et courions avec endurance l'épreuve qui nous est proposée, pour recevoir, avec eux, l'impérissable couronne de gloire.

Un Saint

Pour tous les saints que tu as comblés de ta grâce et qui sont devenus les instruments choisis pour la répandre et la lumière du monde pour ceux de leur génération.

ou bien

Car tu nous invites à t'obéir à l'exemple de tes saints et à partager avec eux la joie éternelle.

ou bien

Car tu es glorifié dans l'assemblée des saints. Toutes les créatures proclament ta louange et tes serviteurs fidèles te bénissent, confessant devant les grands de ce monde le nom glorieux de ton Fils.

Apôtres et ordinations

Par le grand pasteur du troupeau, Jésus Christ, notre Seigneur, lui qui après sa résurrection a envoyé ses Apôtres proclamer l'Evangile et instruire toutes les nations, et leur a promis d'être avec eux tous les jours jusqu'à la fin des temps.

Dédicace d'une église

Par Jésus Christ, ton Grand Prêtre. En lui nous sommes édifiés comme les pierres vivantes d'un temple saint, afin de présenter devant toi un sacrifice de louange et de supplication, qui te soit agréable.

Baptême

Car en Jésus Christ notre Seigneur, tu as fait de nous tes enfants, les citoyens de ton royaume, et tu nous as donné le Saint-Esprit, pour nous conduire vers la vérité tout entière.

Mariage

Car dans l'amour de l'homme et de la femme, tu nous as donné une image de la Jérusalem céleste, parée comme une épouse pour le Christ son époux, lui qui aime l'Eglise et s'est livré pour elle afin de renouveler la création tout entière.

Commémoraison des défunts

Par Jésus Christ notre Seigneur, lui qui par sa résurrection a vaincu la mort et nous réconforte par l'espérance bienheureuse de la vie éternelle. Car pour tous ceux qui croient en toi, Seigneur, la vie n'est pas détruite, elle est transformée, et lorsque prend fin notre séjour sur la terre, nous avons déjà une demeure éternelle dans les cieux.

La Prière des fidèles

La prière comprendra des intercessions pour :

L'Eglise universelle, ses membres et sa mission;
La nation et ceux qui y ont autorité;
Le bien du monde;
Les intérêts de la communauté locale;
Ceux qui souffrent et ceux qui sont en difficulté;
Les défunts (avec, lorsqu'il convient, la commémoraison d'un saint).

On utilise l'une des formulations suivantes.

On peut faire des adaptations ou des additions selon les circonstances.

Le trait vertical en marge signale les intentions qui peuvent être omises.

Le célébrant peut introduire la prière par une invitation adaptée à l'occasion, au temps liturgique ou au propre du jour.

Forme I

Le diacre ou une autre personne

De tout notre cœur et de tout notre esprit, prions le Seigneur en disant : «Seigneur, prends pitié» (*ou* «Seigneur, aie pitié».)

| Pour la paix qui vient d'en haut, pour la tendresse de Dieu et pour le salut de nos âmes, prions le Seigneur.
Seigneur, prends pitié

Pour la paix du monde entier, pour la prospérité de la sainte Eglise de Dieu et pour l'union de tous les hommes, prions le Seigneur.
Seigneur, prends pitié

Pour notre évêque, pour tout le clergé et le peuple, prions le Seigneur.
Seigneur, prends pitié

Pour le Chef de l'Etat, pour les dirigeants des nations et pour tous ceux qui nous gouvernent, prions le Seigneur.
Seigneur, prends pitié

Pour cette ville (ce village, ________), pour toute cité et toute communauté, et pour ceux qui y demeurent, prions le Seigneur.
Seigneur, prends pitié

Pour obtenir un temps favorable et pour l'abondance des fruits de la terre, prions le Seigneur.
Seigneur, prends pitié

Pour la terre que Dieu nous a confiée, pour la sagesse et la volonté de la respecter, prions le Seigneur.
Seigneur, prends pitié

Pour ceux qui voyagent par voie de terre, de mer ou d'air, [ou dans l'espace], prions le Seigneur.
Seigneur, prends pitié

Pour les vieillards et les infirmes, pour les veufs et les orphelins, pour les malades et les affligés, prions le Seigneur.
Seigneur, prends pitié

Pour ________, prions le Seigneur.
Seigneur, prends pitié

Pour les pauvres et les opprimés, pour les chômeurs et les indigents, pour les prisonniers et les captifs, et pour tous ceux qui ne les oublient pas et prennent soin d'eux, prions le Seigneur.
Seigneur, prends pitié

Pour tous les fidèles, morts dans l'espérance de la résurrection et pour tous les défunts, prions le Seigneur.
Seigneur, prends pitié

Pour être libérés de tout danger, de toute violence, de toute oppression et de tout avilissement, prions le Seigneur.
Seigneur, prends pitié

Pour l'absolution et la rémission de nos péchés et de nos offenses, prions le Seigneur.
Seigneur, prends pitié

Pour que nous terminions notre vie dans la foi et l'espérance, sans souffrance ni reproche, prions le Seigneur.
Seigneur, prends pitié

Protège-nous, sauve-nous, prends pitié de nous et garde-nous, O Dieu par ta grâce.
Seigneur, prends pitié

Dans la communion de [__________ et de] tous les saints, confions-nous nous-mêmes, les uns les autres et toute notre vie au Christ notre Dieu.
A toi, Seigneur notre Dieu.

Silence

Le célébrant conclut par une collecte.

Forme II

Pendant le silence qui suit chaque demande, les fidèles expriment leurs intentions personnelles, soit en silence, soit à voix haute.

Je recommande à votre prière le peuple de Dieu partout dans le monde, notre évêque, cette assemblée et tous les ministres et les fidèles.
Prions pour l'Eglise.

Silence

Je recommande à votre prière la paix, la concorde entre les nations et le bien de tous les peuples.
Prions pour la justice et pour la paix.

Silence

Je recommande à votre prière les pauvres, les malades, les affamés, les opprimés et les prisonniers.
Prions pour tous ceux qui sont en difficulté.

Silence

Je recommande à votre prière ceux qui cherchent Dieu ou veulent mieux le connaître.
Prions afin qu'ils le trouvent et que lui les retrouve.

Silence

Je recommande à votre prière ceux qui ont quitté cette vie [particulièrement ______].
Prions pour tous les défunts.

Silence

Des membres de l'assemblée peuvent ici solliciter la prière ou l'action de grâce des fidèles.

Je recommande à votre prière ______.

Je vous demande de rendre grâce pour ______.

Silence

Rendons gloire à Dieu pour ceux en qui le Christ a été glorifié à chaque génération, [particulièrement ______ dont nous faisons mémoire aujourd'hui].
Prions pour que nous ayons, nous aussi, la grâce de rendre gloire au Christ dans notre temps.

Silence

Le célébrant conclut par une collecte.

Forme III

Celui qui dirige la prière dialogue avec les fidèles

Père, nous te prions pour ta sainte Eglise catholique,
Que tous nous soyons un.

Que chaque membre de l'Eglise te serve dans la vérité et l'humilité,
Que tous les peuples glorifient ton Nom.

Nous te prions pour les évêques, les prêtres et les diacres,
Qu'ils soient les ministres fidèles de ta Parole et de tes Sacrements.

Nous te prions pour ceux qui nous gouvernent et ont autorité dans les nations,
Que la justice et la paix règnent sur la terre.

Accorde-nous de faire ta volonté en chacune de nos actions,
Que nos œuvres trouvent grâce à tes yeux.

Aie pitié de ceux qui souffrent,
Délivre-les de leur angoisse.

Accorde aux défunts le repos éternel,
Que brille sur eux la lumière sans déclin.

Nous te rendons gloire pour tes saints qui sont entrés dans ta joie,
Que nous ayons part avec eux à la gloire du Royaume.

Prions pour nous-mêmes et pour nos frères.

Silence

Les fidèles peuvent ajouter leurs intentions personnelles.

Le célébrant conclut par une collecte.

Forme IV

Le diacre ou une autre personne.

Prions pour l'Eglise et pour le monde.

Fais, Dieu tout-puissant, que tous ceux qui confessent ton Nom soient unis dans ta vérité, qu'ils vivent ensemble dans ton amour, et manifestent ta gloire au monde.

Silence

Seigneur, en ta tendresse,
Ecoute nos prières.

Guide le peuple de ce pays et toutes les nations dans les voies de la justice et de la paix ; que nous nous respections mutuellement et servions le bien commun.

Silence

Seigneur, en ta tendresse,
Ecoute nos prières

Donne à tous le respect de la terre, œuvre de ta création , que nous utilisions ses ressources à bon escient pour le service de tous, en l'honneur et à la gloire de ton Nom.

Silence

Seigneur, en ta tendresse,
Ecoute nos prières

Bénis ceux dont la vie est liée à la nôtre, Fais qu'en eux nous servions le Christ et que nous nous aimions comme il nous aime.

Silence

Seigneur, en ta tendresse,
Ecoute nos prières

Réconforte et guéris ceux qui souffrent dans leur corps et dans leur esprit, donne-leur espérance et courage dans leurs difficultés et communique-leur la joie de ton salut.

Silence

Seigneur, en ta tendresse,
Ecoute nos prières

Nous confions à ta miséricorde tous les défunts, que ta volonté sur eux s'accomplisse ; accorde-nous d'avoir part avec tous tes saints à ton royaume éternel.

Silence

Seigneur, en ta tendresse,
Ecoute nos prières

Le célébrant conclut par une collecte.

Forme V

Le diacre ou une autre personne

En paix, prions le Seigneur en disant, «Seigneur, prends pitié» (*ou* «Kyrie eleison»).

Pour la sainte Eglise de Dieu, afin qu'elle soit remplie d'amour et de vérité et qu'elle soit trouvée sans tache au jour de ton retour, Seigneur, nous te prions.

Le peuple répond après chaque demande

Kyrie eleison ou *Seigneur, prends pitié*

Pour *N.* notre Primat, pour *N.* (et *N.*) notre évêque (nos évêques), pour tous les évêques et les autres ministres, et pour tout le saint peuple de Dieu, Seigneur, nous te prions.

Pour tous ceux qui craignent Dieu et ont mis leur foi en toi, Christ Seigneur, que cessent nos divisions et que tous ne fassent qu'un comme tu ne fais qu'un avec le Père, Seigneur, nous te prions.

Pour la mission de l'Eglise, qu'en témoin fidèle, elle prêche l'Evangile jusqu'aux extrémités de la terre, Seigneur, nous te prions.

Pour ceux qui ne croient pas encore, et pour ceux qui ont perdu la foi, qu'ils reçoivent la lumière de l'Evangile, Seigneur, nous te prions.

Pour la paix du monde, qu'un esprit de respect et de tolérance se développe parmi les nations et les peuples, Seigneur, nous te prions.

Pour ceux qui ont des responsabilités publiques [particulièrement ________], qu'ils servent la justice et défendent la dignité et la liberté de chacun, Seigneur, nous te prions.

Pour tous ceux qui vivent et travaillent dans cette communauté [particulièrement ________], Seigneur, nous te prions.

Pour ta bénédiction sur le travail humain et pour le bon usage des richesses de la création, que le monde soit libéré de la pauvreté, de la famine et de toute calamité, Seigneur, nous te prions.

Pour les pauvres, les persécutés, les malades et tous ceux qui souffrent ; pour les réfugiés, les prisonniers et tous ceux qui sont en danger, qu'ils trouvent en toi apaisement et protection, Seigneur, nous te prions.

Pour notre communauté [les présents comme les absents], que nous soyons délivrés de la dureté du cœur et qu'en toutes nos actions nous proclamions ta gloire, Seigneur, nous te prions.

Pour nos ennemis et ceux qui nous veulent du mal, pour tous ceux que nous avons offensés ou blessés, Seigneur, nous te prions.

Pour chacun de nous, pour que nous soyons pardonnés de nos fautes et que la grâce du Saint Esprit corrige notre vie, Seigneur, nous te prions.

Pour ceux qui se sont recommandés à notre prière, pour nos familles, nos amis, nos voisins, que libérés de l'inquiétude, ils vivent dans la joie la paix et la santé, Seigneur, nous te prions.

Pour __________, Seigneur, nous te prions.

Pour ceux qui sont morts dans la communion de ton Eglise, et pour ceux dont la foi n'est connue que de toi ; qu'avec tous les saints ils trouvent le repos là où il n'y a ni larme ni douleur, mais la vie éternelle, Seigneur, nos le prions.

En communion avec [la bienheureuse Vierge Marie, (*Saint N.*) et] tous les saints, confions-nous nous-mêmes, les uns les autres et toute notre vie au Christ notre Dieu,
A toi, Seigneur notre Dieu.

Silence

Le célébrant conclut par une collecte ou la doxologie suivante

Car c'est à toi qu'appartient la majesté, O Père, Fils et Saint Esprit ; à toi le règne, la puissance et la gloire, pour les siècles des siècles. *Amen.*

Forme VI

Celui qui dirige la prière dialogue avec les fidèles

En paix, nous te prions, Seigneur notre Dieu.

Silence

Pour tous les hommes, dans leur vie quotidienne et dans leur travail,
pour nos familles, nos amis, nos voisins et pour ceux qui sont seuls.

Pour cette communauté, cette nation et pour le monde,
pour ceux qui œuvrent pour la justice, la liberté et la paix.

Pour que l'on fasse un usage juste et responsable de ta création,
pour les victimes de la faim, de la peur, de l'injustice et de l'oppression.

Pour ceux qui vivent dans le danger, la peine et toutes sortes de difficultés,
pour tous ceux qui se dévouent auprès des malades, des isolés et des pauvres.

Pour la paix et l'unité de l'Eglise de Dieu,
pour tous ceux qui proclament l'Evangile et tous ceux qui cherchent la vérité.

Pour [*N.* notre Primat et *N.* *(N.)* notre évêque (nos évêques,) pour] tous les évêques et les autres ministres,
pour tous ceux qui servent Dieu dans son Eglise.

Pour les besoins particuliers et les préoccupations de cette communauté.

Silence

Les fidèles peuvent ajouter leurs intentions personnelles

Seigneur, écoute-nous,
car ta miséricorde est infinie

Nous te rendons grâce, Seigneur, pour tous les bienfaits de cette vie.

Silence

Les fidèles peuvent ajouter leurs actions de grâce personnelles.

Nous t'exalterons, ô Dieu, notre roi
et nous bénirons ton Nom, toujours et à jamais.

Nous te prions pour tous les défunts, qu'ils aient une place dans ton royaume éternel.

Silence

Les fidèles peuvent ajouter leurs intentions personnelles.

Que ton amour, Seigneur, soit sur nous,
Car notre espoir est en toi.

Nous te prions aussi pour le pardon de nos fautes.

On peut observer un moment de silence

Tous ensemble

Prends pitié de nous, Père de toute miséricorde,
dans ton amour pardonne nos péchés, connus ou cachés,
  nos actions et nos omissions,
et soutiens-nous par ton Esprit,
pour que nous puissions t'aimer et te servir
  dans une vie renouvelée,
  en l'honneur et à la gloire de ton Nom.
Par Jésus le Christ, notre Seigneur. *Amen.*

Le célébrant conclut par une absolution ou une collecte qui convienne.

Collectes pour la Prière des fidèles

Comme collecte de conclusion le célébrant choisit :

(a) Une collecte adaptée au temps liturgique, à la fête du jour, ou à la cérémonie que l'on célèbre.

(b) Une collecte exprimant un besoin particulier de la communauté locale.

(c) Une collecte pour la mission de l'Eglise.

(d) Une collecte de portée générale, comme ci-dessous.

1

Ecoute, Seigneur, les supplications de ton peuple : Fais que nous obtenions pleinement ce que nous demandons avec foi, à la gloire de ton Nom. Par Jésus le Christ, notre Seigneur. *Amen.*

2

Père du ciel, tu as promis d'écouter favorablement ce que nous demanderions au nom de ton Fils : Accueille nos prières et daigne les exaucer, non pas comme nous te l'exprimons dans notre ignorance, ou comme nous le méritons dans notre péché, mais comme tu nous connais et tu nous aimes dans ton Fils Jésus le Christ, notre Seigneur. *Amen.*

3

Dieu éternel et tout-puissant, maître de tout, au ciel et sur la terre : Dans ta bonté accueille les prières de ton peuple et donne-nous la force d'accomplir ta volonté. Par Jésus le Christ, notre Seigneur. Amen.

4

Dieu tout-puissant, toi qui connais nos besoins avant même que nous les exprimions : Aide-nous à demander ce qui rejoint ta volonté, et ce que nous n'osons ou ne savons pas demander, daigne nous l'accorder pour l'amour de ton Fils, Jésus le Christ, notre Seigneur. *Amen.*

5

Seigneur notre Dieu, accueille les prières ferventes de ton peuple ; aie pitié de nous selon ta grande miséricorde. Fais descendre sur nous ta compassion et sur tous ceux qui se tournent vers toi ; car tu es un Dieu bon, ô toi l'ami des âmes, et nous te rendons gloire, Père, Fils et Saint-Esprit, maintenant et à jamais dans les siècles des siècles. *Amen.*

6

Seigneur Jésus Christ, tu as dit à tes apôtres : «Je vous laisse la paix, je vous donne ma paix» : Ne regarde pas nos péchés, mais la foi de ton Eglise ; donne-nous la paix et l'unité de la Cité du ciel, où tu vis et règnes avec le Père et le Saint-Esprit, dans les siècles des siècles. *Amen.*

7

Hâte, Seigneur, l'avènement de ton royaume et accorde à tes serviteurs qui vivent maintenant par la foi, d'être un jour les témoins joyeux de retour de ton Fils dans la gloire. Par Jésus Christ, notre seul avocat et médiateur. *Amen.*

8

Par ton Saint-Esprit, Dieu tout-puissant, tu nous unis aux saints du ciel et de la terre : Permets que dans notre pèlerinage terretre nous soyons toujours soutenus par cette communion de prière et d'amour ; et que nous soyons sensibles au témoignage qu'ils rendent autour de nous à ta puissance et à ta miséricorde. Nous te le demandons pour l'amour de Jésus Christ, en qui, par l'Esprit, tu accueilles toutes nos intercessions. Lui qui vit et règne dans les siècles des siècles. *Amen.*

Communion en des circonstances particulières

Ce rite a été préparé pour servir auprès de ceux qui ne peuvent pour une cause raisonnable être présents à une célébration publique de l'Eucharistie.

Lorsque des personnes sont empêchées pour un temps assez long de participer à l'Eucharistie commune, il est désirable que le prêtre organise une célébration particulière, qu'il fera de temps en temps de façon régulière, en prenant le propre du jour ou celui d'une occasion particulière. S'il s'avère nécessaire de raccourcir le service, le prêtre peut commencer la célébration à l'offertoire, mais il est désirable de lire d'abord un passage d'Evangile.

D'autres fois, lorsqu'on le désire, on peut leur porter la communion en la prenant dans la Réserve sacramentelle, on prend alors le rite qui suit.

Il est souhaitable que des paroissiens, parents et amis soient présents si possible pour communier avec elles.

Le célébrant, prêtre ou diacre, lit un passage d'Ecriture convenant au jour ou à l'occasion, ou l'un des textes suivants:

Dieu a tant aimé le monde, qu'il a donné son Fils, son unique, pour que tout homme qui croit en lui ne périsse pas mais ait la vie éternelle. *Jean 3:16*

Jésus dit, «C'est moi qui suis le pain de vie ; celui qui vient à moi n'aura pas faim ; celui qui croit en moi jamais n'aura soif.» *Jean 6:35*

Jésus dit : «Je suis le pain vivant qui descend du ciel. Celui qui mangera de ce pain vivra pour l'éternité. Et le pain que je donnerai, c'est ma chair pour que le monde ait la vie. Car ma chair est une vraie nourriture et mon sang une vraie boisson. Celui qui mange ma chair et boit mon sang demeure en moi et moi en lui.» *Jean 6:51, 55-56*

Jésus dit : «Demeurez en moi comme je demeure en vous! De même que le sarment, s'il ne demeure sur la vigne, ne peut de lui-même produire du fruit, ainsi vous non plus si vous ne demeurez en moi. Je suis la vigne, vous êtes les sarments. Ce qui glorifie le Père, c'est que vous produisiez du fruit en abondance et que vous soyez pour moi des disciples. Comme le Père m'a aimé, moi aussi je vous ai aimés : demeurez dans mon amour.» *Jean 15:4-5a, 8-9*

La lecture terminée, le célébrant peut en faire un bref commentaire.

On peut faire des prières appropriées, en concluant par la collecte suivante ou une autre.

Dieu tout-puissant, la veille de sa passion, ton Fils a institué le Sacrement de son corps et de son sang : Accorde-nous de le recevoir avec reconnaissance en mémoire de celui qui nous donne dans ces saints mystères un gage de la vie éternelle, Jésus le Christ notre Seigneur. *Amen.*

La confession des péchés peut suivre. On prend alors la forme qui suit ou une autre.

Dieu de miséricorde,
nous confessons que nous avons péché contre toi
en pensée, en parole et en acte,
par ce que nous avons fait
et ce que nous avons omis de faire.
Nous ne t'avons pas aimé de tout notre cœur,
nous n'avons pas aimé notre prochain comme
nous-mêmes.

Nous regrettons sincèrement ces fautes,
humblement nous nous en repentons.
Pour l'amour de ton Fils Jésus Christ,
prends pitié de nous et pardonne-nous ;
alors ta volonté fera notre joie
et nous pourrons marcher dans tes chemins
pour la gloire de ton Nom. *Amen.*

Le pretre dit seul :

Que le Dieu tout-puissant vous fasse miséricorde, qu'il vous pardonne tous vos péchés par Jésus Christ notre Seigneur ; qu'ils vous affermisse en tout bien et, par la puissance de l'Esprit Saint, qu'il vous garde pour la vie éternelle. *Amen.*

Un diacre employant cette formule substituera «nous» à «vous» et «nos» à «vos».

On peut alors échanger la paix.

On récite la Prière du Seigneur, le célébrant disant d'abord :

Prions ensemble, comme nous l'avons appris du Sauveur :

Notre Père qui es aux cieux,
que ton Nom soit sanctifié,
que ton règne vienne,
que ta volonté soit faite,
sur la terre comme au ciel.
Donne-nous aujourd'hui notre pain de ce jour.
Pardonne-nous nos offenses
comme nous pardonnons aussi
à ceux qui nous ont offensés.
Et ne nous soumets pas à la tentation,
mais délivre-nous du mal.
Car c'est à toi qu'appartiennent le règne,
la puissance et la gloire,
dans les siècles des siècles. *Amen.*

Le célébrant peut faire l'invitation suivante :

Les dons de Dieu pour le peuple de Dieu.

Il peut ajouter :

Prenez, en mémoire de ce que Christ est mort pour vous, que votre cœur, par la foi, s'en nourrisse avec reconnaissance.

On administre le Sacrement en distant :

Le Corps (Sang) de notre Seigneur Jésus Christ te (vous) garde pour la vie éternelle. [*Amen.*]

ou en d'autres termes semblables.

On dit ensuite une des postcommunions, ou bien celle-ci :

Père très bon, nous te louons et nous te rendons grâce pour cette sainte communion au Corps et au Sang de ton Fils bien-aimé ; elle est pour nous le gage de notre rédemption ; et nous t'en prions : qu'elle nous procure le pardon des péchés, qu'elle nous donne la force dans notre faiblesse et nous communique le salut éternel. Par Jésus le Christ notre Seigneur. *Amen.*

On conclut la célébration par une bénédiction ou un renvoi :

Bénissons le Seigneur.
Nous rendons grâce à Dieu.

Ordre pour la célébration de la Sainte Eucharistie

Ce rite demande une préparation soignée de la part du prêtre et des autres participants.

Il n'est pas prévu de l'utiliser à la célébration de l'Eucharistie principale du dimanche ou de la semaine.

Le peuple et le prêtre

Se rassemblent au Nom du Seigneur

Proclament la Parole de Dieu et y répondent

La proclamation et la réponse peuvent comprendre des lectures, un chant, une causerie, une dance, de la musique instrumentale, d'autres formes d'art, un moment de silence. On fait toujours une lecture d'Evangile.

Prient pour le monde et pour l'Eglise

Ils échangent la paix

A ce moment, ou à un autre moment du service, tous se saluent au nom du Seigneur.

Préparent la table

Quelques membres de l'assemblée préparent la table ; on y place le pain, la coupe de vin et d'autres offrandes.

Font l'Eucharistie

La Grande Prière d'Action de grâce est dite par le prêtre au nom de l'Assemblée, il prend l'une des Prières Eucharistiques à sa disposition.

Le peuple répond — Amen !

Rompent le pain

Partagent les dons de Dieu

Le corps et le sang du Seigneur sont partagés avec respect : après que tous ont communié, ce qui reste du Sacrement est alors consommé.

Lorsqu'un repas commun ou Agapé fait partie de la célébration, c'est ici qu'il se place.

A la grande Prière d'Action de grâce

Pour faire l'Eucharistie le Célébrant prend l'une des Prières Eucharistiques du Rite I ou du Rite II, ou l'une des formes suivantes

Forme 1

Le célébrant : Le Seigneur soit avec vous.
Le peuple : Et avec ton esprit.

Le célébrant : Elevons notre cœur.
Le peuple : Nous le tournons vers le Seigneur.

Le célébrant : Rendons grâce au Seigneur notre Dieu.
Le peuple : Cela est juste et bon.

Le célébrant rend grâce à Dieu le Père pour son œuvre dans la Création et la révélation qu'il a faite de lui-même à son peuple ;

Lorsque cela convient il rappelle devant Dieu l'occasion particulière qui est célébrée.

S'il le désire il prend ou adapte la Préface propre du jour.

Si on doit inclure le Sanctus, on l'introduit par ces paroles ou des termes semblables :

Nous nous joignons aux anges et aux saints pour proclamer ta gloire, en chantant (disant).

Le célébrant et le peuple :

Saint, Saint, Saint le Seigneur, Dieu de l'univers,
le ciel et la terre sont remplis de ta gloire.
Hosanna au plus haut des cieux.
Béni soit celui qui vient au nom du Seigneur.
Hosanna au plus haut des cieux.

Le célébrant loue Dieu pour le salut du monde par Jésus Christ notre Seigneur.

Il continue la prière en disant :

Ainsi, Père, nous te présentons ces dons. Sanctifie-les par ton Saint-Esprit, pour qu'ils deviennent pour nous le corps et le sang du Christ Jésus, notre Seigneur.

Pour prononcer les paroles qui suivent, le célébrant prend le pain, ou bien il le touche de sa main. Il fera de même avec la coupe et tout vase contenant le vin à consacrer.

La nuit où il fut livré, il prit du pain, prononça la bénédiction, le rompit et le donna à ses amis en disant : «Prenez, mangez ; ceci est mon corps, livré pour vous. Faites ceci en mémoire de moi.»

Après le repas, il prit une coupe de vin, rendit grâce et dit : «Buvez-en tous. Ceci est mon sang, le sang de la nouvelle Alliance, versé pour vous et pour la multitude en rémission des péchés. Chaque fois que vous en boirez, faites-le en mémoire de moi.»

Père, nous célébrons maintenant le mémorial de ton Fils. Avec ce pain et cette coupe nous annonçons le sacrifice de sa mort, et nous proclamons sa résurrection jusqu'à ce qu'il revienne.

Rassemble-nous par cette Eucharistie en un seul corps en ton Fils Jésus Christ. Fais de nous un sacrifice vivant à ta gloire.

Par lui, avec lui et en lui, à toi, Dieu le Père tout-puissant, dans l'unité du Saint-Esprit, tout honneur et toute gloire, maintenant et toujours. *AMEN.*

Forme 2

Le célébrant : La grâce de Jésus-Christ notre Seigneur,
l'amour de Dieu le Père et la communion de
l'Esprit Saint soient toujours avec vous.
Le peuple : Et avec ton esprit.

Le célébrant : Elevons notre cœur.
Le peuple : Nous le tournons vers le Seigneur.

Le célébrant : Rendons grâce au Seigneur notre Dieu.
Le peuple : Cela est juste et bon.

Le célébrant rend grâce à Dieu le Père pour son œuvre dans la Création et la révélation qu'il a faite de lui-même à son peuple ;

Lorsque cela convient, il rappelle devant Dieu l'occasion particulière qui est célébrée;

S'il le désire il prend ou adapte la Préface propre du jour.

Si l'on doit inclure le Sanctus, on l'introduit par ces paroles ou des termes semblables:

Nous nous joignons aux anges et aux saints pour proclamer ta gloire, en chantant (disant).

Le célébrant et le peuple :

Saint, Saint, Saint le Seigneur, Dieu de l'univers,
le ciel et la terre sont remplis de ta gloire.
Hosanna au plus haut des cieux.
Béni soit celui qui vient au nom du Seigneur.
Hosanna au plus haut des cieux.

Le célébrant loue Dieu pour le salut du monde par Jésus-Christ notre Seigneur.

Pour prononcer les paroles qui suivent, le célébrant prend le pain, ou bien il le touche de sa main. Il fera de même avec la coupe et tout vase contenant le vin à consacrer.

La nuit où il fut livré à la souffrance et à la mort, notre Seigneur Jésus Christ prit du pain, et t'ayant rendu grâce, il le rompit et le donna à ses disciples en disant : «Prenez, mangez ; ceci est mon corps, livré pour vous. Faites ceci en mémoire de moi.»

A la fin du repas, il prit la coupe et, après avoir rendu grâce, il la leur donna en disant : «Buvez-en tous ; ceci est mon sang, le sang de la nouvelle Alliance, versé pour vous et pour la multitude en rémission des péchés. Chaque fois que vous en boirez, faites-le en mémoire de moi.»

Rappelant sa souffrance et sa mort, célébrant sa résurrection et son ascension, nous attendons sa venue dans la gloire.

Accepte, Seigneur, notre sacrifice de louange, le mémorial de notre rédemption.

Envoie ton Esprit-Saint sur ces dons, qu'ils deviennent pour nous le corps et le sang de ton Fils. Et puisque nous mangeons ce pain et buvons à cette coupe, accorde-nous d'être comblés de toute vie et de tout bien venus de toi.

Le célébrant prie ensuite pour que tous reçoivent les bienfaits de l'œuvre du Christ et soient renouvelés par l'Esprit-Saint.

La prière se termine par ces mots ou des termes semblables :

Nous te le demandons par ton Fils Jésus Christ. Par lui, avec lui, et en lui, à toi Dieu, le Père tout-puissant dans l'unité du Saint-Esprit, tout honneur et toute gloire, maintenant et dans les siècles des siècles. *AMEN.*

Indications supplémentaires

On recouvre la table sainte d'une nappe blanche pendant la célébration.

Lorsqu'on chante ou récite la Litanie majeure immédiatement avant l'Eucharistie, on la termine au Kyrie et l'Eucharistie commence par la Salutation et la Collecte du jour. On peut omettre la Prière des fidèles après le Credo.

Lorsqu'on récite un psaume, on peut le conclure par le Gloria Patri, en choisissant la formule qui convient au ton psalmodique adopté (cf. p. 44).

On peut chanter ou réciter le Kyrie eleison (ou «Seigneur aie pitié de nous») en trois, six ou neuf fois. On peut chanter ou réciter le Trisagion, «Dieu Saint», en trois fois ou en l'alternant entre deux groupes.

On chante ou récite le Gloria in excelsis, ou l'hymne choisi à sa place, du jour de Noël jusqu'à la fête de l'Epiphanie, les dimanches, du jour de Pâques au jour de la Pentecôte, tous les jours de la semaine après Pâques, le jour de l'Ascension, et les autres jour sauf les dimanches et jours ordinaires des temps de l'Avent et du Carême.

Il est désirable que les lectures soient faites d'un lutrin ou de la chaire; que l'Evangile soit lu du même lutrin ou de la chaire, ou du milieu de l'assemblée. Il est souhaitable que les lectures et l'Evangile soient lus d'un livre de taille et de dignité convenables.

Lorsqu'une partie de l'assemblée est composée de fidèles dont la langue maternelle n'est pas le français, un lecteur désigné par le célébrant peut lire l'Evangile dans cette autre langue, en plus de l'Evangile en français, ou à sa place.

S'il n'y a pas de Liturgie Eucharistique, on peut faire la Liturgie de la Parole jusqu'à la Prière des fidèles. (Si l'on veut y inclure une confession des péchés, on commence avec le Rite pénitentiel.) On peut chanter ensuite un hymne, ou une autre œuvre chorale et recevoir les offrandes du peuple. On termine par la Prière du Seigneur et, soit la formule «La Grâce de Jésus Christ notre Seigneur . . .» (p. 64) ou une bénédiction, soit le rite de la paix.

En l'absence d'un prêtre, tout ce qui et décrit ci-dessus, sauf la bénédiction, peut être assumé par un diacre, ou en son absence, par un lecteur laïc.

La salutation : «Que la paix du Seigneur soit toujours avec vous» s'adresse à l'assemblée tout entière. Dans l'échange de la paix qui peut la suivre, on peut se servir de formules personnelles. Si l'on préfère, le rite de la Paix peut avoir lieu au moment de l'administration du Sacrement (avant ou après l'invitation).

On peut faire les annonces nécessaires avant le commencement de la Liturgie, après le Credo, avant l'offertoire ou à la fin de la Liturgie, comme il convient.

C'est la fonction du diacre d'apprêter la table pour la célébration, de préparer le pain et la coupe de vin et de les placer sur l'autel. On a coutume d'ajouter un peu d'eau au vin. Le diacre peut être assisté par d'autres ministres.

Pendant le Grande Prière d'Action de grâce, il convient qu'un seul calice soit placé sur l'autel, avec au besoin un flacon de vin, à partir duquel on remplira d'autres calices après le rite de le Fraction du pain.

Pendant le rite de la Fraction du pain, on peut chanter ou réciter cette invocation :

Agneau de Dieu, qui enlèves le péché du monde, prends pitié de nous.
Agneau de Dieu, qui enlèves le péché du monde, prends pitié de nous.
Agneau de Dieu, qui enlèves le péché du monde, donne-nous la paix.

Le célébrant reçoit le Sacrement sous les deux espèces pendant que le peuple s'avance pour recevoir la communion. Ensuite les évêques, les prêtres et les diacres qui sont autour de l'autel et, après eux, le peuple.

Chaque communiant doit avoir la possibilité de recevoir séparément le pain et le vin consacrés. Mais on peut recevoir le Sacrement simultanément sous les deux espèces d'une manière approuvée par l'évêque.

Lorsqu'un diacre ou un autre prêtre assiste le célébrant, il est d'usage que le célébrant distribue le pain consacré et que l'assistant présente le calice. Lorsqu'il y a plusieurs diacres ou prêtres présents, certains peuvent distribuer le pain et d'autres le vin. En l'absence d'un nombre suffisant de diacres ou de prêtres, des laïcs autorisés par l'évêque selon les canons peuvent administrer le calice.

S'il n'y a pas suffisamment de pain ou de vin consacrés pour le nombre de communiants, le célébrant doit retourner à la table sainte et y consacrer davantage de l'un ou de l'autre, en disant :

Exauce-nous, Père des cieux, et, par ta Parole et ton Esprit Saint, bénis et sanctifie ce pain (ce vin), afin qu'ils soit aussi le Sacrement du Corps (du Sang) précieux de ton Fils Jésus Christ notre Seigneur. Lui qui prit le pain (la coupe) en disant : «Ceci est mon Corps (mon Sang).» *Amen.*

Ou bien le célébrant peut consacrer davantage des deux espèces en récitant encore une fois la Prière Eucharistique, en commençant avec les paroles qui suivent le Sanctus et en finissant avec l'Invocation, (sauf dans le cas de la Prière Eucharistique C, où l'on finit avec le récit de l'institution).

Lorsqu'aucun prêtre n'est disponible, il appartient á l'évêque d'autoriser un diacre à distribuer à l'assemblée la sainte communion en la prenant dans la Réserve sacramentelle. Cela se passe de la manière suivante :

1. Après la Liturgie de la Parole (et la réception de l'offrande du peuple), le diacre place avec respect sur l'autel le Sacrement consacré, pendant que l'on chante un hymne de communion.

2. Puis on récite la Prière du Seigneur, le diacre ayant dit auparavant : «Prions ensemble, comme nous l'avons appris du Sauveur».

3. Ensuite, omettant le rite de la Fraction du pain, le diacre continue la Liturgie jusqu'à la fin de la postcommunion, puis il renvoie le peuple.

S'il reste du pain ou du vin consacrés, le célébrant, ou un diacre, ou d'autres personnes qui ont déjà communié, le consommeront, soit après la communion, soit après le renvoi.

On en conservera la quantité nécessaire à la communion des malades, ou celle de fidèles qui, pour des raisons suffisantes, n'ont pu assister à la célebration, ou pour la distribution de la communion par un diacre en l'absence de prêtre.

On peut chanter un hymne avant ou après la postcommunion.

Rubriques concernant la discipline

Si le prêtre sait qu'une personne en état de péché notoire a l'intention de venir communier, il lui parlera en particulier et lui dira qu'elle ne peut se présenter à la table sainte jusqu'à ce qu'elle ait donné clairement des preuves de repentir et de changement de vie.

Le prêtre procèdera de même envers ceux qui ont fait du tort à leur prochain et sont une cause de scandale pour les autres membres de la communauté chrétienne ; il ne leur permettra pas de recevoir la communion avant qu'ils aient réparé leurs torts, ou aient au moins promis de le faire.

Lorsque le prêtre verra qu'il y a de la haine entre des membres de la communauté chrétienne, il parlera à chacun en particulier, leur disant qu'ils ne peuvent pas recevoir la communion avant de s'être mutuellement pardonnés. Et si la personne ou les personnes d'un parti pardonne(nt) vraiment aux autres et promet(tent) de réparer ses (leurs) fautes, le prêtre permettra à ceux qui se repentent de venir à la communion, mais non à ceux qui s'entêtent.

Dans tous ces cas, le prêtre doit informer l'évêque dans un délai maximum de 14 jours, en donnant les raisons pour lesquelles il a refusé la communion.

Rites Pastoraux

Indications concernant la célébration

Pendant que se développe leur vie chrétienne, les croyants qui ont reçu le baptême dans l'enfance, doivent, après y avoir été préparés, affirmer publiquement leur foi et leur attachement à leur responsabilité de baptisés, et recevoir l'imposition des mains de l'évêque.

Ceux qui ont reçu le baptême à l'âge adulte, sauf si à cette occasion un évêque leur a imposé les mains, doivent eux aussi affirmer publiquement leur foi et leur attachement à leur responsabilité de baptisés en présence d'un évêque, et recevoir de lui l'imposition des mains.

Lorsqu'il n'y a pas de célébration du baptême, les rites de la confirmation, de l'admission dans la Communion de l'Eglise et du renouvellement des promesses du Baptême sont célébrés selon la forme qui est ici donnée.

Si on le désire, on peut chanter l'hymne Gloria in excelsis, immédiatement après les versets du début et avant la salutation : «le Seigneur soit avec vous.»

On ne récite pas le Symbole de Nicée à cette célébration.

Il convient que ce soient les nouveaux confirmés qui présentent les offrandes de pain et de vin.

Rite de la Confirmation
avec des formules de réception dans la Communion ecclésiale et de renouvellement des promesses du Baptême

On peut chanter un hymne, un psaume ou une autre œuvre chorale.

L'assemblée est debout; l'évêque dit:

Béni soit Dieu, le Père, le Fils et le Saint-Esprit.

Le peuple: Béni soit son règne, maintenant et à jamais. *Amen.*

Du jour de Pâques au jour de la Pentecôte, on dit à la place:

L'évêque: Alleluia, Christ est ressuscité.
Le peuple: Le Seigneur est vraiment ressuscité. Alleluia.

Durant le Carême et à d'autres temps de pénitence, on dit à la place:

L'évêque: Béni soit Dieu qui pardonne nos péchés.
Le peuple: Eternel est son amour.

L'évêque continue:

Il n'y a qu'un Corps et qu'un Esprit.
Le peuple: Et il n'y a qu'une espérance dans l'appel que Dieu nous fait.
L'évêque: Un seul Seigneur, une seule foi, un seul baptême.
Le peuple: Un seul Dieu et Père de tous.

L'évêque: Le Seigneur soit avec vous.
Le peuple: Et avec ton esprit.
L'évêque: Prions le Seigneur.

Collecte du jour

Le peuple: Amen.

Lors de la célébration principale des dimanches et jours de fêtes, on prend la collecte et les lectures propres du jour. Cependant, l'évêque a la possibilité de prendre la collecte «A la confirmation» (à la page 164) et de choisir une ou plusieurs lectures parmi les textes qui sont proposés pour cette cérémonie (à la page 736).

Lectures

Le peuple s'assied. On fait une ou deux lectures selon ce qui est prescrit. Le lecteur commence par ces mots :

Lecture de ________.

On peut citer le chapître et le verset.

Après chaque lecture, le lecteur peut dire :

Parole du Seigneur.
Le peuple: Nous rendons grâce à Dieu.

ou encore: Ici se termine la lecture (l'épître).

On peut observer une période de silence après chaque lecture.

On peut faire suivre chaque lecture d'un psaume, d'un hymne ou d'une autre œuvre chorale.

Puis, tous debout, le diacre ou un prêtre lit l'évangile, en commençant :

Evangile de Jésus Christ selon ________.
Le peuple: Gloire à toi, Seigneur.

A la fin de l'évangile, le lecteur dit :

Evangile du Seigneur.
(*ou bien:* Acclamons la Parole de Dieu.)
Le peuple: Louange à toi, Seigneur Jésus.

Sermon

Présentation et examen des candidats

L'évêque dit :

Que l'on présente maintenant les candidats.

Les personnes qui présentent les candidats disent :

Je présente *ces personnes* à la confirmation.

ou Je présente *ces personnes* pour qu'*elles* soient reçues dans la communion de notre Eglise.

ou Je présente *ces personnes* qui désirent renouveler les promesses de *leur* baptême.

L'évêque demande aux candidats :

Affirmez-vous à nouveau votre rejet du mal ?

Le candidat: Oui, je l'affirme.

L'évêque:

Renouvelez-vous votre engagement à Jésus Christ ?

Le candidat:

Oui, et avec la grâce de Dieu, je le suivrai, car il est mon Seigneur et Sauveur.

Lorsque tous les candidats ont été présentés, le célébrant s'adresse à l'assemblée.

Vous qui êtes les témoins des promesses qui ont été faites, voulez-vous faire tout ce qui est en votre pouvoir pour aider *ces personnes* à vivre dans le Christ ?

Le peuple: Oui. Nous le voulons.

L'évêque prononce alors ces paroles ou d'autres semblables :

Unissons-nous maintenant à *ceux* qui s'engagent à suivre le Christ, et renouvelons notre alliance baptismale.

Alliance baptismale

L'évêque : Croyez-vous en Dieu, le Père ?
Le peuple : Je crois en Dieu, le Père tout-puissant,
créateur du ciel et de la terre.

L'évêque : Croyez-vous en Jésus Christ, le Fils de Dieu ?
Le peuple : Je crois en Jésus Christ,
son Fils unique, notre Seigneur,
qui a été conçu du Saint-Esprit,
est né de la Vierge Marie,
a souffert sous Ponce Pilate,
a été crucifié, est mort
et a été enseveli, est descendu aux enfers,
le troisième jour est ressuscité des morts,
est monté aux cieux,
est assis à la droite de Dieu le Père tout-puissant,
d'où il viendra juger les vivants et les morts.

L'évêque : Croyez-vous en l'Esprit-Saint ?
Le peuple : Je crois en l'Esprit-Saint,
à la Sainte Eglise catholique,
à la communion des saints.
à la rémission des péchés,
à la resurrection de la chair,
à la vie éternelle.

L'évêque : Serez-vous assidus à l'enseignement des apôtres, à la communion fraternelle, à la fraction du pain et aux prières ?
Le peuple : Oui, avec l'aide de Dieu.

L'évêque : Persévérerez-vous dans votre résistance au mal et, si vous péchez, promettez-vous de vous repentir et de revenir au Seigneur ?
Le peuple : Oui, avec l'aide de Dieu.

L'évêque : Proclamerez-vous, tant par vos paroles que par votre exemple, la Bonne Nouvelle de Dieu manifestée en Jésus Christ ?

Le peuple : Oui, avec l'aide de Dieu.

L'évêque : Rechercherez-vous, pour le servir, le Christ dans les personnes que vous rencontrerez, et aimerez-vous votre prochain comme vous-mêmes ?

Le peuple : Oui, avec l'aide de Dieu.

L'évêque : Etes-vous prêts à lutter pour la justice et la paix parmi tous les peuples, et à respecter la dignité de chaque être humain ?

Le peuple : Oui, avec l'aide de Dieu.

Prières pour les candidats

L'évêque dit alors a l'assemblée :

Prions maintenant pour *ceux* qui ont renouvelé *leur* engagement envers le Christ.

On peut prendre les prières aux pages 213-214.

On observe un temps de silence.

L'évêque dit alors :

Dieu tout-puissant, nous te rendons grâce, car par la mort et la résurrection de ton Fils, tu as vaincu le péché et tu nous as ramenés vers toi ; par le sceau de l'Esprit-Saint tu nous as attachés à ton service. Renouvelle en *tes serviteurs*, ici présents, l'Alliance que tu as conclue avec *eux* à *leur* baptême. Envoie-*les* maintenant accomplir, dans la puissance de l'Esprit le service auxquel tu *les* destines. Par Jésus Christ, ton Fils, notre Seigneur, qui vit et règne avec toi en l'unité du Saint Esprit, un seul Dieu, maintenant et toujours. *Amen.*

Pour la Confirmation

L'évêque impose les mains à chacun et dit :

Fortifie, Seigneur, *ton serviteur* N. par la puissance de ton Saint-Esprit, rends-*le* capable de te servir, et soutiens-*le* tous les jours de sa vie. *Amen.*

ou bien :

Assiste, Seigneur, *ton serviteur* N. de ta grâce divine, afin qu'*il* t'appartienne pour toujours et croisse de jour en jour dans l'Esprit Saint, jusqu'à ce qu'*il* parvienne à ton royaume éternel. *Amen.*

Pour l'admission dans la communion de l'Eglise

N. nous te reconnaissons comme membre de l'Eglise, une, sainte, catholique et apostolique ; et nous te recevons dans notre communion ecclésiale. Que Dieu, le Père, le Fils et le Saint-Esprit, te bénisse, te protège et te garde. *Amen.*

Pour le renouvellement des promesses du Baptême

N. que l'Esprit Saint qui a commencé en toi son œuvre excellente te dirige et te soutienne au service du Christ et de son royaume. *Amen.*

L'évêque conclut par la prière suivante :

Dieu éternel et tout-puissant, que ta main paternelle soit étendue sans cesse sur *tes serviteurs* ; que ton Saint-Esprit demeure avec *eux* toujours. Amène-*les* à connaître ta Parole et à la mettre en pratique, pour qu'*ils* te servent dans cette vie et habitent avec toi dans la vie à venir. Par Jésus le Christ notre Seigneur. *Amen.*

On fait alors l'échange de la paix.

L'évêque : Que la paix du Seigneur soit toujours avec vous.

Le peuple : Et avec ton esprit.

La célébration continue par la Prière des fidèles ou l'offertoire de la liturgie eucharistique ; l'évêque en est le célébrant principal.

S'il n'y a pas de célébration de l'Eucharistie, la liturgie continue avec le Prière du Seigneur, et toute autre forme de prière indiquée par l'évêque.

L'évêque peut consacrer l'huile ou saint-chrême, en prenant la prière à la page 215.

Rite d'engagement au service du Christ

On peut prendre ce rite lorsque quelqu'un veut faire son engagement au service du Christ dans le monde, ou désire le renouveler, que ce soit d'une manière générale ou en acceptant une responsabilité particulière.

Il est essentiel que la personne qui désire faire son engagement ou le renouveler prépare à l'avance avec le célébrant le rite d'engagement ; celui-ci se peut présenter sous la forme d'une déclaration d'intention, ou d'une série de questions et de réponses; il doit comprendre aussi le renouvellement des promesses du Baptême.

Au cours de l'Eucharistie, avant l'offertoire, à l'invitation du célébrant, la personne s'avance et, debout devant l'assemblée, elle exprime son engagement.

Après quoi, le célébrant s'exprime ainsi, ou en des termes semblables :

Que le Saint-Esprit te soutienne et te guide, afin qu'en cet engagement et en toutes choses, tu accomplisses la volonté de Dieu en servent le règne du Christ. *Amen.*

Au nom de cette communauté chrétienne, je te confie cette œuvre : sois assuré de nos prières et de notre soutien.

Le célébrant fait ensuite cette prière ou tout autre qui soit adaptée à la circonstance :

Dieu tout-puissant, regarde avec bonté *ton serviteur* qui *vient* de réaffirmer son engagement à suivre le Christ et à servir en son nom : Donne-*lui* patience, courage et clairvoyance ; et affermis-nous tous dans notre vocation, qui est de rendre témoignage au monde et de servir les autres. Par Jésus le Christ, notre Seigneur. *Amen.*

On peut ajouter une prière pour l'œuvre particulière à laquelle s'engage cette personne.

La liturgie continue par l'échange de la paix et l'offertoire.

Indications concernant la célébration

Le mariage chrétien est l'alliance publique et solennelle d'un homme et d'une femme en présence de Dieu. L'Eglise Episcopale exige qu'au moins l'un des époux soit baptisé dans la foi chrétienne, que la cérémonie se déroule en présence d'au moins deux témoins, et que le mariage soit conforme aux lois de l'Etat et aux canons de l'Eglise.

Normalement un prêtre, ou un évêque, préside à la célébration et à la bénédiction d'un mariage. Seuls ces ministres peuvent donner la bénédiction nuptiale et célébrer l'Eucharistie.

Quand à la fois un évêque et un prêtre sont présents et officient, c'est l'évêque qui doit donner la bénédiction et présider l'Eucharistie.

Un diacre ou un prêtre assistant, peut prononçer le texte de l'obligation (p.324), recevoir le consentement des époux et participer à la célébration de l'Eucharistie.

Là où la loi civile permet aux diacres de célébrer le mariage, et si un prêtre ou un évêque n'est pas disponible, un diacre qui prendra le rite qui suit en omettra la bénédiction nuptiale.

Il est souhaitable que des laïcs fassent les lectures de l'Ancien Testament et de l'Epître.

A l'exhortation du début, on emploie les prénoms et les noms des futurs époux (indiqués par *N.N.*). Par la suite on dit seulement leurs prénoms.

Des indications supplémentaires se trouvent à la page 337.

Célébration et bénédiction d'un mariage

A l'heure convenue, les futurs époux et leurs témoins se retrouvent à l'église, ou dans un autre lieu qui convienne.

A leur entrée, on peut chanter un hymne, un psaume ou une autre œuvre chorale, ou bien jouer de la musique instrumentale.

Tourné vers l'assemblée et les futurs époux, la fiancée à sa droite et le fiancé à sa gauche, le célébrant dit :

Chers amis dans le Christ : nous voici réunis en présence du Dieu tout-puissant, pour bénir l'union de *N.N.* et *N.N.* et être témoins de leurs promesses. Le lien du mariage, cette alliance entre l'homme et la femme, a été établi par Dieu dans sa création. Et Jésus Christ, notre Seigneur, a honoré cet état de vie par sa présence aux noces de Cana en Galilée, et en y accomplissant son premier miracle. Le mariage symbolise pour nous l'union du Christ et de l'Eglise, et la Sainte Ecriture recommande aux hommes de l'avoir en honneur.

L'union des époux, union de cœur, de corps et d'esprit, est voulue par Dieu pour leur joie mutuelle, pour l'aide et le réconfort qu'ils s'apportent dans la prospérité comme dans l'adversité et, lorsque c'est la volonté divine, pour la procréation des enfants et leur éducation dans la connaissance et l'amour du Seigneur. En conséquence, il ne faut pas s'engager dans le mariage imprudemment, à la légère, mais avec respect, après réflexion, en pleine connaissance des intentions qu'avait Dieu en l'instituant.

C'est dans cette union sainte que *N.N.* et *N.N.* veulent maintenant s'engager. Si l'un d'entre vous connaît une raison valable qui s'oppose à leur union légitime, qu'il parle maintenant, ou qu'il se taise à jamais.

Le célébrant s'adresse ensuite aux futurs époux :

Je vous demande et vous en fait l'obligation à tous les deux, ici en présence de Dieu : si l'un de vous connaît quelque raison qui vous empêche d'être unis dans le mariage selon la loi des hommes ou la Parole de Dieu, qu'il le dise maintenant.

Consentement des époux

Le célébrant interroge la fiancée :

N. voulez-vous prendre *N.* pour époux et vivre avec lui dans l'alliance du mariage? Voulez-vous l'aimer, le soutenir, le respecter et le garder, en bonne santé comme dans la maladie et, renonçant à tout autre, lui rester fidèle tant que tous deux vous vivrez?

Elle répond :

Oui, je le veux.

Le célébrant interroge le fiancé :

N. voulez-vous prendre *N.* pour épouse et vivre avec elle dans l'alliance du mariage? Voulez-vous l'aimer, la soutenir, la respecter et la garder, en bonne santé comme dans la maladie et, renonçant à toute autre, lui rester fidèle tant que tous deux vous vivrez?

Il répond :

Oui, je le veux.

Le célébrant s'adresse ensuite à l'assemblée :

Vous tous, qui êtes témoins de ces promesses, voulez-vous faire tout ce qui est en votre pouvoir pour soutenir *N.* et *N.* dans leur mariage?

Le peuple : Oui, nous le voulons.

On peut faire ici la présentation ; voir à la page 337.

On peut chanter un hymne, un psaume ou une autre œuvre chorale.

Liturgie de la Parole

Le célébrant s'adresse à l'assemblée :

Le Seigneur soit avec vous.
Le peuple : Et avec ton esprit.

Prions le Seigneur.

Dieu éternel et tout-puissant, toi qui nous as créés homme et femme à ton image : Regarde avec bonté *N.* et *N.* qui viennent à toi demander ta bénédiction. Assiste-les de ta grâce, pour qu'ils honorent avec une fidélité véritable et un amour constant les promesses qu'ils échangent. Par Jésus Christ notre Sauveur, lui qui vit et règne avec toi dans l'unité du Saint-Esprit, un seul Dieu dans les siècles des siècles. *Amen.*

On lit ensuite un ou plusieurs des passages de la Sainte Ecriture qui suivent. Quand on célèbre l'Eucharistie la dernière lecture est toujours un passage d'Evangile.

Genèse 1:26-28 (Homme et femme il les créa)
Genèse 2:4-9, 15-24 (L'homme s'attache à sa femme, et ils deviennent une seule chair)
Cantique des cantiques 2:10-13, 8:6-7 (Les grandes eaux ne pourraient éteindre l'amour)
Tobie 8:5b-8 (Que nous parvenions ensemble à la vieillese)

1 Corinthiens 13:1-13 (L'amour prend patience, l'amour rend service)
Ephésiens 3:14-19 (Le Père de qui toute famille tient son nom)
Ephésiens 5:1-2, 21-33 (Vivez dans l'amour, comme le Christ nous a aimés)
Colossiens 3:12-17 (Par-dessus tout, revêtez l'amour, c'est le lien parfait)
1 Jean 4:7-16 (Aimons-nous les uns les autres, car l'amour vient de Dieu)

Entre les lectures on peut chanter ou réciter un hymne, un psaume ou une autre œuvre chorale. Les psaumes 67, 127 et 128 conviennent particulièrement bien.

Quand on lit un passage de l'Evangile, tous se lèvent; le diacre, ou un autre ministre, dit :

Evangile de Jésus Christ selon saint ____________.

Le peuple : Gloire à toi, Seigneur.

Matthieu 5:1-10 (Les Béatitudes)
Matthieu 5:13-16 (Vous êtes la lumière . . . que votre lumière brille)
Matthieu 7:21,24-29 (Comme un homme avisé qui bâtit sa maison sur le roc)
Marc 10:6-9,13-16 (Ils ne sont plus deux, mais une seule chair)
Jean 15:9-12 (Aimez-vous les uns les autres comme je vous ai aimés)

A la fin de l'évangile, le lecteur dit :

Evangile du Seigneur.
(*ou bien:* Acclamons la Parole de Dieu.)

Le peuple : Louange à toi, Seigneur Jésus!

On peut faire une homélie, ou une autre forme de commentaire des lectures.

Mariage

Les futurs époux se tournent l'un vers l'autre. Le fiancé prend la main droite de la fiancée et dit :

Au nom du Dieu tout-puissant, moi *N.*, je te prends *N.* pour épouse, pour t'avoir et te garder, dès maintenant et pour toujours, pour le meilleur et pour le pire, dans l'abondance et dans la pauvreté, dans la maladie et dans la santé, pour t'aimer et te chérir jusqu'à ce que la mort nous sépare. C'est ma promesse solennelle.

Ils séparent leurs mains, et la fiancée toujours tournée vers le fiancé prend sa main droite et dit :

Au nom du Dieu tout-puissant, moi *N.*, je te prends *N.* pour époux, pour t'avoir et te garder, dès maintenant et pour toujours, pour le meilleur et pour le pire, dans l'abondance et dans la pauvreté, dans la maladie et dans la santé, pour t'aimer et te chérir jusqu'à ce que la mort nous sépare. C'est ma promesse solennelle.

Ils séparent leurs mains.

Le prêtre peut demander à Dieu de bénir les alliances (ou l'alliance) de cette manière :

Bénis, Seigneur, *cet anneau*, qu'*il* soit le signe des promesses qui lient l'un à l'autre, *N.* et *N.* Par Jésus le Christ, notre Seigneur. *Amen.*

Les époux se donnent l'un à l'autre leur alliance, en disant :

N., je te donne cette alliance, en signe de ma fidélité, et avec tout ce que je suis et tout ce que je possède, je veux t'honorer au nom du Père, et du Fils, et du Saint-Esprit (*ou* au nom du Dieu tout-puissant).

Le célébrant joint la main droite des époux, en disant :

Maintenant que *N.* et *N.* se sont donnés l'un à l'autre par un engagement symbolisé par l'union de leurs mains et *ces anneaux* qu'ils ont échangés, je les déclare mari et femme, au nom du Père, et du Fils, et du Saint-Esprit.

Ceux que Dieu a unis, que nul ne les sépare.

Le peuple : Amen.

Prières

Tous sont debout pour le Prière du Seigneur; on peut l'omettre quand on va célébrer l'Eucharistie.

Le célébrant dit :

Prions ensemble comme nous l'avons appris du Sauveur.

Tous ensemble :

Notre Père qui es aux cieux,
que ton Nom soit sanctifié,
que ton règne vienne,
que ta volonté soit faite
  sur la terre comme au ciel.
Donne-nous aujourd'hui notre pain de ce jour.
Pardonne-nous nos offenses,
  comme nous pardonnons aussi
  à ceux qui nous ont offensés.
Et ne nous soumets pas à la tentation,
mais délivre-nous du mal.
Car c'est à toi qu'appartiennent
  le règne, la puissance et la gloire,
  dans les siècles des siècles. *Amen.*

Le diacre, ou une autre personne, lit les prières qui suivent. L'assemblée y participe en répondant : Amen.

Si l'on ne célèbre pas l'Eucharistie, on peut en omettre une ou davantage.

Prions le Seigneur.

Dieu éternel, qui crées toute vie et la protèges, auteur de notre salut, dispensateur de toute grâce , regarde avec bonté le monde que tu as fait et pour lequel ton Fils a donné sa vie. Veille particulièrement sur *N.* et *N.* unis par toi en une seule chair. *Amen.*

Donne-leur sagesse et affection dans la conduite de leur vie commune ; que chacun soit pour l'autre un soutien dans la nécessité, un réconfort dans la peine, un conseiller dans le doute et un compagnon dans la joie. *Amen.*

Que leurs volontés soient unies dans la tienne et leurs esprits dans ton Esprit ; pour qu'ils grandissent dans l'amour et la paix avec toi, tous les jours de leur vie. *Amen.*

Lorsqu'ils se feront de la peine, accorde-leur de reconnaître leur faute ; qu'en recherchant le pardon de l'autre ils trouvent aussi le tien. *Amen.*

Que leur vie commune soit un signe de l'amour du Christ envers ce monde de déchirures et de péché ; que l'unité triomphe de la séparation, que le pardon guérisse l'offense, que la joie fasse la conquête du désespoir. *Amen.*

Dans ta largesse donne-leur des enfants, si c'est ta volonté; qu'ils sachent, par ta grâce, leur apprendre à te connaître, à t'aimer et à te servir. *Amen.*

Que leur affection mutuelle les comble, pour qu'ils se soucient des autres et leur ouvrent leur amour. *Amen.*

Que tous les époux, témoins de ces vœux, y puisent un regain de force pour leur vie commune et un renouveau de leur fidélité. *Amen.*

Que ces liens d'humanité partagée qui unissent entre eux tous tes enfants, les vivants et les morts, soient transformés par ta grâce, pour que ta volonté soit faite sur la terre, comme au ciel. Toi qui vis et règnes, O Père, dans l'unité parfaite avec le Fils et le Saint-Esprit, maintenant et toujours. *Amen.*

Benediction du mariage

L'assemblée reste debout. Les époux s'agenouillent et le prêtre dit l'une des prières qui suivent.

Nous te rendons grâce, Dieu de bonté, car dans ta tendresse infinie tu nous as envoyé ton Fils Jésus Christ : il est né d'une femme et il a fait de la voie de la croix le chemin de la vie. Nous te rendons grâce pour l'union de l'homme et de la femme, consacrée en son nom. Par la puissance de ton Esprit, répands l'abondance de ta bénédiction sur *N.* et *N.* Protège-les de tout ennemi, conduis-les dans la paix. Que leur amour soit un sceau sur leur cœur, un manteau sur leurs épaules, une couronne sur leur front. Bénis-les dans le travail et dans la détente, dans le sommeil et dans la veille, dans la joie et dans la peine, dans la vie et dans la mort. Et conduis-les enfin dans ton Royaume au festin que partagent les saints. Par Jésus Christ notre Seigneur, qui vit et règne avec toi et le Saint-Esprit, un seul Dieu dans les siècles des siècles. *Amen.*

ou bien:

O Dieu, tu as consacré l'alliance du mariage, pour qu'elle soit le symbole de l'unité spirituelle du Christ et de l'Eglise : Répands ta bénédiction sur tes serviteurs; qu'ils s'aiment, et se respectent dans la fidélité et la patience, la sagesse et la piété; que leur foyer soit un havre de bénédiction et de paix. Par Jésus Christ notre Seigneur, qui vit et règne avec toi dans l'unité du Saint-Esprit, un seul Dieu, maintenant et toujours. *Amen.*

Les époux restent à genoux, le prêtre les bénit ainsi :

Que Dieu, le Père, le Fils et le Saint-Esprit, vous bénisse, vous protège et vous garde. Que le Seigneur vous regarde favorablement en sa miséricorde, qu'il vous comble de sa grâce et de ses bénédictions spirituelles, pour que vous puissiez vivre fidèlement ensemble au long de cette vie et recevoir la vie éternelle dans le monde à venir. *Amen.*

Rite de la paix

Le célébrant peut s'adresser à l'assemblée :

Que la paix du Seigneur soit toujours avec vous.

Le peuple : Et avec ton esprit.

Les nouveaux mariés échangent un signe d'affection, l'assemblée peut à son tour échanger la paix.

Quand on ne célèbre pas l'Eucharistie, le cortège sort de l'église. On peut chanter un hymne, un psaume ou une autre œuvre chorale, ou jouer de la musique instrumentale.

A l'Eucharistie

La liturgie continue avec l'offertoire. Les nouveaux mariés peuvent présenter les offrandes de pain et de vin.

Préface du mariage

Il convient que les nouveaux mariés reçoivent la communion en premier, immédiatement après les ministres.

Au lieu de la postcommunion habituelle, on dit la prière suivante :

O Dieu, toi qui nous donnes tout ce qui est vrai, tout ce qui est aimable, tout ce qui est bon : Nous te rendons grâce, car tu nous unis dans ces saints mystères du corps et du sang de ton Fils. Fais que *N.* et *N.*, unis maintenant dans le mariage, réalisent par ton Saint-Esprit, l'unité de l'âme et du cœur. Fais qu'ils vivent dans la fidélité et dans la paix, et qu'ils obtiennent les joies éternelles que tu prépares pour ceux qui t'aiment. Par Jésus le Christ, notre Seigneur. *Amen.*

On peut chanter un hymne, un psaume ou une autre œuvre chorale, ou jouer de la musique instrumentale, pendant que le cortège sort de l'église.

Bénédiction d'un mariage civil

Ce rite débute comme pour la célébration de l'Eucharistie; on prend la collecte et les lectures prévues pour le mariage (p.325-326).

Après l'Evangile (et l'homélie), les époux se tiennent debout devant le célébrant qui s'adresse à eux en ces termes, ou d'autres semblables :

N. et *N.*, vous venez ici aujourd'hui demander la bénédiction de Dieu et de son Eglise sur votre mariage. Je vous demande de promettre de remplir, avec l'aide du Seigneur, les obligations du mariage chrétien.

Le célébrant s'adresse alors à l'époux :

N., vous avez pris *N.* pour épouse. Promettez-vous de l'aimer, la soutenir, la respecter et la garder, en bonne santé comme dans la maladie et, renonçant à toute autre, lui rester fidèle tant que tous deux vous vivrez ?

L'époux répond : Oui, je le promets.

Le célébrant s'adresse à l'épouse :

N., vous avez pris *N.* pour époux. Promettez-vous de l'aimer, le soutenir, le respecter et le garder, en bonne santé comme dans la maladie et, renonçant à tout autre, lui rester fidèle tant que tous deux vous vivrez ?

L'épouse répond : Oui, je le promets.

Le célébrant s'adresse ensuite à l'assemblée :

Vous tous, qui êtes témoins de ces promesses, voulez-vous faire tout ce qui est en votre pouvoir pour soutenir *N.* et *N.* dans leur mariage ?

Le peuple : Oui, nous le voulons.

Si on doit bénir les alliances, l'épouse (et l'époux) étend (ent) la main vers le prêtre qui dit :

Bénis, Seigneur, *cet anneau*, qu'*il* soit le signe des promesses qui lient l'un à l'autre, *N.* et *N.* Par Jésus, le Christ, notre Seigneur. *Amen.*

Le célébrant joint la main droite des époux, en disant :

Ceux que Dieu a unis, que nul ne les sépare.

Le peuple : Amen.

La cérémonie continue avec les prières à la page 328.

Ordre pour la célébration du mariage

Si l'on désire célébrer un mariage autrement qu'il est prévu à la page 323 de ce livre, on prend la forme indiquée ici.

Normalement le célébrant est un prêtre ou un évêque. Un diacre peut célébrer le mariage là où la loi civile le permet, et si on ne peut disposer d'un prêtre ou d'un évêque, mais il ne prononce pas la bénédiction nuptiale.

On doit s'assurer que les lois de l'Etat et les canons de l'Eglise sont respectés. Les futurs époux, leurs témoins, leurs familles et leurs amis s'assemblent à l'église ou dans un autre lieu qui convienne.

1. On expose brièvement l'enseignement de l'Eglise concernant le mariage, tel qu'il est exprimé dans la liturgie et dans les canons.

2. On établit publiquement que les futurs époux ont bien l'intention de s'engager dans cet état et qu'ils le font librement.

3. On peut faire précéder l'échange des promesses d'une ou plusieurs lectures; au moins l'une d'entre elles est prise dans la Sainte Ecriture. Quand on célèbre l'Eucharistie, on lit toujours un texte d'Evangile.

4. Les époux échangent leurs promesses de la manière suivante :

Au nom du Dieu tout-puissant, moi *N.* je te prends *N.* pour *époux*, pour t'avoir et te garder, dès maintenant et pour toujours, pour le meilleur et pour le pire, dans l'abondance et dans la pauvreté, dans la maladie et dans la santé, pour t'aimer et te chérir jusqu'à ce que la mort nous sépare. C'est ma promesse solennelle.

5. Le célébrant déclare qu'ils sont maintenant mari et femme, unis par le mariage, au nom du Père, du Fils, et du Saint-Esprit.

6. On prie pour les époux, pour leur vie commune, pour la communauté chrétienne, et pour le monde.

7. Un prêtre ou un évêque bénit solennellement le couple.

8. Quand on ne célèbre pas l'Eucharistie, la cérémonie se termine par le rite de la Paix : les nouveaux époux échangent un signe d'affection ; ensuite l'assemblée se donne la paix.

9. Quand on célèbre l'Eucharistie, la cérémonie continue par le rite de la Paix et l'offertoire. On prendra pour cette célébration le Rite I ou II dans ce Livre, ou bien on suivra l'ordre pour la célébration de l'Eucharistie à la page 301.

Indications supplémentaires

Si l'on doit publier les bans, ce sera sous la forme suivante :

Il y a promesse de mariage entre *N.N.* de __________ et *N.N.* de __________. Si l'un d'entre vous connaît un empêchement s'opposant à leur union dans le mariage chrétien, il a l'obligation de le faire connaître. Ceci est la première (*ou* deuxième, *ou* troisième) publication.

On peut prendre le rite de Célébration et de Bénédiction du mariage, avec toute Liturgie Eucharistique autorisée. Ce rite remplace alors la Liturgie de la Parole et l'on commence la Liturgie Eucharistique à l'offertoire.

Après le consentement (p.324), si l'on veut présenter les futurs époux, le célébrant demande :

Qui présente *N.* en mariage à *N.* ?

ou bien :

Qui présente *N.* et *N.* pour qu'ils soient unis en mariage ?

A l'une ou l'autre de ces questions, on répond en disant: «c'est moi qui la (les) présente.» Si plusieurs personnes répondent, elles le font ensemble.

A la liturgie de la Parole, il convient que les futurs époux soient placés dans un endroit d'où ils pourront entendre facilement la lecture de l'Ecriture. Ils s'approchent de l'autel, soit pour l'échange des promesses soit pour la bénédiction du mariage.

Il convient que tous restent debout jusqu'à la fin de la collecte. Il faudrait fournir des sièges aux membres du cortège, afin que tous puissent s'asseoir s'ils le désirent pour les lectures et l'homélie.

On peut réciter le Symbole des Apôtres à la fin des lectures, ou après l'homélie s'il y en a une.

Si on le désire, on peut remplacer l'anneau symbolisant les promesses échangées par un autre signe.

Il est souhaitable qu'à l'offertoire, les nouveaux époux présentent le pain et le vin aux ministres. Ils peuvent alors se placer devant l'autel et recevoir la communion avant les autres membres de l'assemblée.

Rite d'action de grâce pour la naissance ou l'adoption d'un enfant

Dès que cela est possible après la naissance ou l'adoption d'un enfant, il est d'usage que les parents viennent à l'église, accompagnés des autres membres de leur famille pour être accueillis par la communauté chrétienne et rendre grâce à Dieu. Il est souhaitable que cela se place dans la liturgie du dimanche : au cours de l'Eucharistie, entre la Prière des fidèles et l'offertoire, ou à la fin de l'office de la Prière du matin ou du soir.

Au moment choisi, le célébrant invitera les parents et les autres membres de la famille à se présenter à l'autel.

Au moment des prières, on peut laisser les parents exprimer en termes personnels leur action de grâce.

Si on le désire, on peut raccourcir le rite, surtout s'il a lieu dans un hôpital ou à la maison ; en ce cas, le célébrant commence par l'Action de grâce ou la prière «O Dieu, ton Fils bien-aimé . . . ». On peut lire d'abord un passage de l'Ecriture (Luc 2:41-51, ou Luc 18:15-17 conviennent particulièrement).

Pour une naissance

Le célébrant s'adresse à l'assemblée en ces termes, ou d'autres semblables :

Chers amis, la naissance d'un enfant est dans un famille un événement joyeux et solennel à la fois. Pour la communauté chrétienne aussi, c'est une occasion de se réjouir. Unissons-nous à *N.* [et *N.*] pour rendre grâce au Dieu tout-puissant, notre Père des cieux, le maître de la vie, pour le don de leur fils (fille) *N.* [et à *N.* (et *NN.*), pour le frère (la sœur) qui *lui* est donné(e)].Ensemble disons :

La célébration continue par le Magnificat (p.340), ou l'un des psaumes aux pages 341-342.

Pour une adoption

Le célébrant s'adresse à l'assemblée en ces termes, ou d'autres semblables :

Chers amis, dans sa tendresse le Dieu tout-puissant, notre Père des cieux, a répondu aux prières [ardentes] de *N.* [et *N.*] , membres de notre communauté, et *leur* a donné un enfant. Unissons-nous à *eux [et à N.* (et *NN.*) qui *a* maintenant un nouveau frère (une nouvelle sœur)] pour exprimer à Dieu *leur* reconnaissance pour la responsabilité à la fois joyeuse et solennelle qui est la *leur* en recevant *N.* dans leur famille. Mais d'abord nos amis veulent que la communauté assemblée soit témoin de l'expression officielle de cette nouvelle responsabilité.

Le célébrant demande à ceux (celui ou celle) qui adopte(nt) :

N. [et *N.*], voulez-vous que *N.* soit votre enfant ?

Réponse : Oui, je le veux.

Si l'enfant est suffisamment grand pour répondre, le célébrant l'interroge :

N. veux-tu que N. soit ta mère ?
L'enfant : Oui, je le veux.

Le célébrant : Veux-tu que N. soit ton père ?
L'enfant : Oui, je le veux.

Le célébrant prend ensuite l'enfant dans ses bras, ou il le tient par la main, et il le présente au père ou à la mère en disant :

De la même manière que Dieu, par grâce, adopte chacun de nous, puissiez-vous recevoir pour fils (fille) *N.*.

L'un des parents (ou les deux ensemble) peut dire ce qui suit, ou s'exprimer dans des termes semblables :

Que Dieu, le Père de tous, bénisse *N.* notre enfant à qui nous donnons notre nom ; qu'il nous bénisse aussi afin que nous vivions tous ensemble dans l'affection. Par Jésus le Christ, notre Seigneur. *Amen.*

Le célébrant dit :

Puisqu'il a plu au Seigneur d'accorder un enfant a *N.* [et *N.*], rendons-lui grâce en disant ensemble :

Action de grâce

Le cantique de Marie

Mon ame exalte le Seigneur,
exulte mon esprit en Dieu, mon Sauveur !

Il s'est penché sur son humble servante,
désormais, tous les âges me diront bienheureuse.

Le Puissant fit pour moi des merveilles ;
Saint est son nom !

Son amour s'étend d'âge en âge
sur ceux qui le craignent.

Déployant la force de son bras,
il disperse les superbes.

Il renverse les puissants de leurs trônes,
il élève les humbles.

Il comble de biens les affamés,
renvoie les riches les mains vides.

Il relève Israël, son serviteur,
il se souvient de son amour,

de la promesse faite à nos pères,
en faveur d'Abraham et de sa race, à jamais.

Gloire au Père, et au Fils, et au Saint-Esprit,
pour les siècles des siècles. Amen.

ou bien:

Psaume 116

J'aime le Seigneur :
il entend le cri de ma prière ;
il incline vers moi son oreille :
toute ma vie je l'invoquerai.

Le Seigneur est justice et pitié,
notre Dieu est tendresse.

Comment rendrai-je au Seigneur
tout le bien qu'il m'a fait ?
J'élèverai la coupe du salut,
j'invoquerai le nom du Seigneur.
Je tiendrai mes promesses au Seigneur,
oui, devant tout son peuple !

A l'entrée de la maison du Seigneur,
au milieu de Jérusalem.
Alleluia

Gloire au Père, et au Fils, et au Saint-Esprit,
pour les siècles des siècles. Amen.

ou bien:

Psaume 23

Le Seigneur est mon berger :
  je ne manque de rien.
Sur des prés d'herbe fraîche,
  il me fait reposer.

Il me mène vers les eaux tranquilles
  et me fait revivre ;
il me conduit par le juste chemin
  pour l'honneur de son nom.

Si je traverse les ravins de la mort,
  je ne crains aucun mal,
car tu es avec moi :
  ton bâton me guide et me rassure.

Tu prépares la table pour moi
  devant mes ennemis ;
tu répands le parfum sur ma tête,
  ma coupe est débordante.

Grâce et bonheur m'accompagnent
  tous les jours de ma vie;
j'habiterai la maison du Seigneur
  pour la durée de mes jours.

Rendons gloire au Père tout-puissant,
à son Fils Jésus Christ, le Seigneur,
à l'Esprit qui habite en nos cœurs,
pour les siècles des siècles. Amen.

Le célébrant :

Prions le Seigneur.

O Dieu, ton Fils bien-aimé nous a appris que celui qui reçoit un petit enfant en son nom, reçoit le Christ lui-même : Nous te rendons grâce pour la faveur que tu as manifestée à cette famille en lui donnant un enfant. Complète sa joie en donnant à ses membres un sens aigu de ta présence au milieu d'eux ; donne-leur la force et la patience de la sagesse pour qu'ils amènent cet enfant à aimer tout ce qui est vrai et noble, juste et pur, aimable et gracieux, excellent et admirable, en suivant l'exemple du Christ Jésus notre Sauveur. *Amen.*

Prières

Le célébrant peut continuer par l'une de ces prières, ou davantage s'il le désire.

Après une heureuse délivrance

Dieu de bonté, nous te rendons grâce de tout notre cœur d'avoir protégé à travers les souffrances et les iniquiétudes de l'enfantement, *N.* ta servante ; elle te rend gloire et t'exprime sa reconnaissance. Accorde-lui ton aide, Dieu de bonté, pour qu'elle vive selon ta volonté et qu'elle ait part à la gloire éternelle. Par Jésus le Christ, notre Seigneur. *Amen.*

Pour les parents

Dieu tout-puissant, auteur de toute vie et de tout amour, bénis *N.* et *N.* Accorde-leur sagesse et tendresse pour organiser leur vie commune; qu'ils soient l'un pour l'autre un soutien dans la nécessité, un conseiller dans le doute, un réconfort dans la peine et un compagnon dans la joie. Que leurs volontés soient unies dans la tienne et leurs esprit dans ton Esprit, pour qu'ils vivent ensemble dans l'amour et la paix tous les jours de leur vie. Par Jésus le Christ, notre Seigneur. *Amen.*

Pour un enfant qui n'a pas encore été baptisé

Dieu éternel, tu as promis d'être un Père pour ceux qui t'aiment et qui te craignent de génération en génération : Bénis cet enfant et protège sa vie, reçois-le et fais qu'*il* puisse te recevoir ; que par le Sacrement du baptême, *il* devienne ton enfant. Par Jésus le Christ, notre Seigneur. *Amen.*

Pour un enfant qui a déjà été baptisé

Entre tes mains, Seigneur, nous plaçons *N.* ton enfant : Soutiens-*le* dans ses succès et dans ses échecs, dans ses joies et dans ses peines. Qu'en grandissant en âge, *il* grandisse aussi en grâce, dans la connaissance de son Sauveur, le Christ Jésus, notre Seigneur. *Amen.*

Le célébrant peut ensuite bénir la famille :

Que Dieu le Père, qui nous adopte pour ses enfants par le baptême, vous donne sa grâce. *Amen.*

Que Dieu le Fils, qui a sanctifié le foyer de Nazareth, vous comble de son amour. *Amen.*

Que Dieu le Saint-Esprit, qui fait de l'Eglise une seule famille, vous garde dans la paix. *Amen.*

On peut échanger un signe de paix.

On engage le responsable de la communauté à instruire régulièrement ses fidèles du devoir des parents chrétiens de prévoir avec prudence l'avenir de leur famille. Il doit aussi rappeler à tous le devoir de rédiger un testament lorsqu'ils sont en bonne santé, disposant de leurs biens temporels sans négliger, s'ils le peuvent, d'en léguer une partie à des fins charitables et religieuses.

Indications concernant la célébration

Le ministère de la réconciliation que le Christ a confié à son Eglise, s'exerce par le souci que chaque chrétien a pour l'autre, par la prière commune des chrétiens rassemblés et par le sacerdoce de l'Eglise et de ses ministres lorsqu'ils déclarent l'absolution.

La réconciliation des pénitents est offerte à tous ceux qui la désirent : elle n'est pas réservée aux malades. Les confessions peuvent être reçues sans restriction de temps ou de lieu.

On trouvera ici deux formes de service équivalentes, qui répondent aux besoins des pénitents. Seul un évêque ou un prêtre peut prononcer l'absolution. On peut demander à un autre chrétien d'écouter une confession, mais le pénitent doit savoir sans ambiguïté que l'absolution ne sera pas prononcée ; il recevra à la place une déclaration de pardon.

Quand on se confesse dans une église, le confesseur peut s'asseoir derrière la clôture du chœur, ou dans un lieu réservé qui permette plus de discrétion; le pénitent s'agenouille à son côté. Si l'on préfère, le confesseur et le pénitent peuvent s'asseoir face à face pour un échange spirituel, qui conduise à l'absolution ou à la déclaration de pardon.

Lorsque le pénitent a confessé toutes les fautes sérieuses qui troublent sa conscience et qu'il a donné des signes de sa contrition, le prêtre lui donne les conseils et les encouragements nécessaires et prononce l'absolution. Avant de donner l'absolution, le prêtre peut demander au pénitent de réciter plus tard un psaume, une prière ou un hymne, ou de faire quelque chose qui signifie sa pénitence et son action de grâce.

Normalement le contenu d'une confession ne doit pas être discuté par la suite. Le secret de la confession est moralement absolu pour le confesseur, et il ne doit être rompu en aucun cas.

Réconciliation d'un pénitent

Première forme

Le pénitent commence :

Bénissez-moi, parce que j'ai péché.

Le prêtre dit :

Que le Seigneur soit dans ton cœur et sur tes lèvres, pour que tu confesses tes péchés d'un cœur humble et sincère. Au nom du Père, et du Fils, et du Saint-Esprit. *Amen.*

Le pénitent :

Je confesse à Dieu tout-puissant, à son Eglise, et à vous (mon Père), que j'ai péché en pensée, en parole, par action et par omission, particulièrement ________. Oui, j'ai vraiment péché. Je regrette sincèrement ces fautes et toutes celles que j'ai pu oublier. - Que le Seigneur ait pitié de moi - Et, avec la ferme résolution de corriger ma vie, j'en demande humblement pardon à Dieu et à son Eglise, et à vous (mon Père), conseil et absolution.

Le prêtre peut ici donner des conseils ou des directives et réconforter le pénitent.

Le prêtre prononce alors l'absolution :

Que notre Seigneur Jésus Christ, qui a donné à son Eglise pouvoir d'absoudre tous les pécheurs qui se repentent véritablement et croient en lui, dans sa grande miséricorde, te pardonne tes offenses ; et moi, par l'autorité qu'il m'a confiée, je t'absous de tous tes péchés, au nom du Père, et du Fils, et du Saint-Esprit. *Amen.*

ou de cette autre manière :

Le Christ notre Seigneur, s'est offert en sacrifice pour nous au Père, et il a confié à son Eglise le pouvoir de remettre les péchés ; que par mon ministère son Saint-Esprit t'absolve, et qu'il te réconcilie avec l'Eglise. *Amen.*

Le prêtre ajoute :

Le Seigneur t'a pardonné ton péché.

Le pénitent : Je rends grâce à Dieu.

Le prêtre conclut :

Va en paix et prie pour moi pécheur.

Déclaration de pardon que fera un diacre ou un laïc

Le Christ Jésus notre Seigneur, qui s'est offert en sacrifice pour nous au Père, te pardonne tes péchés par la grâce de son Saint-Esprit. *Amen.*

Deuxième forme

Le prêtre et le pénitent commencent ainsi :

Pitié pour moi, mon Dieu, dans ton amour ;
selon ta grande miséricorde, efface mon péché.

Lave-moi tout entier de ma faute,
purifie-moi de mon offense.
Oui, je connais mon péché,
ma faute est toujours devant moi.

Dieu Saint, Saint et fort, Saint et immortel,
aie pitié de nous.

Le pénitent : Priez pour moi, parce que j'ai péché.

Le prêtre :

Que Dieu, dans son amour, éclaire votre cœur, pour que dans la vérité vous preniez conscience de vos fautes et que vous éprouviez sa miséricorde inépuisable. *Amen.*

Le prêtre peut lire ensuite un ou plusieurs des versets suivants, ou d'autres passages d'Ecriture qui conviennent, en disant d'abord :

Ecoutez la parole que Dieu adresse à tous ceux qui se tournent vers lui avec sincérité.

Venez à moi, vous tous qui peinez sous le poids du fardeau, et moi je vous donnerai le repos. *Matthieu 11:28*

Dieu a tant aimé le monde, qu'il a donné son Fils, son Unique, pour que tout homme qui croit en lui ne périsse pas, mais ait la vie éternelle. *Jean 3:16*

Elle est digne de confiance cette parole, et mérite d'être pleinement accueillie par tous : Christ Jésus est venu dans le monde pour sauver les pécheurs. *I Timothée 1:15*

Si quelqu'un vient à pécher, nous avons un défenseur devant le Père, Jésus Christ, qui est juste ; car il est, lui, victime d'expiation pour nos péchés ; et pas seulement pour les nôtres, mais encore pour ceux du monde entier. *I Jean 2:1-2*

Le prêtre continue :

En présence du Christ et de son ministre, d'un cœur humble et obéissant, confessez vos péchés au Dieu tout-puissant, notre Créateur et notre Rédempteur.

Le pénitent dit :

Dieu saint, Père des cieux, tu m'as formé de la poussière à ton image et à ta ressemblance, et par la croix de ton Fils Jésus Christ tu m'as racheté du péché et de la mort. A travers les eaux du baptême tu m'as revêtu du vêtement resplendissant de sa justice et tu m'as établi dans ton royaume avec tes enfants. Mais j'ai dilapidé l'héritage des saints et j'ai erré longtemps dans une terre aride.

Particulièrement, je veux te confesser et confesser à l'Eglise . . .

Le pénitent confesse ici ses péchés particuliers.

Je rejette ces péchés, Seigneur, et toutes les fautes dont je ne me souviens pas maintenant, je m'en repens et, avec douleur, je me tourne vers toi. Accueille-moi dans ta miséricorde et accepte-moi à nouveau dans la bienheureuse compagnie de tes fidèles. Je te le demande par celui en qui tu as sauvé le monde, ton Fils, Jésus Christ notre Sauveur, *Amen.*

Le prêtre peut alors donner des conseils ou dire des paroles de réconfort.

Le prêtre :

Vous convertissez-vous au Christ, votre Sauveur ?

Le pénitent : Oui, je me tourne vers lui.

Le prêtre :

Pardonnez-vous aussi à ceux qui vous ont offensé ?

Le pénitent : Oui, je leur pardonne.

Le prêtre :

Que dans sa miséricorde, le Dieu tout-puissant accueille votre repentir et la confession de votre foi ; qu'il vous affermisse en tout bien, et, par la puissance de l'Esprit-Saint, qu'il vous garde pour la vie éternelle. *Amen.*

Le prêtre pose la main sur la tête du pénitent (ou il étend la main sur lui), en disant l'une des prières qui suivent.

Le Christ notre Seigneur, s'est offert en sacrifice pour nous au Père, et il a confié à son Eglise le pouvoir de remettre les péchés ; que par mon ministère, son Saint-Esprit vous absolve, et qu'il vous réconcilie avec l'Eglise. *Amen.*

ou bien :

Que notre Seigneur Jésus Christ, qui a donné à son Eglise pouvoir d'absoudre tous les pécheurs qui se repentent véritablement et croient en lui, dans sa grande miséricorde, vous pardonne vos offenses ; et moi, par l'autorité qu'il m'a confiée, je vous absous de tous vos péchés, au nom du Père, et du Fils, et du Saint-Esprit. *Amen.*

Le prêtre conclut :

Il y a de la joie dans le ciel, car vous étiez perdu et vous voici retrouvé ; vous étiez mort et vous êtes revenu à la vie dans le Christ Jésus notre Seigneur. Allez (demeurez) en paix. Le Seigneur vous a pardonné votre péché.

Le pénitent : Je rends grâce à Dieu.

Déclaration de pardon que fera un diacre ou un laïc

Le Christ Jésus notre Seigneur, qui s'est offert en sacrifice pour nous au Père, vous pardonne vos péchés par la grâce de son Saint-Esprit. *Amen.*

Ministère auprès des malades

Le pasteur de la communauté chrétienne doit être informé de tous les cas de maladie.

Pour la visite des malades, on suivra ce rite, en totalité ou en partie, mais lorsqu'on prend plus d'une partie, il faut respecter l'ordre indiqué. On dira toujours la Prière du Seigneur.

Un diacre ou un laïc peut célébrer la première partie de ce rite.

Lorsque l'imposition des mains ou l'onction des malades a lieu au cours d'une célébration publique de l'Eucharistie, il est souhaitable qu'elle se place avant la distribution de la communion ; on recommande qu'elle ait lieu immédiatement avant le rite de la Paix.

Le célébrant commense par la salutation suivante, ou toute autre qui convienne :

Paix à cette maison et à tous ceux qui l'habitent.

1ère Partie. Liturgie de la Parole

On lit un ou plusieurs passages de l'Ecriture parmi ceux qui sont proposés ci-dessous, ou d'autres qui conviennent.

De sens général

2 Corinthiens 1:3-6 (Dieu nous réconforte dans l'affliction)
Psaume 91 (Il donne mission à ses anges de te garder)
Luc 17:11-19 (Ta foi t'a sauvé)

Pénitence

Hébreux 12:1-2 (Le regard fixé sur Jésus qui mène la foi à son accomplissement)
Psaume 103 (Il pardonne tous vos péchés)
Matthieu 9:2-8 (Tes péchés sont pardonnés)

Lorsque suit l'onction des malades

Jacques 5:14-16 (L'un de vous souffre t-il ?)
Psaume 23 (Tu répands le parfum sur ma tête)
Marc 6:7, 12-13 (Ils faisaient des onctions d'huiles à beaucoup de malades)

Lorsque suit l'Eucharistie

I Jean 5:13-15 (Pour que vous sachiez que vous avez la vie éternelle)
Psaume 145:14-22 (Les yeux sur toi, tous ils espèrent, Seigneur)
Jean 6:47-51 (Je suis le pain de vie)

Après chaque lecture, le célébrant peut en faire un bref commentaire.

On peut faire des prières adaptées à l'occasion.

Si la conscience du malade est troublée, le prêtre peut lui suggérer de faire une confession personnelle; il utilisera alors le rite de la Réconciliation d'un pénitent.

On peut aussi faire cette confession générale :

Dieu de miséricorde,
nous confessons que nous avons péché contre toi
en pensée, en parole et en acte,
par ce que nous avons fait,
et ce que nous avons omis de faire.
Nous ne t'avons pas aimé de tout notre cœur ;
nous n'avons pas aimé notre prochain comme nous-mêmes.
Nous regrettons sincèrement ces fautes,
humblement nous nous en repentons.
Pour l'amour de ton Fils Jésus Christ,
prends pitié de nous et pardonne-nous :

alors ta volonté fera notre joie
   et nous pourrons marcher dans tes chemins
pour la gloire de ton Nom. *Amen.*

Le prêtre seul dit :

Que le Dieu tout-puissant vous fasse miséricorde, qu'il vous pardonne tous vos péchés par Jésus Christ, notre Seigneur ; qu'il vous affermisse en tout bien et, par la puissance de l'Esprit-Saint, qu'il vous garde pour la vie éternelle. *Amen.*

Un diacre ou un laïc employant la forme précédente substituera «nous» à «vous» et «nos» à «vos».

2e Partie. Rite de l'imposition des mains et de l'onction

Si l'on doit bénir l'huile pour l'onction des malades, le prêtre dit :

Seigneur, Père saint, toi qui donnes la santé et le salut : Sanctifie cette huile par ton Saint-Esprit ; de même que tes apôtres faisaient des onctions d'huiles à beaucoup de malades et les guérissaient, fais que ceux qui reçoivent cette onction sainte avec foi et repentance, recouvrent la santé de l'âme, du corps et de l'esprit. Par Jésus Christ notre Seigneur, qui vit et règne avec toi et le Saint-Esprit, un seul Dieu, dans les siècles des siècles. *Amen.*

On dit le répons suivant :

Sauveur de monde, qui nous as rachetés par ta croix et ton sang précieux.
Sauve-nous et aide-nous, nous t'en supplions, Seigneur.

Le prêtre impose ensuite les mains sur le malade en disant l'une des prières qui suivent.

N., je t'impose les mains au nom du Père, et du Fils, et du Saint-Esprit. Que Jésus Christ, notre Seigneur, te soutienne de sa présence, qu'il chasse de toi toute maladie du corps et de l'esprit, et qu'il te donne la victoire de paix et de vie qui te permettra de le servir maintenant et toujours. *Amen.*

ou bien :

N., je t'impose les mains au nom de notre Sauveur Jésus Christ. Qu'il te soutienne et te comble de sa grâce, pour que tu connaisses la puissance de guérison de son amour. *Amen.*

Si le prêtre fait l'onction des malades, il trempe son pouce dans l'huile sainte et fait le signe de la croix sur le front du malade, en disant :

N., reçois l'onction de l'huile sainte, au nom du Père, et du Fils, et du Saint-Esprit. *Amen.*

Le prêtre peut ajouter :

En même temps que cette onction extérieure de l'huile sainte, que notre Père des cieux t'accorde l'onction intérieure du Saint-Esprit. Dans sa grande miséricorde qu'il te pardonne tes péchés, qu'il apaise tes souffrances et te redonne pleine force et santé. Qu'il te délivre de tout mal, te protège en tout bien et te conduise à la vie éternelle. Par Jésus le Christ, notre Seigneur. *Amen.*

En cas de nécessité un diacre ou un laïc peut donner l'onction en prenant de l'huile bénie par un évêque ou un prêtre.

Si l'on ne continue pas par la célébration de l'Eucharistie, on dit alors la Prière du Seigneur.

Le prêtre conclut :

Le Dieu tout-puissant est un bastion solide pour tous ceux qui mettent en lui leur espérance ; à lui obéissent toutes choses au ciel, sur la terre et sous la terre ; qu'il soit ton défenseur, maintenant et toujours, et te fasse connaître et ressentir qu'il n'y a sous le ciel qu'un seul Nom qui offre aux hommes la santé et le salut, le Nom de Jésus Christ, notre Seigneur. *Amen.*

3e Partie. Eucharistie

Si l'on célèbre l'Eucharistie, le prêtre commence par [la paix et] l'offertoire.

Si l'on donne la communion en la prenant dans la Réserve sacramentelle, on suit le rite de la communion dans des circonstances particulières, en commençant par [la paix et] le Notre Père, à la page 294.

Si le malade ne peut recevoir le pain ou le vin consacré, il convient de lui donner le Sacrement sous une seule espèce.

On dit l'une des postcommunions habituelles, ou celle-ci :

Dieu de bonté, nous te louons et nous te rendons grâce pour cette communion au corps et au sang de ton Fils bien-aimé Jésus Christ : elle est pour nous le gage de notre rédemption ; nous t'en prions, qu'elle nous donne le pardon des péchés, la force dans notre faiblesse, et le salut éternel. Par Jésus le Christ notre Seigneur. *Amen.*

Le célébration se termine par une bénédiction ou un renvoi.

Bénissons le Seigneur.
Nous rendons grâce à Dieu.

Si quelqu'un désire recevoir le Sacrement, mais pour des raisons de maladie ou d'impossibilité physique, il n'est capable de recevoir ni pain, ni le vin, le célébrant doit l'assurer qu'il reçoit tous les fruits de la communion, bien qu'il n'ait pas matériellement communié.

Prières pour les malades

Pour un malade

Père de miséricorde et Dieu de toute consolation, notre seul secours en temps de détresse : Nous t'en supplions, vois, visite et soulage *ton serviteur* pour qui nous te prions ; Jette sur *lui* ton regard de compassion, fais-*lui* sentir ta bonté pour *le* réconforter, préserve-*le* des tentations de l'ennemi, et dans son affliction donne-*lui* la patience. Redonne-*lui* la santé, quand il te plaira de le faire, et rends-*le* capable de vivre le reste de sa vie dans le respect de ton Nom, au service de ta gloire. Accorde-*lui* enfin, de demeurer avec toi dans la vie éternelle. *Amen.*

Pour la guérison d'un malade

O Dieu, force des faibles et consolation de ceux qui souffrent : Avec bonté accueille nos prières et accorde à *N. ton serviteur* le secours de ta puissance ; que sa maladie se change en santé et notre tristesse en joie. Par Jésus le Christ, notre Seigneur. *Amen.*

ou bien :

O Dieu, par ta puissance tu chasses de nos corps toute maladie et toute infirmité : Dans ta bonté sois avec *N., ton serviteur* ; que sa faiblesse disparaisse et qu'*il* regagne sa force, pour qu'*il* puisse avec une santé renouvelée bénir ton saint Nom. Par Jésus le Christ, notre Seigneur. *Amen.*

Pour un enfant malade

Veille avec nous, Père des cieux, sur *N.*, ton enfant, et fais-*lui* la grâce de recouvrer la santé parfaite que toi seul peux donner. Par Jésus le Christ, notre Seigneur. *Amen.*

ou bien :

Seigneur Jésus, bon pasteur du troupeau, tu prends les agneaux dans tes bras et tu les portes sur ton cœur : Nous confions à ton amour cet enfant *N.* Soulage ses souffrances, protège-*le* de tout danger, redonne-lui la joie et la force et fais-*le* grandir à ton service. Ecoute-nous, nous t'en prions, pour l'amour de ton Nom. *Amen.*

Avant une opération

Dieu tout-puissant, notre Père des cieux, dans ta bonté réconforte *N., ton serviteur*, qui vit dans la souffrance, et bénis les moyens destinés à *le* guérir. Remplis son cœur de confiance, qu'*il* s'en remette toujours à toi, même si parfois *il* a peur. Nous te le demandons par Jésus le Christ, notre Seigneur. *Amen.*

ou bien :

Donne à *N., ton serviteur*, Seigneur, la force de faire ce qu'*il* doit et de supporter cette épreuve : que par l'intermédiaire des chirurgiens et des infirmiers, tu lui donnes la guérison, pour qu'*il* retourne à une vie active d'un cœur reconnaissant. Par Jésus le Christ, notre Seigneur. *Amen.*

Pour demander la force et la confiance

Père des cieux, source de la vie et de la santé : réconforte et soulage *N., ton serviteur* malade et donne ta puissance de guérison à ceux qui *le* soignent ; qu'*il* soit fortifié dans sa faiblesse et qu'*il* ait confiance dans ton amour. Par Jésus le Christ, notre Seigneur. *Amen.*

Pour sanctifier la maladie

Sanctifie, Seigneur, la maladie de *N., ton serviteur*; que la faiblesse qu'*il* éprouve renforce sa foi et rende son repentir plus authentique, afin qu'*il* vive avec toi pour la vie éternelle. Par Jésus le Christ, notre Seigneur. *Amen.*

Pour la santé de l'âme et du corps

Que Dieu le Père te bénisse, que son Fils Jésus Christ te donne la guérison et que le Saint-Esprit te fortifie. Que la sainte et indivisible Trinité, un seul Dieu, garde ton corps, sauve ton âme et te conduise au royaume du ciel dans la gloire des siècles. *Amen.*

Pour les docteurs et les infirmiers

Sanctifie, Seigneur, ceux que tu as appelés à étudier et à travailler à la guérison et la prévention des maladies et de la souffrance. Fortifie-les par ton Esprit afin que par leur ministère la santé de tous soit protégée et ta création glorifiée. Par Jésus le Christ, notre Seigneur. *Amen.*

Action de grâce pour un début de guérison

Seigneur, ta compassion ne faiblit jamais et ta miséricorde est neuve chaque matin : Nous te rendons grâce pour avoir soulagé *N.* notre frère de sa souffrance et renouvelé son espoir de guérison. Nous t'en prions, continue en *lui* l'œuvre que tu as commencée ; que chaque jour son corps regagne ses forces et qu'*il* trouve sa joie dans ta bonté pour conduire sa vie de manière à te plaire. Par Jésus le Christ, notre Seigneur. *Amen.*

Prières à l'usage des malades

Confiance en Dieu

Seigneur, source de toute santé, remplis mon cœur de confiance en ton amour, pour qu'en sachant attendre dans le calme je me laisse posséder par ta puissance et j'accueille avec reconnaissance ta guérison. Par Jésus le Christ, notre Seigneur. *Amen.*

Dans la souffrance

Seigneur Jésus Christ, par ta patience dans la souffrance tu as sanctifié la peine des hommes et tu nous as donné un exemple d'obéissance à la volonté du Père : Sois proche de moi à l'heure de la faiblesse et de la douleur, soutiens-moi par ta grâce, que mon courage et ma force ne faiblissent pas ; guéris-moi, si c'est ta volonté, et aide-moi toujours à croire que ce qui m'arrive maintenant n'a que peu d'importance, puisque tu me tiens dans la vie éternelle, mon Seigneur et mon Dieu. *Amen.*

Pour demander le sommeil

Père des cieux, tu donnes le sommeil à tes enfants pour qu'ils reposent leur âme et leur corps : Je t'en prie, accorde-moi ce don, conserve-moi dans la paix parfaite que tu promets à ceux qui ont l'esprit fixé sur toi, et donne-moi de sentir ta présence, pour qu'aux heures de silence j'aie la joie d'éprouver l'assurance de ton amour. Par Jésus le Christ, notre Sauveur. *Amen.*

Au matin

Un autre jour, Seigneur . . . Je ne sais pas ce qu'il apportera, mais quoi que ce soit, aide-moi à m'y préparer. Si je dois être debout, aide-moi à me tenir avec courage. Si je dois rester immobile, aide-moi à rester assis dans la paix. Si je dois être couché, aide-moi à le faire avec patience. Et si je ne dois rien faire, que ce soit avec dignité. Fais de ces mots plus que des paroles et donne-moi l'Esprit de Jésus. *Amen.*

A l'heure de la mort

Le pasteur de la communauté chrétienne doit être informé dès qu'une personne est proche de la mort, afin de lui apporter le ministère de l'Eglise.

Prière pour un mourant

Dieu tout-puissant, regarde *ton serviteur* dans sa faiblesse et réconforte-*le* par la promesse de la vie éternelle, qui nous est donnée dans la résurrection de ton Fils, Jésus le Christ notre Seigneur. *Amen.*

Litanies à l'heure de la mort

Lorsque cela est possible il est souhaitable que les membres de la famille et les amis se retrouvent pour participer à la litanie.

Dieu le Père,
aie pitié de ton serviteur.

Dieu, le Fils,
aie pitié de ton serviteur.

Dieu, le Saint-Esprit
aie pitié de ton serviteur.

Sainte Trinité, un seul Dieu,
aie pitié de ton serviteur.

De tout mal, de tout péché, de toute tribulation,
Délivre-le, *Seigneur.*

Par ton incarnation, par ta croix, et par ta passion,
par ta mort précieuse et ta mise au tombeau,
Délivre-le, *Seigneur*.

Par ta glorieuse résurrection et ton ascension,
par la venue du Saint-Esprit,
Délivre-le, *Seigneur*.

Nous qui sommes pécheurs, de grâce écoute-nous.
Pour qu'il te plaise de délivrer l'âme de *ton serviteur*
du pouvoir du mal et de la mort éternelle.
De grâce, écoute-nous.

Pour qu'il te plaise, dans ta miséricorde,
de pardonner tous ses péchés.
De grâce, écoute-nous.

Pour qu'il te plaise de lui donner un lieu de repos
et d'éternelle bénédiction.
De grâce, écoute-nous.

Pour qu'il te plaise de lui donner la joie de ton royaume,
dans la lumière, avec tes saints.
De grâce, écoute-nous.

Jésus, agneau de Dieu,
aie pitié de lui.

Jésus, toi qui portes nos péchés,
aie pitié de lui.

Jésus, rédempteur du monde,
Donne-lui *la paix*.

Seigneur, aie pitié *de lui*
Christ aie pitié de lui
Seigneur, aie pitié *de lui*

L'officiant et les fidèles :

Notre Père qui es aux cieux,
que ton Nom soit sanctifié,
que ton règne vienne,

que ta volonté soit faite
  sur la terre comme au ciel.
Donne-nous aujourd'hui notre pain de ce jour.
Pardonne-nous nos offenses,
  comme nous pardonnons aussi
  à ceux qui nous ont offensés.
Et ne nous soumets pas à la tentation,
mais délivre-nous du mal.

L'officiant dit cette collecte :

Prions le Seigneur :

Délivre *ton serviteur* de tout mal, Seigneur Christ, et libère-*le* de tout lien, qu'*il* repose avec tous les saints dans tes demeures éternelles. Là où tu vis et règnes, avec le Père et le Saint-Esprit, un seul Dieu, dans les siècles des siècles. *Amen.*

Recommandation à l'heure de la mort

Quitte ce monde, âme chrétienne, au nom de Dieu le Père tout-puissant qui t'a créée, au nom de Jésus Christ, qui t'a rachetée, au nom du Saint-Esprit qui t'a sanctifiée. Qu'aujourd'hui tu reposes dans la paix et que ta demeure soit auprès de Dieu dans son paradis.

Prière de recommandation

C'est entre tes mains, Sauveur miséricordieux, que nous remettons *ton serviteur N.* Reconnais en *lui*, nous t'en supplions, une brebis de ton bercail, un agneau de ton troupeau, un pécheur que tu as racheté. Dans ton amour, reçois-*le* dans le repos bienheureux et la paix qui ne finit pas, et introduis-*le* dans l'assemblée des saints qui jouissent à jamais de ta lumière. *Amen.*

Que son âme et celles de tous les fidèles défunts reposent dans la paix, par la miséricorde divine.

Veillée de prière

Il est bon que la famille et les amis se retrouvent pour prier ensemble avant les funérailles. On peut prendre les psaumes, les lectures et les collectes adaptés (tels que ceux du service des funérailles). On peut dire la litanie à l'heure de la mort, ou la prière qui suit :

Chers amis, c'est notre Seigneur Jésus lui-même qui a dit : «Venez à moi, vous tous qui peinez sous le poids du fardeau et moi je vous donnerai le repos.» Prions pour notre frère (sœur) *N.* afin qu'*il* se repose de ses travaux et entre dans la lumière du repos de Dieu.

Reçois, Seigneur, *ton serviteur*, qui retourne à toi.
Entre tes mains, Seigneur,
nous remettons notre frère (sœur) N.

Lave-*le* dans la fontaine de la vie éternelle
et revêts-*le* au ciel du vêtement de noces.
Entre tes mains, Seigneur,
nous remettons notre frère (sœur) N.

Puisse-t-*il* entendre tes paroles d'invitation :
«Venez, les bénis de mon Père».
Entre tes mains, Seigneur,
nous remettons notre frère (sœur) N.

Puisse-t-*il* te regarder, Seigneur, face à face,
et goûter le bonheur du repos parfait.
Entre tes mains, Seigneur,
nous remettons notre frère (sœur) N.

Que les anges l'entourent
et les saints l'accueillent dans la paix.
Entre tes mains, Seigneur,
nous remettons notre frère (sœur) N.

L'officiant conclut :

Dieu tout-puissant, notre Père qui es aux cieux, tous ceux qui meurent dans le Seigneur vivent devant toi : Reçois notre *frère* N. dans les parvis de ta demeure. Que son cœur et son âme exultent de joie en toi, le Dieu vivant, le Dieu de ceux qui vivent. Nous te le demandons par Jésus le Christ, notre Seigneur. *Amen.*

Accueil du corps

On peut prendre cette forme lorsque le corps est porté dans l'église.

Le célébrant accueille le corps à la porte de l'église en disant :

Dans la foi en Jésus Christ, nous recevons le corps de notre frère (sœur) N. Demandons avec confiance au Dieu qui donne la vie de *le* ressusciter dans la perfection en compagnie des saints.

On peut observer un temps de silence, le célébrant dit ensuite :

Délivre *ton serviteur* de tout mal, Seigneur Christ, et libère-*le* de tout lien, qu'*il* repose avec tous tes saints dans tes demeures éternelles. Là où tu vis et règnes, avec le Père et le Saint-Esprit, un seul Dieu dans les siècles des siècles. *Amen.*

Prions aussi pour ceux qui sont dans le deuil, qu'ils se remettent à Dieu de tous leurs soucis et connaissent la consolation de sa tendresse.

On peut observer un temps de silence; le célébrant dit ensuite :

Dieu tout-puissant, regarde avec compassion la peine de tes serviteurs pour qui nous te prions : Souviens-toi d'eux, Seigneur, dans ta miséricorde, nourris-les de patience, réconforte-les en leur faisant sentir ta bonté, découvre-leur ta face et donne-leur ta paix. *Amen.*

Si le service de funérailles ne suit pas immédiatement, on porte le corps dans l'église, en chantant ou récitant un psaume ou un texte biblique qui convienne. On peut continuer avec des prières, telles que celles qui sont indiquées pour une veillée à la page 364.

Lorsque le service de funérailles suit immédiatement, on prend le rite à la page 369.

Un membre de l'assemblée, portant le cierge pascal allumé peut ouvrir la procession dans l'église.

Indications concernant la célébration

Le pasteur de sa communauté doit être informé dés que possible du décès d'un membre de l'Eglise, et les dispositions pour les funérailles doivent être prises en consultation avec lui.

Il convient que les funérailles d'un baptisé soient faites à l'église. Le service doit avoir lieu à une heure où la communauté chrétienne a la possibilité d'y être présente.

Le cercueil sera fermé avant la cérémonie et il le restera par la suite. Il convient de le recouvrir d'un drap mortuaire.

Si cela est nécessaire, ou si on le désire, le rite de la sépulture, en entier ou en partie, sera célébré dans l'église. Si on le préfère, le rite de sépulture peut avoir lieu avant le service à l'église. On peut aussi l'utiliser avant une incinération.

Normalement, c'est le prêtre qui préside le service. Si un évêque est présent, il convient qu'il préside l'Eucharistie et fasse le Dernier Adieu. Quand un prêtre n'est pas disponible, un diacre ou un lecteur laïc peut présider la cérémonie.

Il est désirable que la lecture d'Ancien Testament et l'épître soient lues par des laïcs.

Aux funérailles d'un enfant, on recommande comme lecture les passages des Lamentations, I Jean et Jean 6, avec le psaume 23.

Il est de coutume que le célébrant accueille le corps et qu'il le précède lorsqu'il est porté dans l'église ou au cimetière.

Les textes placés au commencement du service sont chantés ou récités pendant que le corps est porté dans l'église, pendant l'entrée des ministres; ils peuvent aussi l'être par le célébrant après qu'il a gagné sa place habituelle.

Célébration des funérailles

Tous se lèvent et restent debout pendant que l'on chante ou récite un ou plusieurs des textes qui suivent. On peut aussi chanter un hymne, un psaume ou une autre œuvre chorale adaptée aux circonstances.

Je suis la résurrection et la vie, dit le Seigneur,
celui qui croit en moi, même s'il meurt, vivra;
et quiconque vit et croit en moi ne mourra jamais.

Je sais bien, moi, que mon rédempteur est vivant,
  que le dernier, il surgira de la poussière.
Et après qu'on aura détruit cette peau qui est mienne,
  c'est bien dans ma chair que je contemplerai Dieu.
Je le contemplerai, oui, moi!
  Mes yeux le verront, lui, et il ne sera pas étranger.

Aucun de nous ne vit pour soi-même
et personne ne meurt pour soi-même.
Car si nous vivons, nous vivons pour le Seigneur;
si nous mourons, nous mourons pour le Seigneur :
soit que nous vivions, soit que nous mourions,
nous sommes au Seigneur.

Heureux dès à présent
  ceux qui sont morts dans le Seigneur!
Oui, dit l'Esprit,
  qu'ils se reposent de leurs labeurs,
  car leurs œuvres les suivent.

ou ce texte :

En pleine vie, nous sommes pourtant dans la mort,
nous cherchons le Sauveur, qui sera t-il, Seigneur,
sinon Toi, que nos péchés ont mis en juste colère?

Dieu Saint, Saint et fort,
Saint et miséricordieux Sauveur,
ne nous livre pas à l'amertume de la mort éternelle.

Seigneur, tu connais les secrets de nos cœurs,
ne ferme pas l'oreille à notre prière,
épargne-nous Seigneur.

Dieu Saint, Saint et fort,
Saint et miséricordieux Sauveur,
ne nous livre pas à l'amertume de la mort éternelle.

Juge éternel du monde,
ne laisse pas les souffrances de la mort
nous détourner de toi à l'heure dernière.

Dieu Saint, Saint et fort,
Saint et miséricordieux Sauveur,
ne nous livre pas à l'amertume de la mort éternelle.

Lorsque tous sont à leur place, le célébrant peut s'adresser à l'assemblée, en exprimant le sens de la réunion et en lui demandant de prier pour le défunt et ceux qui sont dans le deuil.

Le célébrant dit ensuite:

Le Seigneur soit avec vous.
Le peuple: Et avec ton Esprit.
Le célébrant: Prions le Seigneur.

On peut observer un temps de silence; le célébrant dit ensuite l'une des collectes qui suivent :

Aux funérailles d'un adulte

O Dieu, par la glorieuse résurrection de ton Fils, tu as détruit la mort et fait briller la vie éternelle : accorde à *ton serviteur* N. de ressusciter avec le Christ pour connaître sa présence et jouir de sa gloire éternelle. Lui qui vit et règne avec toi et le Saint-Esprit, un seul Dieu, dans les siècles des siècles. *Amen.*

ou bien :

Dieu d'infinie miséricorde, accueille nos prières pour *ton serviteur N.*, accorde-lui d'entrer, en compagnie de tes saints au séjour de la joie et de la lumière. Par Jésus Christ, ton Fils, notre Seigneur, qui vit et règne avec toi et le Saint-Esprit, un seul Dieu maintenant et toujours. *Amen.*

ou bien :

Dieu de grâce et de gloire, nous faisons mémoire devant toi aujourd'hui de notre *frère N.*. Sa famille, ses amis te rendent grâce pour le compagnon que tu leur as donné à connaître et à aimer au cours de leur pèlerinage terrestre. Dans ta compassion inépuisable, console-nous dans notre deuil. Donne-nous la foi de voir dans la mort la porte de la vie éternelle, pour que nous puissons continuer avec une confiance sereine notre marche sur la terre, jusqu'au jour où, répondant à ton appel, nous rejoindrons ceux qui nous ont précédés auprès de toi. Par Jésus le Christ notre Seigneur. *Amen.*

Aux funérailles d'un enfant

O Dieu, toi dont le Fils bien-aimé prenait les petits enfants dans ses bras pour les bénir : Aide-nous par ta grâce, à confier *N.* à ta tendresse inépuisable, et conduis-nous tous à la joie de ton royaume. Par Jésus-Christ notre Seigneur, qui vit et règne avec toi et le Saint-Esprit, un seul Dieu maintenant et toujours. *Amen.*

Le célébrant peut ajouter cette prière :

Dieu de toute miséricorde, ta sagesse dépasse tout ce que nous pouvons comprendre : dans ta bonté, soutiens *NN.*

dans *leur* détresse. Que ton amour *les* enveloppe, pour qu'*ils* ne soient pas écrasés par *leur* malheur, mais qu'*ils* gardent confiance en ta bonté et aient la force de vivre les jours qui viennent. Par Jésus le Christ, notre Seigneur. *Amen.*

On s'assied.

On lit un ou plusieurs passages de l'Ecriture. Si l'Eucharistie est célébrée, la dernière lecture est toujours un texte d'évangile.

Liturgie de la Parole

De l'Ancien Testament

Isaïe 25:6-9 (Il fera disparaître la mort pour toujours)
Isaïe 61:1-3 (Réconforter ceux qui sont dans le deuil)
Lamentations 3:22-26, 31-33 (Le Seigneur est bon envers ceux qui l'attendent)
Sagesse 3:1-5, 9 (Les âmes des justes sont dans la main de Dieu)
Job 19:21-27a (Je sais que mon rédempteur est vivant)

Un psaume, hymne ou cantique biblique qui convienne peut suivre. Les psaumes les plus appropriés sont : 42:1-7, 46, 90:1-12, 121, 130, 139:1-11.

Du Nouveau Testament

Romains 8:14-19. 34-35, 37-39 (La gloire qui sera révélée)
1 Corinthiens 15:20-26, 35-38, 42-44, 53-58 (Le corps incorruptible)
2 Corinthiens 4:16—5:9 (Les biens invisibles sont éternels)
1 Jean 3:1-2 (Nous serons semblables à lui)
Apocalypse 7:9-17 (Dieu essuiera toute larme)
Apocalypse 21:2-7 (Voici que je fais toutes choses nouvelles)

Un psaume, hymne ou cantique biblique qui convienne peut suivre. Les psaumes les plus appropriés sont : 23, 27, 106:1-5, 116.

Evangile

Puis, tous debout, le diacre ou un ministre désigné lit l'évangile en commençant :

Evangile de Jésus Christ selon saint Jean.
Le peuple : Gloire à toi, Seigneur.

Jean 5:24-27 (Celui qui croit a la vie éternelle)
Jean 6:37-40 (Tous ceux que le Père me donne, viendront à moi)
Jean 10:11-16 (Je suis le bon berger)
Jean 11:21-27 (Je suis la résurrection et la vie)
Jean 14:1-6 (Il y a plusieurs demeures dans la maison de mon Père)

A la fin de l'évangile, le lecteur dit :

Evangile du Seigneur.
(*ou bien :* Acclamons la Parole de Dieu.)
Le peuple : Louange à toi, Seigneur Jésus.

On peut faire ici une prédication, donnée par le célébrant, un membre de la famille ou un ami.

On peut réciter alors le Symbole des Apôtres, tous sont debout. Le célébrant peut introduire le symbole par ces mots ou d'autres semblables :

Sûrs de la vie éternelle que nous avons reçue au baptême, proclamons ensemble notre foi et disons,

Le célébrant et le peuple :

Je crois en Dieu, le Père tout-puissant,
créateur du ciel et de la terre.

Et en Jésus Christ, son Fils unique, notre Seigneur,
qui a été conçu du Saint-Esprit,
est né de la Vierge Marie,
a souffert sous Ponce Pilate,
a été crucifié, est mort et a été enseveli,
est descendu aux enfers,
le troisième jour est ressuscité des morts,

est monté aux cieux,
est assis à la droite de Dieu, le Père tout-puissant,
d'où il viendra juger les vivants et les morts.

Je crois en l'Esprit Saint,
à la sainte Eglise catholique,
à la communion des saints,
à la rémission des péchés,
à la résurrection de la chair,
à la vie éternelle. *Amen.*

Si on ne célèbre pas l'Eucharistie, on dit ici la Prière du Seigneur et le service continue par la Prière des fidèles, ou par d'autres prières (voir aux pages 382-385).

Lorsqu'on célèbre l'Eucharistie, on prend l'une des Prières des fidèles qui suivent, ou la prière qui se trouve à la page 364.

Forme A

Pour notre frère (sœur), prions le Seigneur Jésus Christ qui a dit : «Je suis la résurrection et la vie».

Seigneur, toi qui as consolé Marthe et Marie dans leur détresse, rends-toi proche de ceux pleurent ton ami *N.* et essuie toute larme de nos yeux.
Seigneur, écoute-nous.

Toi qui as pleuré ton ami Lazare au tombeau, réconforte-nous dans notre peine.
Seigneur, écoute-nous.

Toi qui as fait revivre les morts, accorde la vie éternelle à notre frère (sœur).
Seigneur, écoute-nous.

Toi qui as promis le paradis au brigand repenti, conduis notre frère (sœur) à la joie de ton ciel.
Seigneur, écoute-nous.

Tu as lavé notre frère (sœur) dans l'eau du baptême et tu l'as marqué de l'Esprit-Saint, reçois-*le* dans la compagnie de tes saints.
Seigneur, écoute-nous.

Tu l'as nourri de ton corps et de ton sang, accorde-lui une place à la table de ton Royaume.
Seigneur, écoute-nous.

Sois notre réconfort à la mort de notre frère (sœur), que la foi soit notre consolation et la vie éternelle notre espérance.

On peut observer un temps de silence.

Le célébrant conclut par l'une des prières qui suivent ou une autre prière.

Seigneur Jésus Christ, nous te confions notre frère (sœur), *N.*; dans le baptême *il* est né à nouveau de l'eau et de l'Esprit; fais que sa mort nous rappelle ta victoire sur la mort et soit pour nous l'occasion de renouveler notre confiance dans l'amour du Père. Nous t'en prions, donne-nous la foi de te suivre là où tu nous as précédés; là où tu vis et règnes avec le Père et le Saint-Esprit, dans les siècles des siècles. *Amen.*

ou bien :

Père de tous, nous te prions pour *N.* et pour tous ceux que nous aimons, mais ne voyons plus. Donne-leur le repos éternel, que brille sur eux la lumière sans déclin. Que l'âme de *N.* et celles de tous les fidèles défunts reposent dans la paix, par la miséricorde divine. *Amen.*

Forme B

A chaque demande, le peuple répond : Amen.

Le diacre, ou une autre personne dit :

En paix, prions le Seigneur.

Dieu tout-puissant, tu rassembles tes élus dans une même communion, le corps mystique de ton Fils, le Christ notre Seigneur : Donne, nous t'en supplions, à ton Eglise tout entière, au ciel et sur la terre, ta lumière et ta paix. *Amen.*

Accorde à tous ceux qui ont été baptisés dans la mort du Christ et dans sa résurrection, de mourir au péché pour revivre dans une vie nouvelle; que, passant avec lui par le tombeau, la porte de la mort, nous accédions avec lui à la gloire de la résurrection. *Amen.*

Dans ce pèlerinage terrestre où nous sommes encore, nous cheminons par la foi ; conduis-nous par ton Saint-Esprit dans la justice et la sainteté tous les jours de notre vie. *Amen.*

Prodigue à tes fidèles tes grâces de pardon et de paix, qu'ils soient purifiés de tous leurs péchés et qu'ils te servent avec un cœur tranquille. *Amen.*

Accorde à tous ceux qui sont dans le deuil, une confiance sûre dans ta sollicitude paternelle, qu'ils se reposent sur toi de leur peine pour connaître la consolation de ta tendresse. *Amen.*

Donne foi et courage à ceux qui sont dans le deuil, qu'ils aient la force de vivre les jours à venir par le réconfort d'une sainte espérance, et qu'ils attendent dans la joie de retrouver ceux qu'ils aiment pour la vie éternelle. *Amen.*

Nous t'en prions, aide-nous à croire au milieu de toutes ces choses que nous ne comprenons pas, et à mettre notre espérance dans la communion des saints, le pardon des péchés et la résurrection pour la vie éternelle. *Amen.*

Permets-nous de confier *N.* à ton amour qui ne faillit jamais, reçois-*le* dans ta miséricorde, souviens-toi *de lui* selon l'amour que tu portes à ton peuple. *Amen.*

Accorde-lui de te connaître et de t'aimer toujours davantage, pour s'affermir sans cesse dans la vie nouvelle de service parfait dans ton royaume. *Amen.*

Avec tous ceux qui sont morts dans l'espérance de la résurrection, accorde-nous de trouver notre épanouissement dans le bonheur éternel de ta gloire, et de recevoir avec [saint *N* et] tous les saints, la couronne de gloire que tu promets à tous ceux qui ont part à la victoire de ton Fils Jésus Christ. Lui qui vit et règne avec toi et le Saint-Esprit, un seul Dieu, dans les siècles des siècles. *Amen.*

Lorsqu'on ne celèbre pas l'Eucharistie, le service continue par le dernier Adieu ou la sépulture.

A l'Eucharistie

Le service continue par le rite de la Paix et l'offertoire.

Préface des défunts

A la place de la postcommunion habituelle, on dit la prière suivante :

Dieu tout-puissant, nous te rendons grâce, car, dans ton grand amour, tu nous as nourris de ton aliment spirituel, le corps et le sang de ton Fils Jésus Christ, nous faisant goûter par avance aux joies du banquet céleste. Fais, nous t'en prions, que ce Sacrement nous réconforte dans notre peine et soit pour nous un gage de notre héritage de ce Royaume où il n'y a ni mort, ni larme, ni douleur, mais la plénitude de la joie avec tous tes saints. Par Jésus le Christ, notre Sauveur. *Amen.*

Si le corps n'est pas présent, le service continue par (la bénédiction et) le renvoi.

A moins que la sépulture ne suive immédiatement dans l'église, on fait le dernier Adieu, comme suit.

Dernier Adieu

Le célébrant et les autres ministres se placent près du corps.

On peut chanter ou réciter ce texte, ou tout autre texte ou hymne qui convienne.

Avec les saints, O Christ, accorde le repos à ton (tes) serviteur(s),
là où il n'y a plus ni peine, ni tristesse, ni gémissement,
mais la vie sans fin.

Seul tu es immortel, toi qui as créé l'homme et l'as façonné. Mortels, nous avons été façonnés de la terre et à la terre nous devons retourner, comme tu l'as ordonné, toi qui m'as formé et m'as dit : «tu es terre et tu retourneras à la terre». Nous allons tous à la terre, mais même à la tombe, notre chant est l'Alleluia, alleluia, alleluia.

Avec tes saints, O Christ, accorde le repos à ton (tes) serviteur(s), là où il n'y a plus ni peine, ni tristesse, ni gémissement, mais la vie sans fin.

Le célébrant se tourne vers le corps et dit :

C'est entre tes mains, Sauveur miséricordieux, que nous remettons *ton serviteur N.* Reconnais en *lui*, nous t'en supplions, une brebis de ton bercail, un agneau de ton troupeau, un pécheur que tu as racheté. Dans ton amour, reçois-*le* dans le repos bienheureux et la paix qui ne finit pas, et introduis-*le* dans l'assemblée des saints qui jouissent à jamais de ta lumière. *Amen.*

Le célébrant, ou l'évêque s'il est présent, peut alors bénir le peuple, et un diacre ou un autre ministre peut renvoyer l'assemblée en disant :

Allons, au nom du Seigneur.
Nous rendons grâce à Dieu.

Pendant que le corps est transporté hors de l'église, on peut chanter un hymne, ou réciter ou chanter un ou plusieurs des textes suivants.

Christ est ressuscité des morts, par sa mort, vainqueur de la mort ; aux morts, il a donné la vie.

Il s'est levé dans la gloire, le soleil de justice, il illumine ceux qui habitent dans les ténèbres et l'ombre de la mort.

Le Seigneur guidera nos pas au chemin de la paix, lui qui enlève le péché du monde.

Le Christ ouvrira le Royaume des cieux à tous ceux qui croient en son nom, il leur dira : «Venez, vous les bénis de mon Père, recevez en partage le Royaume qui a été préparé pour vous».

Que jusqu'en paradis les anges te conduisent, que les martyrs t'accueillent et t'introduisent dans la cité sainte, Jérusalem.

ou l'un de ces cantiques bibliques :

Le cantique de Zacharie, *Benedictus*
Le cantique de Siméon, *Nunc dimittis*
Le Christ, notre Pâque, *Pascha nostrum*

Sépulture

On chante ou l'on récite le texte suivant ou l'un de ceux aux pages 369-370.

Tous ceux que le Père me donne viendront à moi,
et celui qui vient à moi, je ne le rejetterai pas.

Celui qui a ressuscité Jésus d'entre les morts,
donnera aussi la vie à nos corps mortels
par son Esprit qui habite en nous.

Mon cœur exulte, mon âme est en fête,
ma chair elle-même repose en confiance.

Tu m'apprends le chemin de la vie :
devant ta face, débordement de joie !
A ta droite, éternité de délices.

Pendant que l'on jette de la terre sur le cercueil, le célébrant dit ces paroles :

Dans l'espérance sûre et certaine que le Seigneur Jésus Christ le ressuscitera pour la vie éternelle, nous recommandons notre *frère* N. au Dieu tout-puissant, et nous remettons son corps au sol* : la terre retourne à la terre, les cendres aux cendres, la poussière à la poussière. Que le Seigneur *le* bénisse et *le* garde, qu'il fasse rayonner sur *lui* son visage et *lui* accorde sa grâce, qu'il *lui* découvre sa face et *lui* donne sa paix. *Amen.*

* *Ou* aux profondeurs, aux éléments, à son lieu de repos.

Le célébrant dit ensuite :

	Le Seigneur soit avec vous.
Le peuple :	Et avec ton esprit.
Le célébrant :	Prions le Seigneur.

Le célébrant et le peuple :

Notre Père, qui es aux cieux,
que ton nom soit sanctifié,
que ton règne vienne.
Que ta volonté soit faite
   sur la terre, comme au ciel.
Donne-nous aujourd'hui
   notre pain de ce jour.
Pardonne-nous nos offenses,
   comme nous pardonnons aussi
   à ceux qui nous ont offensés.
Et ne nous soumets pas à la tentation
   mais délivre-nous du mal.
Car c'est à toi qu'appartiennent le règne
   la puissance et la gloire,
   dans les siècles des siècles. *Amen.*

On peut ajouter la prière suivante, ou d'autres prières.

Dieu tout-puissant, Dieu des esprits qui animent toute chair, toi qui as fait proclamer bienheureux ceux qui sont morts dans le Seigneur : multiplie, nous t'en prions, les bienfaits de ton amour sur ceux qui reposent dans le Christ ; que l'œuvre excellente que tu as commencée en eux poursuive son achèvement jusqu'au jour de Jésus Christ. Accorde à ceux qui te servent aujourd'hui sur la terre d'avoir part avec eux, dans la lumière, à l'héritage des saints. Par Jésus le Christ, notre Seigneur. *Amen.*

Le célébrant peut dire ensuite :

Donne-lui, Seigneur, le repos éternel.
Que brille sur lui la lumière sans déclin.

Que son âme et celles de tous les fidèles défunts reposent dans la paix, par la miséricorde divine. *Amen.*

Le célébrant renvoie le peuple en disant :

	Alleluia. Christ est ressuscité.
Le peuple :	Le Seigneur est vraiment ressuscité. Alleluia.
Le célébrant :	Allons, au nom du Christ.
Le peuple :	Nous rendons grâce à Dieu.

il peut aussi dire:

Que le Dieu de la paix, qui a fait remonter d'entre les morts par son sang d'une alliance éternelle, le grand Pasteur des brebis, notre Seigneur Jésus Christ, vous rende aptes à tout ce qui est bien pour faire sa volonté, qu'il réalise en vous ce qui lui est agréable, par Jésus le Christ. Gloire à lui dans les siècles des siècles. *Amen.*

Bénédiction d'une tombe

Si la tombe est dans un endroit qui n'a pas déjà été consacré à la sépulture chrétienne, le prêtre peut dire la prière qui suit, avant l'inhumation ou à tout autre moment qui convienne.

O Dieu, toi dont le Fils bien-aimé a reposé dans un sépulcre : bénis, nous t'en prions, cette tombe, et accorde à *celui* dont le corps est (va être) enterré ici, d'être accueilli dans ton Royaume et avec le Christ d'y demeurer toujours. Par Jésus le Christ, notre Seigneur. *Amen.*

Prières supplémentaires

Dieu tout-puissant, c'est avec toi que continuent de vivre les esprits de ceux qui sont morts dans le Seigneur, et que les âmes des fidèles connaissent le bonheur et la joie. Nous te rendons grâce de tout cœur pour l'exemple de tes serviteurs qui ont achevé leur course dans la foi et reposent maintenant dans la fraîcheur. Accorde-nous, avec tous ceux qui sont morts dans la foi véritable, de trouver dans la gloire éternelle l'accomplissement de l'âme et du corps et le bonheur parfait. Par Jésus le Christ, notre Seigneur. *Amen.*

O Dieu, dont les jours ne finissent jamais, et les miséricordes sont innombrables; nous t'en prions, rends-nous conscients de la brièveté et de l'incertitude de l'existence. Que ton Saint-Esprit nous conduise dans la justice et la sainteté tous les jours de notre vie, pour qu'après t'avoir servi dans notre temps, nous soyons réunis à nos pères, en nous appuyant sur le témoignage d'une conscience pure, la communion de l'Eglise catholique, la certitude de la foi, la soutien de l'espérance, ton amitié, O Dieu, et une charité parfaite pour le monde. Nous te le demandons par Jésus, le Christ, notre Seigneur. *Amen.*

O Dieu, roi des saints, nous te louons et nous te bénissons pour tous tes serviteurs qui ont achevé leur course dans la foi et le respect de ton saint Nom; pour la bienheureuse Vierge Marie, les saints patriarches, les prophètes, les apôtres et les martyrs, et pour tous tes serviteurs, connus et inconnus. Nous te prions, qu'encouragés par leurs exemples, aidés par leurs prières et soutenus par notre communion avec eux, nous ayons part nous aussi, dans la lumière, à l'héritage des saints. Par les mérites de ton Fils Jésus Christ notre Seigneur. *Amen.*

Seigneur Jésus Christ, par ta mort tu as détruit l'aiguillon de la mort : accorde à tes serviteurs de te suivre par la foi là où tu nous as précédés; que nous puissions à la fin nous endormir en toi et nous réveiller semblables à toi. Nous te le demandons au nom de ta tendresse. *Amen.*

Nous te prions, Père de tous, pour ceux que nous aimons, mais ne voyons plus : donne-leur ta paix, que brille sur eux la lumière sans déclin ; et, dans la sagesse de ton amour, accomplis en eux le dessein de ta volonté. Par Jésus le Christ, notre Seigneur. *Amen.*

Dieu de miséricorde, Père de Notre Seigneur Jésus Christ, celui qui est la résurrection et le vie : fais-nous passer, nous t'en prions, de la mort du péché à la vie de la justice; et quand nous quitterons cette vie, fais-nous reposer dans la Christ , pour entendre à la résurrection ses paroles de grâce : «Venez, vous les bénis de mon Père, recevez en partage le royaume qui a été préparé pour vous depuis la fondation du monde.» Nous te le demandons, Père de miséricorde, par Jésus Christ, notre médiateur et notre rédempteur. *Amen.*

Seigneur, accorde un esprit de courage et de foi à tous ceux qui sont dans le deuil : qu'ils puissent faire face aux jours qui viennent avec patience et fermeté, sans se lamenter comme ceux qui n'ont pas d'espérance, mais avec le souvenir reconnaissant de ta grande bonté et l'espérance joyeuse de la vie éternelle en compagnie de ceux qu'ils aiment. Nous te le demandons au nom de Jésus le Christ, notre Sauveur. *Amen.*

Dieu tout-puissant, Père de miséricorde, source de toute consolation : nous t'en prions, montre-toi bienveillant envers ceux qui sont dans le deuil; puisqu'ils se remettent à toi de tous leurs soucis, fais-leur connaître la consolation de ta tendresse. Par Jésus le Christ, notre Seigneur. *Amen.*

Dieu éternel et tout-puissant, nous te louons et nous te bénissons pour l'excellence de ta grâce et de tes vertus manifestée dans tous tes saints; ils ont été les instruments choisis de ta grâce et la lumière du monde pour les hommes de leur génération. Nous t'en prions humblement : Accorde-nous de suivre l'exemple de leur foi tenace et de leur obéissance à tes commandements, pour qu'au jour de la résurrection nous soyons placés à ta droite, avec tous ceux qui appartiennent au Corps mystique de ton Fils, pour entendre sa voix joyeuse :

«Venez, vous les bénis de mon Père, recevez en partage le Royaume qui a été préparé pour vous depuis la fondation du monde.» Nous te le demandons par Jésus Christ, ton Fils, notre seul médiateur et avocat. *Amen.*

C'est entre tes mains, Seigneur, les mains d'un Créateur fidèle et d'un Sauveur miséricordieux, que nous remettons *N., notre frère.* Lave-*le*, nous t'en prions, dans le sang de l'agneau immaculé, immolé pour enlever le péché du monde; qu'*il* soit purifié de toute souillure de sa vie terrestre pour se présenter pur et sans tâche devant toi. Nous te le demandons par les mérites de Jésus Christ, ton Fils, notre Seigneur. *Amen.*

Dans ta bienveillance pour ton peuple, souviens-toi, Seigneur, de *ton serviteur N.*, et fais qu'*il* te connaisse et qu'*il* t'aime toujours davantage pour te servir parfaitement dans le Royaume du ciel. Par Jésus le Christ, notre Seigneur. *Amen.*

Dieu tout-puissant, notre Père du ciel, toi qui tiens en tes mains les vivants et les morts : nous te rendons grâce pour tous tes serviteurs qui ont donné leur vie au service de notre patrie; accorde-leur ton pardon et la lumière de ta présence, et donne-nous le sens de ta juste volonté, pour que nous achevions l'œuvre qu'en eux tu as commencée. Par Jésus Christ, ton Fils, notre Seigneur. *Amen.*

Seigneur Jésus Christ, Fils du Dieu vivant: nous te prions de mettre ta passion, ta croix et ta mort entre ton jugement et nos âmes, maintenant et à l'heure de notre mort. Donne ta miséricorde et ta grâce aux vivants, ton pardon et ton repos aux morts, la paix et la concorde à ta sainte Eglise, et à nous pécheurs, la vie éternelle et la gloire. Car tu vis et règnes avec le Père et le Saint-Esprit, un seul Dieu, maintenant et toujours. *Amen.*

Ordre pour la célébration des funérailles

Lorsque pour des raisons pastorales, on considère qu'il n'est pas possible de prendre le rite tel qu'il est proposé dans ce Livre, on suit la forme qui est indiquée ici.

1. On reçoit le corps. Le célébrant peut l'accueillir et le conduire dans l'église ou la chapelle, ou bien il peut déjà être sur place lorsque la communauté s'assemble.

2. On peut chanter ou réciter des textes tirés de la Sainte Ecriture, ou des psaumes. On peut chanter un hymne.

3. On peut prier pour ceux qui sont dans le deuil.

4. On lit un ou plusieurs passages de la Saint Ecriture; on peut chanter après les lectures, des psaumes, des hymnes ou des pièces chorales. Si l'on célèbre l'Eucharistie, la dernière lecture est tirée de l'Evangile.

5. On peut prêcher une homélie et réciter le Symbole des Apôtres.

6. On prie ensuite pour le défunt, ceux qui le pleurent et pour la communauté chrétienne, en rappelant les promesses de la vie éternelle faites par Dieu en Christ. Cette prière comprendra le Notre Père.

7. On recommande à Dieu le défunt et son corps est déposé à son lieu de repos. Le rite de sépulture peut avoir lieu là où le service précédent a été célébré, ou au lieu de sépulture.

8. Si l'on célèbre l'Eucharistie, elle se place avant le Dernier Adieu et commence avec la Paix et l'offertoire. On prend l'une des Prières Eucharistiques autorisées.

Note :

La liturgie des défunts est une liturgie pascale. Elle trouve tout son sens dans la résurrection. C'est parce que Jésus est ressuscité des morts que nous ressusciterons nous aussi.

Cette liturgie est donc empreinte de joie, dans la certitude que «ni la mort, ni la vie, ni les anges, ni les dominations, ni le présent, ni l'avenir, ni les puissances, ni les forces des hauteurs, ni celles des profondeurs, ni aucune créature, rien ne pourra nous séparer de l'amour de Dieu manifesté en Jésus Christ.»

Cette joie ne rend pas contraire à l'esprit chrétien la douleur humaine. L'amour même que nous avons en Christ les uns pour les autres, cause une peine profonde lorsque la mort nous sépare. Jésus lui-même a pleuré au tombeau de son ami. Ainsi tout en nous réjouissant de ce que quelqu'un que nous aimons s'est rapproché de la présence du Seigneur, nous éprouvons de la peine avec ceux qui sont dans le deuil.

Rites pontificaux

Préface aux Rites d'Ordination

Les Saintes Ecritures et les anciens auteurs chrétiens nous apprennent que, dès l'âge apostolique, il y avait différents ministères dans l'Eglise. Spécifiquement, depuis l'époque néo-testamentaire, l'Eglise sainte et catholique du Christ a été caractérisée par la distinction de trois ordres de ministres ordonnés. Il y a d'abord l'ordre des évêques, qui continuent la charge apostolique de diriger l'Eglise, de veiller sur elle et d'en assurer l'unité. Associés à eux, on trouve les presbytres, ou anciens, connus généralement plus tard sous le nom de prêtres. Ils participent avec l'évêque au gouvernement de l'Eglise, à son œuvre missionnaire et pastorale, ils prêchent la Parole de Dieu et administrent les Sacrements. Il y a enfin les diacres qui assistent les évêques et les prêtres. Les diacres ont également la responsabilité d'exercer un ministère particulier au nom du Christ, auprès des pauvres, des malades, ceux qui souffrent ou sont privés de secours.

Les personnes ainsi choisies, que l'Eglise reconnaît avoir été appelées par Dieu au ministère ordonné, sont admises à ces ordres sacrés par la prière solennelle et l'imposition des mains de l'évêque. Cela a été, et demeure l'intention de cette Eglise de maintenir ces trois ordres et d'en assurer la continuité; c'est pourquoi elle présente ces rites d'ordination et de consécration. Personne ne peut exercer les fonctions d'évêque, de prêtre ou de diacre, sans avoir été ordonné de cette manière, ou sans avoir déjà reçu l'ordination des mains d'évêques eux-mêmes qualifiés pour conférer les ordres sacrés.

Nous reconnaissons et nous affirmons que le triple ministère ordonné n'appartient pas en exclusivité à cette branche de l'Eglise catholique du Christ, mais qu'il est le don de Dieu, pour que son peuple soit nourri et son Evangile proclamé dans le monde entier. C'est pourquoi la forme d'ordination de notre Eglise doit demeurer telle qu'elle puisse être reconnue, comme elle l'a toujours été par la plupart des chrétiens, comme convenant parfaitement pour conférer les ordres sacrés d'évêque, de prêtre et de diacre.

Indications concernant l'ordination d'un évêque

En accord avec les anciennes coutumes, il est souhaitable que l'ordination d'un évêque ait lieu le dimanche ou une autre fête du Seigneur, ou à la fête d'un apôtre ou d'un évangéliste.

A une ordination épiscopale, la liturgie est présidée par le Primat, en tant que consécrateur principal, ou par un autre évêque désigné par lui. Deux autres évêques au moins l'assistent comme co-consécrateurs. Des prêtres, des diacres et des laïcs representant le diocèse du nouvel évêque doivent prendre part à la célébration.

Du début de la liturgie jusqu'à l'offertoire, le consécrateur principal préside d'un siège placé près du peuple, de sorte que tous puissent voir et entendre ce qui se passe. Les autres évêques présents, ou du moins un certain nombre d'entre eux, sont assis à droite et à gauche du consécrateur principal.

L'évêque-élu est revêtu de l'aube ou du rochet, sans étole ou autre signe distinctif d'ordre ecclésiastique ou universitaire.

Quand on présente l'évêque-élu, on emploie ses prénoms et son nom (indiqués par *N.N.*); par la suite il convient de se référer à *lui* par le prénom dont *il* veut se servir.

A l'offertoire, il convient que la famille ou les amis du nouvel évêque apportent à l'autel le pain et le vin.

La famille du nouvel évêque peut recevoir la communion avant les autres membres de l'assemblée. Le peuple doit toujours pouvoir communier.

Des indications supplémentaires se trouvent à la page 430.

Ordination d'un évêque

Pendant l'entrée des évêques et des autres ministres, on peut chanter un hymne, un psaume ou une autre œuvre chorale.

L'assemblée est debout; l'évêque désigné dit :

Béni soit Dieu, le Père, le Fils et le Saint-Esprit.

Le peuple : Béni soit son règne, maintenant et à jamais. Amen.

Du jour de Pâques au jour de Pentecôte, on dit à la place :

L'évêque : Alleluia, Christ est ressuscité.
Le peuple : Le Seigneur est vraiment ressuscité. Alleluia.

Durant le Carême et à d'autres temps de pénitence, on dit :

L'évêque : Béni soit Dieu qui pardonne nos péchés.
Le peuple : Eternel est son amour.

L'évêque dit ensuite :

Dieu tout-puissant, tu pénètres le cœur de tout homme, tu connais les désirs de chacun et rien ne te reste caché: Envoie ton Esprit Saint pour qu'il purifie nos pensées; nous pourrons ainsi t'aimer jusqu'à la perfection et célébrer dignement ton saint Nom. Par Jésus le Christ notre Seigneur. *Amen.*

Présentation

Les évêques et le peuple s'assoient. Debout devant le Primat, des représentants du diocèse, prêtres et laïcs, présentent l'évêque-élu :

Monseigneur *N.*, évêque dans l'Eglise de Dieu, le clergé et le peuple du diocèse de *N.*, confiants dans la direction de l'Esprit Saint, ont choisi comme évêque et pasteur *N.N.*. Nous vous demandons de lui imposer les mains, et dans la puissance de l'Esprit Saint de *le* consacrer évêque dans l'Eglise une, sainte, catholique et apostolique.

Le Primat fait lire les certificats de l'élection.

La lecture terminée, le Primat demande à l'évêque-élu de faire la promesse suivante :

Au nom du Père, et du Fils, et du Saint-Esprit, moi *N.N.*, évêque-élu de l'Eglise de *N.*, je déclare solennellement croire que les Saintes Ecritures de l'Ancien et du Nouveau Testament sont la Parole de Dieu, contenant toutes choses nécessaires au salut. Je m'engage à me conformer à la doctrine, à la discipline et au culte de l'Eglise Episcopale.

L'évêque-élu signe alors cette déclaration à la vue de tous. Les témoins signent aussi.

Tous se lèvent.

Le Primat dit ensuite les paroles qui suivent, ou d'autres semblables; il demande au peuple de répondre.

Frères et sœurs dans le Christ, vous avez entendu témoigner que *N.N.* a été élu légitimement évêque dans l'Eglise de Dieu, pour servir dans le diocèse de *N.* Vous vous êtes assurés de son aptitude et vous savez que l'Eglise a approuvé son choix pour cette responsabilité sacrée. Cependant, si l'un d'entre vous connaît quelque empêchement qui *le* rende indigne de l'épiscopat, qu'il le déclare maintenant.

Si personne ne fait d'objection, le Primat continue :

Voulez-vous que *N.* soit ordonné évêque ?

Le peuple répond en ces termes, ou d'autres comparables :

Oui, nous le voulons.

Le Primat :

Vous engagez-vous à soutenir *N.*, votre nouvel évêque ?

Le peuple répond en ces termes, ou d'autres comparables :

Oui, nous le voulons.

Le Primat continue :

Les Ecritures nous apprennent que le Christ notre Seigneur a passé toute la nuit en prière, avant de choisir ses douze apôtres et de les envoyer en mission. De même, les apôtres ont prié avant de choisir Matthias pour être un des leurs. Suivons leur exemple et prions le Dieu tout-puissant, avant d'ordonner *N.* pour la tâche à laquelle, nous le croyons, le Saint-Esprit l'appelle.

Tous se mettent à genoux. Une personne désignée dirige la litanie d'ordination, ou une autre litanie qui convienne. A la fin de la litanie, après le Kyrie, le Primat se lève et lit la collecte du jour, ou la collecte qui suit; il peut aussi les prendre toutes deux.

Le Seigneur soit avec vous.
Le peuple : Et avec ton esprit.

Prions le Seigneur.

Seigneur notre Dieu, puissance inaltérable et lumière sans déclin: regarde avec amour l'Eglise tout entière, ce mystère admirable et saint. En ta providence partout à l'œuvre poursuis dans la paix ton plan de salut; que le monde voit et comprenne : ce qui était abattu est relevé, ce qui avait vieilli est rénové, et tout retrouve son intégrité première en celui en qui tout a été fait, ton Fils Jésus, le Christ, notre Seigneur. Lui qui vit et règne avec toi et le Saint-Esprit, un seul Dieu, dans les siècles des siècles. *Amen.*

Liturgie de la Parole

On fait trois lectures. Des laïcs font celles de l'Ancien Testament et de l'Epître.

D'ordinaire on prend les textes dans la liste qui suit; on peut allonger une lecture. Un jour de fête majeure ou un dimanche, le Primat peut choisir parmi les lectures du propre.

Ancien Testament Isaïe 61:1-8, *ou* Isaïe 42:1-9
Psaume 99, *ou* 40:1-14, *ou* 100
Epitre Hébreux 5:1-10, *ou* I Timothée 3:1-7,
ou 2 Corinthiens 3:4-9

Le lecteur commence par ces mots :

Lecture de __________ .

On peut citer le chapitre et le verset.

Après chaque lecture, le lecteur peut dire :

Parole du Seigneur.
Le peuple : Nous rendons grâce à Dieu.
ou encore : Ici se termine la lecture (l'épître).

On peut observer une période de silence après chaque lecture.

On peut faire suivre chaque lecture d'un psaume, hymne ou cantique biblique.

Puis, tous debout, le diacre ou un prêtre lit l'évangile, en commençant :

Evangile de Jésus Christ selon ________ .

Le peuple : Gloire à toi, Seigneur.

Jean 20:19-23, *ou* Jean 17:1-9, *ou* Luc 24:44-49a

A la fin de l'évangile, le lecteur dit :

Evangile du Seigneur.
(*ou bien :* Acclamons la Parole de Dieu.)

Le peuple : Louange à toi, Seigneur Jésus.

Sermon

L'assemblée chante un hymne après le sermon.

Examen de l'ordinand

Tous s'assoient, sauf l'évêque-élu, qui est debout devant les évêques. Le Primat s'adresse à lui :

Mon frère, le peuple vous a choisi et a affirmé sa confiance en vous en approuvant votre élection. Un évêque de la sainte Eglise de Dieu est appelé à s'unir aux apôtres pour proclamer la résurrection du Christ, interpréter l'Evangile, et témoigner du règne du Christ, Roi des rois et Seigneur des seigneurs.

Votre vocation est de garder la foi, l'unité et la discipline de l'Eglise, de célébrer les Sacrements de l'Alliance Nouvelle et de pourvoir à leur administration ; d'ordonner des prêtres et des diacres et de participer à l'ordination des évêques. En toutes choses, il vous faut être un pasteur fidèle du troupeau du Christ, un exemple salutaire pour tous.

Comme membre du collège des évêques, vous aurez part à la responsabilité de l'Eglise répandue à travers le monde. Vous avez reçu en héritage la foi des patriarches et des prophètes, des apôtres et des martyrs, de tous ceux qui dans chaque génération se sont tournés vers Dieu dans l'espérance. Votre joie sera de suivre celui qui est venu non pour être servi, mais pour servir et donner sa vie en rançon pour la multitude.

Vous sentez-vous appelé par Dieu au ministère épiscopal?

Réponse: Oui, j'en ai la conviction

Un ou plusieurs évêques posent à l'évêque-élu les questions qui suivent.

L'évêque: Acceptez-vous cet appel, et répondrez-vous à la confiance qui vous est faite, en obéissant au Christ?

Réponse: Oui, j'obéirai au Christ et je servirai en son nom.

L'évêque: Serez-vous fidèle à la prière et à l'étude de la Sainte Ecriture, pour avoir l'Esprit du Christ Jésus?

Réponse: Oui, j'y serai fidèle, car il est mon secours.

L'évêque: Proclamerez-vous avec conviction l'Evangile du Christ et l'interpréterez-vous avec courage, pour éclairer votre peuple et réveiller les consciences?

Réponse: Oui, je le ferai, dans la puissance du Saint-Esprit.

L'évêque: En tant que prêtre et pasteur, vous engagez-vous à encourager et à soutenir tous les baptisés dans leur vocation et leur ministère, les nourrissant des richesses de la grâce de Dieu? Prierez-vous pour eux sans cesse, célébrant avec eux les sacrements de notre rédemption?

Réponse:	Oui, je le ferai au nom du Christ, lui qui est le berger, le gardien de nos âmes.
L'évêque:	Maintiendrez-vous la foi, l'unité et la discipline de l'Eglise?
Réponse:	Oui, je le ferai pour l'amour de Dieu.
L'évêque:	Participerez-vous avec les autres évêques au gouvernement de l'Eglise. Soutiendrez-vous les prêtres, vos collaborateurs, tenant conseil avec eux? Dirigerez-vous et soutiendrez-vous les diacres et tous les autres ministres qui servent dans l'Eglise?
Réponse:	Oui, je le ferai par la grâce qui me sera donnée.
L'évêque:	Vous montrerez-vous miséricordieux à l'égard de tous et compatissant envers les pauvres et les étrangers? Défendrez-vous ceux qui sont privés de secours?
Réponse:	Oui, je le ferai, au nom du Christ Jésus.

Tous se lèvent. Le primat dit alors :

N., par ces promesses vous vous êtes engagé envers Dieu, à servir son Eglise dans le ministère épiscopal. Nous vous demandons, à vous qui avez été choisi comme gardien de la foi de l'Eglise, de nous conduire dans la confession de cette foi.

L'évêque-élu :

Nous croyons en un seul Dieu.

Tous ensemble chantent ou récitent :

Nous croyons en un seul Dieu,
le Père tout-puissant,
créateur du ciel et de la terre,
de l'univers visible et invisible.

Nous croyons en un seul Seigneur,
Jésus Christ,
le Fils unique de Dieu,
né du Père avant tous les siècles.
Il est Dieu, né de Dieu,
lumière, née de la lumière,
vrai Dieu, né du vrai Dieu.
Engendré, non pas créé,
de même nature que le Père;
et par lui tout a été fait.
Pour nous les hommes, et pour notre salut,
il descendit du ciel;
Par l'Esprit Saint il a pris chair de la Vierge Marie
et s'est fait homme.
Crucifié pour nous sous Ponce Pilate,
il souffrit sa passion et fut mis au tombeau.
Il ressuscita le troisième jour,
conformément aux Ecritures,
et il monta au ciel :
il est assis à la droite du Père.

Il reviendra dans la gloire
pour juger les vivants et les morts,
et son règne n'aura pas de fin.

Nous croyons en l'Esprit Saint, qui est Seigneur
et qui donne la vie,
Il procède du Père et du Fils.
Avec le Père et le Fils, il reçoit même adoration
et même gloire,
il a parlé par les prophètes.
Nous croyons en l'Eglise,
une, sainte, catholique et apostolique.
Nous reconnaissons un seul baptême
pour le pardon des péchés.
Nous attendons la résurrection des morts
et la vie du monde à venir. *Amen.*

Consécration de l'évêque

Tous restent debout, sauf l'évêque-élu, qui s'agenouille devant le Primat. Les autres évêques se placent à la droite et à la gauche de celui-ci.

On chante alors l'hymne Veni Creator Spiritus, ou le Veni Sancte Spiritus.

Suit un temps de prière silencieuse; le peuple reste debout.

Puis, le Primat commence la Prière de consécration :

Dieu et Père de notre Seigneur Jésus Christ, Père plein de tendresse, Dieu de qui vient tout réconfort. Toi qui es au plus haut des cieux et qui prends soin des humbles. Toi qui connais toutes choses avant même qu'elles soient. Nous te rendons grâce, car dès l'origine tu as destiné le peuple héritier d'Abraham à devenir un peuple saint, et tu as fait surgir des prophètes, des rois et des prêtres, ne laissant jamais ton temple dépourvu de ministres. Nous te louons, car depuis la création tu accueilles dans ton amour le ministère de ceux que tu as choisis.

Le Primat et les autres évêques imposent les mains sur la tête de l'évêque-élu et disent ensemble :

Et maintenant, Père, fais de *N.* un évêque de ton Eglise. Répands sur *lui* l'Esprit qui fait les chefs, l'Esprit que tu as donné à ton Fils bien-aimé Jésus Christ, l'Esprit qu'il a donné lui-même aux apôtres, qui établirent ton Eglise en chaque lieu à la louange incessante et à la gloire de ton Nom.

Le Primat continue :

Père, toi qui connais le cœur de l'homme, remplis d'amour pour toi et pour le peuple qui lui est confié, le cœur de *ton serviteur* que tu as choisi pour l'épiscopat. Qu'*il* nourrisse le troupeau du Christ et le garde; qu'*il* exerce sans reproche la fonction de Grand Prêtre à laquelle tu l'as appelé, te servant nuit et jour dans le ministère de la réconciliation, accordant le pardon en ton nom, présentant les offrandes saintes, et dirigeant avec sagesse la vie et l'œuvre de l'Eglise. Que sa bonté et la simplicité de son cœur fassent de sa vie un sacrifice qui te plaise. Par ton Fils Jésus Christ, par qui te sont rendus, à toi, notre Père, la gloire, l'honneur et la puissance, avec l'Esprit et dans l'Eglise, maintenant et dans les siècles des siècles.

Le peuple répond d'une voix forte : Amen.

Le nouvel évêque est vêtu selon l'ordre épiscopal.

On lui présente une Bible en disant :

Recevez les Saintes Ecritures. Nourrissez le troupeau du Christ qui vous est confié, gardez-le dans la vérité et défendez-le, et soyez un intendant fidèle de la Parole et des Sacrements.

On peut aussi lui présenter d'autres symboles de l'épiscopat.

Le Primat présente le nouvel évêque à son peuple.

Le clergé et le peuple l'acclament; on peut applaudir.

Rite de la Paix

Le nouvel évêque dit ensuite :

Que la paix du Seigneur soit toujours avec vous.

Le peuple : Et avec ton esprit.

Le Primat et les autres évêques accueillent le nouvel évêque.

Les fidèles se saluent mutuellement.

Le nouvel évêque salue aussi les autres membres du clergé, sa famille, la communauté.

S'il est évêque du diocèse, le nouvel évêque est alors conduit à la cathèdre.

A la célébration de l'Eucharistie

La liturgie continue avec l'offertoire.

Des diacres préparent la table.

Le nouvel évêque va à la table du Seigneur comme célébrant principal, en compagnie des autres évêques et des prêtres;il continue par la célébration de l'Eucharistie.

Après la communion

A la place de la postcommunion habituelle, un des évêques dit avec le peuple la prière qui suit.

Nous te rendons grâce, Dieu tout-puissant, car tu nous as nourris du corps et du sang de ton Fils, et par lui, tu nous as unis dans la communion de ton Saint-Esprit. Nous te rendons grâce d'avoir suscité parmi nous des serviteurs fidèles pour le ministère de la Parole et des Sacrements. Nous t'en prions, que *N.* soit pour nous un exemple par sa parole et son action, par son amour et sa patience, par la sainteté de sa vie. Accorde-nous, avec *lui* de te servir maintenant et de nous réjouir toujours dans ta gloire. Par Jésus Christ, ton Fils notre Seigneur, qui vit et règne avec toi et le Saint-Esprit, un seul Dieu, maintenant et toujours. *Amen.*

Le nouvel évêque bénit le peuple ; il dit d'abord :

Notre secours est le nom du Seigneur,

Le peuple : Lui qui a fait le ciel et la terre.

Le nouvel évêque : Béni soit le nom du Seigneur,

Le peuple : maintenant et pour les siècles des siècles.

Le nouvel évêque : Que la bénédiction, la tendresse et la grâce du Dieu tout-puissant, le Père, le Fils et le Saint-Esprit, viennent sur vous et demeurent toujours. *Amen.*

Un diacre renvoie le peuple :

Allons dans le monde, joyeux de la puissance de l'Esprit.

Le peuple : Nous rendons grâce à Dieu.

Du jour de Pâques jusqu'au jour de la Pentecôte on peut ajouter «Alleluia, Alleluia» au renvoi et à sa réponse.

Indications concernant l'ordination d'un prêtre

Quand un évêque doit conférer les ordres sacrés, il faut la présence d'au moins deux prêtres.

Du début de la liturgie jusqu'à l'offertoire, l'évêque préside d'un siège placé près du peuple, de sorte que tous puissent voir et entendre ce qui se passe.

L'ordinand est vêtu du surplis ou de l'aube, sans étole ou autre signe distinctif d'ordre ecclésiastique ou universitaire.

Quand on présente l'ordinand on emploie ses prénoms et son nom (indiqués par *N.N.*); par la suite, il convient de se référer à *lui* par le prénom dont *il* veut se servir.

A l'offertoire, il convient que la famille ou les amis du nouveau prêtre apportent à l'autel le pain et le vin.

A la Grande Prière d'Action de grâce, le nouveau prêtre et d'autres prêtres se tiennent à l'autel avec l'évêque, pour manifester qu'ils participent au même ministère du Sacrement ; ils communient avec l'évêque.

La famille du nouveau prêtre peut recevoir la communion avant les autres membres de l'assemblée. Le peuple doit toujours pouvoir communier.

Des indications supplémentaires se trouvent à la page 430.

Ordination d'un prêtre

On peut chanter un hymne, un psaume ou une autre œuvre chorale.

L'assemblée est debout ; l'évêque dit :

Béni soit Dieu, le Père, le Fils et le Saint-Esprit.

Le peuple : Béni soit son règne, maintenant et à jamais. Amen.

Du jour de Pâques au jour de la Pentecôte, on dit à la place :

L'évêque : Alleluia, Christ est ressuscité.
Le peuple : Le Seigneur est vraiment ressuscité. Alleluia.

Durant le Carême et à d'autres temps de pénitence, on dit :

L'évêque : Béni soit Dieu qui pardonne nos péchés.
Le peuple : Eternel est son amour.

L'évêque dit :

Dieu tout-puissant, tu pénètres le cœur de tout homme, tu connais les désirs de chacun et rien ne te reste caché : Envoie ton Esprit Saint pour qu'il purifie nos pensées; nous pourrons ainsi t'aimer jusqu'à la perfection et célébrer dignement ton saint Nom. Par Jésus le Christ notre Seigneur. *Amen.*

Présentation

L'évêque et le peuple s'assoient. Debout devant l'évêque, un prêtre et un laïc, et d'autres personnes si on le désire, présentent l'ordinand :

Monseigneur *N.*, évêque dans l'Eglise de Dieu, au nom du clergé et du peuple du diocèse de *N.*, nous vous présentons *N.N.* pour qu'*il* soit ordonné prêtre dans la sainte Eglise catholique du Christ.

L'évêque :

A-t-*il* été choisi selon les canons de l'Eglise? Et trouvez-vous que sa manière de vivre convienne à l'exercice de ce ministère?

Ceux qui présentent l'ordinand :

Nous vous assurons qu'*il* remplit les exigences canoniques et que nous *le* croyons qualifié pour ce ministère.

L'évêque dit à l'ordinand :

Serez-vous fidèle à la doctrine, à la discipline et au culte de Jésus Christ tels que notre Eglise les a reçus ? Et, en accord avec les canons de cette Eglise, obéirez-vous à votre évêque et aux autres ministres qui auront autorité sur vous et votre mission?

Réponse de l'ordinand :

Je le veux, et je m'engage à le faire. Je déclare ici solennellement croire que les Saintes Ecritures de l'Ancien et du Nouveau Testament sont la Parole de Dieu, contenant toutes choses nécessaires au salut. Je m'engage à me conformer à la doctrine, à la discipline et au culte de l'Eglise Episcopale.

L'ordinand signe alors cette déclaration à la vue de tous.

Tous se lèvent. L'évêque dit au peuple :

Chers amis dans le Christ, vous connaissez l'importance de ce ministère et la lourde responsabilité que vous portez en présentant *N.N.* à l'ordination sacerdotale. Si l'un d'entre vous connaît quelque empêchement qui *le* rende indigne du sacerdoce, qu'il s'avance et le déclare maintenant.

Si personne ne fait d'objection, l'évêque continue :

Voulez-vous que *N.* soit ordonné prêtre?

Le peuple répond en ces termes ou d'autres comparables :

Oui, nous le voulons.

L'évêque :

Vous engagez-vous à *le* soutenir dans son ministère?

Le peuple répond en ces termes ou d'autres comparables :

Oui, nous le voulons.

L'évêque invite alors le peuple à la prière, en ces termes ou d'autres comparables :

En paix, prions le Seigneur.

Tous se mettent à genoux. Une personne désignée dirige la litanie d'ordination, ou une autre litanie qui convienne. A la fin de la litanie, après le Kyrie, l'évêque se lève et lit la collecte du jour, ou la collecte qui suit, il peut aussi les prendre toutes les deux. Il dit d'abord :

Le Seigneur soit avec vous.
Le peuple : Et avec ton esprit.

Prions le Seigneur.

Seigneur notre Dieu, puissance inaltérable et lumière sans déclin : Regarde avec amour l'Eglise tout entière, ce mystère admirable et saint. En ta providence partout à l'œuvre poursuis dans la paix ton plan de salut; que le monde entier voit et comprenne : ce qui était abattu est relevé, ce qui avait vieilli est rénové, et tout retrouve son intégrité première en celui en qui tout a été fait, ton Fils Jésus, le Christ, notre Seigneur. Lui qui vit et règne avec toi et le Saint-Esprit un seul Dieu, dans les siècles des siècles. *Amen.*

Liturgie de la Parole

On fait trois lectures. Des laïcs font celles de l'Ancien Testament et de l'Epître.

D'ordinaire on prend les textes dans la liste qui suit; on peut allonger une lecture. Un jour de fête majeure ou un dimanche, l'évêque peut choisir parmi les lectures du propre.

Ancien Testament Isaïe 6:1-8, *ou* Nombres 11:16-17, 24-25 (on omet le dernier membre de phrase)

Psaume 43, *ou* 132:8-19

Epître I Pierre 5:1-4*, *ou* Ephésiens 4:7, 11-16, *ou* Philippiens 4:4-9

**Il est à noter que l'on remplacera les mots ‹ancien› et ‹anciens› par ‹presbytre› et ‹presbytres›, dans les traductions qui n'ont pas transposé le terme grec original.*

Le lecteur commence par ces mots :

Lecture de ________.

On peut citer le chapitre et le verset.

Après chaque lecture, le lecteur peut dire :

Parole du Seigneur.

Le peuple : Nous rendons grâce à Dieu.

ou encore : Ici se termine la lecture (l'épître).

On peut observer une période de silence après chaque lecture.

On peut faire suivre chaque lecture d'un psaume, hymne ou cantique biblique.

Puis, tous debout, le diacre, ou un prêtre s'il n'y a pas de diacre, lit l'évangile, en commençant :

Evangile de Jésus Christ selon ________ .

Le peuple : Gloire à toi, Seigneur.

Matthieu 9:35-38, *ou* Jean 10:11-18,
ou Jean 6:35-38

A la fin de l'évangile, le lecteur dit :

Evangile du Seigneur.
(*ou bien :* Acclamons la Parole de Dieu.)

Le peuple : Louange à toi, Seigneur Jésus !

Sermon

L'assemblée chante alors, ou récite, le Symbole de Nicée :

Nous croyons en un seul Dieu,
le Père tout-puissant,
créateur du ciel et de la terre,
de l'univers visible et invisible.

Nous croyons en un seul Seigneur,
Jésus Christ,
le Fils unique de Dieu,
né du Père avant tous les siècles.
Il est Dieu, né de Dieu,
lumière, née de la lumière,
vrai Dieu, né du vrai Dieu.
Engendré, non pas créé,
de même nature que le Père ;
et par lui tout a été fait.

Pour nous les hommes, et pour notre salut,
il descendit du ciel ;
Par l'Esprit Saint il a pris chair de la Vierge Marie
et s'est fait homme.
Crucifié pour nous sous Ponce Pilate,
il souffrit sa passion et fut mis au tombeau.
Il ressuscita le troisième jour,
conformément aux Ecritures,
et il monta au ciel :
il est assis à la droite du Père.
Il reviendra dans la gloire
pour juger les vivants et les morts,
et son règne n'aura pas de fin.

Nous croyons en l'Esprit Saint, qui est Seigneur
et qui donne la vie,
Il procède du Père et du Fils.
Avec le Père et le Fils, il reçoit même adoration
et même gloire,
il a parlé par les prophètes.
Nous croyons en l'Eglise,
une, sainte, catholique et apostolique.
Nous reconnaissons un seul baptême
pour le pardon des péchés.
Nous attendons la résurrection des morts
et la vie du monde à venir. *Amen.*

Examen de l'ordinand

Tous sont assis sauf l'ordinand, qui est debout devant l'évêque.

L'évêque s'adresse à lui :

Mon *frère*, l'Eglise est la famille de Dieu, le corps du Christ, le temple de l'Esprit Saint. Tous les baptisés sont appelés à proclamer le Christ Sauveur et Seigneur, et à participer avec lui au renouvellement du monde. Vous voilà maintenant appelé à travailler comme pasteur, prêtre et éducateur, associé à votre évêque et aux prêtres vos collègues, et à participer aux conseils de l'Eglise.

Comme prêtre vous devrez proclamer l'Evangile, par vos paroles comme par vos actions, et vous devrez conformer votre vie aux préceptes du Christ. Il vous faudra aimer et servir le peuple au milieu de qui vous œuvrerez, ayant le même souci des jeunes et des vieux, des forts et des faibles, des riches et des pauvres. Vous prêcherez, vous déclarerez le pardon de Dieu à ceux qui se repentent, vous bénirez au nom du Seigneur, vous prendrez part à l'administration du baptême et à la célébration des mystères du corps et du sang du Christ, et vous accomplirez toutes les autres formes de ministère qui vous seront confiées.

Dans tout ce que vous ferez, il vous faudra nourrir le peuple de Dieu des richesses de la grâce du Christ, le fortifier pour qu'il rende grâce au Père dans cette vie et dans la vie à venir.

Mon *frère*, croyez-vous être vraiment appelé par Dieu et par son Eglise au ministère sacerdotal?

Réponse : Oui, j'en ai la conviction.

L'évêque : Vous engagez-vous, ici en présence de l'Eglise, à répondre à la confiance qui vous est faite en acceptant cette responsabilité?

Réponse : Oui, je le veux.

L'évêque : Respecterez-vous, pour la suivre, la direction pastorale et l'autorité de votre évêque?

Réponse : Oui, je le veux.

L'évêque : Serez-vous fidèle à la prière et à l'étude de la Sainte Ecriture, cherchant à acquérir les connaissances qui vous permettront d'être un ministre du Christ plus solide et plus efficace?

Réponse : Oui, je le veux.

L'évêque : Vous efforcerez-vous d'administrer la Parole de Dieu et les Sacrements de la Nouvelle Alliance, de manière à faire connaître et recevoir l'amour du Christ qui réconcilie?

Réponse : Oui, je le veux.

L'évêque : Vous efforcerez-vous d'être le pasteur fidèle de tous ceux que vous serez appelé à servir, travaillant avec eux et les autres ministres vos compagnons, à construire la famille de Dieu?

Réponse : Oui, je le veux.

L'évêque : Vous efforcerez-vous de conformer votre vie [et celle de votre famille, *ou* de votre maison, *ou* de votre communauté] à l'enseignement du Christ, pour offrir à votre peuple un exemple qui l'encourage?

Réponse : Oui, je le veux.

L'évêque : Persévérerez-vous dans la prière, tant publique que privée, demandant la grâce divine pour vous-même et pour les autres, offrant votre travail au Père, par son Fils Jésus Christ, dans l'Esprit-Saint?

Réponse : Oui, je le veux.

L'évêque : Que le Seigneur, qui vous a donné la volonté de le servir, vous accorde la grâce et la force de le faire.

Réponse : Amen.

Consécration du prêtre

Tous se lèvent, sauf l'ordinand, qui s'agenouille devant l'évêque, et les prêtres qui se tiennent à droite et à gauche de l'évêque.

On chante alors l'hymne Veni Creator Spiritus, ou le Veni Sancte Spiritus.

Suit un temps de prière silencieuse; le peuple reste debout.

L'évêque dit alors cette Prière de consécration :

Nous te louons, Dieu et Père de tous, car dans ton amour infini, tu nous appelles à être un peuple saint dans le royaume de ton Fils, Jésus Christ notre Seigneur. Il est l'image de ta gloire éternelle et invisible, le premier-né d'une multitude de frères, la tête de l'Eglise. Et nous te rendons grâce, car par sa mort il a vaincu la mort, et après son ascension dans le ciel, il a répandu la plénitude de ses dons sur ton peuple, faisant les uns apôtres, d'autres prophètes, d'autres encore évangélistes, pasteurs et docteurs, afin de mettre les saints en état d'accomplir le ministère et de bâtir son corps.

Ici l'évêque impose les mains sur la tête de l'ordinand; les prêtres qui sont présents imposent aussi les mains. En même temps, l'évêque dit la prière suivante :

Et maintenant, Père, par Jésus Christ, ton Fils, accorde à N. ton Esprit Saint; remplis-*le* de puissance et de grâce, et fais *de lui* un prêtre de ton Eglise.

L'évêque continue :

Qu'*il* t'exalte, Seigneur, au milieu de ton peuple, qu'*il* offre des sacrifices spirituels qui te soient agréables, qu'*il* proclame avec audace la Bonne Nouvelle du Salut et qu'*il* administre avec fidélité les sacrements de la Nouvelle Alliance. Fais *de lui* un pasteur dévoué, un maître patient, un conseiller plein de sagesse. Accorde-lui d'être en toutes choses *un serviteur* sans reproche, afin que ton peuple soit rendu plus fort et que partout dans le monde ton nom soit glorifié. Nous te le demandons par Jésus Christ notre Seigneur, qui vit et règne avec toi et le Saint-Esprit, un seul Dieu, dans les siècles des siècles.

Le peuple répond d'une voix forte : Amen.

Le nouveau prêtre est vêtu selon l'ordre sacerdotal.

L'évêque lui donne une Bible en disant :

Recevez cette Bible en signe de l'autorité qui vous est conférée de prêcher la Parole de Dieu et d'administrer ses Sacrements. Soyez toujours conscient de la responsabilité qui vous est confiée comme prêtre de l'Eglise de Dieu.

L'évêque accueille le nouvel ordonné.

Rite de la Paix

Le nouveau prêtre s'adresse ensuite à l'assemblée :

Que la paix du Seigneur soit toujours avec vous.

Le peuple : Et avec ton esprit.

Les prêtres présents accueillent le nouvel ordonné ; celui-ci salue ensuite les membres de sa famille et d'autres personnes. Le clergé et les fidèles échangent la paix.

A la célebration de l'Eucharistie

La liturgie continue avec l'offertoire. Des diacres préparent la table.

Le nouveau prêtre se tient à la table du Seigneur en compagnie de l'évêque et d'autres prêtres, et participe à la célébration de l'Eucharistie et à la fraction du pain.

Après la communion

A la place de la postcommunion habituelle, on dit la prière suivante :

Nous te rendons grâce, Dieu tout-puissant, car tu nous as nourris du corps et du sang de ton Fils, et par lui, tu nous as unis dans la communion du Saint-Esprit. Nous te rendons grâce d'avoir suscité parmi nous des serviteurs fidèles pour le ministère de la Parole et des Sacrements. Nous t'en prions, que *N.* soit pour nous un exemple par sa parole et son action, par son amour et sa patience, par la sainteté de sa vie. Accorde-nous, avec *lui* de te servir maintenant et de nous réjouir toujours dans ta gloire. Par Jésus Christ, ton Fils notre Seigneur, qui vit et règne avec toi et le Saint-Esprit, un seul Dieu, maintenant et toujours. *Amen.*

L'évêque demande ensuite au nouveau prêtre de bénir le peuple.

Le nouveau prêtre dit :

Que la bénédiction du Dieu tout-puissant, le Père, le Fils et le Saint-Esprit, vienne sur vous et y demeure toujours. *Amen.*

Un diacre, ou un prêtre, s'il n'y a pas de diacre, renvoie le peuple :

Allons dans le monde, joyeux de la puissance de l'Esprit.

Le peuple : Nous rendons grâce à Dieu.

Du jour de Pâques jusqu'au jour de la Pentecôte, on peut ajouter «Alleluia, Alleluia» au renvoi et à sa réponse.

Indications concernant l'ordination d'un diacre

Quand un évêque doit conférer les ordres sacrés, il faut la présence d'au moins deux prêtres.

Du début de la liturgie jusqu'à l'offertoire, l'évêque préside d'un siège placé près du peuple, de sorte que tous puissent voir et entendre ce qui se passe.

L'ordinand est vêtu du surplis ou de l'aube, sans étole ou autre signe distinctif d'ordre ecclésiastique ou universitaire.

Quand on présente l'ordinand, on emploie ses prénoms et son nom (indiqués par *N.N.*); par la suite, il convient de se référer à *lui* par le prénom dont *il* veut se servir.

A l'offertoire, il convient que la famille ou les amis du nouveau diacre apportent à l'autel le pain et le vin.

Après avoir reçu la sainte communion, le nouveau diacre aide dans la distribution du Sacrement, en administrant soit le pain, soit le vin, ou bien les deux.

La famille du nouvel ordonné peut recevoir la communion avant les autres membres de l'assemblée. Le peuple doit toujours pouvoir communier.

Des indications supplémentaires se trouvent à la page 430.

Ordination d'un diacre

On peut chanter un hymne, un psaume ou une autre œuvre chorale.

L'assemblée est debout; l'évêque dit :

Béni soit Dieu, le Père, le Fils et le Saint-Esprit.

Le peuple : Béni soit son règne, maintenant et à jamais. Amen.

Du jour de Pâques au jour de la Pentecôte, on dit à la place :

L'évêque : Alleluia, Christ est ressuscité.
Le peuple : Le Seigneur est vraiment ressuscité. Alleluia.

Durant le Carême et à d'autres temps de pénitence, on dit :

L'évêque : Béni soit Dieu qui pardonne nos péchés.
Le peuple : Eternel est son amour.

L'évêque dit :

Dieu tout-puissant, tu pénètres le cœur de tout homme, tu connais les désirs de chacun et rien ne te reste caché : Envoie ton Esprit Saint pour qu'il purifie nos pensées ; nous pourrons ainsi t'aimer jusqu'à la perfection et célébrer dignement ton saint Nom. Par Jésus le Christ notre Seigneur. *Amen.*

Présentation

L'évêque et le peuple s'assoient. Debout devant l'évêque, un prêtre et un laïc, et d'autres personnes, si on le désire, présentent l'ordinand :

Monseigneur *N.*, évêque dans l'Eglise de Dieu, au nom du clergé et du peuple du diocèse de *N.*, nous vous présentons *N.N.* pour qu'*il* soit ordonné diacre dans la sainte Eglise catholique du Christ.

L'évêque :

A-t-*il* été choisi selon les canons de l'Eglise? Et trouvez-vous que sa manière de vivre convienne à l'exercice de ce ministère ?

Ceux qui présentent l'ordinand :

Nous vous assurons qu'*il* remplit les exigences canoniques et que nous *le* croyons qualifié pour ce ministère.

L'évêque dit à l'ordinand :

Serez-vous fidèle à la doctrine, à la discipline et au culte de Jésus Christ tels que notre Eglise les a reçus? Et, en accord avec les canons de cette Eglise, obéirez-vous à votre évêque et aux autres ministres qui auront autorité sur vous et votre mission?

Réponse de l'ordinand :

Je le veux, et je m'engage à le faire. Je déclare ici solennellement croire que les Saintes Ecritures de l'Ancien et du Nouveau Testament sont la Parole de Dieu, contenant toutes choses nécessaires au salut. Je m'engage à me conformer à la doctrine, à la discipline et au culte de l'Eglise Episcopale.

L'ordinand signe alors cette déclaration à la vue de tous.

Tous se lèvent. L'évêque dit au peuple :

Chers amis dans le Christ, vous connaissez l'importance de ce ministère et la lourde responsabilité que vous portez en présentant *N.N.* à l'ordination diaconale. Si l'un de vous connaît quelque empêchement qui *le* rende indigne du diaconat, qu'il s'avance et le déclare maintenant.

Si personne ne fait d'objection, l'évêque continue :

Voulez-vous que *N.* soit ordonné diacre?

Le peuple répond en ces termes ou d'autres comparables :

Oui, nous le voulons.

L'évêque :

Vous engagez-vous à *le* soutenir dans son ministère?

Le peuple répond en ces termes, ou d'autres comparables :

Oui, nous le voulons.

L'évêque invite alors le peuple à la prière, en ces termes, ou d'autres comparables :

En paix, prions le Seigneur.

Tous se mettent à genoux. Une personne désignée dirige la litanie d'ordination, ou une autre litanie qui convienne. A la fin de la litanie, après le Kyrie, l'évêque se lève et lit la collecte du jour, ou la collecte qui suit, il peut aussi les prendre toutes les deux. Il dit d'abord :

Le Seigneur soit avec vous.
Le peuple: Et avec ton esprit.

Prions le Seigneur.

Seigneur notre Dieu, puissance inaltérable et lumière sans déclin : Regarde avec amour l'Eglise tout entière, ce mystère admirable et saint. En ta providence partout à l'œuvre poursuis dans la paix ton plan de salut; que le monde entier voit et comprenne : ce qui était abattu est relevé, ce qui avait vieilli est rénové, et tout retrouve son intégrité première en celui en qui tout a été fait, ton Fils Jésus, le Christ, notre Seigneur. Lui qui vit et règne avec toi et le Saint-Esprit, un seul Dieu, dans les siècles des siècles. *Amen.*

Liturgie de la Parole

On fait trois lectures. Des laïcs font celles de l'Ancien Testament et de l'Epître.

D'ordinaire on prend les textes dans la liste qui suit; on peut allonger une lecture. Un jour de fête majeure ou un dimanche, l'évêque peut choisir parmi les lectures du propre.

Ancien Testament Jérémie 1:4-9, *ou* Ecclésiastique 39:1-8
Psaume 84, *ou* 119:33-40
Epître 2 Corinthiens 4:1-6, *ou* I Timothée 3:8-13, *ou* Actes 6:2-7

Le lecteur commence par ces mots :

Lecture de ________.

On peut citer le chapitre et le verset.

Après chaque lecture, le lecteur peut dire :

Parole du Seigneur.
Le peuple : Nous rendons grâce à Dieu.
ou encore : Ici se termine la lecture (l'épître).

On peut observer une période de silence après chaque lecture.

On peut faire suivre chaque lecture d'un psaume, hymne ou cantique biblique.

Puis, tous debout, le diacre, ou un prêtre s'il n'y a pas de diacre, lit l'évangile, en commençant :

Evangile de Jésus Christ selon __________.

Le peuple : Gloire à toi, Seigneur.

Luc 12:35-38, *ou* Luc 22:24-27

A la fin de l'évangile, le lecteur dit :

Evangile du Seigneur.
(*ou bien:* Acclamons la Parole de Dieu.)

Le peuple : Louange à toi, Seigneur Jésus!

Sermon

L'assemblée chante alors, ou récite, le Symbole de Nicée :

Nous croyons en un seul Dieu,
le Père tout-puissant,
créateur du ciel et de la terre,
de l'univers visible et invisible.

Nous croyons en un seul Seigneur,
Jésus Christ,
le Fils unique de Dieu,
né du Père avant tous les siècles.
Il est Dieu, né de Dieu,
lumière, née de la lumière,
vrai Dieu, né du vrai Dieu.
Engendré, non pas créé,
de même nature que le Père;
et par lui tout a été fait.
Pour nous les hommes, et pour notre salut,
il descendit du ciel;
Par l'Esprit-Saint il a pris chair de la Vierge Marie
et s'est fait homme.
Crucifié pour nous sous Ponce Pilate,
il souffrit sa passion et fut mis au tombeau.

Il ressuscita le troisième jour,
conformément aux Ecritures,
et il monta au ciel :
il est assis à la droite du Père.
Il reviendra dans la gloire
pour juger les vivants et les morts,
et son règne n'aura pas de fin.

Nous croyons en l'Esprit Saint, qui est Seigneur
et qui donne la vie,
il procède du Père et du Fils.
Avec le Père et le Fils, il reçoit même adoration
et même gloire,
il a parlé par les prophètes.
Nous croyons en l'Eglise,
une, sainte, catholique et apostolique.
Nous reconnaissons un seul baptême
pour le pardon des péchés.
Nous attendons la résurrection des morts
et la vie du monde à venir. *Amen.*

Examen de l'ordinand

Tous sont assis sauf l'ordinand, qui est debout devant l'évêque. L'évêque s'addresse à lui :

Mon *frère*, tout chrétien est appelé à suivre Jésus Christ, en servant Dieu le Père, par la puissance de l'Esprit-Saint. Dieu vous appelle maintenant à un ministère particulier de service en collaboration directe avec votre évêque. Au nom de Jésus Christ vous devrez servir toute personne, particulièrement les pauvres, les faibles, les malades et les isolés.

Comme diacre de l'Eglise, vous devrez étudier les Saintes Ecritures, pour vous en nourrir, modelant sur elles votre vie. Par votre parole et votre exemple, vous devrez faire connaître le Christ et son amour rédempteur à ceux au milieu de qui vous vivrez, travaillerez et prierez. Il vous faudra interpréter pour l'Eglise les besoins les soucis et les espoirs du monde. Vous assisterez l'évêque et les prêtres dans la célébration des offices et dans le ministère de la Parole et des Sacrements. Vous remplirez aussi les autres fonctions qui vous seront assignées. A tout moment, votre vie et votre enseignement doivent montrer au peuple de Dieu que c'est en servant les malheureux que l'on sert le Christ.

Mon *frère*, vous croyez-vous vraiment appelé par Dieu et son Eglise au ministère diaconal ?

Réponse : Oui, j'en ai la conviction.

L'évêque : Vous engagez-vous, ici en présence de l'Eglise, à prendre au sérieux cette responsabilité ?

Réponse : Oui, je le veux.

L'évêque : Respecterez-vous, pour la suivre, la direction pastorale et l'autorité de votre évêque ?

Réponse : Oui, je le veux.

L'évêque : Serez-vous fidèle à la prière et à l'étude de la Sainte Ecriture ?

Réponse : Oui, je le veux.

L'évêque : Chercherez-vous le Christ dans les autres, vous montrant toujours prêt à aider et servir ceux qui sont en difficulté ?

Réponse : Oui, je le veux.

L'évêque : Vous efforcerez-vous de conformer votre vie [et celle de votre famille, *ou* de votre maison, *ou* de votre communauté] à l'enseignement du Christ, pour offrir à tous un exemple qui les encourage ?

Réponse : Oui, je le veux.

L'évêque : Recherchererez-vous en toutes choses, non pas votre gloire, mais celle du Christ Seigneur ?

Réponse : Oui, je le veux.

L'évêque : Que le Seigneur, par sa grâce, vous soutienne dans le service dont il vous charge.

Réponse : Amen.

Consécration du diacre

Tous se lèvent sauf l'ordinand, qui s'agenouille devant l'évêque.

On chante alors l'hymne Veni Creator Spiritus, ou le Veni Sancte Spiritus.

Suit un temps de prière silencieuse, le peuple reste debout.

L'évêque dit alors cette Prière de consécration :

Nous te louons, Dieu, Père de toute miséricorde, car tu nous as envoyé ton Fils Jésus Christ. Il a pris la condition de serviteur, et s'est abaissé, devenant obéissant jusqu'à la mort et la mort de la croix. Nous te louons, car tu l'as exalté et tu l'as fait Seigneur de tout. C'est lui qui nous a appris que celui qui veut être le plus grand doit être le serviteur de tous. Nous te rendons grâce pour les diverses formes de ministère que tu as données à ton Eglise, et pour *ton serviteur* que tu appelles à faire partie de l'ordre des diacres.

Ici l'évêque impose les mains sur la tête de l'ordinand; il dit en même temps la prière suivante :

Et maintenant, Père, par Jésus Christ, ton Fils, accorde à *N.* ton Esprit Saint, remplis-*le* de puissance et de grâce, et fais *de lui* un diacre de ton Eglise.

L'évêque continue :

Rends-*le*, Seigneur, modeste et humble, fort et persévérant, afin qu'*il* observe la loi du Christ. Que sa vie et son enseignement soient un reflet si fidèle de tes commandements que par *lui* beaucoup parviennent à te connaître et à t'aimer. Et de même que ton Fils est venu, non pour être servi, mais pour servir, que ce diacre participe au ministère du Christ et qu'*il* ait part, avec lui, à la gloire éternelle. Lui qui vit et règne avec toi et le Saint-Esprit, un seul Dieu, dans les siècles des siècles.

Le peuple répond d'une voix forte: Amen.

Le nouveau diacre est vêtu selon l'ordre diaconal.

L'évêque lui donne une Bible en disant :

Recevez cette Bible, en signe de l'autorité qui vous est conférée de proclamer la Parole de Dieu et d'assister dans l'administration des Sacrements.

Rite de la Paix

L'évêque s'adresse ensuite à l'assemblée :

Que la paix du Seigneur soit toujours avec vous.

Le peuple : Et avec votre esprit.

L'évêque et le clergé présent accueillent le nouvel ordonné.

Le nouveau diacre salue ensuite les membres de sa famille et d'autres personnes.

Le clergé et les fidèles échangent la paix.

A la célébration de l'Eucharistie

La liturgie continue avec l'offertoire.

Le nouveau diacre prépare le pain, il verse le vin (et un peu d'eau) dans le calice et place les vases sacrés sur l'autel.

L'évêque se rend à l'autel et commence la Grande Prière d'Action de grâce.

Après la communion

A la place de la postcommunion habituelle, on dit la prière suivante :

Nous te rendons grâce, Dieu tout-puissant, car tu nous as nourris du corps et du sang de ton Fils, et par lui, tu nous as unis dans la communion du Saint-Esprit. Nous te rendons grâce d'avoir suscité parmi nous des serviteurs fidèles pour le ministère de la Parole et des Sacrements. Nous t'en prions, que *N.* soit pour nous un exemple par sa parole et son action, par son amour et sa patience, par la sainteté de sa vie. Accorde-nous, avec *lui* de te servir maintenant et de nous réjouir toujours dans ta gloire. Par Jésus Christ, ton Fils, notre Seigneur, qui vit et règne avec toi et le Saint-Esprit, un seul Dieu, maintenant et toujours. *Amen.*

L'évêque bénit le peuple, puis le nouveau diacre renvoie l'assemblée :

Allons dans le monde, joyeux de la puissance de l'Esprit.

Le peuple : Nous rendons grâce à Dieu.

Du jour de Pâques jusqu'au jour de la Pentecôte, on peut ajouter «Alleluia, Alleluia» au renvoi et à sa réponse.

Litanie d'ordination

On prend cette litanie aux ordinations; on peut aussi l'employer comme Prière des fidèles à l'Eucharistie ou à l'Office quotidien des Quatre-Temps et à d'autres occasions; on peut aussi la prendre séparément.

Dieu le Père,
Aie pitié de nous.

Dieu le Fils,
Aie pitié de nous.

Dieu le Saint-Esprit,
Aie pitié de nous.

Sainte Trinité, un seul Dieu,
Aie pitié de nous.

O Christ, nous t'en prions,
Seigneur, écoute nos prières.

Pour la sainte Eglise de Dieu, afin qu'elle soit remplie d'amour et de vérité et qu'elle soit trouvée sans tache au jour de ton retour, Seigneur, nous te prions.
Seigneur, écoute nos prières.

Pour les membres de ton Eglise, selon leur vocation et leur ministère, afin qu'ils te servent par une vie sainte et authentique, Seigneur, nous te prions.
Seigneur, écoute nos prières.

Pour *N.* notre Primat, et pour tous les évêques, prêtres et diacres, afin qu'ils soient remplis de ton amour et qu'ils aient faim de la vérité et soif de la justice, Seigneur, nous te prions.
Seigneur, écoute nos prières.

Pour *N.*, l'évêque (le prêtre, le diacre) choisi pour ton Eglise, Seigneur, nous te prions.
Seigneur, écoute nos prières.

Afin qu'*il* accomplisse avec fidélité les devoirs de son ministère, qu'*il* édifie ton Eglise et glorifie ton nom, Seigneur, nous te prions.
Seigneur, écoute nos prières.

Afin que l'Esprit Saint le soutienne et l'encourage à persévérer jusqu'à la fin, Seigneur, nous te prions.
Seigneur, écoute nos prières.

Pour sa famille, [les membres de sa maison, *ou* communauté], afin qu'elle soit parée de toutes les vertus chrétiennes, Seigneur, nous te prions.
Seigneur, écoute nos prières.

Pour tous ceux qui craignent Dieu et ont mis leur foi en toi, Christ Seigneur, que cessent nos divisions et que tous ne fassent qu'un comme tu ne fais qu'un avec le Père, Seigneur, nous te prions.
Seigneur, écoute nos prières.

Pour la mission de l'Eglise, qu'en témoin fidèle, elle prêche l'Evangile jusqu'aux extrémités de la terre, Seigneur, nous te prions.
Seigneur, écoute nos prières.

Pour ceux qui ne croient pas encore, et pour tous ceux qui ont perdu la foi, qu'ils reçoivent la lumière de l'Evangile, Seigneur, nous te prions.
Seigneur, écoute nos prières.

Pour la paix du monde, qu'un esprit de respect et de tolérance se développe parmi les nations et les peuples, Seigneur, nous te prions.
Seigneur, écoute nos prières.

Pour ceux qui ont des responsabilités publiques, [particulièrement __________] qu'ils servent la justice et défendent la dignité et la liberté de chacun, Seigneur, nous te prions.
Seigneur, écoute nos prières.

Pour ta bénédiction sur le travail humain et pour le bon usage des richesses de la création, que le monde soit libéré de la pauvreté, de la famine et de toute calamité , Seigneur, nous te prions.
Seigneur, écoute nos prières.

Pour les pauvres, les persécutés, les malades, et tous ceux qui souffrent ; pour les réfugiés, les prisonniers et tous ceux qui sont en danger, qu'ils trouvent en toi apaisement et protection, Seigneur, nous te prions.
Seigneur, écoute nos prières.

Pour chacun de nous, pour que nous soyons pardonnés de nos fautes, et que la grâce du Saint-Esprit corrige notre vie, Seigneur, nous te prions.
Seigneur, écoute nos prières.

Pour ceux qui sont morts dans la communion de ton Eglise, et pour ceux dont la foi n'est connue que de toi ; qu'avec tous les saints, ils trouvent le repos là où il n'y a ni larmes, ni douleur, mais la vie éternelle, Seigneur, nous te prions.
Seigneur, écoute nos prières.

En communion avec [la bienheureuse Vierge Marie, (*saint N.*) et] tous les saints, confions-nous nous-mêmes, les uns les autres et toute notre vie au Christ, notre Dieu.
A toi, Seigneur, notre Dieu.

Seigneur, aie pitié de nous. (*ou bien:* Seigneur, prends pitié.)
O Christ, aie pitié de nous. (*ou bien: O Christ, prends pitié.*)
Seigneur, aie pitié de nous. (*ou bien:* Seigneur, prends pitié.)

Aux ordinations, l'évêque qui préside se lève et dit :

Le Seigneur soit avec vous.
Le peuple : Et avec ton esprit.
L'évêque : Prions le Seigneur.

L'évêque dit ensuite la collecte indiquée.

Lorsqu'on prend cette litanie à d'autres occasions, le célébrant la conclut par une collecte qui convienne aux circonstances.

Indications supplémentaires

A toutes les ordinations

On peut célébrer l'Eucharistie selon le Rite I ou II. En chaque cas les rubriques d'ordinations sont les suivantes: On ne prend pas le Résumé de la Loi, le Gloria, la Prière des fidèles après le Credo, la Confession générale, ni la postcommunion habituelle.

Lorsqu'on présente l'ordinand, la déclaration: 'Je crois que les Saintes Ecritures. . .' doit être rédigée à part pour qu'il la signe, selon les directives de l'article VIII de la Constitution de l'Eglise Episcopale et selon les rubriques de chaque rite d'ordination. (Quand il y a plusieurs ordinands, on donne à signer à chacun un exemplaire de cette déclaration.)

L'hymne au Saint-Esprit qui précède la Prière de Consécration peut être chanté de façon responsoriale entre l'évêque et l'assemblée, ou d'une autre manière.

Si l'on doit bénir des vêtements liturgiques ou d'autres symboles du ministère qui est donné, on le fait avant l'ordination. On peut le faire de la forme suivante :

V. Notre secours est le nom du Seigneur,
R. Lui qui a fait le ciel et la terre.
V. Le Seigneur soit avec vous.
R. Et avec ton esprit.

Prions le Seigneur.

Dieu éternel, toi dont la puissance est sans limites: nous présentons devant toi en te rendant grâce *ces symboles* du ministère de *ton serviteur* et de la dignité qu'*il* reçoit. Fais, nous t'en prions, que *N.* qui est appelé à une responsabilité dans ton Eglise et qui va porter. . . . te serve avec fidélité et qu'*il* reçoive pleinement en partage ton Esprit qui donne la vie. Nous te le demandons par Jésus Christ, notre Grand-Prêtre, le bon berger de tous. *Amen.*

A l'ordination d'un évêque

On peut jouer de la musique instrumentale, après la Prière de Consécration lorsque le nouvel évêque revêt les vêtements épiscopaux.

Après la remise de la Bible et la formule «Recevez les Saintes Ecritures», on peut lui présenter l'anneau, la crosse, la mitre, ou d'autres symboles de la dignité épiscopale.

Lors de la Prière Eucharistique, il convient que des évêques qui ont consacré le nouvel évêque, et des prêtres représentant le diocèse soient à l'autel avec lui en tant que ministres du même Sacrement.

Assisté par d'autres ministres, le nouvel évêque distribue la communion. Eventuellement on peut l'administrer à plusieurs endroits séparés.

On peut chanter un hymne de louange après la bénédiction pontificale et le Renvoi.

Les évêques présents ne doivent pas partir sans avoir signé les Lettres de consécration.

A l'ordination d'un prêtre

On doit permettre aux prêtres présents de participer à l'imposition des mains.

Après la Prière d'ordination, juste avant la remise de la Bible, on met l'étole sur les épaules du nouveau prêtre. On peut ensuite lui remettre d'autres symboles ou instruments de cet ordre.

Si l'on ordonne ensemble deux prêtres ou davantage, chacun est présenté par des personnes différentes. On peut présenter les ordinands ensemble ou à la suite, selon les directives de l'évêque. A partir de la présentation, on met au pluriel les références à l'ordinand données au singulier. Les ordinands sont examinés ensemble.

Pendant la Prière de Consécration, l'évêque et les prêtres imposent les mains sur la tête de chaque ordinand. Pendant l'imposition des mains, l'évêque seul dit sur chaque ordinand: «Et maintenant, Père, par Jésus-Christ, ton Fils, accorde à *N.* ton Esprit Saint, remplis-*le* de puissance et de grâce, et fais de *lui* un prêtre de ton Eglise.»

Lorsqu'on a imposé les mains à tous les ordinands, l'évêque continue : «Qu'ils t'exaltent, Seigneur, au milieu de ton peuple. . .».

On remet une Bible à chaque nouveau prêtre, en disant à chacun les paroles : «Recevez cette Bible. . .»

Tous les nouveaux ordonnés participent à l'échange de la Paix, et rejoignent l'évêque et les autres prêtres à l'autel pour la Grande Prière d'Action de grâce. De même tous les nouveaux prêtres participent à la fraction du pain et communient.

A l'ordination d'un diacre

Après la Prière de consécration, juste avant la remise de la Bible, on met l'étole sur l'épaule gauche du nouveau diacre, ou on lui remet un autre insigne de sa charge.

Si l'on ordonne ensemble deux diacres ou davantage, chacun est présenté par des personnes différentes. On peut présenter les ordinands ensemble ou à la suite, selon les directives de l'évêque. A partir de la présentation, on met au pluriel les références à l'ordinand données au singulier. Les ordinands sont examinés ensemble.

Pendant la Prière de Consécration, l'évêque doit imposer les mains sur la tête de chaque ordinand en disant: «Père, par Jésus Christ, ton Fils, accorde à *N.* ton Esprit Saint, remplis-*le* de puissance et de grâce, et fais de *lui* un diacre de ton Eglise.» Lorsqu'il a imposé les mains à tous les ordinands, l'évêque continue :«Rends-les, Seigneur, modestes et humbles. . .»

On remet une Bible à chaque nouveau diacre, en disant à chacun les paroles :«Recevez cette Bible. . .»

Après avoir participé au rite de la Paix, les diacres vont à l'autel pour l'offertoire. S'il y a un grand nombre de diacres, les uns assistent à l'offertoire, les autres administrent la communion. Un diacre désigné par l'évêque renvoie le peuple.

Si on le désire, on peut désigner des diacres pour porter la communion aux fidèles qui n'ont pu participer à la cérémonie pour cause de maladie, ou autre raison grave.

Les diacres enlèvent de l'autel le pain et le vin consacrés qui ne seront pas conservés pour la communion des absents; ils les consomment et purifient les vases sacrés dans un lieu approprié.

Lettre d'institution d'un ministre

N.N., Presbytre de l'Eglise de Dieu, vous avez été appelé à travailler conjointement avec votre évêque et les autres Presbytres, comme pasteur, prêtre et docteur, et à prendre votre part aux conseils de l'Eglise.

Vous voilà maintenant choisi, en accord avec les canons, pour servir Dieu dans l'église de __________ à __________ .

Cette lettre témoigne que vous avez pleins pouvoirs et autorisations pour exercer ce ministère ; vous en assumerez les privilèges et les responsabilités comme prêtre de ce diocèse en communion avec votre évêque.

Engagez-vous totalement à cette œuvre et n'oubliez pas la confiance de ceux qui vous ont choisi. Ayez soin de tous, jeunes et vieux, forts et faibles, riches et pauvres. Par vos paroles et toute votre vie proclamez l'Evangile du Christ. Aimez le peuple de Dieu et sachez le servir. Donnez-lui la nourriture et la force pour qu'il glorifie Dieu dans cette vie et dans la vie à venir.

Que le Seigneur qui vous a donné la volonté de le servir, vous accorde la grâce et la force de le faire.

Donné sous notre seing, à __________ le __________ jour de __________ , 19__________ la __________ année de notre consécration épiscopale.

(Signé) __________
Evêque de __________

Indications concernant la célébration

On prend ce rite célébrer l'institution et l'installation d'un prêtre comme curé d'une paroisse. On peut aussi l'utiliser pour l'installation d'un doyen ou d'un chanoine de cathédrale, pour l'inauguration d'autres ministères diocésains ou paroissiaux, y compris les responsables de mission et les ministres assistants. On adaptera le rite aux circonstances.

La présidence est normalement assumée par l'évêque, mais si cela est nécessaire, celui-ci peut déléguer un représentant. Lorsqu'il est présent l'évêque est le célébrant principal de l'Eucharistie; en son absence c'est le prêtre nouvellement installé.

Si d'autres prêtres sont au service de la même communauté, ils se tiennent à l'autel avec le célébrant principal, et les diacres l'assistent selon les charges de leur ordre.

Des laïcs membres de la communauté font la lecture de l'Ancien Testament et celle de l'Epître et participent aussi à la liturgie selon ce qui est indiqué dans les rubriques. Un diacre ou un prêtre proclame l'Evangile. D'autres membres du clergé diocésain participent à cette célébration pour manifester la collégialité du ministère auquel ils participent.

Il est possible d'inviter aussi les ministres d'autres confessions à participer à la cérémonie.

S'il est diacre, le nouveau ministre doit proclamer l'Evangile, préparer les offrandes, assister le célébrant à l'autel et renvoyer l'assemblée.

Si c'est un laïc qui est institué, il devrait faire une des lectures et assister le prêtre comme cela convient.

Des indications supplémentaires se trouvent à la page 440.

Célébration d'un nouveau ministère

On peut chanter un hymne, un psaume ou une autre œuvre chorale.

Institution

Le conseil de paroisse présente le nouveau ministre à l'évêque en ces termes ou d'autres semblables :

Monseigneur l'évêque, nous nous retrouvons aujourd'hui pour accueillir *N.N.*, qui a été choisi pour servir comme *Curé* de (*nom de l'église*). Nous *le* croyons qualifié pour cela et nous affirmons qu'*il* a été légalement désigné, après prière et réflexion.

L'évêque peut lire la lettre d'institution, ou exprimer le sens de ce nouveau ministère.

Il dit ensuite :

N., en présence de la communauté chrétienne, vous-engagez-vous à cette nouvelle responsabilité ?

Le nouveau ministre: Oui, je m'y engage.

L'évêque s'adresse à l'assemblée:

Vous qui êtes témoins de ce nouveau commencement, vous engagez-vous à soutenir *N.* dans son ministère ?

Le peuple : Oui, nous le voulons.

Debout, l'évêque dit :

Présentons à Dieu notre prière pour tout son peuple, pour cette communauté, et pour *N.* son *curé*.

On récite ici la litanie d'ordination ou une autre litanie qui convienne. A la fin, l'évêque, debout, dit la collecte suivante, ou une autre. Il dit d'abord :

Le Seigneur soit avec vous.
Le peuple : Et avec ton esprit.
L'évêque : Prions le Seigneur.

Dieu éternel, donne ta force et ton secours à *N. ton serviteur*. Qu'avec patience et compréhension *il* aime ton peuple et prenne soin de lui; qu'ensemble ils suivent le Christ Jésus et te fassent l'offrande de leurs talents. Par Jésus le Christ notre Seigneur, qui vit et règne avec toi et le Saint-Esprit, un seul Dieu, dans les siècles des siècles. *Amen.*

Liturgie de la Parole

On choisit les lectures dans la liste qui suit, ou on les prend en suivant les indications données à la page 440.

Ancien Testament Josué 1:7-9, *ou* Nombres 11:16-17, 24-25a
Psaume 43, *ou* 132:1-9, *ou* 146, *ou* 133 et 134
(particulièrement si la célébration a lieu le soir)
Epître Romains 12:1-18, *ou* Ephésiens 4:7, 11-16
Evangile Jean 15:9-16, *ou* Luc 10:1-2, *ou* Jean 14:11-15

Sermon

Après le sermon, et éventuellement la réponse qu'on peut y faire, on chante un hymne.

Installation

Des représentants de la communauté chrétienne et du clergé du diocèse se tiennent devant l'évêque avec le nouveau ministre. Selon la nature du nouveau ministère, on peut adapter ou omettre les formules de présentation qui suivent. En l'absence de l'évêque, son remplaçant dit les mots entre parenthèses.

Des représentants de la communauté présentent la Bible en disant :

N., reçois la Bible, et sois pour nous (*ou* en ce lieu) quelqu'un qui proclame la Parole.

Le peuple : Amen.

L'évêque présente de l'eau, en disant :

N., reçois cette eau, et sois mon aide (sois l'aide de l'évêque) pour donner le baptême selon le commandement du Seigneur.

Le peuple : Amen.

D'autres personnes lui présentent une étole, ou un autre symbole, en disant :

N., reçois l'*étole*, et sois pour nous un prêtre et un pasteur.

Le peuple : Amen.

D'autres personnes lui présentent un livre de prière, ou un autre symbole, en disant :

N., reçois ce *livre*, et sois pour nous un modèle de prière.

Le peuple : Amen.

D'autres personnes lui présentent de l'huile d'olive, ou un autre symbole, en disant :

N., reçois *cette huile*, et sois pour nous un instrument de réconciliation et de guérison.

Le peuple : Amen.

Si le nouveau ministre est curé ou responsable de la paroisse, le président du conseil paroissial peut alors lui présenter les clefs de l'église, en disant :

N., reçois les clefs de cette église, pour qu'elle soit ouverte à tous.

Le peuple : Amen.

Des représentants du clergé du diocèse lui présentent la constitution et les canons de l'Eglise épiscopale, en disant :

N., obéis aux canons et participe avec nous aux conseils du diocèse.

Le peuple : Amen.

D'autres représentants de la communauté présentent le pain et le vin, en disant :

N., prends ce pain et ce vin, et sois pour nous celui qui rompt le pain et bénit la coupe.

Le peuple : Amen.

L'évêque dit ensuite :

N., que tous ces signes manifestent le ministère qui est le mien (celui de l'évêque) et désormais le tien, en ce lieu.

Le peuple : Amen.

S'il est prêtre, le nouveau ministre peut alors s'agenouiller au milieu de l'église pour dire :

Seigneur mon Dieu, je ne suis pas digne de te recevoir sous mon toit, pourtant tu m'appelles, moi, *ton serviteur*, à me tenir dans ta maison, à servir à ton autel. Je me donne à toi et à ton service, de tout mon cœur, de toute mon âme, de tout mon esprit. Que ma mémoire se remplisse du souvenir de tes merveilles, que mon intelligence soit illuminée par ton Esprit Saint, que ma volonté et les désirs de mon cœur se fixent sur ce que tu attends de moi. Fais de moi l'instrument de ton salut pour le peuple qui m'est confié. Aide-moi à administrer avec foi tes Sacrements, et à proclamer ta Parole de vérité et de vie, autant par mon exemple que par mon enseignement. Sois toujours avec moi quand j'accomplirai les fonctions de mon ministère: dans la prière, avive ma piété; dans la louange, exalte ma gratitude et mon amour; dans la prédication, donne-moi une pensée claire et une expression précise. Et fais que par l'éclat et la pureté de ta Parole, le monde entier soit attiré dans ton royaume de gloire. Par Jésus le Christ, notre Seigneur. *Amen.*

L'évêque présente alors le nouveau ministre à la communauté, en disant :

Accueillez votre nouveau *Curé.*

On peut aussi, lorsque cela convient, présenter la famille du nouveau ministre.

L'assemblée exprime son approbation; on peut applaudir.

L'évêque salue le nouveau ministre.

Le nouveau ministre dit alors à l'assemblée :

Que la paix du Seigneur soit toujours avec vous.

Le peuple : Et avec ton esprit.

Le nouveau ministre salue alors les autres membres du clergé, sa famille, la communauté. Les fidèles échangent la paix.

Eucharistie

La liturgie continue avec l'offertoire.

L'évêque, ou en son absence le prêtre qui inaugure ce ministère, préside à l'autel, entouré des autres membres du clergé, et il continue par la célébration de l'Eucharistie.

Sauf aux fêtes majeures on peut prendre la préface des Apôtres ou des ordinations.

Après la communion

A l'installation d'un prêtre ou d'un diacre, l'évêque dit avec le peuple la prière suivante, au lieu de la postcommunion habituelle. Si le nouveau ministre est un laïc, on prend la postcommunion habituelle.

Nous te rendons grâce, Dieu tout-puissant, car tu nous as nourris du corps et du sang de ton Fils, et par lui, tu nous as unis dans la communion du Saint-Esprit. Nous te rendons grâce d'avoir suscité parmi nous des serviteurs fidèles pour le ministère de la Parole et des Sacrements. Nous t'en prions, que N. soit pour nous un exemple par sa parole et son action, par son amour et sa patience, par sa sainteté de vie. Accorde-nous, avec lui, de te servir maintenant et de nous réjouir toujours dans ta gloire. Par Jésus Christ, ton Fils notre Seigneur, qui vit et règne avec toi et le Saint-Esprit, un seul Dieu, maintenant et toujours. *Amen.*

A la demande de l'évêque, un prêtre nouvellement installé peut bénir le peuple.

Un diacre, ou un prêtre s'il n'y a pas de diacre, renvoie le peuple.

Indications supplémentaires

L'institution, la Liturgie de la Parole et l'installation se passent à l'entrée du chœur, ou à tout autre endroit d'où l'on puisse voir et entendre clairement l'évêque et les autres ministres.

La lettre d'institution convient pour l'installation d'un curé de paroisse, ou d'un doyen de cathédrale, ou pour toute autre fonction similaire.

Lorsque les circonstances l'exigent, l'évêque peut en changer les termes. Dans d'autres cas, il peut exposer brièvement la nature de l'office et de l'autorité qui est confiée.

Normalement le nouveau ministre est présenté à l'évêque par les officiers du conseil paroissial; d'autres personnes peuvent le faire si on le désire.

On peut chanter ou réciter la litanie debout ou à genoux. L'évêque est toujours debout pour la salutation et la collecte qui la terminent. On peut prendre à la place de la collecte, la collecte du jour, une collecte du temps liturgique, ou une autre prière qui convienne à l'occasion.

On peut faire une ou deux lectures de l'Ecriture avant l'Evangile. On peut prendre les textes, y compris l'évangile, dans le propre du jour, ou les choisir parmi les passages suggérés dans le rite. On peut aussi substituer d'autres passages convenant davantage aux circonstances. On en trouvera un choix approprié dans la liturgie d'ordination d'un diacre et dans le lectionnaire pour diverses occasions.

Le sermon est fait par l'évêque, par celui à qui est confié le nouveau ministère, ou par une autre personne. Ou bien on peut faire une allocution exposant les engagements particuliers de la communauté chrétienne et de son responsable. Des représentants de la paroisse, ou de la communauté, l'évêque, ou une autre personne, peuvent répondre à l'allocution ou au sermon.

Les symboles que l'on présente doivent être suffisamment importants pour être vus de tous; ils resteront visibles durant la cérémonie d'installation. Les vêtements liturgiques, le pain et le vin peuvent servir à la célébration de l'Eucharistie qui suit.

La prière du prêtre donnée à la page 429 convient uniquement à un curé de paroisse, un responsable de mission, un aumônier d'hôpital, ou un prêtre ayant une responsabilité canonique comparable.

A la Grande Prière d'Action de grâce, on prend l'une des Prières Eucharistiques autorisées.

Indications concernant la célébration

On trouvera ici la liturgie de dédicace et de consécration d'une église et de son mobilier. On peut en prendre ou adapter si nécessaire des portions pour bénir des parties de l'édifice ou du mobilier qui sont ajoutées, changées ou rénovées. On peut aussi prendre des portions de ce rite pour bénir une chapelle ou un oratoire situé à l'intérieur d'un autre bâtiment. On trouvera à la page 452 des indications permetant d'adapter le rite à des circonstances particulières.

On peut prendre cette célébration pour la dédicace et la consécration d'une église lorsque le bâtiment est prêt à être utilisé comme lieu de culte de manière régulière.

Le fait de célébrer la dédicace d'une église n'exclut pas son utilisation comme lieu de rencontre ou d'éducation, ou pour toute activité qui convienne.

C'est l'évêque qui préside, le curé ou le ministre responsable participe à la liturgie comme indiqué. Les ministres du voisinage devraient être invités à participer à la célébration; on peut leur confier des portions de la liturgie.

Il est souhaitable que prennent part à la célébration tous les membres de la communauté chrétienne, jeunes et vieux, individuellement ou collectivement, de même que les architectes, les constructeurs, les musiciens, les artistes, les bienfaiteurs et les amis.

On trouvera à la page 453 un rite particulier pour une église utilisée depuis longtemps.

Des indications supplémentaires sont données à la page 451.

Dédicace et consécration d'une église

Le jour fixé, le clergé et les fidèles s'assemblent avec l'évêque dans un lieu distinct de l'église ou de la chapelle que l'on va consacrer.

Lorsque tous sont prêts, l'évêque dit ce qui suit, ou il s'exprime en des termes semblables :

De tout temps, le Dieu tout-puissant a incité son peuple à construire des maisons de prière où l'on célèbre ses louanges, et à consacrer des lieux particuliers au ministère de la Parole et des Sacrements. Reconnaissants de la construction (reconstruction, ornementation) de (*nom de l'église*) nous sommes rassemblés pour en célèbrer la dédicace et la consacrer au nom du Seigneur.

Prions ensemble.

Nous te rendons grâce, Dieu tout-puissant, car tu nous a faits à ton image pour que nous participions à la construction du monde : Accueille l'œuvre de nos mains en ce lieu que nous allons maintenant réserver au culte, à l'édification des vivants et la commémoraison des morts, pour la louange et la gloire de ton Nom. Par Jésus le Christ, notre Seigneur. *Amen.*

On peut faire ici les annonces nécessaires.

Il convient de chanter et de jouer de la musique alors que la procession approche de la porte de l'église.

Arrivé à la porte de l'église, l'évêque dit :

Que l'on ouvre la (les) porte(s).

On ouvre la porte. De son bâton pastoral l'évêque trace le signe de la croix sur le seuil en disant :

Paix à cette maison et à tous ceux qui y pénètrent : ✠
Au nom du Père, et du Fils, et du Saint-Esprit. *Amen.*

Pendant que la procession entre dans l'église on chante le psaume 122 ou un autre psaume qui convienne. On peut aussi chanter des hymnes et des œuvres chorales.

Tous debout, l'évêque commence la prière de consécration de l'église :

Notre secours est le nom du Seigneur,
Le peuple : Lui qui a fait le ciel et la terre.
L'évêque : Prions le Seigneur.

Père éternel, toi qui nous vois et nous protèges, tu es notre origine, tu es notre fin, à toi appartiennent tout ce que nous sommes et tout ce que nous avons. Accueille-nous, en ce jour où nous te consacrons cette église : nous y viendrons célébrer ton Nom, implorer ton pardon, éprouver ta guérison, écouter ta Parole, et nous nourrir du corps et du sang de ton Fils. Sois toujours présent à ton peuple pour le guider et le juger, pour l'illuminer et le bénir.

Le président du conseil paroissial, ou un autre représentant de la communauté continue :

Seigneur Jésus Christ, fais de ce lieu un temple de ta présence, une maison de prière. Sois toujours proche quand nous t'y chercherons. Attire-nous à toi lorsque seul ou avec d'autres, nous viendrons y chercher sagesse et réconfort, demander ton soutien et ta force, ou bien exprimer notre joie et te rendre grâce. Que ce soit ici, Seigneur, que s'établisse notre unité avec toi, notre unité entre nous, pour que notre vie soit sanctifiée à ton service.

Le curé ou le ministre responsable continue :

Esprit Saint, ouvre nos yeux, nos oreilles et nos cœurs, pour que nous nous rapprochions de toi, dans la joie comme dans la souffrance. Sois avec nous dans la plénitude de ta puissance lorsque ta famille s'enrichira de nouveaux membres lorsque nous grandirons en grâce au long des années, lorsque nous nous unirons dans le mariage, lorsque nous nous tournerons vers toi dans la maladie ou la détresse, et enfin, lorsque nous serons remis entre les mains du Père.

L'évêque conclut:

O Dieu, Père, Fils et Saint-Esprit, daigne sanctifier ce lieu ;

Le peuple : Car tout est à toi, au ciel et sur la terre.
L'évêque : A toi, Seigneur, la royauté,
Le peuple : Et la souveraineté sur tous les êtres. Amen.

L'évêque va aux fonts baptismaux, les touche de la main et dit :

Nous te rendons grâce, O Père, car dans les eaux du baptême, tu nous fais mourir au péché, et tu nous renouvelles en Christ : De grâce accorde-nous par ton Esprit, que ceux qui seront ici baptisés possèdent la liberté et la gloire des enfants de Dieu.

V. Un seul Seigneur, une seule foi, un seul baptême ;
R. Un seul Dieu et Père de tous.

Nous consacrons cette fontaine, au Nom du Père, et du Fils, et du Saint-Esprit. *Amen.*

Si l'on doit alors célébrer le baptême, on verse de l'eau dans la fontaine et le rite continue selon les indications données à la page 451.

Si l'on ne célèbre pas de baptême [on peut alors verser de l'eau dans la fontaine, et] l'évêque dit :

Le Seigneur soit avec vous.

Le peuple : Et avec ton esprit.

L'évêque : Rendons grâce au Seigneur notre Dieu.
Le peuple : Cela est juste et bon.

Tourné vers la fontaine l'évêque dit :

Nous te rendons grâce, Dieu tout-puissant, pour le don de l'eau que tu nous as fait. Au commencement du monde ton Esprit planait sur les eaux, et c'est à travers elles que tu as fait passer les enfants d'Israël de la servitude d'Egypte à la terre promise. C'est dans l'eau que ton Fils Jésus, baptisé par Jean, a reçu l'onction de l'Esprit-Saint comme Christ, le Messie, pour nous faire passer, par sa mort et sa résurrection, de la servitude du péché à la vie éternelle.

Oui, nous te rendons grâce, Dieu notre Père, pour l'eau du baptême : elle nous ensevelit dans la mort du Christ, pour nous faire partager sa résurrection. Par elle nous renaissons à l'Esprit-Saint. Aussi, obéissant joyeusement à ton Fils, nous accueillons dans notre communion avec lui, ceux qui viennent à lui avec foi, les baptisant au nom du Père, et du Fils, et du Saint-Esprit.

Accorde-nous par la puissance de ton Saint-Esprit, que ceux qui viennent ici soient purifiés de leurs péchés, qu'étant nés de nouveau, ils continuent à vivre de la vie même du Christ ressuscité.

A lui, à toi, à l'Esprit-Saint, tout honneur et toute gloire, maintenant et dans les siècles des siècles. *Amen.*

L'évêque va ensuite au lutrin, il le touche de la main et dit :

Ta Parole éternelle, O Père, s'adresse à nous par les mots mêmes de l'Ecriture Sainte; c'est ici que nous lirons tes actions merveilleuses et connaîtrons tes desseins dans l'histoire, nous entendrons parler de ceux que tu as choisis pour exprimer ta volonté. Inspirés par la révélation de ton Fils nous recherchons tes desseins sur nous : donne-nous des oreilles qui t'entendent et un cœur qui t'obéisse.

V. Accueille les paroles de ma bouche, le murmure de mon cœur.
R. Qu'ils parviennent devant toi, Seigneur.

Nous consacrons ce lutrin, au Nom du Père, et du Fils, et du Saint-Esprit. *Amen.*

L'évêque arrive à la chaire, il la touche de la main, et dit :

De tous temps, O Père, tu as parlé par les prophètes, les pasteurs, les docteurs : Purifie les lèvres de ceux qui prêcheront de cette chaire, rends pure leur vie; que seule ta parole soit ici proclamée, qu'elle seule soit entendue.

V. Ta parole est la lumière de mes pas,
R. La lampe de ma route.

Nous consacrons cette chaire, au Nom du Père, et du Fils, et du Saint-Esprit. *Amen.*

A la Liturgie de la Parole

On fait trois lectures. Des laïcs font celles de l'Ancien Testament et de l'Epître, le diacre (ou un prêtre) proclame l'Evangile. On prend les textes dans la liste qui suit, mais un jour de fête majeure, un dimanche, ou à la fête patronale, on peut choisir parmi les lectures du propre.

Ancien Testament I Rois 8:22-23, 27b-30,
ou 2 Samuel 6:12-15, 17-19
Psaume 84, *ou* 48
Epître Apocalypse 21:2-7, *ou* I Corinthiens 3:1-11, 16-17,
ou I Pierre 2:1-9

Lorsqu'on fait la dédicace d'un instrument de musique, l'évêque se rend après l'épître au lieu approprié et dit :

O Père, dans la multitude de ses voix ton peuple t'adore, dans les temps de joie et dans les temps de peine : Conduis-nous à exprimer par notre musique et nos chants, la merveille, la puissance et la gloire de ta création.

V. Louez-le en sonnant du cor,
R. Louez-le par les cordes et les flutes.

Nous consacrons *cet instrument*, au Nom du Père, et du Fils, et du Saint-Esprit. *Amen.*

On peut alors jouer de la musique instrumentale, ou chanter un hymne ou une autre œuvre chorale.

Tous se lèvent pour l'évangile, qui peut être

Matthieu 7:13-14, 24-25, *ou* Matthieu 21:10-14

Sermon ou allocution

On peut célébrer ensuite d'autres offices pastoraux.

S'il n'a pas déjà été récité, on dit ou chante le Symbole de Nicée.

Le diacre ou un membre de l'assemblée dirige la Prière des fidèles.

Après un temps de silence, l'évêque la conclut ainsi :

Dieu tout-puissant, tous les temps, tous les moments sont bons pour toi et toutes les occasions suscitent ta tendresse : Accueille les prières et les intercessions que nous t'adressons dans ce lieu, aujourd'hui et dans les jours à venir. Nous te le demandons par Jésus Christ notre Avocat et notre Médiateur. *Amen.*

Il rend grâce ensuite pour les objets qui ornent et meublent l'édifice :

O Dieu, nous te rendons grâce pour les dons généreux de ton peuple et pour le travail de tant de mains qui ont embelli ce lieu et l'ont orné pour la célébration de tes saints mystères. Accepte tout cela et daigne le bénir; qu'à travers ces objets terrestres nous puissions contempler l'ordre et la beauté des biens éternels. Par Jésus le Christ notre Seigneur. *Amen.*

L'évêque dit ensuite :

Prions maintenant pour que Dieu bénisse l'autel.

Il s'approche de la table sainte et dit les bras étendus :

Nous te rendons gloire, Dieu éternel et tout-puissant, car pour nous les hommes et pour notre salut, tu as envoyé ton Fils naître au milieu de nous, afin que par lui nous devenions tes enfants.
Béni soit ton Nom, Seigneur notre Dieu.

Nous te rendons gloire pour sa vie parmi nous et sa mort sur la croix, il s'y est offert en sacrifice parfait.
Béni soit ton Nom, Seigneur notre Dieu.

Nous te rendons gloire car tu l'as ressuscité d'entre les morts et tu l'as exalté pour nous donner un Grand Prêtre.
Béni soit ton Nom, Seigneur notre Dieu.

Nous te rendons gloire, car tu nous envoies ton Saint-Esprit pour qu'il nous sanctifie et nous rassemble dans l'unité de ta Sainte Eglise.
Béni soit ton Nom, Seigneur notre Dieu.

L'évêque pose la main sur l'autel et dit :

Seigneur notre Dieu, nous t'en prions, écoute-nous, sanctifie cette table qui t'est dédiée, qu'elle soit pour nous le signe de l'autel céleste où les anges et les saints te louent éternellement. Accueille ici le mémorial perpétuel du sacrifice de ton Fils. Accorde à ceux qui mangeront et boiront à cette table sainte, d'être nourris de sa chair et renouvelés par son sang; qu'ils soient pardonnés de leurs péchés, unis les uns aux autres, et raffermis à ton service.
Que ton Nom soit béni, Père, Fils et Saint-Esprit, maintenant et dans les siècles des siècles. Amen.

On peut alors sonner les cloches et jouer de la musique. Des membres de l'assemblée habillent l'autel, y placent les vases sacrés et allument les cierges.

Rite de la Paix

L'évêque dit au peuple :

Que la paix du Seigneur soit toujours avec vous.

Le peuple : Et avec ton esprit.

L'évêque, les autres membres du clergé et le peuple se saluent au nom du Seigneur.

L'Eucharistie

Le service se poursuit avec l'offertoire.

L'évêque, ou un prêtre qu'il a désigné, est le célébrant principal.

On peut prendre la préface de la Dédicace.

Après la postcommunion, l'évêque bénit l'assemblée, et un diacre ou un prêtre la renvoie.

Indications supplémentaires

On doit prendre le rite complet de Dédicace et de Consécration lors de l'inauguration d'une église ou d'une chapelle. Il n'est pas nécessaire que le bâtiment soit libre de toute dette ou appartienne à la communauté.

Lorsque le clergé et les fidèles s'assemblent avant la célébration, ils peuvent se retrouver à l'extérieur, dans la maison paroissiale, dans un lieu de culte voisin, ou celui que l'on utilisait auparavant, ou tout autre édifice. Lorsque cela convient, la procession peut faire le tour des bâtiments dont on va célébrer la dédicace, pour se rendre à la porte principale. Durant la procession, on peut chanter des hymnes ou des psaumes. On peut employer des instruments de musique portatifs. S'il y a un orgue, il convient qu'il se taise jusqu'à ce qu'il soit béni. Si le temps est mauvais, ou que d'autres circonstances l'exigent, la communauté peut s'assembler à l'intérieur de l'église, mais l'évêque, le clergé et ceux qui l'entourent entreront en procession par la porte principale.

Lorsqu'on consacre une église neuve, il est souhaitable que l'on porte dans la procession les vases sacrés, les ornements et les objets qui la décoreront. On peut aussi faire porter par des personnes choisies des objets tels que les actes de propriété, les plans de (des) l'édifice(s), les clefs et outils qui ont servi à la construction.

On peut marquer de façon durable (une sculpture, une peinture ou une incrustation) la croix faite sur le seuil par l'évêque. Il peut la tracer du pied de la croix de procession au lieu du bâton pastoral.

On chargera des enfants ou d'autres laïcs de verser l'eau à la bénédiction des fonts baptismaux. Si l'on n'administre pas le baptême, l'évêque peut, après avoir récité la prière qui est proposée, consacrer le saint-chrême selon la forme indiquée dans le rite du baptême, pour que l'on s'en serve dans cette église dans les célébrations à venir.

Si l'on administre le Sacrement du baptême, on suit cet ordre : l'évangile indiqué «pour le baptême» à la page 736, puis la célébration du baptême en commençant à la présentation des candidats et en terminant à la réception des nouveaux baptisés.

Lorsqu'on bénit le mobilier de l'église, celui-ci peut être décoré de fleurs, de cierges, de tapisseries ou de toute autre ornementation.

On peut chanter des versets choisis de psaumes ou d'hymnes, ou jouer de la musique instrumentale pendant que les ministres se déplacent dans l'église.

Si un seul pupitre doit servir de lutrin et de chaire, on ne prend qu'une des prières et qu'un seul répons, suivis de la formule de bénédiction.

A la bénédiction du lutrin, on apporte la Bible, et un donateur, ou un lecteur laïc, ou une autre personne désignée la dispose à sa place.

Si à la place du sermon, on fait une allocution, il convient que le président du conseil paroissial, ou un autre laïc, exprime la manière dont la communauté entend témoigner de l'Evangile. L'évêque peut y répondre, en indiquant la place de cette communauté dans la vie de l'ensemble du diocèse.

On peut faire suivre le sermon ou l'allocution par un office pastoral tel que l'Action de grâce pour la naissance ou l'adoption d'un enfant, l'engagement à servir le Christ, ou la bénédiction de l'huile des malades.

Comme Prière des fidèles, on peut prendre l'une des formes habituelles, ou composer pour l'occasion une formulation particulière, qui tienne compte de la nature propre de la communauté et qui mentionne les bienfaiteurs, les donateurs, les artisans et tous ceux qui ont participé à cette entreprise.

Il convient que ce soient les donateurs ou d'autres laïcs qui apportent les éléments d'habillement et de décoration de l'autel, et que ce soient eux qui les disposent. C'est le moment, si on le désire, d'encenser l'autel.

On peut à la place de la préface propre qui est suggérée, prendre celle du temps liturgique, ou une préface adaptée au nom de l'église.

Dédicace d'églises ou de chapelles dans des situations particulières

Si le lieu de culte public doit aussi servir d'école, de salle paroissiale, ou avoir une autre destination, on peut adapter le rite aux circonstances.

Si d'autres groupes chrétiens doivent utiliser l'église pour leur culte régulier, il convient que leurs représentants participent au rite et que celui-ci soit adapté à la situation.

L'évêque ou, avec sa permission, un prêtre, peut prendre des portions du rite pour bénir une chapelle privée ou un oratoire.

Bénédiction du mobilier ou des parties d'une église ou d'une chapelle

L'évêque ou un prêtre peut prendre des portions du rite de Dédicace et de Consécration d'une église pour bénir des rénovations, des ajouts ou de nouvelles pièces de mobilier d'une église ou d'une chapelle. Dans chaque cas on peut dire la prière qui s'y rapporte, ou l'adapter aux circonstances, et choisir de prières et des lectures bibliques en harmonie avec l'occasion particulière. C'est à ce moment, lorsque cela est possible, que l'on inaugure le lieu ou le mobilier que l'on bénit.

C'est un évêque qui doit bénir de nouveaux fonts baptismaux, et l'on doit, si possible, administrer ensuite le Sacrement du baptême.

La bénédiction de l'autel est aussi réservée à l'évêque, et doit toujours être suivie de la célébration de l'Eucharistie.

Lorsqu'une église ou une chapelle est utilisée depuis longtemps

Lorsque des édifices ont été utilisés pour le culte public depuis un laps de temps étendu, sans avoir été consacrés, on peut suivre l'ordre suivant et fournir à la communauté une occasion de réaffirmer son engagement à la mission et au service. Cela convient particulièrement lorsqu'une communauté est reconnue comme paroisse.

1. Procession
2. Croix tracée sur le seuil
3. Litanie d'Action de grâce pour une église, à la page 454.
4. Te Deum
5. Liturgie de la Parole, avec le sermon ou une allocution
6. Renouvellement des promesses baptismales
7. Intercessions, en faisant mémoire des bienfaiteurs
8. Rite de la Paix
9. Eucharistie, en commençant à l'offertoire

Litanie d'Action de grâce pour une église

Rendons grâce à Dieu, que nous adorons ici dans la beauté de son sanctuaire.

Dieu éternel, les cieux des cieux ne peuvent te contenir, encore moins les murs d'un temple fait de main d'homme; daigne cependant, dans ta bonté, accueillir notre action de grâce pour ce lieu et accepte l'œuvre de nos mains, que nous t'offrons en l'honneur et à la gloire de ton Nom.

Tu fais de cet édifice le symbole de ton Eglise universelle.
Seigneur, nous te rendons grâce.

Chaque fois que deux ou trois se réunissent en ton nom, tu es avec eux; pour cette présence,
Seigneur, nous te rendons grâce.

Tu nous donnes ce lieu où nous pouvons nous arrêter et savoir que tu es Dieu.
Seigneur, nous te rendons grâce.

Tu fais de nous tes enfants adoptifs, par ta grâce, et tu nous renouvelles tous les jours par le pain de la vie.
Seigneur, nous te rendons grâce.

Tu nous fais connaître ta volonté et tu nous donnes la grâce de l'accomplir.
Seigneur, nous te rendons grâce.

Tu combles nos désirs et nos demandes selon ce qui est le mieux pour nous.
Seigneur, nous te rendons grâce.

En nous pardonnant nos péchés tu nous rétablis dans la communauté de ton peuple fidèle.
Seigneur, nous te rendons grâce.

Tu bénis nos engagements, et ta bonté comble nos années.
Seigneur, nous te rendons grâce.

Tu nous encourages par la persévérance et la foi de ceux qui nous ont précédés.
Seigneur, nous te rendons grâce.

Tu nous unis dans la communion de [saint *N.*, notre saint patron et de] tous les saints.
Seigneur, nous te rendons grâce.

Après un moment de silence, le célébrant conclut par la doxologie suivante :

	A toi, Seigneur, la grandeur, la force, la splendeur, la majesté et la gloire,
Le peuple :	Car tout ce qui est dans les cieux est à toi.
Le célébrant :	A toi, Seigneur, la royauté,
Le peuple :	Et la souveraineté sur tous les êtres. Amen.

On peut aussi prendre cette litanie pour l'anniversaire de la dédicace ou de la consécration d'une église, ou à toute autre occasion où cela convient.

Le Psautier

Introduction au Psautier

Le psautier est un recueil de poésie liturgique destiné à la prière vocale de l'assemblée, soit récitée, soit chantée. Il y a plusieurs manières traditionnelles de «psalmodier» elles peuvent être simples ou plus élaborées, l'emploi d'une seule risque d'être trop monotone.

Récitation directe : c'est-à-dire la récitation ou le chant à l'unisson d'un psaume ou d'une partie de celui-ci. Cela convient particulièrement aux versets psalmiques suggérés dans le lectionnaire à l'Eucharistie entre les lectures.

Récitation antiphonale : c'est-à-dire l'alternance entre deux groupes ; par exemple le chœur et l'assemblée, ou deux parties de l'assemblée. La récitation antiphonale se termine soit par le Gloria Patri, soit par un refrain, appelé antienne, récité à l'unisson. Cela paraît la méthode la plus satisfaisante de réciter les psaumes à l'Office quotidien.

Récitation responsoriale : c'est-à-dire une méthode de psalmodie où les versets sont chantés par une voix solo, et le chœur et l'assemblée chantent un refrain entre chaque verset ou chaque strophe. C'était la méthode traditionnelle de chant du Venite, et la restauration des antiennes invitatoires au Venite rend possible un retour à cette forme de chant sacré. C'était aussi la manière traditionnelle de chanter les psaumes à l'Eucharistie entre les lectures.

Récitation alternée : c'est la méthode qui est employée le plus fréquemment dans les églises épiscopales, le ministre alterne verset par verset avec l'assemblée.

On trouvera ici la version œcuménique du psautier qui a été approuvée pour l'usage liturgique des Eglises de langue française ; on y a cherché à «faire coïncider la simplicité de la langue avec le type de simplicité vraiment poétique requis pour la prière des assemblées et communautés»[1]

Comme dans le *Book of Common Prayer* la numérotation des psaumes suit celle de la Bible hébraïque; elle diffère donc de la numérotation figurant dans la version œcuménique du Psautier, qui est celle de la Vulgate.

Indication pratiques pour la psalmodie

1. Psalmodie *par verset*

Lorsque *aucun signe* n'intervient, on est en présence de distiques réguliers ou de la fin régulières d'un tristique.

Il suffit donc d'alterner, ligne après ligne, la médiante et la finale.

Toute ligne *en retrait* (petit ou grand) continue la précédente ; on enchaine donc, après avoir fait une ponctuation convenable, sur la même teneur.

La *flexe* est indiquée par le signe + , à la seule exception des psaumes en strophes régulières de trois membres où la place de la flexe est évidente (par ex. Ps 100).

Le signe de la médiante * est indiqué dans les cas où l'on pourrait avoir une hésitation.

2. Psalmodie *par strophe*

On doit d'abord s'assurer que le psaume est praticable avec un ton par strophes à 3, 4, 5 ou 6 membres. Sinon on doit l'exécuter par versets.

Toute ligne avec *petit retrait* continue la précédente sur le même membre mélodique — par ex. Ps 2, v. 2c — sauf si on en décide autrement pour obtenir une strophique régulière, par ex. Ps 90 v. 23.

Dans les psaumes qui comportent des *grands retraits*, les hémistiches courts sont traités comme un membre du ton (par ex. Ps 42 sur 4 incises).

3. La *lettre soulignée*

indique la syllabe où se place la rupture mélodique de l'avant-dernier posé rythmique dans les tons qui la comportent.

Cette syllabe peut être déplacée si le ton choisi suggère une solution meilleure.[2]

1 *Psautier, version œcuménique, texte liturgique,* Paris, 1977, p.359.

2 *Ibidem,* p. 363.

Le Psautier

Livre un

Premier jour : Prière du matin

I *Beatus vir qui non abiit*

1 Heureux est l'homme
qui n'entre pas au conseil des méchants, +
qui ne suit pas le chemin des pécheurs, *
ne siège pas avec ceux qui ricanent,
2 mais se plaît dans la loi du Seigneur
et murmure sa loi jour et nuit!

3 Il est comme un arbre
planté près d'un ruisseau, +
qui donne du fruit en son temps, *
et jamais son feuillage ne meurt;
tout ce qu'il entreprend réussira,
4 tel n'est pas le sort des méchants.

Mais ils sont comme la paille
balayée par le vent : +
5 au jugement, les méchants ne se lèveront pas *
ni les pécheurs, au rassemblement des justes.
6 Le Seigneur connaît le chemin des justes,
mais le chemin des méchants se perdra.

2 *Quare fremuerunt gentes*

1 Pourquoi ce tumulte des nations,
ce vain murmure des peuples?
2 Les rois de la terre se dressent,
les grands se liguent entre eux
  contre le Seigneur et son messie :
3 « Faisons sauter nos chaînes,
rejetons ces entraves! »

4 Celui qui règne dans les cieux s'en amuse,
le Seigneur les tourne en dérision;
5 puis il leur parle avec fureur
et sa colère les épouvante :
6 « Moi, j'ai sacré mon roi
sur Sion, ma sainte montagne. »

7 Je proclame le décret du Seigneur! +

Il m'a dit : « Tu es mon fils;
moi, aujourd'hui, je t'ai engendré.
8 Demande, et je te donne en héritage les nations,
pour domaine la terre tout entière.
9 Tu les détruiras de ton sceptre de fer,
tu les briseras comme un vase de potier. »

10 Maintenant, rois, comprenez,
reprenez-vous, juges de la terre.
11 Servez le Seigneur avec crainte,
rendez-lui votre hommage en tremblant.
12 Qu'il s'irrite et vous êtes perdus :
soudain sa colère éclatera.

Heureux qui trouve en lui son refuge!

3 *Domine, quid multiplicati*

2 Seigneur, qu'ils sont nombreux mes adversaires,
nombreux à se lever contre moi,

3 nombreux à déclarer à mon sujet :
« Pour lui, pas de salut auprès de Dieu! »

4 Mais toi, Seigneur, mon bouclier,
ma gloire, tu tiens haute ma tête.
5 A pleine voix je crie vers le Seigneur;
il me répond de sa montagne sainte.

6 Et moi, je me couche et je dors;
je m'éveille : le Seigneur est mon soutien.
7 Je ne crains pas ce peuple nombreux
qui me cerne et s'avance contre moi.

8 Lève-toi, Seigneur!
Sauve-moi, mon Dieu!
Tous mes ennemis, tu les frappes à la mâchoire;
les méchants, tu leur brises les dents.

9 Du Seigneur vient le salut;
vienne ta bénédiction sur ton peuple!

4 *Cum invocarem*

2 Quand je crie, réponds-moi,
Dieu, ma justice!

Toi qui me libères dans la détresse,
pitié pour moi, écoute ma prière!

3 Fils des hommes,
   jusqu'où irez-vous dans l'insulte à ma gloire, *
l'amour du néant et la course au mensonge?

4 Sachez que le Seigneur a mis à part son fidèle,
le Seigneur entend quand je crie vers lui.

5 Mais vous, tremblez, ne péchez pas;
réfléchissez dans le secret, faites silence.

6 Offrez les offrandes justes
et faites confiance au Seigneur.

7 Beaucoup demandent :
« Qui nous fera voir le bonheur? » *
Sur nous, Seigneur, que s'illumine ton visage!

8 Tu mets dans mon cœur plus de joie
que toutes leurs vendanges et leurs moissons.

9 Dans la paix moi aussi, je me couche et je dors, *
car tu me donnes d'habiter, Seigneur,
seul, dans la confiance.

5 *Verba mea auribus*

2 Ecoute mes paroles, Seigneur,
comprends ma plainte; *
3 entends ma voix qui t'appelle,
ô mon Roi et mon Dieu!

4 Je me tourne vers toi, Seigneur,
au matin, tu écoutes ma voix; *
au matin, je me prépare pour toi
et je reste en éveil.

5 Tu n'es pas un Dieu ami du mal,
chez toi, le méchant n'est pas reçu. *
6 Non, l'insensé ne tient pas
devant ton regard.

Tu détestes tous les malfaisants,
7 tu extermines les menteurs; *
l'homme de ruse et de sang,
le Seigneur le hait.

8 Pour moi, grâce à ton amour,
j'accède à ta maison; *
vers ton temple saint, je me prosterne,
saisi de crainte.

9 Seigneur, que ta justice me conduise; *
des ennemis me guettent :
aplanis devant moi ton chemin.

10 Rien n'est vrai dans leur bouche,
ils sont remplis de malveillance; *
leur gosier est un sépulcre béant,
et leur langue, un piège.

11 Dieu, traite-les en coupables :
qu'ils échouent dans leurs projets! *
Pour tant de méfaits, disperse-les,
puisqu'ils te résistent.

12 Allégresse pour qui s'abrite en toi,
joie éternelle! *
Tu les protèges, pour toi ils exultent,
ceux qui aiment ton nom.

13 Toi, Seigneur, tu bénis le juste;
du bouclier de ta faveur, tu le couvres.

Premier jour : Prière du soir

6 *Domine, ne in furore*

2 Seigneur, corrige-moi sans colère,
et reprends-moi sans fureur.
3 Pitié, Seigneur, je dépéris!
Seigneur, guéris-moi!
Car je tremble de tous mes os,
4 de toute mon âme, je tremble.

Et toi, Seigneur, que fais-tu? +
5 Reviens, Seigneur, délivre-moi,
sauve-moi en raison de ton amour!
6 Personne, dans la mort, n'invoque ton nom;
au séjour des morts, qui te rend grâce?

7 Je m'épuise à force de gémir; +
chaque nuit, je pleure sur mon lit :
ma couche est trempée de mes larmes.
8 Mes yeux sont rongés de chagrin;
j'ai vieilli parmi tant d'adversaires!

9 Loin de moi, vous tous, malfaisants,
car le Seigneur entend mes sanglots!
10 Le Seigneur accueille ma demande,
le Seigneur entend ma prière.
11 Qu'ils aient honte et qu'ils tremblent, tous mes ennemis,
qu'ils reculent, soudain, couverts de honte!

7 *Domine, Deus meus*

2 Seigneur mon Dieu, tu es mon refuge!
On me poursuit : sauve-moi, délivre-moi!
3 Sinon ils vont m'égorger, tous ces fauves,
me déchirer, sans que personne me délivre.

4 Seigneur mon Dieu, si j'ai fait cela,
si j'ai vraiment un crime sur les mains,
5 si j'ai causé du tort à mon allié
en épargnant son adversaire,
6 que l'ennemi me poursuive, qu'il m'atteigne *
(qu'il foule au sol ma vie)
et livre ma gloire à la poussière.

7 Dans ta colère, Seigneur, lève-toi, +
domine mes adversaires en furie,
réveille-toi pour me défendre et prononcer ta sentence.
8 Une assemblée de peuples t'environne : +
reprends ta place au-dessus d'elle,
9 Seigneur qui arbitres les nations.

Juge-moi, Seigneur, sur ma justice :
mon innocence parle pour moi.

10 Mets fin à la rage des impies,
affermis le juste,
toi qui scrutes les cœurs et les reins,
Dieu, le juste.

11 J'aurai mon bouclier auprès de Dieu,
le sauveur des cœurs droits.
12 Dieu juge avec justice;
Dieu menace chaque jour
13 l'homme qui ne se reprend pas.

Le méchant affûte son épée,
il tend son arc et le tient prêt.
14 Il se prépare des engins de mort;
de ses flèches, il fait des brandons.

15 Qui conçoit le mal et couve le crime
enfantera le mensonge.
16 Qui ouvre une fosse et la creuse
tombera dans le trou qu'il a fait.
17 Son mauvais coup lui revient sur la tête,
sa violence retombe sur son crâne.

18 Je rendrai grâce au Seigneur pour sa justice,
je chanterai le nom du Seigneur, le Très-Haut.

8 *Domine, Deus noster*

R 2 O Seigneur, notre Dieu,
qu'il est grand ton nom
par toute la terre!

Jusqu'aux cieux, ta splendeur est chantée
3 par la bouche des enfants, des tout-petits :
rempart que tu opposes à l'adversaire,
ou l'ennemi se brise en sa révolte.

4 A voir ton ciel, ouvrage de tes doigts,
la lune et les étoiles que tu fixas,

5 qu'est-ce que l'homme pour que tu penses à lui,
le fils d'un homme, que tu en prennes souci?

6 Tu l'as voulu un peu moindre qu'un dieu,
le couronnant de gloire et d'honneur;
7 tu l'établis sur les œuvres de tes mains,
tu mets toute chose à ses pieds :

8 les troupeaux de bœufs et de brebis,
et même les bêtes sauvages,
9 les oiseaux du ciel et les poissons de la mer,
tout ce qui va son chemin dans les eaux.

R 10 O Seigneur, notre Dieu,
qu'il est grand ton nom
par toute la terre!

Deuxième jour : Prière du matin

9 *Confitebor tibi*

2 De tout mon cœur, Seigneur, je rendrai grâce,
je dirai tes innombrables merveilles;
3 pour toi, j'exulterai, je danserai,
je fêterai ton nom, Dieu Très-Haut.

4 Mes ennemis ont battu en retraite,
devant ta face, ils s'écroulent et périssent.
5 Tu as plaidé mon droit et ma cause,
tu as siégé, tu as jugé avec justice.

6 Tu menaces les nations, tu fais périr les méchants,
à tout jamais tu effaces leur nom.
7 L'ennemi est achevé, ruiné pour toujours,
tu as rasé des villes, leur souvenir a péri.

8 Mais il siège, le Seigneur, à jamais :
pour juger, il affermit son trône;
9 il juge le monde avec justice
et gouverne les peuples avec droiture.

10 Qu'il soit la forteresse de l'opprimé,
sa forteresse aux heures d'angoisse :
11 ils s'appuieront sur toi, ceux qui connaissent ton nom;
jamais tu n'abandonnes, Seigneur, ceux qui te cherchent.

12 Fêtez le Seigneur qui siège dans Sion,
annoncez parmi les peuples ses exploits!
13 Attentif au sang versé, il se rappelle,
il n'oublie pas le cri des malheureux.

14 Pitié pour moi, Seigneur,
vois le mal que m'ont fait mes adversaires, *
toi qui m'arraches aux portes de la mort;
15 et je dirai tes innombrables louanges
aux portes de Sion, *
je danserai de joie pour ta victoire.

16 Ils sont tombés, les païens, dans la fosse qu'ils creusaient;
aux filets qu'ils ont tendus, leurs pieds se sont pris.
17 Le Seigneur s'est fait connaître : il a rendu le jugement,
il prend les méchants à leur piège.

18 Que les méchants retournent chez les morts,
toutes les nations qui oublient le vrai Dieu!
19 Mais le pauvre n'est pas oublié pour toujours :
jamais ne périt l'espoir des malheureux.

20 Lève-toi, Seigneur: qu'un mortel ne soit pas le plus fort,
que les nations soient jugées devant ta face!
21 Frappe-les d'épouvante, Seigneur :
que les nations se reconnaîssent mortelles!

10 *Ut quid, Domine ?*

1 Pourquoi, Seigneur, es-tu si loin?
Pourquoi te cacher aux jours d'angoisse?
2 L'impie, dans son orgueil, poursuit les malheureux :
ils se font prendre aux ruses qu'il invente.

3 L'impie se glorifie du désir de son âme,
l'arrogant blasphème, il brave le Seigneur;
4 plein de suffisance, l'impie ne cherche plus :
« Dieu n'est rien », voilà toute sa ruse.

5 A tout moment, ce qu'il fait réussit; +
tes sentences le dominent de très haut. *
(Tous ses adversaires, il les méprise.)
6 Il s'est dit : « Rien ne peut m'ébranler,
je suis pour longtemps à l'abri du malheur. »

7 Sa bouche qui maudit n'est que fraude et violence,
sa langue, mensonge et blessure.
8 Il se tient à l'affût près des villages,
il se cache pour tuer l'innocent.

Des yeux, il épie le faible,
9 il se cache à l'affût, comme un lion dans son fourré;
il se tient à l'affût pour surprendre le pauvre,
il attire le pauvre, il le prend dans son filet.

10 Il se baisse, il se tapit;
de tout son poids, il tombe sur le faible.
11 Il dit en lui-même : « Dieu oublie!
il couvre sa face, jamais il ne verra! »

12 Lève-toi, Seigneur! Dieu, étends la main!
N'oublie pas le pauvre!
13 Pourquoi l'impie brave-t-il le Seigneur
en lui disant : « Viendras-tu me chercher? »

14 Mais tu as vu : tu regardes le mal et la souffrance,
tu les prends dans ta main;
sur toi repose le faible,
c'est toi qui viens en aide à l'orphelin.

15 Brise le bras de l'impie, du méchant;
alors tu chercheras son impiété sans la trouver.
16 A tout jamais, le Seigneur est roi :
les païens ont péri sur sa terre.

17 Tu entends, Seigneur, le désir des pauvres,
tu rassures leur cœur, tu les écoutes.
18 Que justice soit rendue à l'orphelin,
qu'il n'y ait plus d'opprimé, *
et que tremble le mortel, né de la terre!

II *In Domino, confido*

1 Auprès du Seigneur j'ai mon refuge. +
Comment pouvez-vous me dire :
Oiseaux, fuyez à la montagne!

2 Voici que les méchants tendent l'arc : +
ils ajustent leur flèche à la corde
pour viser dans l'ombre l'homme au cœur droit.

3 Quand sont ruinées les fondations,
que peut faire le juste?

4 Mais le Seigneur, dans son temple saint, +
le Seigneur, dans les cieux où il trône,
garde les yeux ouverts sur le monde.

Il voit, il scrute les hommes; +
5 le Seigneur a scruté le juste et le méchant :
l'ami de la violence, il le hait.

6 Il fera pleuvoir ses fléaux sur les méchants, +
feu et soufre et vent de tempête;
c'est la coupe qu'ils auront en partage.

7 Vraiment, le Seigneur est juste; +
il aime toute justice :
les hommes droits le verront face à face.

12 *Salvum me fac*

2 Seigneur, au secours! Il n'y a plus de fidèle!
La loyauté a disparu chez les hommes.
3 Entre eux la parole est mensonge,
cœur double, lèvres menteuses.

4 Que le Seigneur supprime ces lèvres menteuses,
cette langue qui parle insolemment,
5 ceux-là qui disent : « Armons notre langue!
A nous la parole! Qui sera notre maître? »

6 —« Pour le pauvre qui gémit,
le malheureux que l'on dépouille, +
maintenant je me lève, dit le Seigneur; *
à celui qu'on méprise, je porte secours. »

7 Les paroles du Seigneur sont des paroles pures,
argent passé au feu, affiné sept fois.
8 Toi, Seigneur, tu tiens parole,
tu nous gardes pour toujours de cette engeance.

9 De tous côtés, s'agitent les impies :
la corruption gagne chez les hommes.

13 *Usquequo, Domine?*

2 Combien de temps, Seigneur, vas-tu m'oublier,
combien de temps, me cacher ton visage?
3 Combien de temps aurai-je l'âme en peine
et le cœur attristé chaque jour? *
Combien de temps mon ennemi sera-t-il le plus fort?

4 Regarde, réponds-moi, Seigneur mon Dieu! *
Donne la lumière à mes yeux,
garde-moi du sommeil de la mort;
5 que l'adversaire ne crie pas : « Victoire! »
que l'ennemi n'ait pas la joie de ma défaite!

6 Moi, je prends appui sur ton amour; +
que mon cœur ait la joie de ton salut!
Je chanterai le Seigneur pour le bien qu'il m'a fait.

14 *Dixit insipiens*

1 Dans son cœur le fou déclare :
«Pas de Dieu!»*
Tout est corrompu, abominable,
pas un homme de bien!

2 Des cieux, le Seigneur se penche
vers les fils d'Adam *
pour voir s'il en est un de sensé,
un qui cherche Dieu.

3 Tous, ils sont dévoyés;
tous ensemble, pervertis : *
pas un homme de bien,
pas même un seul!

4 N'ont-ils donc pas compris,
ces gens qui font le mal? +
Quand ils mangent leur pain,
ils mangent mon peuple. *
Jamais ils n'invoquent le Seigneur.

5 Et voilà qu'ils se sont mis à trembler,
car Dieu accompagne les justes. *
6 Vous riez des projets du malheureux,
mais le Seigneur est son refuge.

7 Qui fera venir de Sion
la délivrance d'Israël? +
Quand le Seigneur ramènera les déportés de son peuple, *
quelle fête en Jacob, en Israël, quelle joie!

15 *Domine, quis habitabit ?*

1 Seigneur, qui séjournera sous ta tente?
Qui habitera ta sainte montagne?

2 Celui qui se conduit parfaitement, +
qui agit avec justice
et dit la vérité selon son cœur.

3 Il met un frein à sa langue, +
ne fait pas de tort à son frère
et n'outrage pas son prochain.

4 A ses yeux, le réprouvé est méprisable
mais il honore les fidèles du Seigneur.

S'il a juré à ses dépens,
il ne reprend pas sa parole.

5 Il prête son argent sans intérêt, +
n'accepte rien qui nuise à l'innocent.
Qui fait ainsi demeure inébranlable.

16 *Conserva me, Domine*

1 Garde-moi, mon Dieu :
j'ai fait de toi mon refuge.
2 J'ai dit au Seigneur: « Tu es mon Dieu!
Je n'ai pas d'autre bonheur que toi. »

3 Toutes les idoles du pays,
ces dieux que j'aimais, +
ne cessent d'étendre leurs ravages, *
et l'on se rue à leur suite.
4 Je n'irai pas leur offrir le sang des sacrifices; *
leur nom ne viendra pas sur mes lèvres!

5 Seigneur, mon partage et ma coupe :
de toi dépend mon sort.
6 La part qui me revient fait mes délices;
j'ai même le plus bel héritage!

7 Je bénis le Seigneur qui me conseille :
même la nuit mon cœur m'avertit.
8 Je garde le Seigneur devant moi sans relâche;
il est à ma droite : je suis inébranlable.

9 Mon cœur exulte, mon âme est en fête,
ma chair elle-même repose en confiance :
10 tu ne peux m'abandonner à la mort
ni laisser ton ami voir la corruption.

11 Tu m'apprends le chemin de la vie : +
devant ta face, débordement de joie!
A ta droite, éternité de délices!

17 *Exaudi, Domine*

1 Seigneur, écoute la justice! +
Entends ma plainte, accueille ma prière :
mes lèvres ne mentent pas.

2 De ta face, me viendra la sentence :
tes yeux verront où est le droit.

3 Tu sondes mon cœur, tu me visites la nuit, +
tu m'éprouves, sans rien trouver;
mes pensées n'ont pas franchi mes lèvres.

4 Pour me conduire selon ta parole,
j'ai gardé le chemin prescrit;
5 j'ai tenu mes pas sur tes traces :
jamais mon pied n'a trébuché.

6 Je t'appelle, toi, le Dieu qui répond :
écoute-moi, entends ce que je dis.

7 Montre les merveilles de ta grâce, *
toi qui libères de l'agresseur
ceux qui se réfugient sous ta droite.

8 Garde-moi comme la prunelle de l'œil;
à l'ombre de tes ailes, cache-moi,
9 loin des méchants qui m'ont ruiné,
des ennemis mortels qui m'entourent.

10 Ils s'enferment dans leur suffisance;
l'arrogance à la bouche, ils parlent.

11 Ils sont sur mes pas : maintenant ils me cernent,
l'œil sur moi, pour me jeter à terre,
12 comme des lions prêts au carnage,
de jeunes fauves tapis en embuscade.

13 Lève-toi, Seigneur, affronte-les, renverse-les;
par ton épée, libère-moi des méchants.

14 Que ta main, Seigneur, les exclue d'entre les hommes, *
hors de l'humanité, hors de ce monde :
tel soit le sort de leur vie!

Réserve-leur de quoi les rassasier : +
que leurs fils en soient saturés,
qu'il en reste encore pour leurs enfants!

15 Et moi, par ta justice, je verrai ta face :
au réveil, je me rassasierai de ton visage.

Troisième jour : Prière du soir

18

Première partie *Diligam te, Domine*

2 Je t'aime, Seigneur, ma force :
Seigneur, mon roc, ma forteresse,
3 Dieu mon libérateur, le rocher qui m'abrite,
mon bouclier, mon fort, mon arme de victoire!

4 Louange à Dieu! +
Quand je fais appel au Seigneur, *
je suis sauvé de tous mes ennemis.

5 Les liens de la mort m'entouraient,
le torrent fatal m'épouvantait;
6 des liens infernaux m'étreignaient :
j'étais pris aux pièges de la mort.

7 Dans mon angoisse, j'appelai le Seigneur;
vers mon Dieu, je lançai un cri;
de son temple il entend ma voix :
mon cri parvient à ses oreilles.

8 La terre titube et tremble, +
les assises des montagnes frémissent,
secouées par l'explosion de sa colère.

9 Une fumée sort de ses narines, +
de sa bouche, un feu qui dévore,
une gerbe de charbons embrasés.

10 Il incline les cieux et descend,
une sombre nuée sous ses pieds :
11 d'un kéroub, il fait sa monture,
il vole sur les ailes du vent.

12 Il se cache au sein des ténèbres +
et dans leurs replis se dérobe :
nuées sur nuées, ténèbres diluviennes.

13 Une lueur le précède, +
ses nuages déferlent :
grêle et gerbes de feu.

14 Tonnerre du Seigneur dans le ciel, *
le Très-Haut fait entendre sa voix :
grêle et gerbes de feu.
15 De tous côtés, il tire des flèches,
il décoche des éclairs, il répand la terreur.

16 Alors le fond des mers se découvrit,
les assises du monde apparurent,
sous ta voix menaçante, Seigneur,
au souffle qu'exhalait ta colère.

17 Des hauteurs il tend la main pour me saisir,
il me retire du gouffre des eaux;
18 il me délivre d'un puissant ennemi,
d'adversaires plus forts que moi.

19 Au jour de ma défaite ils m'attendaient,
mais j'avais le Seigneur pour appui.
20 Et lui m'a dégagé, mis au large,
il m'a libéré, car il m'aime.

Psaume 18 : deuxième partie *Et retribuet mihi*

21 Le Seigneur me traite selon ma justice,
il me donne le salaire des mains pures,
22 car j'ai gardé les chemins du Seigneur,
jamais je n'ai trahi mon Dieu.

23 Ses ordres sont tous devant moi,
jamais je ne m'écarte de ses lois.
24 Je suis sans reproche envers lui,
je me garde loin du péché.
25 Le Seigneur me donne selon ma justice,
selon la pureté des mains que je lui tends.

26 Tu es fidèle envers l'homme fidèle,
sans reproche avec l'homme sans reproche;
27 envers qui est loyal, tu es loyal,
tu ruses avec le pervers.

28 Tu sauves le peuple des humbles;
les regards hautains, tu les rabaisses.
29 Tu es la lumière de ma lampe,
Seigneur mon Dieu, tu éclaires ma nuit.
30 Grâce à toi, je saute le fossé,
grâce à mon Dieu, je franchis la muraille.

31 Ce Dieu a des chemins sans reproche, +
la parole du Seigneur est sans alliage,
il est un bouclier pour qui s'abrite en lui.

32 Qui est Dieu, hormis le Seigneur?
le Rocher, sinon notre Dieu?
33 C'est le Dieu qui m'emplit de vaillance
et m'indique un chemin sans reproche.

34 Il me donne l'agilité du chamois,
il me tient debout sur les hauteurs,
35 il exerce mes mains à combattre
et mon bras, à tendre l'arc.

36 Par ton bouclier tu m'assures la victoire,
ta droite me soutient, ta patience m'élève.
37 C'est toi qui allonges ma foulée
sans que faiblissent mes chevilles.

38 Je poursuis mes ennemis, je les rejoins,
je ne reviens qu'après leur défaite;
39 je les abats : ils ne pourront se relever;
ils tombent : les voilà sous mes pieds.

40 Pour le combat tu m'emplis de vaillance;
devant moi tu fais plier mes agresseurs.
41 Tu me livres des ennemis en déroute;
j'anéantis mes adversaires.

42 Ils appellent? pas de sauveur!
le Seigneur? pas de réponse!
43 J'en fais de la poussière pour le vent,
de la boue qu'on enlève des rues.

44 Tu me libères des querelles du peuple,
tu me places à la tête des nations.
Un peuple d'inconnus m'est asservi :
45 au premier mot, ils m'obéissent.

Ces fils d'étrangers se soumettent; +
46 ces fils d'étrangers capitulent :
en tremblant ils quittent leurs bastions.

47 Vive le Seigneur! Béni soit mon Rocher!
Qu'il triomphe, le Dieu de ma victoire,
48 ce Dieu qui m'accorde la revanche,
qui soumet à mon pouvoir les nations!

49 Tu me délivres de tous mes ennemis,*
tu me fais triompher de l'agresseur,
tu m'arraches à la violence de l'homme.

50 Aussi, je te rendrai grâce parmi les peuples,
Seigneur, je fêterai ton nom.
51 Il donne à son roi de grandes victoires, *
il se montre fidèle à son messie,
  à David et sa descendance, pour toujours.

Quatrième jour : Prière du matin

19 *Cœli enarrant*

2 Les cieux proclament la gloire de Dieu,
le firmament raconte l'ouvrage de ses mains.
3 Le jour au jour en livre le récit
et la nuit à la nuit en donne connaissance.

4 Pas de paroles dans ce récit,
pas de voix qui s'entende;
5 mais sur toute la terre en paraît le message
et la nouvelle, aux limites du monde.

Là, se trouve la demeure du soleil : +
6 tel un époux, il paraît hors de sa tente,
il s'élance en conquérant joyeux.

7 Il paraît où commence le ciel, +
il s'en va jusqu'où le ciel s'achève :
rien n'échappe à son ardeur.

8 La loi du Seigneur est parfaite,
qui redonne vie; *
la charte du Seigneur est sûre,
qui rend sages les simples.

9 Les préceptes du Seigneur sont droits,
ils réjouissent le cœur; *
le commandement du Seigneur est limpide,
il clarifie le regard.

10 La crainte qu'il inspire est pure,
elle est là pour toujours; *
les décisions du Seigneur sont justes
et vraiment équitables :

11 plus désirables que l'or,
qu'une masse d'or fin, *
plus savoureuses que le miel
qui coule des rayons.

12 Aussi ton serviteur en est illuminé; +
à les garder, il trouve son profit. *
13 Qui peut discerner ses erreurs?
Purifie-moi de celles qui m'échappent.

14 Préserve aussi ton serviteur de l'orgueil :
qu'il n'ait sur moi aucune emprise. *
Alors je serai sans reproche,
pur d'un grand péché.

15 Accueille les paroles de ma bouche,
le murmure de mon cœur; *
qu'ils parviennent devant toi,
Seigneur, mon rocher, mon défenseur!

20 *Exaudiat te Dominus*

2 Que le Seigneur te réponde au jour de détresse,
que le nom du Dieu de Jacob te défende.
3 Du sanctuaire, qu'il t'envoie le secours,
qu'il te soutienne des hauteurs de Sion.

4 Qu'il se rappelle toutes tes offrandes;
ton holocauste, qu'il le trouve savoureux.
5 Qu'il te donne à la mesure de ton cœur,
qu'il accomplisse tous tes projets.

6 Nous acclamerons ta victoire
en arborant le nom de notre Dieu. *
Le Seigneur accomplira
toutes tes demandes.

7 Maintenant, je le sais :
le Seigneur donne la victoire à son messie; *
du sanctuaire des cieux, il lui répond
par les exploits de sa main victorieuse.

8 Aux uns, les chars; aux autres, les chevaux;
à nous, le nom de notre Dieu : le Seigneur.
9 Eux, ils plient et s'effondrent;
nous, debout, nous résistons.

10 Seigneur, donne au roi la victoire!
Réponds-nous au jour de notre appel.

21 *Domine, in virtute tua*

2 Seigneur, le roi se réjouit de ta force;
quelle allégresse lui donne ta victoire!
3 Tu as répondu au désir de son cœur,
tu n'as pas rejeté le souhait de ses lèvres.

4 Tu lui destines bénédictions et bienfaits,
tu mets sur sa tête une couronne d'or.
5 La vie qu'il t'a demandée, tu la lui donnes,
de longs jours, des années, sans fin.

6 Par ta victoire, grandit son éclat :
tu le revêts de splendeur et de gloire.
7 Tu mets en lui ta bénédiction pour toujours :
ta présence l'emplit de joie!

8 Oui, le roi s'appuie sur le Seigneur :
la grâce du Très-Haut le rend inébranlable.
9 Ta main trouvera tes ennemis,
ta droite trouvera tes adversaires.

10 Tu parais, tu en fais un brasier :
la colère du Seigneur les consume,
un feu les dévore.
11 Tu aboliras leur lignée sur la terre
et leur descendance parmi les hommes.

12 S'ils trament le mal contre toi,
s'ils préparent un complot, *
ils iront à l'échec.
13 Oui, tu les renverses et les terrasses;
ton arc les vise en plein cœur.

14 Dresse-toi, Seigneur, dans ta force :
nous fêterons, nous chanterons ta vaillance.

Quatrième jour : Prière du soir

22 *Deus, Deus meus*

2 Mon Dieu, mon Dieu,
pourquoi m'as-tu abandonné? *
Le salut est loin de moi,
loin des mots que je rugis.

3 Mon Dieu, j'appelle tout le jour,
et tu ne réponds pas; *
même la nuit,
je n'ai pas de repos.

4 Toi, pourtant, tu es saint,
toi qui habites les hymnes d'Israël!
5 C'est en toi que nos pères espéraient,
ils espéraient et tu les délivrais.
6 Quand ils criaient vers toi, ils échappaient;
en toi ils espéraient et n'étaient pas déçus.

7 Et moi, je suis un ver, pas un homme,
raillé par les gens, rejeté par le peuple.
8 Tous ceux qui me voient me bafouent,
ils ricanent et hochent la tête :
9 « Il comptait sur le Seigneur : qu'il le délivre!
Qu'il le sauve, puisqu'il est son ami! »

10 C'est toi qui m'as tiré du ventre de ma mère,
qui m'as mis en sûreté entre ses bras.
11 A toi je fus confié dès ma naissance;
dès le ventre de ma mère, tu es mon Dieu.

12 Ne sois pas loin : l'angoisse est proche,
je n'ai personne pour m'aider.
13 Des fauves nombreux me cernent,
des taureaux de Basan m'encerclent.
14 Des lions qui déchirent et rugissent
ouvrent leur gueule contre moi.

15 Je suis comme l'eau qui se répand,
tous mes membres se disloquent.
Mon cœur est comme la cire,
il fond au milieu de mes entrailles.
16 Ma vigueur a séché comme l'argile,
ma langue colle à mon palais.

Tu me mènes à la poussière de la mort. +

17 Oui, des chiens me cernent,
une bande de vauriens m'entoure.
Ils me percent les mains et les pieds;
18 je peux compter tous mes os.

Ces gens me voient, ils me regardent. +

19 Ils partagent entre eux mes habits
et tirent au sort mon vêtement.

20 Mais toi, Seigneur, ne sois pas loin :
ô ma force, viens vite à mon aide!
21 Préserve ma vie de l'épée,
arrache-moi aux griffes du chien;
22 sauve-moi de la gueule du lion
et de la corne des buffles.

Tu m'as répondu! +
23 Et je proclame ton nom devant mes frères,
je te loue en pleine assemblée.

24 Vous qui le craignez, louez le Seigneur, +
glorifiez-le, vous tous, descendants de Jacob,
vous tous, redoutez-le, descendants d'Israël.

25 Car il n'a pas rejeté,
il n'a pas réprouvé le malheureux dans sa misère;
il ne s'est pas voilé la face devant lui,
mais il entend sa plainte.

26 Tu seras ma louange dans la grande assemblée;
devant ceux qui te craignent, je tiendrai mes promesses.
27 Les pauvres mangeront : ils seront rassasiés;
ils loueront le Seigneur, ceux qui le cherchent :
« A vous, toujours, la vie et la joie! »

28 La terre entière se souviendra
et reviendra vers le Seigneur,
chaque famille de nations se prosternera devant lui :
29 « Oui, au Seigneur la royauté,
le pouvoir sur les nations! »

30 Tous ceux qui festoyaient s'inclinent;
promis à la mort, ils plient en sa présence.

31 Et moi, je vis pour lui : ma descendance le servira;
on annoncera le Seigneur aux générations à venir.
32 On proclamera sa justice au peuple qui va naître :
Voilà son œuvre!

23 *Dominus regit me*

1 Le Seigneur, est mon berger :
je ne manque de rien. *
2 Sur des prés d'herbe fraîche,
il me fait reposer.

Il me mène vers les eaux tranquilles
3 et me fait revivre;*
il me conduit par le juste chemin
pour l'honneur de son nom.

4 Si je traverse les ravins de la mort,
je ne crains aucun mal,*
car tu es avec moi :
ton bâton me guide et me rassure.

5 Tu prépares la table pour moi
devant mes ennemis; *
tu répands le parfum sur ma tête,
ma coupe est débordante.

6 Grâce et bonheur m'accompagnent
tous les jours de ma vie;
j'habiterai la maison du Seigneur
pour la durée de mes jours.

Cinquième jour : Prière du matin

24 *Domini est terra*

1 Au Seigneur, le monde et sa richesse,
la terre et tous ses habitants!
2 C'est lui qui l'a fondée sur les mers
et la garde inébranlable sur les flots.

3 Qui peut gravir la montagne du Seigneur
et se tenir dans le lieu saint?

4 L'homme au cœur pur, aux mains innocentes,
qui ne livre pas son âme aux idoles
(et ne dit pas de faux serments).

5 Il obtient, du Seigneur, la bénédiction,
et de Dieu son Sauveur, la justice.
6 Voici le peuple de ceux qui le cherchent!
Voici Jacob qui recherche ta face!

7 Portes, levez vos frontons, +
élevez-vous, portes éternelles :
qu'il entre, le roi de gloire!

8 Qui est ce roi de gloire? +
C'est le Seigneur, le fort, le vaillant,
le Seigneur, le vaillant des combats.

9 Portes, levez vos frontons, +
levez-les, portes éternelles :
qu'il entre, le roi de gloire!

10 Qui donc est ce roi de gloire? +
C'est le Seigneur, Dieu de l'univers;
c'est lui, le roi de gloire.

25 *Ad te, Domine, levavi*

1 Vers toi, Seigneur, j'élève mon âme,*
2 vers toi, mon Dieu.

Je m'appuie sur toi : épargne-moi la honte;
ne laisse pas triompher mon ennemi.
3 Pour qui espère en toi, pas de honte,
mais honte et déception pour qui trahit.

4 Seigneur, enseigne-moi tes voies,
fais-moi connaître ta route.
5 Dirige-moi par ta vérité, enseigne-moi,
car tu es le Dieu qui me sauve.

C'est toi que j'espère tout le jour
en raison de ta bonté, Seigneur.
6 Rappelle-toi, Seigneur, ta tendresse,
ton amour qui est de toujours.
7 Oublie les révoltes, les péchés de ma jeunesse;
dans ton amour, ne m'oublie pas.

8 Il est droit, il est bon, le Seigneur,
lui qui montre aux pécheurs le chemin.
9 Sa justice dirige les humbles,
il enseigne aux humbles son chemin.

10 Les voies du Seigneur sont amour et vérité
pour qui veille à son alliance et à ses lois.
11 A cause de ton nom, Seigneur,
pardonne ma faute : elle est grande.

12 Est-il un homme qui craigne le Seigneur?
Dieu lui montre le chemin qu'il doit prendre.
13 Son âme habitera le bonheur,
ses descendants posséderont la terre.
14 Le secret du Seigneur est pour ceux qui le craignent;
à ceux-là, il fait connaître son alliance.

15 J'ai les yeux tournés vers le Seigneur :
il tirera mes pieds du filet.
16 Regarde, et prends pitié de moi,
de moi qui suis seul et misérable.

17 L'angoisse grandit dans mon cœur :
tire-moi de ma détresse.
18 Vois ma misère et ma peine,
enlève tous mes péchés.

19 Vois mes ennemis si nombreux,
la haine violente qu'ils me portent.
20 Garde mon âme, délivre-moi;
je m'abrite en toi : épargne-moi la honte.

21 Droiture et perfection veillent sur moi,
sur moi qui t'espère!

Libère Israël, ô mon Dieu,
de toutes ses angoisses!

26 *Judica me, Domine*

1 Seigneur, rends-moi justice :
j'ai marché sans faillir. *
Je m'appuie sur le Seigneur,
et ne faiblirai pas.
2 Eprouve-moi, Seigneur, scrute-moi, *
passe au feu mes reins et mon cœur.

3 J'ai devant les yeux ton amour,
je marche selon ta vérité.
4 Je ne m'assieds pas chez l'imposteur,
je n'entre pas chez l'hypocrite.
5 L'assemblée des méchants, je la hais,
je ne m'assieds pas chez les impies.

6 Je lave mes mains en signe d'innocence
pour approcher de ton autel, Seigneur,
7 pour dire à pleine voix l'action de grâce
et rappeler toutes tes merveilles.
8 Seigneur, j'aime la maison que tu habites,
le lieu où demeure ta gloire.

9 Ne m'inflige pas le sort des pécheurs,
le destin de ceux qui versent le sang :
10 ils ont dans les mains la corruption;
leur droite est pleine de profits.

11 Oui, j'ai marché sans faillir :
libère-moi! prends pitié de moi!
12 Sous mes pieds le terrain est sûr;
dans l'assemblée je bénirai le Seigneur.

27 *Dominus illuminatio*

1 Le Seigneur est ma lumière et mon salut;
de qui aurais-je crainte? *
Le Seigneur est le rempart de ma vie;
devant qui tremblerais-je?

2 Si des méchants s'avancent contre moi
pour me déchirer, +
ce sont eux, mes ennemis, mes adversaires, *
qui perdent pied et succombent.

3 Qu'une armée se déploie devant moi,
mon cœur est sans crainte; *
que la bataille s'engage contre moi,
je garde confiance.

4 J'ai demandé une chose au Seigneur,
la seule que je cherche : +
habiter la maison du Seigneur
tous les jours de ma vie, *
pour admirer le Seigneur dans sa beauté
et m'attacher à son temple.

5 Oui, il me réserve un lieu sûr
au jour du malheur; +
il me cache au plus secret de sa tente,
il m'élève sur le roc. *
6 Maintenant je relève la tête
devant mes ennemis.

J'irai célébrer dans sa tente
le sacrifice d'ovation; *
je chanterai, je fêterai le Seigneur.

7 Ecoute, Seigneur, je t'appelle! *
Pitié! Réponds-moi!

8 Mon cœur m'a redit ta parole :
« Cherchez ma face. » *
9 C'est ta face, Seigneur, que je cherche :
ne me cache pas ta face.

N'écarte pas ton serviteur avec colère : *
tu restes mon secours.
Ne me laisse pas, ne m'abandonne pas,
Dieu, mon salut! *
10 Mon père et ma mère m'abandonnent;
le Seigneur me reçoit.

11 Enseigne-moi ton chemin, Seigneur, *
conduis-moi par des routes sûres,
malgré ceux qui me guettent.

12 Ne me livre pas à la merci de l'adversaire : *
contre moi se sont levés de faux témoins
qui soufflent la violence.

13 Mais j'en suis sûr, je verrai les bontés du Seigneur
sur la terre des vivants. *
14 « Espère le Seigneur, sois fort et prends courage;
espère le Seigneur. »

28 *Ad te, Domine*

1 Seigneur, mon rocher, c'est toi que j'appelle : +
ne reste pas sans me répondre, *
car si tu gardais le silence,
je m'en irais, moi aussi, vers la tombe.

2 Entends la voix de ma prière
quand je crie vers toi, *
quand j'élève les mains
vers le Saint des Saints!

3 Ne me traîne pas chez les impies,
chez les hommes criminels; *
à leurs voisins ils parlent de paix
quand le mal est dans leur cœur.

4 Traite-les d'après leurs actes
et selon leurs méfaits;
traite-les d'après leurs œuvres,
rends-leur ce qu'ils méritent.

5 Ils n'ont compris ni l'action du Seigneur
ni l'œuvre de ses mains; *
que Dieu les renverse
et jamais ne les relève!

6 Béni soit le Seigneur *
qui entend la voix de ma prière!

7 Le Seigneur est ma force et mon rempart;
à lui, mon cœur fait confiance :
il m'a guéri, ma chair a refleuri,
mes chants lui rendent grâce.

8 Le Seigneur est la force de son peuple,
le refuge et le salut de son messie.
9 Sauve ton peuple, bénis ton héritage,
veille sur lui, porte-le toujours.

29 *Afferte Domino*

1 Rendez au Seigneur, vous, les dieux,
rendez au Seigneur gloire et puissance.

2 Rendez au Seigneur la gloire de son nom,
adorez le Seigneur, éblouissant de sainteté.

3 La voix du Seigneur domine les eaux, +
le Dieu de la gloire déchaîne le tonnerre,
le Seigneur domine la masse des eaux.

4 Voix du Seigneur dans sa force, +
voix du Seigneur qui éblouit,
5 voix du Seigneur : elle casse les cèdres.

Le Seigneur fracasse les cèdres du Liban; +
6 il fait bondir comme un poulain le Liban,
le Sirion, comme un jeune taureau.

7 Voix du Seigneur : elle taille des lames de feu; +
8 voix du Seigneur : elle épouvante le désert;
le Seigneur épouvante le désert de Cadès.

9 Voix du Seigneur qui affole les biches en travail,
qui ravage les forêts. *
Et tous dans son temple s'écrient : « Gloire! »

10 Au déluge le Seigneur a siégé;
il siège, le Seigneur, il est roi pour toujours!

11 Le Seigneur accorde à son peuple la puissance,
le Seigneur bénit son peuple en lui donnant la paix.

Sixième jour : Prière du matin

30 *Extaltabo te, Domine*

2 Je t'exalte, Seigneur : tu m'as relevé,
tu m'épargnes les rires de l'ennemi.

3 Quand j'ai crié vers toi, Seigneur,
mon Dieu, tu m'as guéri; *
4 Seigneur, tu m'as fait remonter de l'abîme
et revivre quand je descendais à la fosse.

5 Fêtez le Seigneur, vous, ses fidèles,
rendez grâce en rappelant son nom très saint.

6 Sa colère ne dure qu'un instant,
sa bonté, toute la vie; *
avec le soir, viennent les larmes,
mais au matin, les cris de joie.

7 Dans mon bonheur, je disais :
Rien, jamais, ne m'ébranlera!

8 Dans ta bonté, Seigneur, tu m'avais fortifié
sur ma puissante montagne; *
pourtant, tu m'as caché ta face
et je fus épouvanté.

9 Et j'ai crié vers toi, Seigneur,
j'ai supplié mon Dieu :

10 « A quoi te servirait mon sang
si je descendais dans la tombe? *
La poussière peut-elle te rendre grâce
et proclamer ta fidélité?

11 Ecoute, Seigneur, pitié pour moi!
Seigneur, viens à mon aide! »

12 Tu as changé mon deuil en une danse,
mes habits funèbres en parure de joie.

13 Que mon cœur ne se taise pas,
qu'il soit en fête pour toi, *
et que sans fin, Seigneur, mon Dieu,
je te rende grâce!

31 *In te, Domine, speravi*

2 En toi, Seigneur, j'ai mon refuge;
garde-moi d'être humilié pour toujours.

Dans ta justice, libère-moi;
3 écoute, et viens me délivrer.
Sois le rocher qui m'abrite,
la maison fortifiée qui me sauve.

4 Ma forteresse et mon roc, c'est toi :
pour l'honneur de ton nom, tu me guides et me conduis.
5 Tu m'arraches au filet qu'ils m'ont tendu;
oui, c'est toi mon abri.

6 En tes mains je remets mon esprit;
tu me rachètes, Seigneur, Dieu de vérité.
7 Je hais les adorateurs de faux dieux,
et moi, je suis sûr du Seigneur.

8 Ton amour me fait danser de joie :
tu vois ma misère et tu sais ma détresse.
9 Tu ne m'as pas livré aux mains de l'ennemi;
devant moi, tu as ouvert un passage.

10 Prends pitié de moi, Seigneur,
je suis en détresse. *
La douleur me ronge les yeux,
la gorge et les entrailles.

11 Ma vie s'achève dans les larmes,
et mes années, dans les souffrances. *
Le péché m'a fait perdre mes forces,
il me ronge les os.

12 Je suis la risée de mes adversaires et même de mes voisins, +
je fais peur à mes amis *
(s'ils me voient dans la rue, ils me fuient).
13 On m'ignore comme un mort oublié, *
comme une chose qu'on jette.

14 J'entends les calomnies de la foule :
de tous côtés c'est l'épouvante. *
Ils ont tenu conseil contre moi,
ils s'accordent pour m'ôter la vie.

15 Moi, je suis sûr de toi, Seigneur, +
je dis : « Tu es mon Dieu! » *
16 Mes jours sont dans ta main : délivre-moi
des mains hostiles qui s'acharnent.

17 Sur ton serviteur, que s'illumine ta face; +
sauve-moi par ton amour. *
18 Seigneur, garde-moi d'être humilié,
moi qui t'appelle.

Mais qu'ils soient humiliés, les impies; *
qu'ils entrent dans le silence des morts!
19 Qu'ils deviennent muets, ces menteurs, *
car ils parlent contre le juste
avec orgueil, insolence et mépris.

20 Qu'ils sont grands, tes bienfaits! +
Tu les réserves à ceux qui te craignent. *
Tu combles, à la face du monde,
ceux qui ont en toi leur refuge.

21 Tu les caches au plus secret de ta face,
loin des intrigues des hommes. *
Tu leur réserves un lieu sûr,
loin des langues méchantes.

22 Béni soit le Seigneur : *
son amour a fait pour moi des merveilles
dans la ville retranchée!

23 Et moi, dans mon trouble, je disais :
« Je ne suis plus devant tes yeux. »
Pourtant, tu écoutais ma prière
quand je criais vers toi.

24 Aimez le Seigneur, vous, ses fidèles : +
le Seigneur veille sur les siens; *
mais il rétribue avec rigueur
qui se montre arrogant.

25 Soyez forts, prenez courage, *
vous tous qui espérez le Seigneur!

32 *Beati quorum*

1 Heureux l'homme dont la faute est enlevée, *
et le péché remis!
2 Heureux l'homme dont le Seigneur ne retient pas l'offense, *
dont l'esprit est sans fraude!

3 Je me taisais et mes forces s'épuisaient
à gémir tout le jour : +
4 ta main, le jour et la nuit,
pesait sur moi; *
ma vigueur se desséchait
comme l'herbe en été.

5 Je t'ai fait connaître ma faute,
je n'ai pas caché mes torts. +
J'ai dit : « Je rendrai grâce au Seigneur
en confessant mes péchés. » *
Et toi, tu as enlevé
l'offense de ma faute.

6 Ainsi chacun des tiens te priera
aux heures décisives; *
même les eaux qui débordent
ne peuvent l'atteindre.

7 Tu es un refuge pour moi,
mon abri dans la détresse; *
de chants de délivrance,
tu m'as entouré.

8 « Je vais t'instruire, te montrer la route à suivre, *
te conseiller, veiller sur toi.

9 « N'imite pas les mules et les chevaux
qui ne comprennent pas, +
qu'il faut mater par la bride et le mors, *
et rien ne t'arrivera. »

10 Pour le méchant, douleurs sans nombre; *
mais l'amour du Seigneur entourera
ceux qui comptent sur lui.

11 Que le Seigneur soit votre joie!
Exultez, hommes justes! *
Hommes droits, chantez votre allégresse!

33 *Exultate, justi*

1 Criez de joie pour le Seigneur, hommes justes!
Hommes droits, à vous la louange!

2 Rendez grâce au Seigneur sur la cithare,
jouez pour lui sur la harpe à dix cordes.
3 Chantez-lui le cantique nouveau,
de tout votre art soutenez l'ovation.

4 Oui, elle est droite, la parole du Seigneur;
il est fidèle en tout ce qu'il fait.
5 Il aime le bon droit et la justice;
la terre est remplie de son amour.

6 Le Seigneur a fait les cieux par sa parole,
l'univers, par le souffle de sa bouche.
7 Il amasse, il retient l'eau des mers;
les océans, il les garde en réserve.

8 Que la crainte du Seigneur saisisse la terre,
que tremblent devant lui les habitants du monde!
9 Il parla, et ce qu'il dit exista;
il commanda, et ce qu'il dit survint.

10 Le Seigneur a déjoué les plans des nations,
anéanti les projets des peuples.
11 Le plan du Seigneur demeure pour toujours,
les projets de son cœur subsistent d'âge en âge.

12 Heureux le peuple dont le Seigneur est le Dieu,
heureuse la nation qu'il s'est choisie pour domaine!
13 Du haut des cieux, le Seigneur regarde :
il voit la race des hommes.

14 Du lieu qu'il habite, il observe
tous les habitants de la terre,
15 lui qui forme le cœur de chacun,
qui pénètre toutes leurs actions.

16 Le salut d'un roi n'est pas dans son armée,
ni la victoire d'un guerrier, dans sa force.
17 Illusion que des chevaux pour la victoire :
une armée ne donne pas le salut.

18 Dieu veille sur ceux qui le craignent,
qui mettent leur espoir en son amour,
19 pour les délivrer de la mort,
les garder en vie aux jours de famine.

20 Nous attendons notre vie du Seigneur :
il est pour nous un appui, un bouclier.
21 La joie de notre cœur vient de lui,
notre confiance est dans son nom très saint.

22 Que ton amour, Seigneur, soit sur nous
comme notre espoir est en toi!

34 *Benedicam Dominum*

2 Je bénirai le Seigneur en tout temps,
sa louange sans cesse à mes lèvres.
3 Je me glorifierai dans le Seigneur :
que les pauvres m'entendent et soient en fête!

4 Magnifiez avec moi le Seigneur,
exaltons tous ensemble son nom.
5 Je cherche le Seigneur, il me répond :
de toutes mes frayeurs, il me délivre.

6 Qui regarde vers lui resplendira,
sans ombre ni trouble au visage.
7 Un pauvre crie; le Seigneur entend :
il le sauve de toutes ses angoisses.

8 L'ange du Seigneur campe à l'entour
pour libérer ceux qui le craignent.
9 Goûtez et voyez : le Seigneur est bon!
Heureux qui trouve en lui son refuge!

10 Saints du Seigneur, adorez-le:
rien ne manque à ceux qui le craignent.
11 Des riches ont tout perdu, ils ont faim;
qui cherche le Seigneur ne manquera d'aucun bien.

12 Venez, mes fils, écoutez-moi,
que je vous enseigne la crainte du Seigneur.
13 Qui donc aime la vie
et désire les jours où il verra le bonheur?

14 Garde ta langue du mal
et tes lèvres des paroles perfides.
15 Evite le mal, fais ce qui est bien,
poursuis la paix, recherche-la.

16 Le Seigneur regarde les justes,
il écoute, attentif à leurs cris.
17 Le Seigneur affronte les méchants
pour effacer de la terre leur mémoire.

18 Le Seigneur entend ceux qui l'appellent :
de toutes leurs angoisses, il les délivre.
19 Il est proche du cœur brisé,
il sauve l'esprit abattu.

20 Malheur sur malheur pour le juste,
mais le Seigneur chaque fois le délivre.
21 Il veille sur chacun de ses os :
pas un ne sera brisé.

22 Le mal tuera les méchants;
ils seront châtiés d'avoir haï le juste.
23 Le Seigneur rachètera ses serviteurs :
pas de châtiment pour qui trouve en lui son refuge.

Septième jour : Prière du matin

35 *Judica, Domine*

1 Accuse, Seigneur, ceux qui m'accusent,
attaque ceux qui m'attaquent. *
2 Prends une armure, un bouclier,
lève-toi pour me défendre.

3 Brandis la lance et l'épée
contre ceux qui me poursuivent. *
Parle et dis-moi :
« Je suis ton salut. »

4 Qu'ils soient humiliés, déshonorés,
ceux qui s'en prennent à ma vie! *
Qu'ils reculent, couverts de honte,
ceux qui veulent mon malheur!

5 Qu'ils soient comme la paille dans le vent
lorsque l'ange du Seigneur les balaiera! *
6 Que leur chemin soit obscur et glissant
lorsque l'ange du Seigneur les chassera!

7 Sans raison ils ont tendu leur filet, *
et sans raison creusé un trou pour me perdre.
8 Qu'un désastre imprévu les surprenne, *
qu'ils soient pris dans le filet qu'ils ont caché,
et dans ce désastre, qu'ils succombent!

9 Pour moi, le Seigneur sera ma joie, *
et son salut, mon allégresse!

10 De tout mon être, je dirai :
« Qui est comme toi, Seigneur, *
pour arracher un pauvre à plus fort que lui,
un pauvre, un malheureux, à qui le dépouille? »

11 Des témoins injustes se lèvent,
des inconnus m'interrogent. *
12 On me rend le mal pour le bien :
je suis un homme isolé.

13 Quand ils étaient malades,
je m'habillais d'un sac, +
je m'épuisais à jeûner; *
sans cesse, revenait ma prière.

14 Comme pour un frère, un ami,
j'allais et venais; *
comme en deuil de ma mère,
j'étais sombre et prostré.

15 Si je faiblis, on rit, on s'attroupe, +
des misérables s'attroupent contre moi : *
des gens inconnus
qui déchirent à grands cris.

16 Ils blasphèment, ils me couvrent de sarcasmes, *
grinçant des dents contre moi.

17 Comment peux-tu voir cela, Seigneur? *
Tire ma vie de ce désastre, délivre-moi de ces fauves.

18 Je te rendrai grâce dans la grande assemblée, *
avec un peuple nombreux, je te louerai.

19 Qu'ils n'aient plus à rire de moi,
ceux qui me haïssent injustement! *
Et ceux qui me détestent sans raison,
qu'ils cessent leurs clins d'œil!

20 Ils n'ont jamais une parole de paix,
ils calomnient les gens tranquilles du pays.

21 La bouche large ouverte contre moi,
ils disent : « Voilà, nos yeux l'ont vu! »

22 Tu as vu, Seigneur, sors de ton silence!
Seigneur, ne sois pas loin de moi!
23 Réveille-toi, lève-toi, Seigneur mon Dieu,
pour défendre et juger ma cause!

24 Juge-moi, Seigneur mon Dieu, selon ta justice :
qu'ils n'aient plus à rire de moi!
25 Qu'ils ne pensent pas : « Voilà, c'en est fait! »
Qu'ils ne disent pas : « Nous l'avons englouti! »

26 Qu'ils soient tous humiliés, confondus,
ceux qui riaient de mon malheur! *
Qu'ils soient déshonorés, couverts de honte,
tous ceux qui triomphaient!

27 A ceux qui voulaient pour moi la justice,
rires et cris de joie!
Ils diront sans fin : « Le Seigneur triomphe,
lui qui veut le bien de son serviteur. »

28 Moi, je redirai ta justice *
et chaque jour ta louange.

36 *Dixit injustus*

2 C'est le péché qui parle
au cœur de l'impie; *
ses yeux ne voient pas
que Dieu est terrible.

3 Il se voit d'un œil trop flatteur
pour trouver et haïr sa faute; *
4 il n'a que ruse et fraude à la bouche,
il a perdu le sens du bien.

5 Il prépare en secret ses mauvais coups. +
La route qu'il suit n'est pas celle du bien; *
il ne renonce pas au mal.

6 Dans les cieux, Seigneur, ton amour;
jusqu'aux nues, ta vérité! *
7 Ta justice, une haute montagne;
tes jugements, le grand abîme!

Tu sauves, Seigneur, l'homme et les bêtes :
8 qu'il est précieux ton amour ô mon Dieu!

A l'ombre de tes ailes, tu abrites les hommes : +
9 ils savourent les festins de ta maison; *
aux torrents du paradis, tu les abreuves.

10 En toi est la source de vie:
par ta lumière, nous voyons la lumière.

11 Garde ton amour à ceux qui t'ont connu,
ta justice à tous les hommes droits.

12 Que l'orgueilleux n'entre pas chez moi,
que l'impie ne me jette pas dehors!

13 Voyez : ils sont tombés, les malfaisants;
abattus, ils ne pourront se relever.

Septième jour : Prière du soir

37

Première partie *Noli aemulari*

1 Ne t'indigne pas à la vue des méchants,
n'envie pas les gens malhonnêtes;
2 aussi vite que l'herbe, ils se fanent;
comme la verdure, ils se flétrissent.

3 Fais confiance au Seigneur, agis bien,
habite la terre et reste fidèle;

4 mets ta joie dans le Seigneur :
il comblera les désirs de ton cœur.

5 Dirige ton chemin vers le Seigneur,
fais-lui confiance, et lui, il agira.
6 Il fera lever comme le jour ta justice,
et ton droit comme le plein midi.

7 Repose-toi sur le Seigneur
et compte sur lui.
Ne t'indigne pas devant celui qui réussit,
devant l'homme qui use d'intrigues.

8 Laisse ta colère, calme ta fièvre,
ne t'indigne pas : il n'en viendrait que du mal;
9 les méchants seront déracinés,
mais qui espère le Seigneur possédera la terre.

10 Encore un peu de temps : plus d'impie;
tu pénètres chez lui : il n'y est plus.
11 Les doux posséderont la terre
et jouiront d'une abondante paix.

12 L'impie peut intriguer contre le juste
et grincer des dents contre lui,
13 le Seigneur se moque du méchant
car il voit son jour qui arrive.

14 L'impie a tiré son épée, il a tendu son arc
pour abattre le pauvre et le faible,
pour tuer l'homme droit.
15 Mais l'épée lui entrera dans le cœur,
et son arc se brisera.

16 Pour le juste, avoir peu de biens
vaut mieux que la fortune des impies.
17 Car le bras de l'impie sera brisé,
mais le Seigneur soutient les justes.

Psaume 37 : deuxième partie *Novit Dominus*

18 Il connaît les jours de l'homme intègre
qui recevra un héritage impérissable.
19 Pas de honte pour lui aux mauvais jours;
aux temps de famine, il sera rassasié.

20 Mais oui, les impies disparaîtront
comme la parure des prés;
c'en est fini des ennemis du Seigneur :
ils s'en vont en fumée.

21 L'impie emprunte et ne rend pas;
le juste a pitié : il donne.
22 Ceux qu'il bénit posséderont la terre,
ceux qu'il maudit seront déracinés.

23 Quand le Seigneur conduit les pas de l'homme,
ils sont fermes et sa marche lui plaît.
24 S'il trébuche, il ne tombe pas
car le Seigneur le soutient de sa main.

25 Jamais, de ma jeunesse à mes vieux jours,
je n'ai vu le juste abandonné
ni ses enfants mendier leur pain.
26 Chaque jour il a pitié, il prête;
ses descendants seront bénis.

27 Evite le mal, fais ce qui est bien,
et tu auras une habitation pour toujours,
28 car le Seigneur aime le bon droit,
il n'abandonne pas ses amis.

Ceux-là seront préservés à jamais,
les descendants de l'impie seront déracinés.
29 Les justes posséderont la terre
et toujours l'habiteront.

30 Les lèvres du juste redisent la sagesse
et sa bouche énonce le droit.

31 La loi de son Dieu est dans son cœur;
il va, sans craindre les faux pas.

32 Les impies guettent le juste,
ils cherchent à le faire mourir.
33 Mais le Seigneur ne saurait l'abandonner
ni le laisser condamner par ses juges.

34 Espère le Seigneur,
et garde son chemin :
il t'élèvera jusqu'à posséder la terre;
tu verras les impies déracinés.

35 J'ai vu l'impie dans sa puissance
se déployer comme un cèdre vigoureux.
36 Il a passé, voici qu'il n'est plus;
je l'ai cherché, il est introuvable.

37 Considère l'homme droit, vois l'homme intègre :
un avenir est promis aux pacifiques.
38 Les pécheurs seront tous déracinés,
et l'avenir des impies, anéanti.

39 Le Seigneur est le salut pour les justes,
leur abri au temps de la détresse.
40 Le Seigneur les aide et les délivre,
il les délivre de l'impie, il les sauve,
car ils cherchent en lui leur refuge.

Huitième jour : Prière du matin

38 *Domine, ne in furore*

2 Seigneur, corrige-moi sans colère
et reprends-moi sans violence.

3 Tes flèches m'ont frappé,
ta main s'est abattue sur moi.
4 Rien n'est sain dans ma chair sous ta fureur,
rien d'intact en mes os depuis ma faute.

5 Oui, mes péchés me submergent,
leur poids trop pesant m'écrase.
6 Mes plaies sont puanteur et pourriture :
c'est là le prix de ma folie.

7 Accablé, prostré, à bout de forces,
tout le jour j'avance dans le noir.
8 La fièvre m'envahit jusqu'aux moelles,
plus rien n'est sain dans ma chair.

9 Brisé, écrasé, à bout de forces,
mon cœur gronde et rugit.
10 Seigneur, tout mon désir est devant toi,
et rien de ma plainte ne t'échappe.

11 Le cœur me bat, ma force m'abandonne,
et même la lumière de mes yeux.
12 Amis et compagnons se tiennent à distance,
et mes proches, à l'écart de mon mal.

13 Ceux qui veulent ma perte me talonnent,
ces gens qui cherchent mon malheur;
ils prononcent des paroles maléfiques,
tout le jour ils ruminent leur traîtrise.

14 Moi, comme un sourd, je n'entends rien,
comme un muet, je n'ouvre pas la bouche,
15 pareil à celui qui n'entend pas,
qui n'a pas de réplique à la bouche.

16 C'est toi que j'espère, Seigneur :
Seigneur mon Dieu, toi, tu répondras.
17 J'ai dit : « Qu'ils ne triomphent pas,
ceux qui rient de moi quand je trébuche! »

18 Et maintenant, je suis près de tomber,
ma douleur est toujours devant moi.
19 Oui, j'avoue mon péché,
je m'effraie de ma faute.

20 Mes ennemis sont forts et vigoureux,
ils sont nombreux à m'en vouloir injustement.
21 Ils me rendent le mal pour le bien;
quand je cherche le bien, ils m'accusent.

22 Ne m'abandonne jamais, Seigneur,
mon Dieu, ne sois pas loin de moi.
23 Viens vite à mon aide,
Seigneur, mon salut!

39 *Dixi, Custodiam*

2 J'ai dit : « Je garderai mon chemin
sans laisser ma langue s'égarer;
je garderai un bâillon sur ma bouche,
tant que l'impie se tiendra devant moi. »

3 Je suis resté muet, silencieux;
je me taisais, mais sans profit. *
Mon tourment s'exaspérait,
4 mon cœur brûlait en moi.
Quand j'y pensais, je m'enflammais,
et j'ai laissé parler ma langue.

5 Seigneur, fais-moi connaître ma fin,
quel est le nombre de mes jours :
je connaîtrai combien je suis fragile.
6 Vois le peu de jours que tu m'accordes :
ma durée n'est rien devant toi.

L'homme ici-bas n'est qu'un souffle;
7 il va, il vient, il n'est qu'une image.
Rien qu'un souffle, tous ses tracas;
il amasse, mais qui recueillera?

8 Maintenant, que puis-je attendre, Seigneur?
Elle est en toi, mon espérance.
9 Délivre-moi de tous mes péchés,
épargne-moi les injures des fous.

10 Je me suis tu, je n'ouvre pas la bouche,
car c'est toi, qui es à l'œuvre.
11 Eloigne de moi tes coups :
je succombe sous ta main qui me frappe.

12 Tu redresses l'homme en corrigeant sa faute, +
tu ronges comme un ver son désir; *
l'homme n'est qu'un souffle.

13 Entends ma prière, Seigneur, écoute mon cri;
ne reste pas sourd à mes pleurs.
Je ne suis qu'un hôte chez toi,
un passant, comme tous mes pères.

14 Détourne de moi tes yeux, que je respire
avant que je m'en aille et ne sois plus.

40 *Expectant, expectavi*

2 D'un grand espoir
j'espérais le Seigneur : *
il s'est penché vers moi
pour entendre mon cri.

3 Il m'a tiré de l'horreur du gouffre,
de la vase et de la boue; *
il m'a fait reprendre pied sur le roc,
il a raffermi mes pas.

4 Dans ma bouche il a mis un chant nouveau,
une louange à notre Dieu. *
Beaucoup d'hommes verront, ils craindront,
ils auront foi dans le Seigneur.

5 Heureux est l'homme
qui met sa foi dans le Seigneur *
et ne va pas du côté des violents,
dans le parti des traîtres.

6 Tu as fait pour nous tant de choses,
toi, Seigneur mon Dieu! *
Tant de projets et de merveilles :
non, tu n'as point d'égal!

Jes les dis, je les redis encore; *
mais leur nombre est trop grand!

7 Tu ne voulais ni offrande ni sacrifice,
tu as ouvert mes oreilles; *
tu ne demandais ni holocauste ni victime,
8 alors j'ai dit : « Voici, je viens.

« Dans le livre, est écrit pour moi
9 ce que tu veux que je fasse. *
Mon Dieu, voilà ce que j'aime :
ta loi me tient aux entrailles.»

10 J'annonce la justice
dans la grande assemblée; *
vois, je ne retiens pas mes lèvres,
Seigneur, tu le sais.

11 Je n'ai pas enfoui ta justice au fond de mon cœur, +
je n'ai pas caché ta fidélité, ton salut; *
j'ai dit ton amour et ta vérité
à la grande assemblée.

12 Toi, Seigneur,
ne retiens pas loin de moi ta tendresse; *
que ton amour et ta vérité
sans cesse me gardent!

13 Les malheurs m'ont assailli : *
leur nombre m'échappe!

Mes péchés m'ont accablé :
ils m'enlèvent la vue! *
Plus nombreux que les cheveux de ma tête,
ils me font perdre cœur.

14 Daigne, Seigneur, me délivrer;
Seigneur, viens vite à mon secours! *
15 Qu'ils soient tous humiliés, déshonorés,
ceux qui s'en prennent à ma vie!

Qu'ils reculent, couverts de honte,
ceux qui cherchent mon malheur; *
16 que l'humiliation les écrase,
ceux qui me disent : « C'est bien fait! »

17 Mais tu seras l'allégresse et la joie
de tous ceux qui te cherchent; *
toujours ils rediront : « Le Seigneur est grand! »
ceux qui aiment ton salut.

18 Je suis pauvre et malheureux,
mais le Seigneur pense à moi. *
Tu es mon secours, mon libérateur :
mon Dieu, ne tarde pas!

Huitième jour : Prière du soir

41 *Beatus qui intelligit*

2 Heureux qui pense au pauvre et au faible :
le Seigneur le sauve au jour du malheur!
3 Il le protège et le garde en vie, heureux sur la terre.
Seigneur, ne le livre pas à la merci de l'ennemi!
4 Le Seigneur le soutient sur son lit de souffrance :
si malade qu'il soit, tu le relèves.

5 J'avais dit : « Pitié pour moi, Seigneur,
guéris-moi, car j'ai péché contre toi! »
6 Mes ennemis me condamnent déjà :
« Quand sera-t-il mort? son nom, effacé? »
7 Si quelqu'un vient me voir, ses propos sont vides;
il emplit son cœur de pensées méchantes,
il sort, et dans la rue il parle.

8 Unis contre moi, mes ennemis murmurent,
à mon sujet, ils présagent le pire :
9 « C'est un mal pernicieux qui le ronge;
le voilà couché, il ne pourra plus se lever. »
10 Même l'ami, qui avait ma confiance
et partageait mon pain, m'a frappé du talon.

11 Mais toi, Seigneur, prends pitié de moi;
relève-moi, je leur rendrai ce qu'ils méritent.
12 Oui, je saurai que tu m'aimes
si mes ennemis ne chantent pas victoire.
13 Dans mon innocence tu m'as soutenu
et rétabli pour toujours devant ta face.

Béni soit le Seigneur,
Dieu d'Israël, *
depuis toujours et pour toujours!
Amen! Amen!

Livre deux

42 *Quemadmodum*

2 Comme un cerf altéré
cherche l'eau vive, *
ainsi mon âme te cherche,
toi, mon Dieu.

3 Mon âme a soif de Dieu,
le Dieu vivant; *
quand pourrai-je m'avancer,
paraître face à Dieu?

4 Je n'ai d'autre pain que mes larmes,
le jour, la nuit, *
moi que chaque jour entends dire :
« Où est-il ton Dieu? »

5 Je me souviens,
et mon âme déborde : *
en ce temps-là,
je franchissais les portails!

Je conduisais vers la maison de mon Dieu
la multitude en fête, *
parmi les cris de joie
et les actions de grâce.

R 6 Pourquoi te désoler, ô mon âme,
et gémir sur moi? *
Espère en Dieu! De nouveau je rendrai grâce :
il est mon sauveur et mon Dieu!

7 Si mon âme se désole,
je me souviens de toi, *
depuis les terres du Jourdain et de l'Hermon,
depuis mon humble montagne.

8 L'abîme appelant l'abîme
à la voix de tes cataractes, *
la masse de tes flots et de tes vagues
a passé sur moi.

9 Au long du jour, le Seigneur
m'envoie son amour; *
et la nuit, son chant est avec moi,
prière au Dieu de ma vie.

10 Je dirai à Dieu, mon rocher :
« Pourquoi m'oublies-tu? *
Pourquoi vais-je assombri,
pressé par l'ennemi? »

11 Outragé par mes adversaires,
je suis meurtri jusqu'aux os, *
moi qui chaque jour entends dire :
«Où est-il ton Dieu?»

R 12 Pourquoi te désoler, ô mon âme,
et gémir sur moi? *
Espère en Dieu! De nouveau je rendrai grâce :
il est mon sauveur et mon Dieu!

43 *Judica me, Deus*

1 Rends-moi justice, ô mon Dieu, défends ma cause
contre un peuple sans foi; *
de l'homme qui ruse et trahit,
libère-moi.

2 C'est toi, Dieu, ma forteresse :
pourquoi me rejeter? *
Pourquoi vais-je assombri,
pressé par l'ennemi?

3 Envoie ta lumière et ta vérité :
qu'elles guident mes pas *
et me conduisent à ta montagne sainte,
jusqu'en ta demeure.

4 J'avancerai jusqu'à l'autel de Dieu,
vers Dieu qui est toute ma joie; *
je te rendrai grâce avec ma harpe,
Dieu, mon Dieu.

R 5 Pourquoi te désoler, ô mon âme,
et gémir sur moi? *
Espère en Dieu! De nouveau je rendrai grâce :
il est mon sauveur et mon Dieu!

Neuvième jour : Prière du matin

44 *Deus, auribus*

2 Dieu, nous avons entendu dire, +
et nos pères nous ont raconté, *

quelle action tu accomplis de leur temps,
aux jours d'autrefois.

3 Toi, par ta main, tu as dépossédé les nations, +
et ils purent s'implanter; *
tu as malmené de peuplades,
et ils purent s'étendre.

4 Ce n'était pas leur épée qui possédait le pays, +
ni leur bras qui les rendait vainqueurs, *
mais ta droite et ton bras, et la lumière de ta face,
car tu les aimais.

5 Toi, Dieu, tu es mon roi, *
tu décides des victoires de Jacob :
6 avec toi, nous battions nos ennemis;
par ton nom, nous écrasions nos adversaires.

7 Ce n'est pas sur mon arme que je compte,
ni sur mon épée, pour la victoire.
8 Tu nous as donné de vaincre l'adversaire,
tu as couvert notre ennemi de honte.

9 Dieu était notre louange, tout le jour :
sans cesse nous rendions grâce à ton nom.

10 Maintenant, tu nous humilies, tu nous rejettes,
tu ne sors plus avec nos armées.
11 Tu nous fais plier devant l'adversaire,
et nos ennemis emportent le butin.

12 Tu nous traites en bétail de boucherie,
tu nous disperses parmi les nations.
13 Tu vends ton peuple à vil prix,
sans que tu gagnes à ce marché.

14 Tu nous exposes aux sarcasmes des voisins,
aux rires, aux moqueries de l'entourage.
15 Tu fais de nous la fable des nations;
les étrangers haussent les épaules.

16 Tout le jour, ma déchéance est devant moi,
la honte couvre mon visage,
17 sous les sarcasmes et les cris de blasphème,
sous les yeux de l'ennemi qui se venge.

18 Tout cela est venu sur nous
sans que nous t'ayons oublié : *
nous n'avions pas trahi ton alliance.

19 Notre cœur ne s'était pas détourné
et nos pieds n'avaient pas quitté ton chemin
20 quand tu nous poussais au milieu des chacals
et nous couvrais de l'ombre de la mort.

21 Si nous avions oublié le nom de notre Dieu,
tendu les mains vers un dieu étranger,
22 Dieu ne l'eût-il pas découvert,
lui qui connaît le fond des cœurs?
23 C'est pour toi qu'on nous massacre sans arrêt,
qu'on nous traite en bétail d'abattoir.

24 Réveille-toi! Pourquoi dors-tu, Seigneur?
Lève-toi! Ne nous rejette pas pour toujours.
25 Pourquoi détourner ta face,
oublier notre malheur, notre misère?

26 Oui, nous mordons la poussière,
notre ventre colle à la terre.
27 Debout! Viens à notre aide!
Rachète-nous, au nom de ton amour.

45 *Eructavit cor meum*

2 D'heureuses paroles jaillissent de mon cœur
quand je dis mes poèmes pour le roi
d'une langue aussi vive que la plume du scribe!

3 Tu es beau, comme aucun des enfants de l'homme,
la grâce est répandue sur tes lèvres :
oui, Dieu te bénit pour toujours.

4 Guerrier valeureux, porte l'épée de noblesse et d'honneur!
5 Ton honneur, c'est de courir au combat
pour la justice, la clémence et la vérité.

6 Ta main jettera la stupeur, les flèches qui déchirent;
sous tes coups, les peuples s'abattront,
les ennemis du roi, frappés en plein cœur.

7 Ton trône est divin, un trône éternel;
ton sceptre royal est sceptre de droiture :
8 tu aimes la justice, tu réprouves le mal.

Oui, Dieu, ton Dieu, t'a consacré
d'une onction de joie, comme aucun de tes semblables;
9 la myrrhe et l'aloès parfument ton vêtement.

Des palais d'ivoire, la musique t'enchante.
10 Parmi tes bien-aimées sont des filles de roi;
à ta droite, la préférée, sous les ors d'Ophir.

11 Ecoute, ma fille, regarde et tends l'oreille;
oublie ton peuple et la maison de ton père :
12 le roi sera séduit par ta beauté.

Il est ton Seigneur : prosterne-toi devant lui.
13 Alors, fille de Tyr, les plus riches du peuple,
chargés de présents, quêteront ton sourire.

14 Fille de roi, elle est là, dans sa gloire,
vêtue d'étoffes d'or;
15 on la conduit, toute parée, vers le roi.

Des jeunes filles, ses compagnes, lui font cortège;
16 on les conduit parmi les chants de fête :
elles entrent au palais du roi.

17 A la place de tes pères se lèveront tes fils;
sur toute la terre tu feras d'eux des princes.

18 Je ferai vivre ton nom pour les âges des âges :
que les peuples te rendent grâce, toujours, à jamais!

46 *Deus noster refugium*

2 Dieu est pour nous refuge et force,
secours dans la détresse, toujours offert.
3 Nous serons sans crainte si la terre est secouée,
si les montagnes s'effondrent au creux de la mer;
4 ses flots peuvent mugir et s'enfler,
les montagnes, trembler dans la tempête :

[R] [Il est avec nous,
le Seigneur de l'univers;
citadelle pour nous,
le Dieu de Jacob!]

5 Le Fleuve, ses bras réjouissent la ville de Dieu,
la plus sainte des demeures du Très-Haut.
6 Dieu s'y tient : elle est inébranlable;
quand renaît le matin, Dieu la secourt.
7 Des peuples mugissent, des règnes s'effondrent;
quand sa voix retentit, la terre se défait.

R 8 Il est avec nous,
le Seigneur de l'univers;
citadelle pour nous,
le Dieu de Jacob!

9 Venez et voyez les actes du Seigneur,
comme il couvre de ruines la terre.
10 Il détruit la guerre jusqu'au bout du monde,
il casse les arcs, brise les lances, incendie les chars :
11 « Arrêtez! Sachez que je suis Dieu.
Je domine les nations, je domine la terre. »

R 12 Il est avec nous,
le Seigneur de l'univers;
citadelle pour nous,
le Dieu de Jacob!

Neuvième jour : Prière du soir

47 *Omnes gentes plaudite*

2 Tous les peuples, battez des mains,
acclamez Dieu par vos cris de joie!

3 Car le Seigneur est le Très-Haut, le redoutable,
le grand roi sur toute la terre,
4 celui qui nous soumet des nations,
qui tient des peuples sous nos pieds;
5 il choisit pour nous l'héritage,
fierté de Jacob, son bien-aimé.

6 Dieu s'élève parmi les ovations,
le Seigneur, aux éclats du cor.
7 Sonnez pour notre Dieu, sonnez,
sonnez pour notre roi, sonnez!
8 Car Dieu est le roi de la terre :
que vos musiques l'annoncent!

9 Il règne, Dieu, sur les païens,
Dieu est assis sur son trône sacré.
10 Les chefs des peuples se sont rassemblés :
c'est le peuple du Dieu d'Abraham.
Les princes de la terre sont à Dieu
qui s'élève au-dessus de tous.

48 *Magnus Dominus*

2 Il est grand, le Seigneur, hautement loué, +
dans la ville de notre Dieu, *

3 sa sainte montagne, altière et belle,
joie de toute la terre.

La montagne de Sion, c'est le pôle du monde,
la cité du grand roi; *
4 Dieu se révèle, en ses palais,
vraie citadelle.

5 Voici que des rois s'étaient ligués,
ils avançaient tous ensemble; *
6 ils ont vu, et soudain stupéfaits,
pris de panique, ils ont fui.

7 Et voilà qu'un tremblement les saisit :
douleurs de femme qui accouche; *
8 un vent qui souffle du désert
a brisé les vaisseaux de Tarsis.

9 Nous l'avions entendu, nous l'avons vu
dans la ville du Seigneur, Dieu de l'univers, *
dans la ville de Dieu, notre Dieu,
qui l'affermira pour toujours.

10 Dieu, nous revivons ton amour
au milieu de ton temple. *
11 Ta louange, comme ton nom,
couvre l'étendue de la terre.

Ta main droite qui donne la victoire
12 réjouit la montagne de Sion; *
les villes de Juda exultent
devant tes jugements.

13 Longez les remparts de Sion,
comptez ses tours; *
14 que vos cœurs s'éprennent de ses murs :
contemplez ses palais.

Et vous direz aux âges qui viendront :
15 «Ce Dieu est notre Dieu, *
pour toujours et à jamais,
notre guide pour les siècles.»

49 *Audite haec, omnes*

2 Ecoutez ceci, tous les peuples,
entendez bien, habitants de l'univers,
3 gens illustres, gens obscurs,
riches et pauvres, tous ensemble.

4 Ma bouche dira des paroles de sagesse,
les propos clairvoyants de mon cœur;
5 l'oreille attentive aux proverbes,
j'exposerai sur la cithare mon énigme.

6 Pourquoi craindre aux jours de malheur
ces fourbes qui me talonnent pour m'encercler,
7 ceux qui s'appuient sur leur fortune
et se vantent de leurs grandes richesses?

8 Nul ne peut racheter son frère
ni payer à Dieu sa rançon :
9 aussi cher qu'il puisse payer,
toute vie doit finir.

10 Peut-on vivre indéfiniment
sans jamais voir la fosse?
11 Vous voyez les sages mourir :
comme le fou et l'insensé ils périssent,
laissant à d'autres leur fortune.

12 Ils croyaient leur maison éternelle, +
leur demeure établie pour les siècles;
sur des terres ils avaient mis leur nom.

R 13 L'homme comblé ne dure pas :
il ressemble au bétail qu'on abat.

14 Tel est le destin des insensés
et l'avenir de qui aime les entendre :
15 troupeau parqué pour les enfers
et que la mort mène paître.

A l'aurore, ils feront place au juste;
dans la mort, s'effaceront leurs visages :
pour eux, plus de palais!
16 Mais Dieu rachètera ma vie aux griffes de la mort :
c'est lui qui me prendra.

17 Ne crains pas l'homme qui s'enrichit,
qui accroît le luxe de sa maison :
18 aux enfers il n'emporte rien;
sa gloire ne descend pas avec lui.

19 De son vivant, il s'est béni lui-même :
« On t'applaudit car tout va bien pour toi! »
20 Mais il rejoint la lignée de ses ancêtres
qui ne verront jamais plus la lumière.

R 21 L'homme comblé qui n'est pas clairvoyant
ressemble au bétail qu'on abat.

Dixième jour : Prière du matin

50 *Deus deorum*

1 Le Dieu des dieux, le Seigneur,
parle et convoque la terre *
du soleil levant
jusqu'au soleil couchant.

2 De Sion, belle entre toutes,
Dieu resplendit. *
3 Qu'il vienne, notre Dieu,
qu'il rompe son silence!

Devant lui, un feu qui dévore;
autour de lui, éclate un ouragan.
4 Il convoque les hauteurs des cieux
et la terre au jugement de son peuple :

5 « Assemblez, devant moi, mes fidèles,
eux qui scellent d'un sacrifice mon alliance. »
6 Et les cieux proclament sa justice :
oui, le juge c'est Dieu !

7 « Ecoute, mon peuple, je parle; +
Israël, je te prends à témoin. *
Moi, Dieu, je suis ton Dieu !

8 « Je ne t'accuse pas pour tes sacrifices;
tes holocaustes sont toujours devant moi.
9 Je ne prendrai pas un seul taureau de ton domaine,
pas un bélier de tes enclos.

10 « Tout le gibier des forêts m'appartient
et le bétail des hauts pâturages.
11 Je connais tous les oiseaux des montagnes;
les bêtes des champs sont à moi.

12 « Si j'ai faim, irai-je te le dire ?
Le monde et sa richesse m'appartiennent.
13 Vais-je manger la chair des taureaux
et boire le sang des béliers ?

14 « Offre à Dieu le sacrifice d'action de grâce,
accomplis tes vœux envers le Très-Haut.
15 Invoque-moi au jour de détresse :
je te délivrerai, et tu me rendras gloire. »

16 Mais à l'impie, Dieu déclare : +

« Qu'as-tu à réciter mes lois, *
à garder mon alliance à la bouche,
17 toi qui n'aimes pas les reproches
et rejettes loin de toi mes paroles ?

18 « Si tu vois un voleur, tu fraternises,
tu es chez toi parmi les adultères;
19 tu livres ta bouche au mal,
ta langue trame des mensonges.

20 « Tu t'assieds, tu diffames ton frère,
tu flétris le fils de ta mère.
21 Voilà ce que tu fais;
garderai-je le silence?

« Penses-tu que je suis comme toi?
Je mets cela sous tes yeux, et je t'accuse.
22 Comprenez donc, vous qui oubliez Dieu :
sinon je frappe, et pas de recours!

23 « Qui offre le sacrifice d'action de grâce,
celui-là me rend gloire :
sur le chemin qu'il aura pris,
je lui ferai voir le salut de Dieu. »

51 *Miserere mei, Deus*

3 Pitié pour moi, mon Dieu, dans ton amour,
selon ta grande miséricorde, efface mon péché.
4 Lave-moi tout entier de ma faute,
purifie-moi de mon offense.

5 Oui, je connais mon péché,
ma faute est toujours devant moi.
6 Contre toi, et toi seul, j'ai péché,
ce qui est mal à tes yeux, je l'ai fait.

Ainsi, tu peux parler et montrer ta justice,
être juge et montrer ta victoire.
7 Moi, je suis né dans la faute,
j'étais pécheur dès le sein de ma mère.

8 Mais tu veux au fond de moi la vérité;
dans le secret, tu m'apprends la sagesse.
9 Purifie-moi avec l'hysope, et je serai pur;
lave-moi et je serai blanc, plus que la neige.

10 Fais que j'entende les chants et la fête :
ils danseront, les os que tu broyais.

11 Détourne ta face de mes fautes,
enlève tous mes péchés.

12 Crée en moi un cœur pur, ô mon Dieu,
renouvelle et raffermis au fond de moi mon esprit.
13 Ne me chasse pas loin de ta face,
ne me reprends pas ton esprit saint.

14 Rends-moi la joie d'être sauvé;
que l'esprit généreux me soutienne.
15 Aux pécheurs, j'enseignerai tes chemins;
vers toi, reviendront les égarés.

16 Libère-moi du sang versé, Dieu, mon Dieu sauveur,
et ma langue acclamera ta justice.
17 Seigneur, ouvre mes lèvres,
et ma bouche annoncera ta louange.

18 Si j'offre un sacrifice, tu n'en veux pas,
tu n'acceptes pas d'holocauste.
19 Le sacrifice qui plaît à Dieu,
  c'est un esprit brisé; *
tu ne repousses pas, ô mon Dieu,
  un cœur brisé et broyé.

20 Accorde à Sion le bonheur,
relève les murs de Jérusalem.
21 Alors tu accepteras de justes sacrifices,
  oblations et holocaustes; *
alors on offrira des taureaux sur ton autel.

52 *Quid gloriaris?*

3 Pourquoi te glorifier du mal,
    toi, l'homme fort? *
Chaque jour, Dieu est fidèle.

4 De ta langue affilée comme un rasoir,
    tu prépares le crime, *
fourbe que tu es!

5 Tu aimes le mal plus que le bien,
et plus que la vérité, le mensonge; *
6 tu aimes les paroles qui tuent,
langue perverse.

7 Mais Dieu va te ruiner pour toujours,
t'écraser, t'arracher de ta demeure, *
t'extirper de la terre des vivants.

8 Les justes verront, ils craindront,
ils riront de toi : +
9 « Le voilà donc cet homme
qui n'a pas mis sa force en Dieu! *
Il comptait sur ses grandes richesses,
il se faisait fort de son crime! »

10 Pour moi, comme un bel olivier
dans la maison de Dieu, *
je compte sur la fidélité de mon Dieu,
sans fin, à jamais!

11 Sans fin, je veux te rendre grâce,
car tu as agi! *
J'espère en ton nom devant ceux qui t'aiment :
oui, il est bon!

Dixième jour : Prière du soir

53 *Dixit insipiens*

2 Dans son cœur, le fou déclare :
« Pas de Dieu! » *
Tout est corrompu, abominable,
pas un homme de bien!

3 Des cieux, le Seigneur se penche
vers les fils d'Adam *
pour voir s'il en est un de sensé,
un qui cherche Dieu.

4 Tous, ils sont dévoyés;
tous ensemble, pervertis : *
pas un homme de bien,
pas même un seul!

5 N'ont-ils donc pas compris,
ces gens qui font le mal? *
Quand ils mangent leur pain,
ils mangent mon peuple.
Dieu, jamais ils ne l'invoquent!

6 Et voilà qu'ils se sont mis à trembler,
à trembler sans raison. *
Oui, Dieu a dispersé les os de tes assiégeants;
tu peux en rire : Dieu les rejette.

7 Qui fera venir de Sion
la délivrance d'Israël? +
Quand le Seigneur ramènera les déportés de son peuple, *
quelle fête en Jacob, en Israël, quelle joie!

54 *Deus, in nomine*

3 Par ton nom, Dieu, sauve-moi,
par ta puissance rends-moi justice;
4 Dieu, entends ma prière,
écoute les paroles de ma bouche.

5 Des étrangers se sont levés contre moi, +
des puissants cherchent ma perte :
ils n'ont pas souci de Dieu.

6 Mais voici que Dieu vient à mon aide,
le Seigneur est mon appui entre tous.
7 Que le mal retombe sur ceux qui me guettent;
par ta vérité, Seigneur, détruis-les.

8 De grand cœur, je t'offrirai le sacrifice,
je rendrai grâce à ton nom, car il est bon!
9 Oui, il m'a délivré de toute angoisse :
j'ai vu mes ennemis défaits.

55 *Exaudi, Deus*

2 Mon Dieu, écoute ma prière,
n'écarte pas ma demande. *
3 Exauce-moi, je t'en prie, réponds-moi;
inquiet, je me plains.

4 Je suis troublé par les cris de l'ennemi
et les injures des méchants; *
ils me chargent de crimes,
pleins de rage, ils m'accusent.

5 Mon cœur se tord en moi,
la peur de la mort tombe sur moi; *
6 crainte et tremblement me pénètrent,
un frisson me saisit.

7 Alors, j'ai dit : « Qui me donnera des ailes de colombe? +
Je volerais en lieu sûr; *
8 loin, très loin, je m'enfuirais
pour chercher asile au désert. »

9 J'ai hâte d'avoir un abri
contre ce grand vent de tempête! *
10 Divise-les, Seigneur,
mets la confusion dans leur langage!

Car je vois dans la ville
discorde et violence : *
11 de jour et de nuit, elles tournent
en haut de ses remparts.

Au-dedans, crimes et malheurs;
12 au-dedans, c'est la ruine : *
fraude et brutalité
ne quittent plus ses rues.

13 Si l'insulte me venait d'un ennemi,
je pourrais l'endurer; *
si mon rival s'élevait contre moi,
je pourrais me dérober.

14 Mais toi, un homme de mon rang,
mon familier, mon intime! *
15 Que notre entente était bonne,
quand nous allions d'un même pas
dans la maison de Dieu!

16 Que la mort les surprenne,
qu'ils descendent vivants dans l'abîme, *
car le mal habite leurs demeures,
il est au milieu d'eux.

17 Pour moi, je crie vers Dieu;
le Seigneur me sauvera. *
18 Le soir et le matin et à midi,
je me plains, je suis inquiet.

Et Dieu a entendu ma voix,
19 il m'apporte la paix. *
Il me délivre dans le combat que je menais;
ils étaient une foule autour de moi.

20 Que Dieu entende et qu'il réponde,
lui qui règne dès l'origine, *
à ceux-là qui ne changent pas,
et ne craignent pas Dieu.

21 Un traître a porté la main sur ses amis,
profané son alliance : +
22 il montre un visage séduisant,
mais son cœur fait la guerre; *
sa parole est plus suave qu'un parfum,
mais elle est un poignard.

23 Décharge ton fardeau sur le Seigneur :
il prendra soin de toi. *
Jamais il ne permettra
que le juste s'écroule.

24 Et toi, Dieu, tu les précipites au fond de la tombe, +
ces hommes qui tuent et qui mentent. *
Ils s'en iront dans la force de l'âge;
moi, je m'appuie sur toi!

Onzième jour : Prière du matin

56 *Miserere mei, Deus*

2 Pitié, mon Dieu!
Des hommes s'acharnent contre moi;
tout le jour, ils me combattent, ils me harcèlent.
3 Ils s'acharnent, ils me guettent tout le jour;
mais là-haut, une armée combat pour moi.

4 Le jour où j'ai peur,
je prends appui sur toi.
R 5 Sur Dieu dont j'exalte la parole,
sur Dieu, je prends appui;
plus rien ne me fait peur :
que peuvent sur moi des êtres de chair?
6 Tout le jour, leurs paroles me blessent,
ils ne pensent qu'à me faire du mal;
7 à l'affût, ils épient, ils surveillent mes pas;
comme s'ils voulaient ma mort.
8 Vont-ils échapper malgré leurs crimes?
Que ta colère, mon Dieu, abatte les nations!

9 Toi qui comptes mes pas vagabonds,
recueille en tes outres mes larmes;
(cela n'est-il pas dans ton livre?)
10 Le jour où j'appellerai, mes ennemis reculeront;
je le sais, Dieu est pour moi.

R 11 Sur Dieu dont j'exalte la parole,
le Seigneur dont j'exalte la parole, *

12 sur Dieu, je prends appui :
plus rien ne me fait peur! *
Que peuvent sur moi des humains?

13 Mon Dieu, je tiendrai ma promesse,
je t'offrirai des sacrifices d'action de grâce;
14 car tu m'as délivré de la mort
et tu préserves mes pieds de la chute,
pour que je marche à la face de Dieu
dans la lumière des vivants.

57 *Miserere mei, Deus*

2 Pitié, mon Dieu, pitié pour moi!
En toi je cherche refuge,
un refuge à l'ombre de tes ailes,
aussi longtemps que dure le malheur.

3 Je crie vers Dieu, le Très-Haut,
vers Dieu, qui fera tout pour moi.
4 Du ciel, qu'il m'envoie le salut :
(mon adversaire a blasphémé!).
Que Dieu envoie son amour et sa vérité!

5 Je suis au milieu de lions
et gisant parmi des bêtes féroces;
ils ont pour langue une arme tranchante,
pour dents, des lances et des flèches.

R 6 Dieu, lève-toi sur les cieux :
que ta gloire domine la terre!

7 Ils ont tendu un filet sous mes pas :
j'allais succomber. *
Ils ont creusé un trou devant moi,
ils y sont tombés.

8 Mon cœur est prêt, mon Dieu, +
mon cœur est prêt! *
Je veux chanter, jouer des hymnes!

9 Eveille-toi, ma gloire! +
Eveillez-vous, harpe, cithare, *
que j'éveille l'aurore!

10 Je te rendrai grâce parmi les peuples, Seigneur,
et jouerai mes hymnes en tous pays.
11 Ton amour est plus grand que les cieux,
ta vérité, plus haute que les nues.

R 12 Dieu, lève-toi sur les cieux :
que ta gloire domine la terre!

58 *Si vere utique*

2 Vraiment, vous bâillonnez la justice, vous qui jugez!
Est-ce le droit que vous suivez, fils des hommes?
3 Mais non, dans vos cœurs vous commettez le crime;
sur la terre vos mains font régner la violence.

4 Les méchants sont dévoyés dès le sein maternel,
menteurs, égarés depuis leur naissance;
5 ils ont du venin, un venin de vipère,
ils se bouchent les oreilles, comme des serpents
6 qui refusent d'écouter la voix de l'enchanteur,
du charmeur le plus habile aux charmes.

7 Dieu, brise leurs dents et leur mâchoire,
Seigneur, casse les crocs de ces lions :
8 Qu'ils s'en aillent comme les eaux qui se perdent!
Que Dieu les transperce, et qu'ils en périssent,
9 comme la limace qui glisse en fondant,
ou l'avorton qui ne voit pas le soleil!

10 Plus vite qu'un feu de ronces ne lèche la marmite,
que le feu de ta colère les emporte!
11 Joie pour le juste de voir la vengeance,
de laver ses pieds dans le sang de l'impie!
12 Et l'homme dira : « Oui, le juste porte du fruit;
oui, il existe un Dieu pour juger sur la terre. »

59 *Eripe me de inimicis*

2 Délivre-moi de mes ennemis, mon Dieu;
de mes agresseurs, protège-moi.
3 Délivre-moi des hommes criminels;
des meurtriers, sauve-moi.

4 Voici qu'on me prépare une embuscade :
des puissants se jettent sur moi.
5 Je n'ai commis ni faute, ni péché, ni le mal, Seigneur,
pourtant ils accourent et s'installent.
Réveille-toi! Viens à moi, regarde,
6 Seigneur, Dieu de l'univers, Dieu d'Israël :
lève-toi et punis tous ces païens,
sans pitié pour tous ces traîtres de malheur!

R 7 Le soir, ils reviennent : *
comme des chiens, ils grondent,
ils cernent la ville.

8 Les voici, l'écume à la bouche,
l'épée aux lèvres : « Qui donc entendrait? »
9 Mais toi, Seigneur, tu t'en amuses,
tu te ris de tous ces païens.

10 Auprès de toi, ma forteresse, je veille;
[R] oui, mon rempart, c'est Dieu!
11 Le Dieu de mon amour vient à moi :
avec lui je défie mes adversaires.

12 Ne les supprime pas, Seigneur,
de peur que mon peuple n'oublie!
Que ta puissance les terrasse et les disperse,
Seigneur, notre bouclier!

13 Ils pèchent dès qu'ils ouvrent la bouche; +
qu'ils soient pris à leur orgueil
puisqu'ils mentent et qu'ils maudissent!

14 Dans ta colère, détruis-les;
détruis-les, qu'ils disparaissent!
Alors on saura que Dieu règne en Jacob
et sur l'étendue de la terre.

R 15 Le soir, ils reviennent : *
comme des chiens, ils grondent,
ils cernent la ville.
16 Ils vont en quête d'une proie,*
affamés, hurlant dans la nuit.

17 Et moi, je chanterai ta force,
au matin j'acclamerai ton amour.
Tu as été pour moi un rempart,
un refuge au temps de ma détresse.

18 Je te fêterai, toi, ma forteresse :
[R] oui, mon rempart, c'est Dieu,
le Dieu de mon amour.

60 *Deus, repulisti nos*

3 Dieu, tu nous as rejetés, brisés;
tu étais en colère, reviens-nous!
4 Tu as secoué, disloqué le pays;
répare ses brèches : il s'effondre.

5 Tu mets à dure épreuve ton peuple,
tu nous fais boire un vin de vertige.

6 Tu as donné un étendard à tes fidèles,
était-ce pour qu'ils fuient devant l'arc?

7 Que tes bien-aimés soient libérés;
sauve-les par ta droite, réponds-nous!

8 Dans le sanctuaire, Dieu a parlé : +
« Je triomphe! Je partage Sichem,
je divise la vallée de Soukkôt.

9 « A moi Galaad, à moi Manassé! +
Ephraïm est le casque de ma tête,
Juda, mon bâton de commandement.

10 « Moab est le bassin où je me lave; +
sur Edom, je pose le talon.
Crieras-tu victoire sur moi, Philistie? »

11 Qui me conduira dans la Ville-forte,
qui me mènera jusqu'en Édom,
12 sinon toi, Dieu, qui nous rejettes
et ne sors plus avec nos armées?

13 Porte-nous secours dans l'épreuve :
néant, le salut qui vient des hommes!
14 Avec Dieu nous ferons des prouesses,
et lui piétinera nos oppresseurs!

61 *Exaudi, Deus*

2 Dieu, entends ma plainte,
exauce ma prière; *
3 des terres lointaines je t'appelle
quand le cœur me manque.

Jusqu'au rocher trop loin de moi
tu me conduiras, *
4 car tu es pour moi un refuge,
un bastion, face à l'ennemi.

5 Je veux être chez toi pour toujours,
me réfugier à l'abri de tes ailes.

6 Oui, mon Dieu, tu exauces mon vœu,
tu fais largesse à ceux qui craignent ton nom.

7 Accorde au roi des jours et des jours :
que ses années deviennent des siècles!

8 Qu'il trône à jamais devant la face de Dieu!
Assigne à sa garde Amour et Vérité.

9 Alors, je chanterai sans cesse ton nom,
j'accomplirai mon vœu jour après jour.

Douzième jour : Prière du matin

62 *Nonne Deo?*

2 Je n'ai de repos qu'en Dieu seul,
mon salut vient de lui.

R 3 Lui seul est mon rocher, mon salut,
ma citadelle : je suis inébranlable.

4 Combien de temps tomberez-vous sur un homme
pour l'abattre, vous tous, *
comme un mur qui penche,
une clôture qui croule?

5 Détruire mon honneur est leur seule pensée : +
ils se plaisent à mentir. *
Des lèvres, ils bénissent;
au fond d'eux-mêmes, ils maudissent.

6 Je n'ai mon repos qu'en Dieu seul;
oui, mon espoir vient de lui.

R 7 Lui seul est mon rocher, mon salut,
ma citadelle : je reste inébranlable.

8 Mon salut et ma gloire
se trouvent près de Dieu. *
Chez Dieu, mon refuge,
mon rocher imprenable!

9 Comptez sur lui en tous temps,
vous, le peuple. *
Devant lui épanchez votre cœur :
Dieu est pour nous un refuge.

10 L'homme n'est qu'un souffle, +
les fils des hommes, un mensonge : *
sur un plateau de balance, tous ensemble,
ils seraient moins qu'un souffle.

11 N'allez pas compter sur la fraude
et n'aspirez pas au profit; *
si vous amassez des richesses,
n'y mettez pas votre cœur.

12 Dieu a dit une chose,
deux choses que j'ai entendues. +
Ceci : que la force est à Dieu;
13 à toi, Seigneur, la grâce! *
Et ceci : tu rends à chaque homme
selon ce qu'il fait.

63 *Deus, Deus meus*

2 Dieu, tu es mon Dieu,
je te cherche dès l'aube : *
mon âme a soif de toi;
après toi languit ma chair,
terre aride, altérée, sans eau.

3 Je t'ai contemplé au sanctuaire,
j'ai vu ta force et ta gloire.
4 Ton amour vaut mieux que la vie :
tu seras la louange de mes lèvres!

5 Toute ma vie je vais te bénir,
lever les mains en invoquant ton nom.
6 Comme par un festin je serai rassasié;
la joie sur les lèvres, je dirai ta louange.

7 Dans la nuit, je me souviens de toi
et je reste des heures à te parler.
8 Oui, tu es venu à mon secours :
je crie de joie à l'ombre de tes ailes.

9 Mon âme s'attache à toi,
ta main droite me soutient.

10 Mais ceux qui pourchassent mon âme,
qu'ils descendent aux profondeurs de la terre,
11 qu'on les passe au fil de l'épée,
qu'ils deviennent la pâture des loups!

12 Et le roi se réjouira de son Dieu.
Qui jure par lui en sera glorifié,
tandis que l'homme de mensonge
aura la bouche close!

64 *Exaudi, Deus*

2 Ecoute, ô mon Dieu, le cri de ma plainte;
face à l'ennemi redoutable, protège ma vie.
3 Garde-moi du complot des méchants,
à l'abri de cette meute criminelle.

4 Ils affûtent leur langue comme une épée,
ils ajustent leur flèche, parole empoisonnée,
5 pour tirer en cachette sur l'innocent;
ils tirent soudain, sans rien craindre.

6 Ils se forgent des formules maléfiques, +
ils dissimulent avec soin leurs pièges;
ils disent : « Qui les verra? »

7 Ils machinent leur crime : +
Notre machination est parfaite;
le cœur de chacun demeure impénétrable!

8 Mais c'est Dieu qui leur tire une flèche, +
soudain, ils en ressentent la blessure,
9 ils sont les victimes de leur langue.

Tous ceux qui les voient hochent la tête;
10 tout homme est saisi de crainte :
il proclame ce que Dieu a fait,
il comprend ses actions.

11 Le juste trouvera dans le Seigneur
joie et refuge, *
et tous les hommes au cœur droit,
leur louange.

Douzième jour : Prière du soir

65 *Te decet hymnus*

2 Il est beau de te louer,
Dieu, dans Sion, *
de tenir ses promesses envers toi
3 qui écoutes la prière.

Jusqu'à toi vient toute chair
4 avec son poids de péché; *
nos fautes ont dominé sur nous :
toi, tu les pardonnes.

5 Heureux ton invité, ton élu :
il habite ta demeure! *
Les biens de ta maison nous rassasient,
les dons sacrés de ton temple!

6 Ta justice nous répond par des prodiges,
Dieu notre sauveur, *
espoir des horizons de la terre
et des rives lointaines.

7 Sa force enracine les montagnes,
il s'entoure de puissance; *
8 il apaise le vacarme des mers,
le vacarme de leurs flots
et la rumeur des peuples.

9 Les habitants des bouts du monde sont pris d'effroi
à la vue de tes signes; *
aux portes du levant et du couchant
tu fais jaillir des cris de joie.

10 Tu visites la terre et tu l'abreuves,
tu la combles de richesses; *
les ruisseaux de Dieu regorgent d'eau :
tu prépares les moissons.

Ainsi, tu prépares la terre,
11 tu arroses les sillons; *
tu aplanis le sol, tu le détrempes sous les pluies,
tu bénis les semailles.

12 Tu couronnes une année de bienfaits; *
sur ton passage, ruisselle l'abondance.
13 Au désert, les pâturages ruissellent, *
les collines débordent d'allégresse.

14 Les herbages se parent de troupeaux +
et les plaines se couvrent de blé. *
Tout exulte et chante!

66 *Jubilate Deo*

1 Acclamez Dieu, toute la terre; +
2 fêtez la gloire de son nom,
glorifiez-le en célébrant sa louange.

3 Dites à Dieu : « Que tes actions sont redoutables!
En présence de ta force, tes ennemis s'inclinent.
4 Toute la terre se prosterne devant toi,
elle chante pour toi, elle chante pour ton nom. »

5 Venez et voyez les hauts faits de Dieu,
ses exploits redoutables pour les fils des hommes.
6 Il changea la mer en terre ferme :
ils passèrent le fleuve à pied sec.

De là, cette joie qu'il nous donne.
7 Il règne à jamais par sa puissance.
Ses yeux observent les nations :
que les rebelles courbent la tête!

8 Peuples, bénissez notre Dieu!
Faites retentir sa louange,
9 car il rend la vie à notre âme,
il a gardé nos pieds de la chute.

10 C'est toi, Dieu, qui nous as éprouvés,
affinés comme on affine un métal;
11 tu nous as conduits dans un piège,
tu as serré un étau sur nos reins.

12 Tu as mis des mortels à notre tête; +
nous sommes entrés dans l'eau et le feu,
tu nous as fait sortir vers l'abondance.

13 Je viens dans ta maison avec des holocaustes,
je tiendrai mes promesses envers toi,
14 les promesses qui m'ouvrirent les lèvres,
que ma bouche a prononcées dans ma détresse.

15 Je t'offrirai de beaux holocaustes +
avec le fumet des béliers;
je prépare des bœufs et des chevreaux.

16 Venez, écoutez, vous tous qui craignez Dieu :
je vous dirai ce qu'il a fait pour mon âme;
17 quand je poussai vers lui mon cri,
ma bouche faisait déjà son éloge.

18 Si mon cœur avait regardé vers le mal,
le Seigneur n'aurait pas écouté.
Et pourtant, Dieu a écouté,
19 il entend le cri de ma prière.

20 Béni soit Dieu +
qui n'a pas écarté ma prière,
ni détourné de moi son amour!

67 *Deus misereatur*

2 Que Dieu nous prenne en grâce et nous bénisse,
que son visage s'illumine pour nous;
3 et ton chemin sera connu sur la terre,
ton salut, parmi toutes les nations.

R 4 Que les peuples, Dieu, te rendent grâce;
qu'ils te rendent grâce tous ensemble!

5 Que les nations chantent leur joie,
car tu gouvernes le monde avec justice;
tu gouvernes les peuples avec droiture,
sur la terre, tu conduis les nations.

R 6 Que les peuples, Dieu, te rendent grâce;
qu'ils te rendent grâce tous ensemble!

7 La terre a donné son fruit;
Dieu, notre Dieu, nous bénit.
8 Que Dieu nous bénisse,
et que la terre tout entière l'adore!

Treizième jour : Prière du matin

68 *Exsurgat Deus*

2 Dieu se lève et ses ennemis se dispersent,
ses adversaires fuient devant sa face.
3 Comme on dissipe une fumée, tu les dissipes; +
comme on voit fondre la cire en face du feu,
les impies disparaissent devant la face de Dieu.

4 Mais les justes sont en fête, ils exultent;
devant la face de Dieu ils dansent de joie.
5 Chantez pour Dieu, jouez pour son nom, +
frayez la route à celui qui chevauche les nuées.
Son nom est Le Seigneur; dansez devant sa face.

6 Père des orphelins, défenseur des veuves,
tel est Dieu dans sa sainte demeure.
7 A l'isolé, Dieu accorde une maison; +
aux captifs, il rend la liberté;
mais les rebelles vont habiter les lieux arides.

8 Dieu, quand tu sortis en avant de ton peuple,
quand tu marchas dans le désert, la terre trembla;
9 les cieux mêmes fondirent +
devant la face de Dieu, le Dieu du Sinaï,
devant la face de Dieu, le Dieu d'Israël.

10 Tu répandais sur ton héritage une pluie généreuse,
et quand il défaillait, toi, tu le soutenais.
11 Sur les lieux où campait ton troupeau,
tu le soutenais, Dieu qui es bon pour le pauvre.

12 Le Seigneur prononce un oracle,
une armée de messagères le répand :
13 « Rois en déroute, armées en déroute!
On reçoit en partage les trésors du pays.

14 « Resterez-vous au repos derrière vos murs +
quand les ailes de la Colombe se couvrent d'argent,
et son plumage, de flammes d'or,
15 quand le Puissant, là-bas, pulvérise des rois
et qu'il neige au Mont-Sombre? »

16 Mont de Basan, divine montagne,
mont de Basan, fière montagne!
17 Pourquoi jalouser, fière montagne, +
la montagne que Dieu s'est choisie pour demeure?
Là, le Seigneur habitera jusqu'à la fin.

18 Les chars de Dieu sont des milliers de myriades;
au milieu, le Seigneur; au sanctuaire, le Sinaï.
19 Tu es monté sur la hauteur, capturant des captifs, +
recevant un tribut, même de rebelles,
pour avoir une demeure, Seigneur notre Dieu.

20 Que le Seigneur soit béni!
Jour après jour, ce Dieu nous accorde la victoire.

21 Le Dieu qui est le nôtre est le Dieu des victoires,
et les portes de la mort sont à Dieu, le Seigneur.
22 A qui le hait, Dieu fracasse la tête;
à qui vit dans le crime, il défonce le crâne.

23 Le Seigneur a dit : « Je les ramène de Basan,
je les ramène des abîmes de la mer,
24 afin que tu enfonces ton pied dans leur sang,
que la langue de tes chiens ait sa pâture d'ennemis. »

25 Dieu, on a vu ton cortège,
le cortège de mon Dieu, de mon roi dans le Temple :
26 en tête les chantres, les musiciens derrière,
parmi les jeunes filles frappant le tambourin.

27 Rassemblez-vous, bénissez Dieu;
aux sources d'Israël, il y a le Seigneur!
28 Voici Benjamin, le plus jeune, ouvrant la marche, +
les princes de Juda et leur suite,
les princes de Zabulon, les princes de Nephtali.

29 Ton Dieu l'a commandé : « Sois fort! »
Montre ta force, Dieu, quand tu agis pour nous!
30 De ton palais, qui domine Jérusalem,
on voit des rois t'apporter leurs présents.

31 Menace la Bête des marais,
la bande de fauves, la meute des peuples :
qu'ils se prosternent avec leurs pièces d'argent;
désunis les peuples qui aiment la guerre.

32 De l'Egypte arriveront des étoffes somptueuses;
l'Ethiopie viendra vers Dieu les mains pleines.
33 Royaumes de la terre, chantez pour Dieu,
jouez pour le Seigneur, *
34 celui qui chevauche au plus haut des cieux,
les cieux antiques.

Voici qu'il élève la voix, une voix puissante;
35 rendez la puissance à Dieu.
Sur Israël, sa splendeur!
Dans la nuée, sa puissance!

36 Redoutable est Dieu dans son temple saint,
le Dieu d'Israël; *
c'est lui qui donne à son peuple
force et puissance.
Béni soit Dieu!

Treizième jour : Prière du soir

69 *Salvum me fac*

2 Sauve-moi, mon Dieu :
les eaux montent jusqu'à ma gorge!

3 J'enfonce dans la vase du gouffre,
rien qui me retienne; *
je descends dans l'abîme des eaux,
le flot m'engloutit.

4 Je m'épuise à crier,
ma gorge brûle. *
Mes yeux se sont usés
d'attendre mon Dieu.

5 Plus abondants que les cheveux de ma tête,
ceux qui m'en veulent sans raison; *
ils sont nombreux, mes détracteurs,
à me haïr injustement.

Moi qui n'ai rien volé,
que devrai-je rendre? *
6 Dieu, tu connais ma folie,
mes fautes sont à nu devant toi.

7 Qu'ils n'aient pas honte pour moi, ceux qui t'espèrent,
Seigneur, Dieu de l'univers; *
qu'ils ne rougissent pas de moi, ceux qui te cherchent,
Dieu d'Israël!

8 C'est pour toi que j'endure l'insulte,
que la honte me couvre le visage :
9 je suis un étranger pour mes frères,
un inconnu pour les fils de ma mère.
10 L'amour de ta maison m'a perdu;
on t'insulte, et l'insulte retombe sur moi.

11 Si je pleure et m'impose un jeûne,
je reçois des insultes;
12 si je revêts un habit de pénitence,
je deviens la fable des gens :
13 on parle de moi sur les places,
les buveurs de vin me chansonnent.

14 Et moi, je te prie, Seigneur :
c'est l'heure de ta grâce; *
dans ton grand amour, Dieu, réponds-moi,
par ta vérité sauve-moi.

15 Tire-moi de la boue,
sinon je m'enfonce : *
que j'échappe à ceux qui me haïssent,
à l'abîme des eaux.

16 Que les flots ne me submergent pas,
que le gouffre ne m'avale, *
que la gueule du puits
ne se ferme pas sur moi.

17 Résponds-moi, Seigneur,
car il est bon, ton amour; *
dans ta grande tendresse,
regarde-moi.

18 Ne cache pas ton visage à ton serviteur;
je suffoque : vite, réponds-moi.
19 Sois proche de moi, rachète-moi,
paie ma rançon à l'ennemi.

20 Toi, tu le sais, on m'insulte :
je suis bafoué, déshonoré; *
tous mes oppresseurs
sont là, devant toi.

21 L'insulte m'a broyé le cœur,
le mal est incurable; *
j'espérais un secours, mais en vain,
des consolateurs, je n'en ai pas trouvé.

22 A mon pain, ils ont mêlé du poison;
quand j'avais soif, ils m'ont donné du vinaigre.
23 Que leur table devienne un piège,
un guet-apens pour leurs convives!
24 Que leurs yeux aveuglés ne voient plus,
qu'à tout instant les reins leur manquent!

25 Déverse sur eux ta fureur,
que le feu de ta colère les saisisse,
26 que leur camp devienne un désert,
que nul n'habite sous leurs tentes!

27 Celui que tu frappais, ils le pourchassent
en comptant les coups qu'il reçoit.
28 Charge-les, faute sur faute;
qu'ils n'aient pas d'accès à ta justice.
29 Qu'ils soient rayés du livre de vie,
retranchés du nombre des justes.

30 Et moi, humilié, meurtri,
que ton salut, Dieu, me redresse;
31 Et je louerai le nom de Dieu par un cantique,
je vais le magnifier, lui rendre grâce.
32 Cela plaît au Seigneur plus qu'un taureau,
plus qu'une bête ayant cornes et sabots.

33 Les pauvres l'ont vu, ils sont en fête :
« Vie et joie, à vous qui cherchez Dieu! »
34 Car le Seigneur écoute les humbles,
il n'oublie pas les siens emprisonnés.
35 Que le ciel et la terre le célèbrent,
les mers et tout leur peuplement!

36 Car Dieu viendra sauver Sion
et rebâtir les villes de Juda.
Il en fera une habitation, un héritage : *
37 patrimoine pour les descendants de ses serviteurs,
demeure pour ceux qui aiment son nom.

70 *Deus, in adjutorium*

2 Mon Dieu, viens me délivrer;
Seigneur, viens vite à mon secours! *
3 Qu'ils soient humiliés, déshonorés,
ceux qui s'en prennent à ma vie!

Qu'ils reculent, couverts de honte,
ceux qui cherchent mon malheur; *
4 que l'humiliation les écrase,
ceux qui me disent : « C'est bien fait! »

5 Mais tu seras l'allégresse et la joie
de tous ceux qui te cherchent; *
toujours ils rediront : « Dieu est grand! »
ceux qui aiment ton salut.

6 Je suis pauvre et malheureux,
mon Dieu, viens vite! *
Tu es mon secours, mon libérateur :
Seigneur, ne tarde pas!

71 *In te, Domine, speravi*

1 En toi, Seigneur, j'ai mon refuge :
garde-moi d'être humilié pour toujours.
2 Dans ta justice, défends-moi, libère-moi,
tends l'oreille vers moi, et sauve-moi.

3 Sois le rocher qui m'accueille,
  toujours accessible; *
tu as résolu de me sauver :
  ma forteresse et mon roc, c'est toi!

4 Mon Dieu, libère-moi des mains de l'impie,
des prises du fourbe et du violent.
5 Seigneur mon Dieu, tu es mon espérance,
mon appui dès ma jeunesse.

6 Toi, mon soutien dès avant ma naissance, +
tu m'as choisi dès le ventre de ma mère;
tu seras ma louange toujours!

7 Pour beaucoup, je fus comme un prodige;
tu as été mon secours et ma force.
8 Je n'avais que ta louange à la bouche,
tout le jour, ta splendeur.

9 Ne me rejette pas
  maintenant que j'ai vieilli; *
alors que décline ma vigueur,
  ne m'abandonne pas.

10 Mes ennemis parlent contre moi,
ils me surveillent et se concertent.
11 Ils disent : « Dieu l'abandonne!
Traquez-le, empoignez-le, il n'a pas de défenseur! »

12 Dieu, ne sois pas loin de moi;
mon Dieu, viens vite à mon secours!

13 Qu'ils soient humiliés, anéantis,
ceux qui se dressent contre moi; *
qu'ils soient couverts de honte et d'infamie,
ceux qui veulent mon malheur!

14 Et moi qui ne cesse d'espérer,
j'ajoute encore à ta louange.
15 Ma bouche annonce tout le jour +
tes actes de justice et de salut;
(je n'en connais pas le nombre).

16 Je revivrai les exploits du Seigneur
en rappelant que ta justice est la seule.
17 Mon Dieu, tu m'as instruit dès ma jeunesse,
jusqu'à présent, j'ai proclamé tes merveilles.

18 Aux jours de la vieillesse et des cheveux blancs,
ne m'abandonne pas, ô mon Dieu;
et je dirai aux hommes de ce temps ta puissance,
à tous ceux qui viendront, tes exploits.

19 Si haute est ta justice, mon Dieu, +
toi qui as fait de grandes choses :
Dieu, qui donc est comme toi?

20 Toi qui m'as fait voir tant de maux et de détresses,
tu me feras vivre à nouveau,
à nouveau tu me tireras des abîmes de la terre, *
21 tu m'élèveras et me grandiras,
tu reviendras me consoler.

22 Et moi, je te rendrai grâce sur la harpe
pour ta vérité, ô mon Dieu! *
Je jouerai pour toi de ma cithare,
Saint d'Israël!

23 Joie sur mes lèvres qui chantent pour toi,
et dans mon âme que tu as rachetée

24 Alors, tout au long du jour,
ma langue redira ta justice; *
c'est la honte, c'est l'infamie
pour ceux qui veulent mon malheur.

72 *Deus, judicium*

1 Dieu, donne au roi tes pouvoirs,
à ce fils de roi ta justice.
2 Qu'il gouverne ton peuple avec justice,
qu'il fasse droit aux malheureux!

3 Montagnes, portez au peuple la paix,
collines, portez-lui la justice!
4 Qu'il fasse droit aux malheureux de son peuple,
qu'il sauve les pauvres gens, qu'il écrase l'oppresseur!

5 Qu'il dure sous le soleil et la lune
de génération en génération!
6 Qu'il descende comme la pluie sur les regains,
une pluie qui pénètre la terre.

7 En ces jours-là, fleurira la justice,
grande paix jusqu'à la fin des lunes!
8 Qu'il domine de la mer à la mer,
et du Fleuve jusqu'au bout de la terre!

9 Des peuplades s'inclineront devant lui,
ses ennemis lècheront la poussière.
10 Les rois de Tarsis et des Iles
apporteront des présents.

Les rois de Saba et de Seba
feront leur offrande.
11 Tous les rois se prosterneront devant lui,
tous les pays le serviront.

12 Il délivrera le pauvre qui appelle
et le malheureux sans recours.

13 Il aura souci du faible et du pauvre,
du pauvre dont il sauve la vie.

14 Il les rachète à l'oppression, à la violence;
leur sang est d'un grand prix à ses yeux.
15 Qu'il vive! On lui donnera l'or de Saba. *
On priera sans relâche pour lui;
tous les jours, on le bénira.

16 Que la terre jusqu'au sommet des montagnes
soit un champ de blé : *
et ses épis onduleront comme la forêt du Liban!
Que la ville devienne florissante
comme l'herbe sur la terre!

17 Que son nom dure toujours;
sous le soleil, que subsiste son nom!
En lui, que soient bénies toutes les familles de la terre;
que tous les pays le disent bienheureux!

18 Béni soit le Seigneur, le Dieu d'Israël,
lui seul fait des merveilles!
19 Béni soit à jamais son nom glorieux,
toute la terre soit remplie de sa gloire!
Amen! Amen!

Livre trois

Quatorzième jour : Prière du soir

73 *Quam bonus Israel!*

1 Vraiment, Dieu est bon pour Israël,
pour les hommes au cœur pur.

2 Un rien, et je perdais pied,
un peu plus, et je faisais un faux pas;
3 car j'étais jaloux des superbes,
je voyais le succès des impies.

4 Jusqu'à leur mort, ils ne manquent de rien,
ils jouissent d'une santé parfaite;
5 ils échappent aux souffrances des hommes,
aux coups qui frappent les mortels.

6 Ainsi, l'orgueil est leur collier,
la violence, l'habit qui les couvre;
7 leurs yeux qui brillent de bien-être
trahissent les envies de leur cœur.

8 Ils ricanent, ils prônent le mal,
de très haut, ils prônent la force;
9 leur bouche accapare le ciel,
et leur langue parcourt la terre.

10 Ainsi, le peuple se détourne
vers la source d'une telle abondance.
11 Ils disent : « Comment Dieu saurait-il?
le Très-Haut, que peut-il savoir? »

12 Voyez comme sont les impies :
tranquilles, ils amassent des fortunes.

13 Vraiment, c'est en vain que j'ai gardé mon cœur pur,
lavé mes mains en signe d'innocence!
14 Me voici frappé chaque jour,
châtié dès le matin.

15 Si j'avais dit « Je vais parler comme eux »,
j'aurais trahi la race de tes fils.
16 Longtemps, j'ai cherché à savoir,
je me suis donné de la peine.

17 Mais quand j'entrai dans la demeure de Dieu,
je compris quel serait leur avenir.
18 Vraiment, tu les as mis sur la pente :
déjà tu les entraînes vers la ruine.

19 Comment vont-ils soudain au désastre,
anéantis, achevés par la terreur?
20 A ton réveil, Seigneur, tu chasses leur image,
comme un songe au sortir du sommeil.

21 Oui, mon cœur s'aigrissait,
j'avais les reins transpercés.
22 Moi, stupide, comme une bête,
je ne savais pas, mais j'étais avec toi.

23 Moi, je suis toujours avec toi,
avec toi qui as saisi ma main droite.
24 Tu me conduis selon tes desseins;
puis tu me prendras dans la gloire.

25 Qui donc est pour moi dans le ciel
si je n'ai, même avec toi, aucune joie sur la terre?
26 Ma chair et mon cœur sont usés :
ma part, le roc de mon cœur, c'est Dieu pour toujours.

27 Qui s'éloigne de toi périra :
tu détruis ceux qui te délaissent.
28 Pour moi, il est bon d'être proche de Dieu;
j'ai pris refuge auprès de mon Dieu
pour annoncer les œuvres du Seigneur
aux portes de Sion.

74 *Ut quid, Deus?*

1 Pourquoi, Dieu, nous rejeter sans fin?
Pourquoi cette colère sur les brebis de ton troupeau?

2 Rappelle-toi la communauté
  que tu acquis dès l'origine, +
la tribu que tu revendiquas pour héritage,
la montagne de Sion où tu fis ta demeure.

3 Dirige tes pas vers ces ruines sans fin,
l'ennemi dans le sanctuaire a tout saccagé;
4 dans le lieu de tes assemblées, l'adversaire a rugi
et là, il a planté ses insignes.

5 On les a vus brandir la cognée,
  comme en pleine forêt, *

6 quand ils brisaient les portails
à coups de masse et de hache.

7 Ils ont livré au feu ton sanctuaire,
profané et rasé la demeure de ton nom.
8 Ils ont dit : « Allons! Détruisons tout! »
Ils ont brûlé dans le pays les lieux d'assemblées saintes.

9 Nos signes, nul ne les voit;
il n'y a plus de prophètes! *
Et pour combien de temps?
Nul d'entre nous ne le sait!

10 Dieu, combien de temps blasphémera l'adversaire?
L'ennemi en finira-t-il de mépriser ton nom?
11 Pourquoi retenir ta main,
cacher la force de ton bras?

12 Pourtant, Dieu, mon roi dès l'origine,
vainqueur des combats sur la face de la terre,
13 c'est toi qui fendis la mer par ta puissance,
qui fracassas les têtes des dragons sur les eaux;

14 toi qui écrasas la tête de Léviathan
pour nourrir les monstres marins;
15 toi qui ouvris les torrents et les sources,
toi qui mis à sec des fleuves intarissables.

16 A toi le jour, à toi la nuit,
toi qui ajustas le soleil et les astres!
17 C'est toi qui fixas les bords de la terre;
l'hiver et l'été, c'est toi qui les formas.

18 Rappelle-toi : l'ennemi a méprisé ton nom,
un peuple de fous a blasphémé le Seigneur.
19 Ne laisse pas la Bête égorger ta Tourterelle,
n'oublie pas sans fin la vie de tes pauvres.

20 Regarde vers l'Alliance : la guerre est partout;
on se cache dans les cavernes du pays.

21 Que l'opprimé échappe à la honte,
que le pauvre et le malheureux chantent ton nom!

22 Lève-toi, Dieu, défends ta cause!
Rappelle-toi ces fous qui blasphèment tout le jour.
23 N'oublie pas le varcame que font tes ennemis,
la clameur de l'ennemi, qui monte sans fin.

Quinzième jour : Prière du matin

75 *Confitebimur tibi*

2 A toi, Dieu, nous rendons grâce; +
nous rendons grâce, et ton nom est proche :
on proclame tes merveilles!

3 « Oui, au moment que j'ai fixé,
moi, je jugerai avec droiture.
4 Que s'effondrent la terre et ses habitants :
moi seul en ai posé les colonnes!

5 « Aux arrogants, je dis : Plus d'arrogance!
et aux impies : Ne levez pas votre front!
6 Ne levez pas votre front contre le ciel,
ne parlez pas en le prenant de haut! »

7 Ce n'est pas du levant ni du couchant,
ni du désert, que vient le relèvement.
8 Non, c'est Dieu qui jugera :
il abaisse les uns, les autres il les relève.

9 Le Seigneur tient en main une coupe
où fermente un vin capiteux;
il le verse, et tous les impies de la terre
le boiront jusqu'à la lie.

10 Et moi, j'annoncerai toujours
dans mes hymnes au Dieu de Jacob : +
11 « Je briserai le front des impies, *
et le front du juste s'élèvera! »

76 *Notus in Judea*

2 Dieu s'est fait connaître en Juda,
en Israël, son nom est grand.
3 A Salem il a fixé sa tente,
et sa demeure à Sion.
4 Ici, il a brisé les traits de l'arc,
l'épée, le bouclier et la guerre.

5 Magnifique, toi, tu resplendis
au-dessus d'une montagne de butin.
6 Les voici dépouillés, ces guerriers,
endormis, tous ces braves aux mains inertes.
7 Sous ta menace, Dieu de Jacob,
le char et le cheval se sont figés.

8 Toi, tu es le redoutable!
Qui tiendra sous les coups de ta fureur?
9 Des cieux, tu prononces le verdict;
la terre a peur et se tait
10 quand Dieu se lève pour juger,
pour sauver tous les humbles de la terre.

11 La colère des hommes te rend gloire
quand les survivants te font cortège.
12 Faites des vœux et tenez vos promesses
  au Seigneur votre Dieu; *
vous qui l'entourez,
  portez votre offrande au redoutable.
13 Il éteint le souffle des princes,
lui, redoutable aux rois de la terre!

77 *Voce mea ad Dominum*

2 Vers Dieu, je crie mon appel!
Je crie vers Dieu : qu'il m'entende!

3 Au jour de la détresse, je cherche le Seigneur, +
la nuit, je tends les mains sans relâche,
mon âme refuse le réconfort.

4 Je me souviens de Dieu, je me plains,
je médite et mon esprit défaille.
5 Tu refuses à mes yeux le sommeil;
je me trouble, incapable de parler.

6 Je pense aux jours d'autrefois,
aux années de jadis;
7 la nuit, je me souviens de mon chant,
je médite en mon cœur, et mon esprit s'interroge.

8 Le Seigneur ne fera-t-il que rejeter,
ne sera-t-il jamais plus favorable?
9 Son amour a-t-il donc disparu?
S'est-elle éteinte, d'âge en âge, la parole?

10 Dieu oublierait-il d'avoir pitié,
dans sa colère a-t-il fermé ses entrailles?
11 J'ai dit : « Une chose me fait mal,
la droite du Très-Haut a changé. »

12 Je me souviens des exploits du Seigneur,
je rappelle ta merveille de jadis;
13 je me redis tous tes hauts faits,
sur tes exploits je médite.

14 Dieu, la sainteté est ton chemin!
Quel Dieu est grand comme Dieu?

15 Tu es le Dieu qui accomplis la merveille,
qui fais connaître chez les peuples ta force :
16 tu rachetas ton peuple avec puissance,
les descendants de Jacob et de Joseph.

17 Les eaux, en te voyant, Seigneur, +
les eaux, en te voyant, tremblèrent,
l'abîme lui-même a frémi.

18 Les nuages déversèrent leurs eaux, +
les nuées donnèrent de la voix,
la foudre frappait de toute part.

19 Au roulement de ta voix qui tonnait, +
tes éclairs illuminèrent le monde,
la terre s'agita et frémit.

20 Par la mer passait ton chemin, +
tes sentiers, par les eaux profondes;
et nul n'en connaît la trace.

21 Tu as conduit comme un troupeau ton peuple
par la main de Moïse et d'Aaron.

Quinzième jour : Prière du soir

78

Première partie *Attendite popule*

1 Ecoute ma loi, ô mon peuple,
tends l'oreille aux paroles de ma bouche.
2 J'ouvrirai la bouche pour une parabole,
je publierai ce qui fut caché dès l'origine.

3 Nous avons entendu et nous savons
ce que nos pères nous ont raconté;
4 nous le redirons à l'âge qui vient,
sans rien cacher à nos descendants :
les titres de gloire du Seigneur,
sa puissance et les merveilles qu'il a faites.

5 Il fixa une règle en Jacob,
il établit en Israël une loi,
loi qui ordonnait à nos pères
d'enseigner ces choses à leurs fils,
6 pour que l'âge suivant les connaisse,
et leur descendance à venir.

Qu'ils se lèvent et les racontent à leurs fils
7 pour qu'ils placent en Dieu leur espoir
et n'oublient pas les exploits du Seigneur
mais observent ses commandements.

8 Qu'ils ne soient pas, comme leurs pères,
une génération indocile et rebelle,
génération de cœurs inconstants
et d'esprits infidèles à Dieu.

9 Les fils d'Ephraïm, archers d'élite,
se sont enfuis, le jour du combat :
10 ils n'ont pas gardé l'alliance de Dieu,
ils refusaient de suivre sa loi;
11 ils avaient oublié ses exploits,
les merveilles dont ils furent les témoins.

12 Devant leurs pères il accomplit un miracle
en Egypte, au pays de Tanis :
13 il fend la mer, il les fait passer,
dressant les eaux comme une digue;
14 le jour, il les conduit par la nuée,
et la nuit, par la lumière d'un feu.

15 Il fend le rocher du désert,
les désaltère aux eaux profondes;
16 de la roche, il tire des ruisseaux
qu'il fait dévaler comme un fleuve.

17 Mais ils péchaient encore contre lui,
dans les lieux arides ils bravaient le Très-Haut;
18 ils tentaient le Seigneur dans leurs cœurs,
ils réclamèrent de manger à leur faim.

19 Ils s'en prennent à Dieu et demandent :
« Dieu peut-il apprêter une table au désert?
20 Sans doute, il a frappé le rocher:
l'eau a jailli, elle coule à flots!
Mais pourra-t-il nous donner du pain
et procurer de la viande à son peuple? »

21 Alors le Seigneur entendit et s'emporta,
il s'enflamma de fureur contre Jacob, *
sa colère monta contre Israël.
22 Car ils n'avaient pas foi en Dieu,
ils ne croyaient pas qu'il les sauverait.

23 Il commande aux nuées là-haut,
il ouvre les écluses du ciel :
24 pour les nourrir il fait pleuvoir la manne,
il leur donne le froment du ciel;
25 chacun se nourrit du pain des Forts,
il les pourvoit de vivres à satiété.

26 Dans le ciel, il pousse le vent d'est
et lance le grand vent du midi.
27 Sur eux il fait pleuvoir une nuée d'oiseaux,
autant de viande que de sable au bord des mers.

28 Elle s'abat au milieu de leur camp
tout autour de leurs demeures.
29 Ils mangent, ils sont rassasiés,
Dieu contentait leur envie.

30 Mais leur envie n'était pas satisfaite,
ils avaient encore la bouche pleine, *
31 quand s'éleva la colère de Dieu :
il frappe les plus vaillants d'entre eux
et terrasse la jeunesse d'Israël.

32 Et pourtant ils péchaient encore,
ils n'avaient pas foi en ses merveilles.
33 D'un souffle il achève leurs jours,
et leurs années en un moment.

34 Quand Dieu les frappait, ils le cherchaient,
ils revenaient et se tournaient vers lui :
35 ils se souvenaient que Dieu est leur rocher,
et le Dieu Très-Haut, leur rédempteur.

36 Mais de leur bouche ils le trompaient,
de leur langue ils lui mentaient.

37 Leur cœur n'était pas constant envers lui;
ils n'étaient pas fidèles à son alliance.

38 Et lui, miséricordieux,
au lieu de détruire, il pardonnait;
maintes fois, il retint sa colère
au lieu de réveiller sa violence.
39 Il se rappelait : ils ne sont que chair,
un souffle qui s'en va sans retour.

Psaume 78 : deuxième partie *Quoties exacerbaverunt*

40 Que de fois au désert ils l'ont bravé,
offensé dans les solitudes!
41 De nouveau ils tentaient Dieu,
ils attristaient le Saint d'Israël.
42 Ils avaient oublié ce jour
où sa main les sauva de l'adversaire.

43 Par ses signes il frappa l'Egypte,
et le pays de Tanis par ses prodiges.
44 Il transforme en sang l'eau des fleuves
et les ruisseaux, pour qu'ils ne boivent pas.
45 Il leur envoie une vermine qui les ronge,
des grenouilles qui infestent tout.

46 Il livre les récoltes aux sauterelles
et le fruit de leur travail aux insectes.
47 Il ravage leurs vignes par les grêlons
et leurs figuiers par le gel.

48 Il abandonne le bétail à la grêle
et les troupeaux à la foudre.
49 Il lâche sur eux le feu de sa colère,
indignation, fureur, effroi, *
il envoie des anges de malheur.

50 Il ouvre la route à sa colère,
il abandonne leur âme à la mort, *
et livre leur vie à la peste.
51 Il frappe tous les fils aînés de l'Egypte,
sous les tentes de Cham, la fleur de sa race.

52 Tel un berger, il conduit son peuple,
il pousse au désert son troupeau.
53 Il les guide et les défend, il les rassure;
leurs ennemis sont engloutis par la mer.

54 Il les fait entrer dans son domaine sacré,
la montagne acquise par sa main.
55 Il chasse des nations devant eux,
il délimite leurs parts d'héritage *
et il installe sous leurs tentes les tribus d'Israël.

56 Mais ils bravaient, ils tentaient le Dieu Très-Haut,
ils refusaient d'observer ses lois;
57 ils déviaient comme leurs pères, ils désertaient,
trahissaient comme un arc infidèle.
58 Leurs hauts lieux le provoquaient,
leurs idoles excitaient sa jalousie.

59 Dieu a entendu, il s'emporte,
il écarte tout à fait Israël;
60 il quitte la demeure de Silo,
la tente qu'il avait dressée chez les hommes;
61 il laisse capturer sa gloire,
et sa puissance par des mains ennemies.

62 Il livre son peuple à l'épée,
contre son héritage, il s'emporte :
63 le feu a dévoré les jeunes gens,
les jeunes filles n'ont pas connu la joie des noces;
64 les prêtres sont tombés sous l'épée,
les veuves n'ont pas chanté leur lamentation.

65 Le Seigneur, tel un dormeur qui s'éveille,
tel un guerrier que le vin ragaillardit,

66 frappe l'ennemi à revers
et le livre pour toujours à la honte.

67 Il écarte la maison de Joseph,
ne choisit pas la tribu d'Ephraïm.
68 Il choisit la tribu de Juda,
la montagne de Sion, qu'il aime.
69 Il a bâti comme le ciel son temple;
comme la terre, il l'a fondé pour toujours.

70 Il choisit David son serviteur;
il le prend dans les parcs à moutons;
71 il l'appelle à quitter ses brebis *
pour en faire le berger de Jacob, son peuple,
d'Israël, son héritage.

72 Berger au cœur intègre,
sa main prudente les conduit.

Seizième jour : Prière du matin

79 *Deus venerunt*

1 Dieu, les païens ont envahi ton domaine; +
ils ont souillé ton temple sacré
et mis Jérusalem en ruines.

2 Ils ont livré les cadavres de tes serviteurs
en pâture aux rapaces du ciel *
et la chair de tes fidèles, aux bêtes de la terre;
3 ils ont versé le sang comme l'eau
aux alentours de Jérusalem : *
les morts restaient sans sépulture.

4 Nous sommes la risée des voisins,
la fable et le jouet de l'entourage.
5 Combien de temps, Seigneur, durera ta colère
et brûlera le feu de ta jalousie?

6 Déverse ta fureur
   sur les païens qui ne t'ont pas reconnu, *
sur les royaumes qui n'invoquent pas ton nom,
7 car ils ont dévoré Jacob
et ravagé son territoire.

8 Ne retiens pas contre nous les péchés de nos ancêtres : +
que nous vienne bientôt ta tendresse,
car nous sommes à bout de force!

9 Aide-nous, Dieu notre Sauveur,
   pour la gloire de ton nom! *
Délivre-nous, efface nos fautes,
   pour la cause de ton nom!

10 Pourquoi laisser dire aux païens :
« Où donc est leur Dieu? »
Que les païens, sous nos yeux, le reconnaissent :
il sera vengé, le sang versé de tes serviteurs.

11 Que monte en ta présence la plainte du captif!
Ton bras est fort : épargne ceux qui doivent mourir.
12 Rends à nos voisins, sept fois, en plein cœur,
l'outrage qu'ils t'ont fait, Seigneur Dieu.

13 Et nous, ton peuple, le troupeau que tu conduis, +
sans fin nous pourrons te rendre grâce
et d'âge en âge proclamer ta louange.

80 *Qui regis Israel*

2 Berger d'Israël, écoute,
toi qui conduis Joseph, ton troupeau :
resplendis au-dessus des Kéroubim,
3 devant Ephraïm, Benjamin, Manassé!
et viens nous sauver.

R 4 Dieu, fais-nous revenir; *
que ton visage s'éclaire,
   et nous serons sauvés!

5 Seigneur, Dieu de l'univers, *
vas-tu longtemps encore
opposer ta colère aux prières de ton peuple,
6 le nourrir du pain de ses larmes,
l'abreuver de larmes sans mesure?
7 Tu fais de nous la cible des voisins :
nos ennemis ont vraiment de quoi rire!

R 8 Dieu, fais-nous revenir; *
que ton visage s'éclaire,
et nous serons sauvés!

9 La vigne que tu as prise à l'Egypte,
tu la replantes en chassant des nations.
10 Tu déblaies le sol devant elle,
tu l'enracines pour qu'elle emplisse le pays.

11 Son ombre couvrait les montagnes,
et son feuillage, les cèdres géants;
12 elle étendait ses sarments jusqu'à la mer,
et ses rejets, jusqu'au Fleuve.

13 Pourquoi as-tu percé sa clôture?
Tous les passants y grappillent en chemin;
14 le sanglier des forêts la ravage
et les bêtes des champs la broutent.

[R] 15 Dieu de l'univers, reviens!

Du haut des cieux, regarde et vois :
visite cette vigne, protège-la,
16 celle qu'a plantée ta main puissante,
le rejeton qui te doit sa force.
17 La voici détruite, incendiée;
que ton visage les menace, ils périront!

18 Que ta main soutienne ton protégé,
le fils de l'homme qui te doit sa force.
19 Jamais plus nous n'irons loin de toi :
fais-nous vivre et invoquer ton nom!

R 20 Seigneur, Dieu de l'univers,
fais-nous revenir; *
que ton visage s'éclaire,
et nous serons sauvés!

81 *Exultate Deo*

2 Criez de joie pour Dieu, notre force,
acclamez le Dieu de Jacob.

3 Jouez, musiques, frappez le tambourin,
la harpe et la cithare mélodieuse.
4 Sonnez du cor pour le mois nouveau,
quand revient le jour de notre fête.

5 C'est là, pour Israël, une règle,
une ordonnance du Dieu de Jacob;
6 il en fit, pour Joseph, une loi
quand il marcha contre la terre d'Egypte.

J'entends des mots qui m'étaient inconnus : +
7 « J'ai ôté le poids qui chargeait ses épaules;
ses mains ont déposé le fardeau.

8 « Quand tu criais sous l'oppression, je t'ai sauvé; +
je répondais, caché dans l'orage,
je t'éprouvais près des eaux de Mériba.

9 « Ecoute, je t'adjure, ô mon peuple;
vas-tu m'écouter, Israël?
10 Tu n'auras pas chez toi d'autres dieux,
tu ne serviras aucun dieu étranger.

11 « C'est moi, le Seigneur ton Dieu, +
qui t'ai fait monter de la terre d'Egypte!
Ouvre ta bouche, moi, je l'emplirai.

12 « Mais mon peuple n'a pas écouté ma voix,
Israël n'a pas voulu de moi.

13 Je l'ai livré à son cœur endurci :
qu'il aille et suive ses vues!

14 « Ah! Si mon peuple m'écoutait,
Israël, s'il allait sur mes chemins!
15 Aussitôt j'humilierais ses ennemis,
contre ses oppresseurs je tournerais ma main.

16 « Mes adversaires s'abaisseraient devant lui;
tel serait leur sort à jamais!
17 Je le nourrirais de la fleur du froment,
je te rassasierais avec le miel du rocher! »

Seizième jour : Prière du soir

82 *Deus stetit*

1 Dans l'assemblée divine, Dieu préside;
entouré des dieux, il juge.

2 « Combien de temps jugerez-vous sans justice,
soutiendrez-vous la cause des impies?

3 « Rendez justice au faible, à l'orphelin;
faites droit à l'indigent, au malheureux.

4 « Libérez le faible et le pauvre,
arrachez-les aux mains des impies. »

5 Mais non, sans savoir, sans comprendre, +
ils vont au milieu des ténèbres :
les fondements de la terre en sont ébranlés.

6 « Je l'ai dit : Vous êtes des dieux,
des fils du Très-Haut, vous tous!

7 « Pourtant, vous mourrez comme des hommes,
comme les princes, tous, vous tomberez! »

8 Lève-toi, Dieu, juge la terre,
car toutes les nations t'appartiennent.

83 *Deus, quis similis?*

2 Dieu, ne garde pas le silence,
ne sois pas immobile et muet.
3 Vois tes ennemis qui grondent,
tes adversaires qui lèvent la tête.

4 Contre ton peuple, ils trament un complot,
ils intriguent contre les tiens.
5 Ils disent : « Venez! retranchons-les des nations :
que soit oublié le nom d'Israël! »

6 Oui, tous ensemble ils intriguent;
ils ont fait alliance contre toi,
7 ceux d'Edom et d'Ismaël,
ceux de Moab et d'Agar;

8 Guébal, Ammon, Amalec,
la Philistie, avec les gens de Tyr;
9 même Assour s'est joint à eux
pour appuyer les fils de Loth.

10 Traite-les comme tu fis de Madian,
de Sissera et Yabin au torrent de Qissôn :
11 ils ont été anéantis à Enn-Dor,
ils ont servi de fumier pour la terre.

12 Supprime leurs chefs comme Oreb et Zéèb,
tous leurs princes, comme Zéba et Salmuna,
13 eux qui disaient : « A nous,
à nous le domaine de Dieu! »

14 Dieu, rends-les pareils au brin de paille,
à la graine qui tourbillonne dans le vent.
15 Comme un feu dévore la forêt,
comme une flamme embrase les montagnes, *
16 oui, poursuis-les de tes ouragans,
et que tes orages les épouvantent!

17 Que leur front soit marqué d'infamie,
et qu'ils cherchent ton nom, Seigneur!
18 Frappés pour toujours d'épouvante et de honte,
qu'ils périssent, déshonorés!

19 Et qu'ils le sachent : +
toi seul, tu as pour nom Le Seigneur,
le Très-Haut sur toute la terre!

84 *Quam dilecta*

2 De quel amour sont aimées tes demeures,
Seigneur, Dieu de l'univers!

3 Mon âme s'épuise à désirer
les parvis du Seigneur; *
mon cœur et ma chair sont un cri
vers le Dieu vivant!

4 L'oiseau lui-même s'est trouvé une maison,
et l'hirondelle, un nid pour abriter sa couvée :
tes autels, Seigneur de l'univers,
mon Roi et mon Dieu!

5 Heureux les habitants de ta maison :
ils pourront te chanter encore!
6 Heureux les hommes dont tu es la force :
des chemins s'ouvrent dans leur cœur!

7 Quand ils traversent la vallée de la soif,
ils la changent en source; *
de quelles bénédictions la revêtent
les pluies de printemps!

8 Ils vont de hauteur en hauteur,
ils se présentent devant Dieu à Sion.

9 Seigneur, Dieu de l'univers, entends ma prière;
écoute, Dieu de Jacob.
10 Dieu, vois notre bouclier,
regarde le visage de ton messie.

11 Oui, un jour dans tes parvis
en vaut plus que mille.

J'ai choisi de me tenir sur le seuil,
dans la maison de mon Dieu, *
plutôt que d'habiter
parmi les infidèles.

12 Le Seigneur Dieu est un soleil,
il est un bouclier; *
le Seigneur donne la grâce,
il donne la gloire.

Jamais il ne refuse le bonheur
à ceux qui vont sans reproche.

13 Seigneur, Dieu de l'univers,
heureux qui espère en toi!

85 *Benedixisti, Domine*

2 Tu as aimé, Seigneur, cette terre,
tu as fait revenir les déportés de Jacob;
3 tu as ôté le péché de ton peuple,
tu as couvert toute sa faute;
4 tu as mis fin à toutes tes colères,
tu es revenu de ta grande fureur.

5 Fais-nous revenir, Dieu, notre salut,
oublie ton ressentiment contre nous.
6 Seras-tu toujours irrité contre nous,
maintiendras-tu ta colère d'âge en âge?

7 N'est-ce pas toi qui reviendras nous faire vivre
et qui seras la joie de ton peuple?
8 Fais-nous voir, Seigneur, ton amour,
et donne-nous ton salut.

9 J'écoute : que dira le Seigneur Dieu? +
Ce qu'il dit, c'est la paix
pour son peuple et ses fidèles; *
qu'ils ne reviennent jamais à leur folie!
10 Son salut est proche de ceux qui le craignent,
et la gloire habitera notre terre.

11 Amour et vérité se rencontrent,
justice et paix s'embrassent;
12 la vérité germera de la terre
et du ciel se penchera la justice.

13 Le Seigneur donnera ses bienfaits,
et notre terre donnera son fruit.
14 La justice marchera devant lui,
et ses pas traceront le chemin.

Dix-septième jour : Prière du matin

86 *Inclina, Domine*

1 Ecoute, Seigneur, réponds-moi,
car je suis pauvre et malheureux.
2 Veille sur moi qui suis fidèle, ô mon Dieu,
sauve ton serviteur qui s'appuie sur toi.

3 Prends pitié de moi, Seigneur,
toi que j'appelle chaque jour.
4 Seigneur, réjouis ton serviteur :
vers toi, j'élève mon âme!

5 Toi qui es bon et qui pardonnes,
plein d'amour pour tous ceux qui t'appellent,
6 écoute ma prière, Seigneur,
entends ma voix qui te supplie.

7 Je t'appelle au jour de ma détresse,
et toi, Seigneur, tu me réponds.
8 Aucun parmi les dieux n'est comme toi,
et rien n'égale tes œuvres.

9 Toutes les nations, que tu as faites,
viendront se prosterner devant toi *
et rendre gloire à ton nom, Seigneur,
10 car tu es grand et tu fais des merveilles,
toi, Dieu, le seul.

11 Montre-moi ton chemin, Seigneur, +
que je marche suivant ta vérité;
unifie mon cœur pour qu'il craigne ton nom.

12 Je te rends grâce de tout mon cœur, Seigneur mon Dieu,
toujours je rendrai gloire à ton nom;
13 il est grand, ton amour pour moi :
tu m'as tiré de l'abîme des morts.

14 Mon Dieu, des orgueilleux se lèvent contre moi, +
des puissants se sont ligués pour me perdre :
ils n'ont pas souci de toi.

15 Toi, Seigneur,
Dieu de tendresse et de pitié, *
lent à la colère,
plein d'amour et de vérité!

16 Regarde vers moi,
prends pitié de moi.
Donne à ton serviteur ta force,
et sauve le fils de ta servante.

17 Accomplis un signe en ma faveur; +
alors mes ennemis, humiliés, *
verront que toi, Seigneur,
tu m'aides et me consoles.

87 *Fundamenta ejus*

1 Elle est fondée sur les montagnes saintes. +

2 Le Seigneur aime les portes de Sion *
plus que toutes les demeures de Jacob.

3 Pour ta gloire on parle de toi,
ville de Dieu! *
4 « Je cite l'Egypte et Babylone
entre celles qui me connaissent. »

Voyez Tyr, la Philistie, l'Ethiopie :
chacune est née là-bas. *
5 Mais on appelle Sion : « Ma mère! »
car en elle, tout homme est né.

C'est lui, le Très-Haut, qui la maintient. +

6 Au registre des peuples, le Seigneur écrit :
« Chacun est né là-bas. » *
7 Tous ensemble ils dansent, et ils chantent :
« En toi, toutes nos sources! »

88 *Domine, Deus*

2 Seigneur, mon Dieu et mon salut,
dans cette nuit où je crie en ta présence,
3 que ma prière parvienne jusqu'à toi,
ouvre l'oreille à ma plainte.

4 Car mon âme est rassasiée de malheur,
ma vie est au bord de l'abîme;
5 on me voit déjà descendre à la fosse,
je suis comme un homme fini.

6 Ma place est parmi les morts,
avec ceux que l'on a tués, enterrés,
ceux dont tu n'as plus souvenir,
qui sont exclus, et loin de ta main.

7 Tu m'as mis au plus profond de la fosse,
en des lieux engloutis, ténébreux;
8 le poids de ta colère m'écrase,
tu déverses tes flots contre moi.

9 Tu éloignes de moi mes amis,
tu m'as rendu abominable pour eux;
enfermé, je n'ai pas d'issue,
10 à force de souffrir, mes yeux s'éteignent.

Je t'appelle, Seigneur, tout le jour,
je tends les mains vers toi :
11 fais-tu des miracles pour les morts?
leur ombre se dresse-t-elle pour t'acclamer?

12 Qui parlera de ton amour dans la tombe,
de ta fidélité au royaume de la mort?
13 Connaît-on dans les ténèbres tes miracles,
et ta justice, au pays de l'oubli?

14 Moi, je crie vers toi, Seigneur;
dès le matin, ma prière te cherche :
15 pourquoi me rejeter, Seigneur,
pourquoi me cacher ta face?

16 Malheureux, frappé à mort depuis l'enfance,
je n'en peux plus d'endurer tes fléaux;
17 sur moi, ont déferlé tes orages :
tes effrois m'ont réduit au silence.

18 Ils me cernent comme l'eau le jour,
ensemble ils se referment sur moi.
19 Tu éloignes de moi amis et familiers;
ma compagne, c'est la ténèbre.

Dix-septième jour : Prière du soir

89

Première partie *Misericordias Domini*

2 L'amour du Seigneur, sans fin je le chante;
ta fidélité, je l'annonce d'âge en âge.

3 Je le dis : C'est un amour bâti pour toujours;
ta fidélité est plus stable que les cieux.

4 « Avec mon élu, j'ai fait une alliance,
j'ai juré à David, mon serviteur :
5 J'établirai ta dynastie pour toujours,
je te bâtis un trône pour la suite des âges. »

6 Que les cieux rendent grâce pour ta merveille, Seigneur,
et l'assemblée des saints, pour ta fidélité.
7 Qui donc, là-haut, est comparable au Seigneur?
Qui d'entre les dieux est semblable au Seigneur?

8 Parmi tous les saints, Dieu est redoutable,
plus terrible que tous ceux qui l'environnent.
9 Seigneur, Dieu de l'univers, qui est comme toi,
Seigneur puissant que ta fidélité environne?

10 C'est toi qui maîtrises l'orgueil de la mer;
quand ses flots se soulèvent, c'est toi qui les apaises.
11 C'est toi qui piétinas la dépouille de Rahab;
par la force de ton bras, tu dispersas tes ennemis.

12 A toi, le ciel! A toi aussi, la terre!
C'est toi qui fondas le monde et sa richesse!
13 C'est toi qui créas le nord et le midi :
le Tabor et l'Hermon, à ton nom, crient de joie.

14 A toi, ce bras, et toute sa vaillance!
Puissante est ta main, sublime est ta droite!
15 Justice et droit sont l'appui de ton trône.
Amour et Vérité précèdent ta face.

16 Heureux le peuple qui connaît l'ovation!
Seigneur, il marche à la lumière de ta face;
17 tout le jour, à ton nom il danse de joie,
fier de ton juste pouvoir.

18 Tu es sa force éclatante;
ta grâce accroît notre vigueur.
19 Oui, notre roi est au Seigneur;
notre bouclier, au Dieu saint d'Israël.

Psaume 89 : deuxième partie *Tunc locutus es*

20 Autrefois, tu as parlé à tes amis,
dans une vision tu leur as dit :
« J'ai donné mon appui à un homme d'élite,
j'ai choisi dans ce peuple un jeune homme.

21 « J'ai trouvé David, mon serviteur,
je l'ai sacré avec mon huile sainte;
22 et ma main sera pour toujours avec lui,
mon bras fortifiera son courage.

23 « L'ennemi ne pourra le surprendre,
le traître ne pourra le renverser;
24 j'écraserai devant lui ses adversaires
et je frapperai ses agresseurs.

25 « Mon amour et ma fidélité sont avec lui,
mon nom accroît sa vigueur;
26 j'étendrai son pouvoir sur la mer
et sa domination jusqu'aux fleuves.

27 « Il me dira : Tu es mon Père,
mon Dieu, mon roc et mon salut!
28 Et moi, j'en ferai mon fils aîné,
le plus grand des rois de la terre!

29 « Sans fin je lui garderai mon amour,
mon alliance avec lui sera fidèle;
30 je fonderai sa dynastie pour toujours,
son trône aussi durable que les cieux.

31 « Si ses fils abandonnent ma loi
et ne suivent pas mes volontés,
32 s'ils osent violer mes préceptes
et ne gardent pas mes commandements,

33 « je punirai leur faute en les frappant,
et je châtierai leur révolte,
34 mais sans lui retirer mon amour,
ni démentir ma fidélité.

35 « Jamais je ne violerai mon alliance,
ne changerai un mot de mes paroles.
36 Je l'ai juré une fois sur ma sainteté;
non, je ne mentirai pas à David!

37 « Sa dynastie, sans fin subsistera
et son trône, comme le soleil en ma présence,
38 comme la lune établie pour toujours,
fidèle témoin là-haut! »

39 Pourtant tu l'as méprisé, rejeté;
tu t'es emporté contre ton messie.
40 Tu as brisé l'alliance avec ton serviteur,
jeté à terre et profané sa couronne.

41 Tu as percé toutes ses murailles,
tu as démantelé ses forteresses;
42 tous les passants du chemin l'ont pillé :
le voilà outragé par ses voisins.

43 Tu as accru le pouvoir de l'adversaire,
tu as mis en joie tous ses ennemis;
44 tu as émoussé le tranchant de son épée,
tu ne l'as pas épaulé dans le combat.

45 Tu as mis fin à sa splendeur,
jeté à terre son trône;
46 tu as écourté le temps de sa jeunesse
et déversé sur lui la honte.

47 Combien de temps, Seigneur, resteras-tu caché,
laisseras-tu flamber le feu de ta colère?

48 Rappelle-toi le peu que dure ma vie,
pour quel néant tu as créé chacun des hommes!
49 Qui donc peut vivre et ne pas voir la mort?
Qui s'arracherait à l'emprise des enfers?

50 Où donc, Seigneur, est ton premier amour,
celui que tu jurais à David sur ta foi?

51 Rappelle-toi, Seigneur, tes serviteurs outragés,
tous ces peuples dont j'ai reçu la charge.
52 Oui, tes ennemis ont outragé, Seigneur,
poursuivi de leurs outrages ton messie.

53 Béni soit le Seigneur pour toujours!
Amen! Amen!

Livre quatre

Dix-huitième jour : Prière du matin

90 *Domine, refugium*

1 D'âge en âge, Seigneur,
tu as été notre refuge.

2 Avant que naissent les montagnes, +
que tu enfantes la terre et le monde, *
de toujours à toujours,
toi, tu es Dieu.

3 Tu fais retourner l'homme à la poussière;
tu as dit : « Retournez, fils d'Adam! »
4 A tes yeux, mille ans sont comme hier,
c'est un jour qui s'en va, une heure dans la nuit.

5 Tu les as balayés : ce n'est qu'un songe;
dès le matin, c'est une herbe changeante :
6 elle fleurit le matin, elle change;
le soir, elle est fanée, desséchée.

7 Nous voici anéantis par ta colère;
ta fureur nous épouvante :
8 tu étales nos fautes devant toi,
nos secrets à la lumière de ta face.

9 Sous tes fureurs tous nos jours s'enfuient,
nos années s'évanouissent dans un souffle.

10 Le nombre de nos années? soixante-dix,
quatre-vingts pour les plus vigoureux!
Leur plus grand nombre n'est que peine et misère;
elles s'enfuient, nous nous envolons.

11 Qui comprendra la force de ta colère?
Qui peut t'adorer dans tes fureurs?
12 Apprends-nous la vraie mesure de nos jours :
que nos cœurs pénètrent la sagesse.

13 Reviens, Seigneur, pourquoi tarder?
Ravise-toi par égard pour tes serviteurs.
14 Rassasie-nous de ton amour au matin,
que nous passions nos jours dans la joie et les chants.
15 Rends-nous en joies tes jours de châtiment
et les années où nous connaissions le malheur.

16 Fais connaître ton œuvre à tes serviteurs
et ta splendeur à leurs fils.
17 Que vienne sur nous
  la douceur du Seigneur notre Dieu!
Consolide pour nous l'ouvrage de nos mains;
  oui, consolide l'ouvrage de nos mains.

91 *Qui habitat*

1 Quand je me tiens sous l'abri du Très-Haut
et repose à l'ombre du Puissant,
2 je dis au Seigneur : « Mon refuge,
mon rempart, mon Dieu, dont je suis sûr! »

3 C'est lui qui te sauve des filets du chasseur
  et de la peste maléfique; *
4 il te couvre et te protège.
Tu trouves sous son aile un refuge :
sa fidélité est une armure, un bouclier.

5 Tu ne craindras ni les terreurs de la nuit,
ni la flèche qui vole au grand jour,
6 ni la peste qui rôde dans le noir,
ni le fléau qui frappe à midi.

7 Qu'il en tombe mille à tes côtés, +
qu'il en tombe dix mille à ta droite, *
toi, tu restes hors d'atteinte.

8 Il suffit que tu ouvres les yeux,
tu verras le salaire du méchant.
9 Oui, le Seigneur est ton refuge;
tu as fait du Très-Haut ta forteresse.

10 Le malheur ne pourra te toucher,
ni le danger, approcher de ta demeure :
11 il donne mission à ses anges
de te garder sur tous tes chemins.

12 Ils te porteront sur leurs mains
pour que ton pied ne heurte les pierres;
13 tu marcheras sur la vipère et le scorpion,
tu écraseras le lion et le Dragon.

14 « Puisqu'il s'attache à moi, je le délivre;
je le défends, car il connaît mon nom.
15 Il m'appelle, et moi, je lui réponds;
je suis avec lui dans son épreuve.

« Je veux le libérer, le glorifier; +
16 de longs jours, je veux le rassasier, *
et je ferai qu'il voie mon salut. »

92 *Bonum est confiteri*

2 Qu'il est bon de rendre grâce au Seigneur,
de chanter pour ton nom, Dieu Très-Haut,
3 d'annoncer dès le matin ton amour,
ta fidélité, au long des nuits,

4 sur la lyre à dix cordes et sur la harpe,
sur un murmure de cithare.

5 Tes œuvres me comblent de joie;
devant l'ouvrage de tes mains, je m'écrie :
6 « Que tes œuvres sont grandes, Seigneur!
Combien sont profondes tes pensées! »

7 L'homme borné ne le sait pas,
l'insensé ne peut le comprendre :
8 les impies croissent comme l'herbe, *
ils fleurissent ceux qui font le mal,
mais pour disparaître à tout jamais.

9 Toi, qui habites là-haut,
tu es pour toujours le Seigneur.
10 Vois tes ennemis, Seigneur,
vois tes ennemis qui périssent, *
et la déroute de ceux qui font le mal.

11 Tu me donnes la fougue du taureau,
tu me baignes d'huile nouvelle;
12 j'ai vu, j'ai repéré mes espions,
j'entends ceux qui viennent m'attaquer.

13 Le juste grandira comme un palmier,
il poussera comme un cèdre du Liban;
14 planté dans les parvis du Seigneur,
il grandira dans la maison de notre Dieu.

15 Vieillissant, il fructifie encore,
il garde sa sève et sa verdeur
16 pour annoncer :« Le Seigneur est droit!
Pas de ruse en Dieu, mon rocher! »

93 *Dominus regnavit*

1 Le Seigneur est roi;
il s'est vêtu de magnificence,
le Seigneur a revêtu sa force.

Et la terre tient bon, inébranlable;
2 dès l'origine ton trône tient bon,
depuis toujours, tu es.

3 Les flots s'élèvent, Seigneur,
les flots élèvent leur voix,
les flots élèvent leur fracas.

4 Plus que la voix des eaux profondes,
des vagues superbes de la mer,
superbe est le Seigneur dans les hauteurs.

5 Tes volontés sont vraiment immuables :
la sainteté emplit ta maison,
Seigneur, pour la suite des temps.

94 *Deus ultionum*

1 Dieu qui fais justice, Seigneur,
Dieu qui fais justice, parais!
2 Lève-toi, juge de la terre;
aux orgueilleux, rends ce qu'ils méritent.

3 Combien de temps les impies, Seigneur,
combien de temps vont-ils triompher?
4 Ils parlent haut, ils profèrent l'insolence,
ils se vantent, tous ces malfaisants.

5 C'est ton peuple, Seigneur, qu'ils piétinent,
et ton domaine qu'ils écrasent;
6 ils massacrent la veuve et l'étranger,
ils assassinent l'orphelin.

7 Ils disent: « Le Seigneur ne voit pas,
le Dieu de Jacob ne sait pas! »
8 Sachez-le, esprits vraiment stupides;
insensés, comprendrez-vous un jour?

9 Lui qui forma l'oreille, il n'entendrait pas? +
il a façonné l'oeil, et il ne verrait pas?
10 il a puni des peuples et ne châtierait plus?

Lui qui donne aux hommes la connaissance, +
11 il connaît les pensées de l'homme,
et qu'elles sont du vent!

12 Heureux l'homme que tu châties, Seigneur,
celui que tu enseignes par ta loi,
13 pour le garder en paix aux jours de malheur,
tandis que se creuse la fosse de l'impie.

14 Car le Seigneur ne délaisse pas son peuple,
il n'abandonne pas son domaine :
15 on jugera de nouveau selon la justice;
tous les hommes droits applaudiront.

16 Qui se lèvera pour me défendre des méchants?
Qui m'assistera face aux criminels?
17 Si le Seigneur ne m'avait secouru,
j'allais habiter le silence.

18 Quand je dis : « Mon pied trébuche! »
ton amour, Seigneur, me soutient.
19 Quand d'innombrables soucis m'envahissent,
tu me réconfortes et me consoles.

20 Es-tu l'allié d'un pouvoir corrompu
qui engendre la misère au mépris des lois?
21 On s'attaque à la vie de l'innocent,
le juste que l'on tue est déclaré coupable.

22 Mais le Seigneur était ma forteresse,
et Dieu, le rocher de mon refuge.

23 Il retourne sur eux leur méfait :
pour leur malice, qu'il les réduise au silence,
qu'il les réduise au silence, le Seigneur notre Dieu.

Dix-neuvième jour : Prière du matin

95 *Venite exultemus*

1 Venez, crions de joie pour le Seigneur,
acclamons notre Rocher, notre salut!
2 Allons jusqu'à lui en rendant grâce,
par nos hymnes de fête acclamons-le!

3 Oui, le grand Dieu, c'est le Seigneur,
le grand roi au-dessus de tous les dieux :
4 il tient en main les profondeurs de la terre,
et les sommets des montagnes sont à lui;
5 à lui la mer, c'est lui qui l'a faite,
et les terres, car ses mains les ont pétries.

6 Entrez, inclinez-vous, prosternez-vous,
adorons le Seigneur qui nous a faits.
7 Oui, il est notre Dieu; +
nous sommes le peuple qu'il conduit,
le troupeau guidé par sa main.

Aujourd'hui écouterez-vous sa parole? +
8 « Ne fermez pas votre cœur comme au désert,
comme au jour de tentation et de défi,
9 où vos pères m'ont tenté et provoqué,
et pourtant ils avaient vu mon exploit.

10 « Quarante ans leur génération m'a déçu, +
et j'ai dit : Ce peuple a le cœur égaré,
il n'a pas connu mes chemins.
11 Dans ma colère, j'en ai fait le serment :
Jamais ils n'entreront dans mon repos. »

96 *Cantate Domino*

1 Chantez au Seigneur un chant nouveau,
chantez au Seigneur, terre entière,
2 chantez au Seigneur et bénissez son nom!

De jour en jour, proclamez son salut,
3 racontez à tous les peuples sa gloire,
à toutes les nations ses merveilles!

4 Il est grand, le Seigneur, hautement loué,
redoutable au-dessus de tous les dieux :
5 néant, tous les dieux des nations!

Lui, le Seigneur, a fait les cieux :
6 devant lui, splendeur et majesté,
dans son sanctuaire, puissance et beauté.

7 Rendez au Seigneur, familles des peuples,
rendez au Seigneur la gloire et la puissance,
8 rendez au Seigneur la gloire de son nom.

Apportez votre offrande, entrez dans ses parvis,
9 adorez le Seigneur, éblouissant de sainteté :
tremblez devant lui, terre entière.

10 Allez dire aux nations : « Le Seigneur est roi! »
Le monde, inébranlable, tient bon.
Il gouverne les peuples avec droiture.

11 Joie au ciel! Exulte la terre!
Les masses de la mer mugissent,
12 la campagne tout entière est en fête.

Les arbres des forêts dansent de joie
13 devant la face du Seigneur, car il vient,
car il vient pour juger la terre.

Il jugera le monde avec justice, *
et les peuples selon sa vérité!

97 *Dominus regnavit*

1 Le Seigneur est roi! Exulte la terre!
Joie pour les îles sans nombre!

2 Ténèbre et nuée l'entourent,
justice et droit sont l'appui de son trône.
3 Devant lui s'avance un feu
qui consume alentour ses ennemis.

4 Quand ses éclairs illuminèrent le monde,
la terre le vit et s'affola;
5 les montagnes fondaient comme cire devant le Seigneur,
devant le Maître de toute la terre.

6 Les cieux ont proclamé sa justice,
et tous les peuples ont vu sa gloire.
7 Honte aux serviteurs d'idoles qui se vantent de vanités!
A genoux devant lui, tous les dieux!

8 Pour Sion qui entend, grande joie!*
Les villes de Juda exultent
devant tes jugements, Seigneur!

9 Tu es, Seigneur, le Très-Haut
sur toute la terre : *
tu domines de haut tous les dieux.

10 Haïssez le mal, vous qui aimez le Seigneur, +
car il garde la vie de ses fidèles *
et les arrache aux mains des impies.

11 Une lumière est semée pour le juste,
et pour le cœur simple, une joie.
12 Que le Seigneur soit votre joie, hommes justes;
rendez grâce en rappelant son nom très saint.

98 *Cantate Domino*

1 Chantez au Seigneur un chant nouveau,
car il a fait des merveilles;
par son bras très saint, par sa main puissante,
il s'est assuré la victoire.

2 Le Seigneur a fait connaître sa victoire
et révélé sa justice aux nations;
3 il s'est rappelé sa fidélité, son amour,
en faveur de la maison d'Israël;
la terre tout entière a vu
la victoire de notre Dieu.

4 Acclamez le Seigneur, terre entière,
sonnez, chantez, jouez;
5 jouez pour le Seigneur sur la cithare,
sur la cithare et tous les instruments;
6 au son de la trompette et du cor,
acclamez votre roi, le Seigneur!

7 Que résonnent la mer et sa richesse,
le monde et tous ses habitants;
8 que les fleuves battent des mains,
que les montagnes chantent leur joie.
9 à la face du Seigneur, car il vient
pour gouverner la terre, *
pour gouverner le monde avec justice
et les peuples avec droiture!

99 *Dominus regnavit*

1 Le Seigneur est roi : les peuples s'agitent.
Il trône au-dessus des Kéroubim : la terre tremble.

2 En Sion le Seigneur est grand :
c'est lui qui domine tous les peuples.

3 Ils proclament ton nom, grand et redoutable,
R car il est saint!

4 Il est fort, le roi qui aime la justice. +
C'est toi, l'auteur du droit,
toi qui assures en Jacob la justice et la droiture.

5 Exaltez le Seigneur notre Dieu, +
prosternez-vous au pied de son trône,
R car il est saint!

6 Moïse et le prêtre Aaron,
Samuel, le Suppliant, +
tous, ils suppliaient le Seigneur, *
et lui leur répondait.

7 Dans la colonne de nuée, il parlait avec eux;
ils ont gardé ses volontés, les lois qu'il leur donna.

8 Seigneur notre Dieu, tu leur as répondu : +
avec eux, tu restais un Dieu patient,
mais tu les punissais pour leurs fautes.

9 Exaltez le Seigneur notre Dieu, +
prosternez-vous devant sa sainte montagne, *
R car il est saint,
le Seigneur notre Dieu.

100 *Jubilate Deo*

1 Acclamez le Seigneur, terre entière,
2 servez le Seigneur dans l'allégresse,
venez à lui avec des chants de joie!

3 Reconnaissez que le Seigneur est Dieu :
il nous a faits, et nous sommes à lui,
nous, son peuple, son troupeau.

4 Venez dans sa maison lui rendre grâce,
dans sa demeure chanter ses louanges;
rendez-lui grâce et bénissez son nom!

5 Oui, le Seigneur est bon,
éternel est son amour,
sa fidélité demeure d'âge en âge.

101 *Misericordiam et judicium*

1 Je chanteraì justice et bonté : *
à toi mes hymnes, Seigneur!
2 J'irai par le chemin le plus parfait; *
quand viendras-tu jusqu'à moi?

Je marcherai d'un cœur parfait
avec ceux de ma maison; *
3 je n'aurai pas même un regard
pour les pratiques démoniaques.

Je haïrai l'action du traître
qui n'aura sur moi nulle prise; *
4 loin de moi, le cœur tortueux!
Le méchant, je ne veux pas le connaître.

5 Qui dénigre en secret son prochain,
je le réduirai au silence; *
le regard hautain, le cœur ambitieux,
je ne peux les tolérer.

6 Mes yeux distinguent les hommes sûrs du pays :
ils siégeront à mes côtés; *
qui se conduira parfaitement,
celui-là me servira.

7 Pas de siège, parmi ceux de ma maison,
pour qui se livre à la fraude; *
impossible à qui profère le mensonge
de tenir sous mon regard.

8 Chaque matin, je réduirai au silence
tous les coupables du pays, *
pour extirper de la ville du Seigneur
tous les auteurs de crimes.

102 *Domine, exaudi*

2 Seigneur, entends ma prière :
que mon cri parvienne jusqu'à toi!
3 Ne me cache pas ton visage
le jour où je suis en détresse!
Le jour où j'appelle, écoute-moi;
viens vite, réponds-moi!

4 Mes jours s'en vont en fumée,
mes os comme un brasier sont en feu;
5 mon cœur se dessèche comme l'herbe fauchée,
j'oublie de manger mon pain;
6 à force de crier ma plainte,
ma peau colle à mes os.

7 Je ressemble au corbeau du désert,
je suis pareil à la hulotte des ruines :
8 je veille la nuit,
comme un oiseau solitaire sur un toit.
9 Le jour, mes ennemis m'outragent;
dans leur rage contre moi, ils me maudissent.

10 La cendre est le pain que je mange,
je mêle à ma boisson mes larmes.
11 Dans ton indignation, dans ta colère,
tu m'as saisi et rejeté :
12 l'ombre gagne sur mes jours,
et moi, je me dessèche comme l'herbe.

13 Mais toi, Seigneur, tu es là pour toujours;
d'âge en âge on fera mémoire de toi.
14 Toi, tu montreras ta tendresse pour Sion;
il est temps de la prendre en pitié : l'heure est venue.
15 Tes serviteurs ont pitié de ses ruines,
ils aiment jusqu'à sa poussière.

16 Les nations craindront le nom du Seigneur,
et tous les rois de la terre, sa gloire :
17 quand le Seigneur rebâtira Sion,
quand il apparaîtra dans sa gloire,
18 il se tournera vers la prière du spolié,
il n'aura pas méprisé sa prière.

19 Que cela soit écrit pour l'âge à venir,
et le peuple à nouveau créé chantera son Dieu :
20 « Des hauteurs, son sanctuaire, le Seigneur s'est penché;
du ciel, il regarde la terre
21 pour entendre la plainte des captifs
et libérer ceux qui devaient mourir. »

22 On publiera dans Sion le nom du Seigneur
et sa louange dans tout Jérusalem,
23 au rassemblement des royaumes et des peuples
qui viendront servir le Seigneur.

24 Il a brisé ma force en chemin,
réduit le nombre de mes jours.
25 Et j'ai dit : « Mon Dieu,
ne me prends pas au milieu de mes jours! »

Tes années recouvrent tous les temps : +
26 autrefois tu as fondé la terre;
le ciel est l'ouvrage de tes mains.

27 Ils passent, mais toi, tu demeures : +
ils s'usent comme un habit, l'un et l'autre;
tu les remplaces comme un vêtement.

28 Toi, tu es le même;
tes années ne finissent pas.
29 Les fils de tes serviteurs trouveront un séjour,
et devant toi se maintiendra leur descendance.

103 *Benedic, anima mea*

1 Bénis le Seigneur, ô mon âme,
bénis son nom très saint, tout mon être!
2 Bénis le Seigneur, ô mon âme,
n'oublie aucun de ses bienfaits!

3 Car il pardonne toutes tes offenses
et te guérit de toute maladie;
4 il réclame ta vie à la tombe
et te couronne d'amour et de tendresse;
5 il comble de biens tes vieux jours :
tu renouvelles, comme l'aigle, ta jeunesse.

6 Le Seigneur fait œuvre de justice,
il défend le droit des opprimés.
7 Il révèle ses desseins à Moïse,
aux enfants d'Israël ses hauts faits.

8 Le Seigneur est tendresse et pitié,
lent à la colère et plein d'amour;
9 il n'est pas pour toujours en procès,
ne maintient pas sans fin ses reproches;
10 il n'agit pas envers nous selon nos fautes,
ne nous rend pas selon nos offenses.

11 Comme le ciel domine la terre,
fort est son amour pour qui le craint;
12 aussi loin qu'est l'orient de l'occident,
il met loin de nous nos péchés;
13 comme la tendresse du père pour ses fils,
la tendresse du Seigneur pour qui le craint!

14 Il sait de quoi nous sommes pétris,
il se souvient que nous sommes poussière.
15 L'homme! ses jours sont comme l'herbe;
comme la fleur des champs, il fleurit :
16 dès que souffle le vent, il n'est plus,
même la place où il était l'ignore.

17 Mais l'amour du Seigneur, sur ceux qui le craignent,
est de toujours à toujours, *
et sa justice pour les enfants de leurs enfants,
18 pour ceux qui gardent son alliance
et se souviennent d'accomplir ses volontés.
19 Le Seigneur a son trône dans les cieux :
sa royauté s'étend sur l'univers.

20 Messagers du Seigneur, bénissez-le,
invincibles porteurs de ses ordres, *
attentifs au son de sa parole!
21 Bénissez-le, armées du Seigneur,
serviteurs qui exécutez ses désirs!
22 Toutes les œuvres du Seigneur, bénissez-le,
sur toute l'étendue de son empire!

Bénis le Seigneur, ô mon âme!

Vingtième jour : Prière du soir

104 *Benedic, anima mea*

1 Bénis le Seigneur, ô mon âme;
Seigneur mon Dieu, tu es si grand!
Revêtu de magnificence,
2 tu as pour manteau la lumière!

Comme une tenture, tu déploies les cieux,
3 tu élèves dans leurs eaux tes demeures;
des nuées, tu te fais un char,
tu t'avances sur les ailes du vent;
4 tu prends les vents pour messagers,
pour serviteurs, les flammes des éclairs.

5 Tu as donné son assise à la terre :
qu'elle reste inébranlable au cours des temps.
6 Tu l'as vêtue de l'abîme des mers :
les eaux couvraient même les montagnes;

7 à ta menace, elles prennent la fuite,
effrayées par le tonnerre de ta voix.

8 Elles passent les montagnes, se ruent dans les vallées
vers le lieu que tu leur as préparé.
9 Tu leur imposes la limite à ne pas franchir :
qu'elles ne reviennent jamais couvrir la terre.

10 Dans les ravins tu fais jaillir des sources
et l'eau chemine aux creux des montagnes;
11 elle abreuve les bêtes des champs :
l'âne sauvage y calme sa soif;
12 les oiseaux séjournent près d'elle :
dans le feuillage on entend leurs cris.

13 De tes demeures tu abreuves les montagnes,
et la terre se rassasie du fruit de tes œuvres;
14 tu fais pousser les prairies pour les troupeaux,
et les champs pour l'homme qui travaille.

De la terre il tire son pain :
15 le vin qui réjouit le cœur de l'homme,
l'huile qui adoucit son visage,
et le pain qui fortifie le cœur de l'homme.

16 Les arbres du Seigneur se rassasient,
les cèdres qu'il a plantés au Liban;
17 c'est là que vient nicher le passereau,
et la cigogne a sa maison dans les cyprès;
18 aux chamois, les hautes montagnes,
aux marmottes, l'abri des rochers.

19 Tu fis la lune qui marque les temps
et le soleil qui connaît l'heure de son coucher.
20 Tu fais descendre les ténèbres, la nuit vient :
les animaux dans la forêt s'éveillent;
21 le lionceau rugit vers sa proie,
il réclame à Dieu sa nourriture.

22 Quand paraît le soleil, ils se retirent :
chacun gagne son repaire.
23 L'homme sort pour son ouvrage
pour son travail, jusqu'au soir.

24 Quelle profusion dans tes œuvres, Seigneur! +
Tout cela, ta sagesse l'a fait; *
la terre s'emplit de tes biens.

25 Voici l'immensité de la mer,
son grouillement innombrable d'animaux grands et petits,
26 ses bateaux qui voyagent,
et Léviathan que tu fis pour qu'il serve à tes jeux.

27 Tous, ils comptent sur toi
pour recevoir leur nourriture au temps voulu.
28 Tu donnes : eux, ils ramassent;
tu ouvres la main : ils sont comblés.

29 Tu caches ton visage : ils s'épouvantent;
tu reprends leur souffle, ils expirent
et retournent à leur poussière.
30 Tu envoies ton souffle : ils sont créés;
tu renouvelles la face de la terre.

31 Gloire au Seigneur à tout jamais!
Que Dieu se réjouisse en ses œuvres!
32 Il regarde la terre : elle tremble;
il touche les montagnes : elles brûlent.

33 Je veux chanter au Seigneur tant que je vis;
je veux jouer pour mon Dieu tant que je dure.
34 Que mon poème lui soit agréable;
moi, je me réjouis dans le Seigneur.
35 Que les pécheurs disparaissent de la terre!
Que les impies n'existent plus!

Bénis le Seigneur, ô mon âme!

105

Première partie *Confitemini Domino*

Alléluia!

1 Rendez grâce au Seigneur, proclamez son nom,
annoncez parmi les peuples ses hauts faits;
2 chantez et jouez pour lui,
redites sans fin ses merveilles;
3 glorifiez-vous de son nom très saint :
joie pour les cœurs qui cherchent Dieu!

4 Cherchez le Seigneur et sa puissance,
recherchez sans trêve sa face;
5 souvenez-vous des merveilles qu'il a faites,
de ses prodiges, des jugements qu'il prononça,
6 vous, la race d'Abraham son serviteur,
les fils de Jacob, qu'il a choisis.

7 Le Seigneur, c'est lui notre Dieu :
ses jugements font loi pour l'univers.
8 Il s'est toujours souvenu de son alliance,
parole édictée pour mille générations :

9 promesse faite à Abraham,
garantie par serment à Isaac,
10 érigée en loi avec Jacob,
alliance éternelle pour Israël.
11 Il a dit : « Je vous donne le pays de Canaan,
ce sera votre part d'héritage. »

12 En ce temps-là, on pouvait les compter :
c'était une poignée d'immigrants;
13 ils allaient de nation en nation,
d'un royaume vers un autre royaume.

14 Mais Dieu ne souffrait pas qu'on les opprime;
à cause d'eux, il châtiait des rois :
15 « Ne touchez pas à qui m'est consacré,
ne maltraitez pas mes prophètes! »

16 Il appela sur le pays la famine,
le privant de toute ressource.
17 Mais devant eux il envoya un homme,
Joseph, qui fut vendu comme esclave.

18 On lui met aux pieds des entraves,
on lui passe des fers au cou;
19 il souffrait pour la parole du Seigneur,
jusqu'au jour où s'accomplit sa prédiction.

20 Le roi ordonne qu'il soit relâché,
le maître des peuples, qu'il soit libéré.
21 Il fait de lui le chef de sa maison,
le maître de tous ses biens,
2 pour que les princes lui soient soumis,
et qu'il apprenne la sagesse aux anciens.

Psaume 105 : deuxième partie *Et intravit Israel*

23 Alors Israël entre en Egypte,
Jacob émigre au pays de Cham.
24 Dieu rend son peuple nombreux
et plus puissant que tous ses adversaires;
25 ceux-là, il les fait se raviser,
haïr son peuple et tromper ses serviteurs.

26 Mais il envoie son serviteur, Moïse,
avec un homme de son choix, Aaron,
27 pour annoncer des signes prodigieux,
des miracles au pays de Cham.

28 Il envoie les ténèbres, tout devient ténèbres :
nul ne résiste à sa parole;
29 il change les eaux en sang
et fait périr les poissons.

30 Des grenouilles envahissent le pays
jusque dans les chambres du roi.
31 Il parle, et la vermine arrive,
des moustiques sur toute la contrée.

32 Au lieu de la pluie, il donne la grêle,
des éclairs qui incendient les champs;
33 il frappe les vignes et les figuiers,
il brise les arbres du pays.

34 Il parle, et les sauterelles arrivent,
des insectes en nombre infini
35 qui mangent toute l'herbe du pays,
qui mangent le fruit de leur sol.

36 Il frappe les fils aînés du pays,
toute la fleur de la race;
37 il fait sortir les siens chargés d'argent et d'or;
pas un n'a flanché dans leurs tribus!
38 Et l'Egypte se réjouit de leur départ,
car ils l'avaient terrorisée.

39 Il étend une nuée pour les couvrir,
la nuit, un feu les éclaire.
40 A leur demande, il fait passer des cailles,
il les rassasie du pain venu des cieux;
41 il ouvre le rocher : l'eau jaillit,
un fleuve coule au désert.

42 Il s'est ainsi souvenu de la parole sacrée
et d'Abraham, son serviteur;
43 il a fait sortir en grande fête son peuple,
ses élus, avec des cris de joie!

44 Il leur a donné les terres des nations,
en héritage, le travail des peuples,
45 pourvu qu'ils gardent ses volontés
et qu'ils observent ses lois.

Alléluia!

106

Première partie *Confitemini Domino*

1 Alléluia!

Rendez grâce au Seigneur: Il est bon!
Eternel est son amour!
2 Qui dira les hauts faits du Seigneur,
qui célébrera ses louanges?
3 Heureux qui pratique la justice,
qui observe le droit en tout temps!

4 Souviens-toi de moi, Seigneur,
dans ta bienveillance pour ton peuple;
toi qui le sauves, visite-moi :
5 que je voie le bonheur de tes élus;
que j'aie part à la joie de ton peuple,
à la fierté de ton héritage.

6 Avec nos pères, nous avons péché,
nous avons failli et renié.
7 En Egypte, nos pères ont méconnu tes miracles,
oublié l'abondance de tes grâces
et résisté au bord de la mer Rouge.
8 Mais à cause de son nom, il les sauva,
pour que soit reconnue sa puissance.

9 Il menace la mer Rouge, elle sèche;
il les mène à travers les eaux comme au désert.
10 Il les sauve des mains de l'oppresseur,
il les rachète aux mains de l'ennemi.

11 Et les eaux recouvrent leurs adversaires :
pas un d'entre eux n'en réchappe.
12 Alors ils croient à sa parole,
ils chantent sa louange.

13 Ils s'empressent d'oublier ce qu'il a fait,
sans attendre de connaître ses desseins.
14 Ils se livrent à leur convoitise dans le désert;
là, ils mettent Dieu à l'épreuve :
15 et Dieu leur donne ce qu'ils ont réclamé,
mais ils trouvent ses dons dérisoires.

16 Dans le camp ils sont jaloux de Moïse
et d'Aaron, le prêtre du Seigneur.
17 La terre s'ouvre : elle avale Datan,
elle recouvre la bande d'Abiron;
18 un feu détruit cette bande,
les flammes dévorent ces méchants.

Psaume 106 : deuxième partie *Et fecerunt vitulum*

19 A l'Horeb ils fabriquent un veau,
ils adorent un objet en métal :
20 ils échangeaient ce qui était leur gloire
pour l'image d'un taureau, d'un ruminant.

21 Ils oublient le Dieu qui les sauve,
qui a fait des prodiges en Egypte,
22 des miracles au pays de Cham,
des actions terrifiantes sur la mer Rouge.

23 Dieu a décidé de les détruire.
C'est alors que Moïse, son élu,
surgit sur la brèche, devant lui,
pour empêcher que sa fureur les extermine.

24 Ils dédaignent une terre savoureuse,
ne voulant pas croire à sa parole;
25 ils récriminent sous leurs tentes
sans écouter la voix du Seigneur.

26 Dieu lève la main contre eux,
jurant de les perdre au désert,

27 de perdre leurs descendants chez les païens,
de les éparpiller sur la terre.

28 Ils se donnent au Baal de Pégor,
ils communient aux repas des morts;
29 ils irritent Dieu par toutes ces pratiques :
un désastre s'abat sur eux.

30 Mais Pinhas s'est levé en vengeur,
et le désastre s'arrête :
31 son action est tenue pour juste
d'âge en âge et pour toujours.

32 Ils provoquent Dieu aux eaux de Mériba,
ils amènent le malheur sur Moïse;
33 comme ils résistaient à son esprit,
ses lèvres ont parlé à la légère.

34 Refusant de supprimer les peuples
que le Seigneur leur avait désignés,
35 ils vont se mêler aux païens,
ils apprennent leur manière d'agir.

36 Alors ils servent leurs idoles,
et pour eux c'est un piège :
37 ils offrent leurs fils et leurs filles
en sacrifice aux démons.

38 Ils versent le sang innocent,
le sang de leurs fils et de leurs filles
qu'ils sacrifient aux idoles de Canaan,
et la terre en est profanée.
39 De telles pratiques les souillent;
ils se prostituent par de telles actions.

40 Et le Seigneur prend feu contre son peuple :
ses héritiers lui font horreur;
41 il les livre aux mains des païens :
leurs ennemis deviennent leurs maîtres;
42 ils sont opprimés par l'adversaire :
sa main s'appesantit sur eux.

43 Tant de fois délivrés par Dieu,
ils s'obstinent dans leur idée, *
ils s'enfoncent dans leur faute.
44 Et lui regarde leur détresse
quand il entend leurs cris.

45 Il se souvient de son alliance avec eux;
dans son amour fidèle, il se ravise :
46 il leur donna de trouver grâce
devant ceux qui les tenaient captifs.

47 Sauve-nous, Seigneur notre Dieu,
rassemble-nous du milieu des païens,
que nous rendions grâce à ton saint nom,
fiers de chanter ta louange!

48 Béni soit le Seigneur, le Dieu d'Israël,
depuis toujours et pour la suite des temps!
Et tout le peuple dira :
Amen! Amen!

Livre cinq

Vingt-deuxième jour : Prière du matin

107

Première partie *Confitemini Domino*

Alléluia!

1 Rendez grâce au Seigneur : Il est bon!
Eternel est son amour!

2 Ils le diront, les rachetés du Seigneur,
qu'il racheta de la main de l'oppresseur,
3 qu'il rassembla de tous les pays,
du nord et du midi, du levant et du couchant.

4 Certains erraient dans le désert
sur des chemins perdus, *
sans trouver de ville où s'établir :
5 ils souffraient la faim et la soif,
ils sentaient leur âme défaillir.

R1 6 Dans leur angoisse, ils ont crié vers le Seigneur,
et lui les a tirés de la détresse :
7 il les conduit sur le bon chemin,
les mène vers une ville où s'établir.

R2 8 Qu'ils rendent grâce au Seigneur de son amour,
de ses merveilles pour les hommes :
9 car il étanche leur soif,
il comble de biens les affamés!

10 Certains gisaient dans les ténèbres mortelles,
captifs de la misère et des fers :
11 ils avaient bravé les ordres de Dieu
et méprisé les desseins du Très-Haut;
12 soumis par lui à des travaux accablants,
ils succombaient, et nul ne les aidait.

R1 13 Dans leur angoisse, ils ont crié vers le Seigneur,
et lui les a tirés de la détresse :
14 il les délivre des ténèbres mortelles,
il fait tomber leurs chaînes.

R2 15 Qu'ils rendent grâce au Seigneur de son amour,
de ses merveilles pour les hommes :
16 cat il brise les portes de bronze,
il casse les barres de fer!

17 Certains, égarés par leur péché,
ployaient sous le poids de leurs fautes :
18 ils avaient toute nourriture en dégoût,
ils touchaient aux portes de la mort.

R1 19 Dans leur angoisse, ils ont crié vers le Seigneur,
et lui les a tirés de la détresse :
20 il envoie sa parole, il les guérit,
il arrache leur vie à la fosse.

R2 21 Qu'ils rendent grâce au Seigneur de son amour,
de ses merveilles pour les hommes;
22 qu'ils offrent des sacrifices d'action de grâce,
à pleine voix qu'ils proclament ses œuvres!

23 Certains, embarqués sur des navires,
occupés à leur travail en haute mer,
24 ont vu les œuvres du Seigneur
et ses merveilles parmi les océans.

25 Il parle, et provoque la tempête,
un vent qui soulève les vagues :
26 portés jusqu'au ciel, retombant aux abîmes,
ils étaient malades à rendre l'âme;
27 ils tournoyaient, titubaient comme des ivrognes :
leur sagesse était engloutie.

R1 28 Dans leur angoisse, ils ont crié vers le Seigneur,
et lui les a tirés de la détresse,
29 réduisant la tempête au silence,
faisant taire les vagues.
30 Ils se réjouissent de les voir s'apaiser,
d'être conduits au port qu'ils désiraient.

R2 31 Qu'ils rendent grâce au Seigneur de son amour,
de ses merveilles pour les hommes;
32 qu'ils l'exaltent à l'assemblée du peuple
et le chantent parmi les anciens!

Psaume 107 : deuxième partie *Posuit flumina*

33 C'est lui qui change les fleuves en désert,
les sources d'eau en pays de la soif,
34 en salines une terre généreuse
quand ses habitants se pervertissent.

35 C'est lui qui change le désert en étang,
les terres arides en source d'eau;
36 là, il établit les affamés
pour y fonder une ville où s'établir.
37 Ils ensemencent des champs et plantent des vignes :
ils en récoltent les fruits.

38 Dieu les bénit et leur nombre s'accroît,
il ne laisse pas diminuer leur bétail.
39 Puis, ils déclinent, ils dépérissent,
écrasés de maux et de peines.

40 Dieu livre au mépris les puissants,
il les égare dans un chaos sans chemin.
41 Mais il relève le pauvre de sa misère;
il rend prospères familles et troupeaux.

42 Les justes voient, ils sont en fête;
et l'injustice ferme sa bouche.
43 Qui veut être sage retiendra ces choses :
il y reconnaîtra l'amour du Seigneur.

Vingt-deuxième jour : Prière du soir

108 *Paratum cor meum*

2 Mon cœur est prêt, mon Dieu, +
je veux chanter, jouer des hymnes :
ô ma gloire!

3 Eveillez-vous, harpe, cithare,
que j'éveille l'aurore!

4 Je te rendrai grâce parmi les peuples, Seigneur,
et jouerai mes hymnes en tous pays.
5 Ton amour est plus grand que les cieux,
ta vérité, plus haute que les nues.

6 Dieu, lève-toi sur les cieux :
que ta gloire domine la terre!

7 Que tes bien-aimés soient libérés,
sauve-les par ta droite : réponds-nous!

8 Dans le sanctuaire, Dieu a parlé : +
« Je triomphe! Je partage Sichem,
je divise la vallée de Soukkôt.

9 « A moi Galaad, à moi Manassé! +
Ephraïm est le casque de ma tête,
Juda, mon bâton de commandement.

10 « Moab est le bassin où je me lave; +
sur Edom, je pose le talon,
sur la Philistie, je crie victoire! »

11 Qui me conduira dans la Ville-forte,
qui me mènera jusqu'en Edom,
12 sinon toi, Dieu qui nous rejettes
et ne sors plus avec nos armées?

13 Porte-nous secours dans l'épreuve :
néant, le salut qui vient des hommes!
14 Avec Dieu nous ferons des prouesses,
et lui piétinera nos oppresseurs!

109 *Deus, laudem*

1 Dieu de ma louange,
sors de ton silence!

2 La bouche de l'impie, la bouche du fourbe,
s'ouvrent contre moi : *
ils parlent de moi pour dire des mensonges;
3 ils me cernent de propos haineux,
ils m'attaquent sans raison.

4 Pour prix de mon amitié, ils m'accusent,
moi qui ne suis que prière.
5 Ils me rendent le mal pour le bien,
ils paient mon amitié de leur haine.

6 « Chargeons un impie de l'attaquer :
qu'un accusateur se tienne à sa droite.
7 À son procès, qu'on le déclare impie,
que sa prière soit comptée comme une faute.

8 « Que les jours de sa vie soient écourtés,
qu'un autre prenne sa charge.
9 Que ses fils deviennent orphelins,
que sa femme soit veuve.

10 « Qu'ils soient errants, vagabonds, ses fils,
qu'ils mendient, expulsés de leurs ruines.
11 Qu'un usurier saisisse tout son bien,
que d'autres s'emparent du fruit de son travail.

12 « Que nul ne lui reste fidèle,
que nul n'ait pitié de ses orphelins.
13 Que soit retranchée sa descendance,
que son nom s'efface avec ses enfants.

14 « Qu'on rappelle au Seigneur les fautes de ses pères,
que les péchés de sa mère ne soient pas effacés.
15 Que le Seigneur garde cela devant ses yeux,
et retranche de la terre leur mémoire! »

16 Ainsi, celui qui m'accuse
oublie d'être fidèle : *
il persécute un pauvre, un malheureux,
un homme blessé à mort.

17 Puisqu'il aime la malédiction,
qu'elle entre en lui; *
il refuse la bénédiction,
qu'elle s'éloigne de lui!

18 Il a revêtu comme un manteau la malédiction, *
qu'elle entre en lui comme de l'eau,
comme de l'huile dans ses os!
19 Qu'elle soit l'étoffe qui l'habille,
la ceinture qui ne le quitte plus!

20 C'est ainsi que le Seigneur paiera mes accusateurs,
ceux qui profèrent le mal contre moi.

21 Mais toi, Seigneur Dieu,
agis pour moi à cause de ton nom. *
Ton amour est fidèle : délivre-moi.

22 Vois, je suis pauvre et malheureux;
au fond de moi, mon cœur est blessé.
23 Je m'en vais comme le jour qui décline,
comme l'insecte qu'on chasse.

24 J'ai tant jeûné que mes genoux se dérobent,
je suis amaigri, décharné.
25 Et moi, on me tourne en dérision,
ceux qui me voient hochent la tête.

26 Aide-moi, Seigneur mon Dieu :
sauve-moi par ton amour!
27 Ils connaîtront que là est ta main,
que toi, Seigneur, tu agis.

28 Ils maudissent, toi, tu bénis, *
ils se sont dressés, ils sont humiliés :
ton serviteur est dans la joie.
29 Qu'ils soient couverts d'infamie, mes accusateurs,
et revêtus du manteau de la honte!

30 A pleine voix, je rendrai grâce au Seigneur,
je le louerai parmi la multitude,
31 car il se tient à la droite du pauvre
pour le sauver de ceux qui le condamnent.

110 *Dixit Dominus*

1 Oracle du Seigneur à mon seigneur :
« Siège à ma droite, *
et je ferai de tes ennemis
le marchepied de ton trône. »

2 De Sion, le Seigneur te présente
le sceptre de ta force : *
« Domine jusqu'au cœur de l'ennemi. »

3 Le jour où paraît ta puissance,
tu es prince, éblouissant de sainteté : *
« Comme la rosée qui naît de l'aurore,
je t'ai engendré. »

4 Le Seigneur l'a juré
dans un serment irrévocable : *
« Tu es prêtre à jamais
selon l'ordre du roi Melkisédek. »

5 A ta droite se tient le Seigneur : *
il brise les rois au jour de sa colère.
6 Il juge les nations : les cadavres s'entassent; *
il brise les chefs, loin sur la terre.

7 Au torrent il s'abreuve en chemin, *
c'est pourquoi il redresse la tête.

111 *Confitebor tibi*

1 Alléluia!

De tout cœur je rendrai grâce au Seigneur
dans l'assemblée, parmi les justes.
2 Grandes sont les œuvres du Seigneur;
tous ceux qui les aiment s'en instruisent.

3 Noblesse et beauté dans ses actions :
à jamais se maintiendra sa justice.

4 De ses merveilles il a laissé un mémorial;
le Seigneur est tendresse et pitié.
5 Il a donné des vivres à ses fidèles,
gardant toujours mémoire de son alliance.
6 Il a montré sa force à son peuple,
lui donnant le domaine des nations.

7 Justesse et sûreté, les œuvres de ses mains,
sécurité, toutes ses lois,
8 établies pour toujours et à jamais,
accomplies avec droiture et sûreté!

9 Il apporte la délivrance à son peuple; +
son alliance est promulguée pour toujours :
saint et redoutable est son nom.

10 La sagesse commence avec la crainte du Seigneur. +
Qui accomplit sa volonté en est éclairé.
A jamais se maintiendra sa louange.

112 *Beatus vir*

1 Alléluia!

Heureux qui craint le Seigneur,
qui aime entièrement sa volonté!
2 Sa lignée sera puissante sur la terre;
la race des justes est bénie.

3 Les richesses affluent dans sa maison :
à jamais se maintiendra sa justice.
4 Lumière des cœurs droits, il s'est levé dans les ténèbres,
homme de justice, de tendresse et de pitié.

5 L'homme de bien a pitié, il partage;
il mène ses affaires avec droiture.

6 Cet homme jamais ne tombera;
toujours on fera mémoire du juste.

7 Il ne craint pas l'annonce d'un malheur :
le cœur ferme, il s'appuie sur le Seigneur.
8 Son cœur est confiant, il ne craint pas :
il verra ce que valaient ses oppresseurs.

9 A pleines mains, il donne au pauvre; +
à jamais se maintiendra sa justice,
sa puissance grandira, et sa gloire!

10 L'impie le voit et s'irrite; +
il grince des dents et se détruit.
L'ambition des impies se perdra.

113 *Laudate, pueri*

1 Alléluia!

Louez, serviteurs du Seigneur,
louez le nom du Seigneur!
2 Béni soit le nom du Seigneur,
maintenant et pour les siècles des siècles!
3 Du levant au couchant du soleil,
loué soit le nom du Seigneur!

4 Le Seigneur domine tous les peuples,
sa gloire domine les cieux.
5 Qui est semblable au Seigneur notre Dieu?
Lui, il siège là-haut.
6 Mais il abaisse son regard
vers le ciel et vers la terre.

7 De la poussière il relève le faible,
il retire le pauvre de la cendre
8 pour qu'il siège parmi les princes,
parmi les princes de son peuple.
9 Il installe en sa maison la femme stérile,
heureuse mère au milieu de ses fils.

Vingt-troisième jour : Prière du soir

114 *In exitu Israel*

Alléluia!

1 Quand Israël sortit d'Egypte,
et Jacob, de chez un peuple étranger,
2 Juda fut pour Dieu un sanctuaire,
Israël devint son domaine.

3 La mer voit et s'enfuit,
le Jourdain retourne en arrière.
4 Comme des béliers, bondissent les montagnes,
et les collines, comme des agneaux.

5 Qu'as-tu, mer, à t'enfuir,
Jourdain, à retourner en arrière?
6 Montagnes, pourquoi bondir comme des béliers,
collines, comme des agneaux?

7 Tremble, terre, devant le Maître,
devant la face du Dieu de Jacob,
8 lui qui change le rocher en source
et la pierre en fontaine!

115 *Non nobis, Domine*

1 Non pas à nous, Seigneur, non pas à nous, *
mais à ton nom, donne la gloire,
   pour ton amour et ta vérité.

2 Pourquoi les païens diraient-ils :
« Où donc est leur Dieu? »

3 Notre Dieu, il est au ciel;
tout ce qu'il veut, il le fait.
4 Leurs idoles : or et argent,
ouvrages de mains humaines.

5 Elles ont une bouche et ne parlent pas,
des yeux et ne voient pas,
6 des oreilles et n'entendent pas,
des narines et ne sentent pas.

7 Leurs mains ne peuvent toucher, +
leurs pieds ne peuvent marcher, *
pas un son ne sort de leur gosier!

8 Qu'ils deviennent comme elles,
tous ceux qui les font, *
ceux qui mettent leur foi en elles.

9 Israël, mets ta foi dans le Seigneur :
le secours, le bouclier, c'est lui!
10 Famille d'Aaron, mets ta foi dans le Seigneur :
le secours, le bouclier, c'est lui!
11 Vous qui le craignez, ayez foi dans le Seigneur :
le secours, le bouclier, c'est lui!

12 Le Seigneur se souvient de nous : il bénira! *
Il bénira la famille d'Israël,
il bénira la famille d'Aaron; *
13 il bénira tous ceux qui craignent le Seigneur,
du plus grand au plus petit.

14 Que le Seigneur multiplie ses bienfaits
pour vous et vos enfants!
15 Soyez bénis par le Seigneur
qui a fait le ciel et la terre!
16 Le ciel, c'est le ciel du Seigneur;
aux hommes, il a donné la terre.

17 Les morts ne louent pas le Seigneur,
ni ceux qui descendent au silence.
18 Nous, les vivants, bénissons le Seigneur,
maintenant et pour les siècles des siècles!

116 *Dilexi, quoniam*

Alléluia!

1 J'aime le Seigneur :
il entend le cri de ma prière;
2 il incline vers moi son oreille :
toute ma vie, je l'invoquerai.

3 J'étais pris dans les filets de la mort,
retenu dans les liens de l'abîme, *
j'éprouvais la tristesse et l'angoisse;
4 j'ai invoqué le nom du Seigneur :
« Seigneur, je t'en prie, délivre-moi! »

5 Le Seigneur est justice et pitié,
notre Dieu est tendresse.
6 Le Seigneur défend les petits :
j'étais faible, il m'a sauvé.

7 Retrouve ton repos, mon âme,
car le Seigneur t'a fait du bien.
8 Il a sauvé mon âme de la mort, *
gardé mes yeux des larmes
et mes pieds du faux pas.

9 Je marcherai en présence du Seigneur
sur la terre des vivants.

10 Je crois, et je parlerai,
moi qui ai beaucoup souffert,
11 moi qui ai dit dans mon trouble :
« L'homme n'est que mensonge. »

12 Comment rendrai-je au Seigneur
tout le bien qu'il m'a fait?
13 J'élèverai la coupe du salut,
j'invoquerai le nom du Seigneur.

14 Je tiendrai mes promesses au Seigneur,
oui, devant tout son peuple!

15 Il en coûte au Seigneur
de voir mourir les siens!
16 Ne suis-je pas, Seigneur, ton serviteur,
ton serviteur, le fils de ta servante, *
moi, dont tu brisas les chaînes?

17 Je t'offrirai le sacrifice d'action de grâce,
j'invoquerai le nom du Seigneur.
18 Je tiendrai mes promesses au Seigneur,
oui, devant tout son peuple,
19 à l'entrée de la maison du Seigneur,
au milieu de Jérusalem!

117 *Laudate Dominum*

1 Louez le Seigneur, tous les peuples;
fêtez-le, tous les pays!

2 Son amour envers nous s'est montré le plus fort;
éternelle est la fidélité du Seigneur!

118 *Confitemini Domino*

Alléluia!

1 Rendez grâce au Seigneur : Il est bon!
Eternel est son amour!

2 Oui, que le dise Israël :
Eternel est son amour! +
3 Que le dise la maison d'Aaron :
Eternel est son amour! *
4 Qu'ils le disent, ceux qui craignent le Seigneur :
Eternel est son amour!

5 Dans mon angoisse j'ai crié vers le Seigneur,
et lui m'a exaucé, mis au large.
6 Le Seigneur est pour moi, je ne crains pas;
que pourrait un homme contre moi?
7 Le Seigneur est avec moi pour me défendre,
et moi, je braverai mes ennemis.

8 Mieux vaut s'appuyer sur le Seigneur
que de compter sur les hommes; *
9 mieux vaut s'appuyer sur le Seigneur
que de compter sur les puissants!

10 Toutes les nations m'ont encerclé :
au nom du Seigneur, je les détruis!
11 Elles m'ont cerné, encerclé :
au nom du Seigneur, je les détruis!
12 Elles m'ont cerné comme des guêpes : +
(— ce n'était qu'un feu de ronces —) *
au nom du Seigneur, je les détruis!

13 On m'a poussé, bousculé pour m'abattre;
mais le Seigneur m'a défendu.
14 Ma force et mon chant, c'est le Seigneur;
il est pour moi le salut.

15 Clameurs de joie et de victoire *
sous les tentes des justes :
« Le bras du Seigneur est fort,
16 le bras du Seigneur se lève, *
le bras du Seigneur est fort! »

17 Non, je ne mourrai pas, je vivrai
pour annoncer les actions du Seigneur :
18 il m'a frappé, le Seigneur, il m'a frappé,
mais sans me livrer à la mort.

19 Ouvrez-moi les portes de justice :
j'entrerai, je rendrai grâce au Seigneur.
20 « C'est ici la porte du Seigneur :
qu'ils entrent, les justes! »

21 Je te rends grâce car tu m'as exaucé :
tu es pour moi le salut.

22 La pierre qu'ont rejetée les bâtisseurs
est devenue la pierre d'angle :
23 c'est là l'œuvre du Seigneur,
la merveille devant nos yeux.
24 Voici le jour que fit le Seigneur,
qu'il soit pour nous jour de fête et de joie!

25 Donne, Seigneur, donne le salut!
Donne, Seigneur, donne la victoire!

26 Béni soit au nom du Seigneur
celui qui vient! *
De la maison du Seigneur,
nous vous bénissons!

27 Dieu, le Seigneur, nous illumine. *
Rameaux en main, formez vos cortèges
jusqu'auprès de l'autel.

28 Tu es mon Dieu, je te rends grâce, *
mon Dieu, je t'exalte!

29 Rendez grâce au Seigneur : Il est bon! *
Éternel est son amour!

Vingt-quatrième jour : Prière du soir

119

Aleph *Beati immaculati*

1 Heureux les hommes intègres dans leurs voies
qui marchent suivant la loi du Seigneur!
2 Heureux ceux qui gardent ses exigences,
ils le cherchent de tout cœur!

3 Jamais ils ne commettent d'injustice,
ils marchent dans ses voies.
4 Toi, tu promulgues des préceptes
à observer entièrement.
5 Puissent mes voies s'affermir
à observer tes commandements!
6 Ainsi je ne serai pas humilié
quand je contemple tes volontés.
7 D'un cœur droit, je pourrai te rendre grâce,
instruit de tes justes décisions.
8 Tes commandements, je les observe :
ne m'abandonne pas entièrement.

Beth *In quo corrigit ?*

9 Comment, jeune, garder pur son chemin?
En observant ta parole.
10 De tout mon cœur, je te cherche;
garde-moi de fuir tes volontés.
11 Dans mon cœur, je conserve tes promesses
pour ne pas faillir envers toi.
12 Toi, Seigneur, tu es béni :
apprends-moi tes commandements.
13 Je fais repasser sur mes lèvres
chaque décision de ta bouche.
14 Je trouve dans la voie de tes exigences
plus de joie que dans toutes les richesses.
15 Je veux méditer sur tes préceptes
et contempler tes voies.
16 Je trouve en tes commandements mon plaisir,
je n'oublie pas ta parole.

Ghimel *Retribue servo tuo*

17 Sois bon pour ton serviteur, et je vivrai,
j'observerai ta parole.

18 Ouvre mes yeux,
que je contemple les merveilles de ta loi.
19 Je suis un étranger sur la terre;
ne me cache pas tes volontés.
20 Mon âme a brûlé de désir
en tout temps pour tes décisions.
21 Tu menaces les orgueilleux, les maudits,
ceux qui fuient tes volontés.
22 Epargne-moi l'insulte et le mépris :
je garde tes exigences.
23 Lorsque des grands accusent ton serviteur,
je médite sur tes ordres.
24 Je trouve mon plaisir en tes exigences :
ce sont elles qui me conseillent.

Daleth *Adhaesit pavimento*

25 Mon âme est collée à la poussière;
fais-moi vivre selon ta parole.
26 J'énumère mes voies : tu me réponds;
apprends-moi tes commandements.
27 Montre-moi la voie de tes préceptes,
que je médite sur tes merveilles.
28 La tristesse m'arrache des larmes :
relève-moi selon ta parole.
29 Détourne-moi de la voie du mensonge,
fais-moi la grâce de ta loi.
30 J'ai choisi la voie de la fidélité,
je m'ajuste à tes décisions.
31 Je me tiens collé à tes exigences;
Seigneur, garde-moi d'être humilié.
32 Je cours dans la voie de tes volontés,
car tu mets au large mon cœur.

Hé *Legem pone*

33 Enseigne-moi, Seigneur, le chemin de tes ordres;
à les garder, j'aurai ma récompense.
34 Montre-moi comment garder ta loi,
que je l'observe de tout cœur.
35 Guide-moi sur la voie de tes volontés,
là, je me plais.
36 Incline mon cœur vers tes exigences,
non pas vers le profit.
37 Détourne mes yeux des idoles :
que tes chemins me fassent vivre.
38 Pour ton serviteur accomplis ta promesse
qui nous fera t'adorer.
39 Détourne l'insulte qui m'effraie;
tes décisions sont bienfaisantes.
40 Vois, j'ai désiré tes préceptes :
par ta justice fais-moi vivre.

Waw *Et veniat super me*

41 Que vienne à moi, Seigneur, ton amour,
et ton salut, selon ta promesse.
42 J'aurai pour qui m'insulte une réponse,
car je m'appuie sur ta parole.
43 N'ôte pas de ma bouche la parole de vérité,
car j'espère tes décisions.
44 J'observerai sans relâche ta loi,
toujours et à jamais.
45 Je marcherai librement,
car je cherche tes préceptes.
46 Devant les rois je parlerai de tes exigences
et ne serai pas humilié.

47 Je trouve mon plaisir en tes volontés,
oui, vraiment, je les aime.
48 Je tends les mains vers tes volontés, je les aime,
je médite sur tes ordres.

Zain *Memor esto verbi tui*

49 Rappelle-toi ta parole à ton serviteur,
celle dont tu fis mon espoir.
50 Elle est ma consolation dans mon épreuve :
ta promesse me fait vivre.
51 Des orgueilleux m'ont accablé de railleries,
je n'ai pas dévié de ta loi.
52 Je me rappelle tes décisions d'autrefois :
voilá ma consolation, Seigneur.
53 Face aux impies, la fureur me prend,
car ils abandonnent ta loi.
54 J'ai fait de tes commandements mon cantique
dans ma demeure d'étranger.
55 La nuit, je me rappelle ton nom
pour observer ta loi.
56 Ce qui me revient, Seigneur
c'est de garder tes préceptes.

Heth *Portio mea, Domine*

57 Mon partage, Seigneur, je l'ai dit,
c'est d'observer tes paroles.
58 De tout mon cœur, je quête ton regard :
pitié pour moi selon tes promesses.
59 J'examine la voie que j'ai prise :
mes pas me ramènent à tes exigences.
60 Je me hâte, et ne tarde pas,
d'observer tes volontés.
61 Les pièges de l'impie m'environnent,
je n'oublie pas ta loi.

62 Au milieu de la nuit, je me lève et te rends grâce
pour tes justes décisions.
63 Je suis lié à tous ceux qui te craignent
et qui observent tes préceptes.
64 Ton amour, Seigneur, emplit la terre,
apprends-moi tes commandements.

Teth *Bonitatem fecisti*

65 Tu fais le bonheur de ton serviteur,
Seigneur, selon ta parole.
66 Apprends-moi à bien saisir, à bien juger :
je me fie à tes volontés.
67 Avant d'avoir souffert, je m'égarais;
maintenant, j'observe tes ordres.
68 Toi, tu es bon, tu fais du bien :
apprends-moi tes commandements.
69 Des orgueilleux m'ont couvert de calomnies :
de tout cœur, je garde tes préceptes.
70 Leur cœur, alourdi, s'est fermé;
moi, je prends plaisir à ta loi.
71 C'est pour mon bien que j'ai souffert,
ainsi, ai-je appris tes commandements.
72 Mon bonheur, c'est la loi de ta bouche,
plus qu'un monceau d'or ou d'argent.

Vingt-cinquième jour : Prière du soir

Yod *Manus tuas fecerunt me*

73 Tes mains m'ont façonné, affermi;
éclaire-moi, que j'apprenne tes volontés.
74 A me voir, ceux qui te craignent se réjouissent,
car j'espère en ta parole.
75 Seigneur, je le sais, tes décisions sont justes;
tu es fidèle quand tu m'éprouves.

76 Que j'aie pour consolation ton amour
selon tes promesses à ton serviteur!
77 Que vienne à moi ta tendresse, et je vivrai :
ta loi fait mon plaisir.
78 Honte aux orgueilleux qui m'accablent de mensonges;
moi, je médite sur tes préceptes.
79 Qu'ils se tournent vers moi, ceux qui te craignent,
ceux qui connaissent tes exigences.
80 Que j'aie par tes commandements le cœur intègre :
alors je ne serai pas humilié.

Caph *Defecit in salutare*

81 Usé par l'attente du salut,
j'espère encore ta parole.
82 L'œil usé d'attendre tes promesses,
j'ai dit : « Quand vas-tu me consoler? »
83 Devenu comme une outre durcie par la fumée,
je n'oublie pas tes commandements.
84 Combien de jours ton serviteur vivra-t-il?
quand jugeras-tu mes persécuteurs?
85 Des orgueilleux ont creusé pour moi une fosse
au mépris de ta loi.
86 Tous tes ordres ne sont que fidélité;
mensonge, mes poursuivants : aide-moi!
87 Ils ont failli m'user, me mettre à terre :
je n'ai pas abandonné tes préceptes.
88 Fais-moi vivre selon ton amour :
j'observerai les décrets de ta bouche.

Lamed *In aeternum, Domine*

89 Pour toujours, ta parole, Seigneur,
se dresse dans les cieux.
90 Ta fidélité demeure d'âge en âge,
la terre que tu fixas tient bon.

91 Jusqu'à ce jour, le monde tient par tes décisions :
toute chose est ta servante.
92 Si je n'avais mon plaisir dans ta loi,
je périrais de misère.
93 Jamais je n'oublierai tes préceptes :
par eux tu me fais vivre.
94 Je suis à toi : sauve-moi,
car je cherche tes préceptes.
95 Des impies escomptent ma perte :
moi, je réfléchis à tes exigences.
96 De toute perfection, j'ai vu la limite;
tes volontés sont d'une ampleur infinie.

Mem *Quomodo dilexi*

97 De quel amour j'aime ta loi :
tout le jour je la médite!
98 Je surpasse en habileté mes ennemis,
car je fais miennes pour toujours tes volontés.
99 Je surpasse en sagesse tous mes maîtres,
car je médite tes exigences.
100 Je surpasse en intelligence les anciens,
car je garde tes préceptes.
101 Des chemins du mal, je détourne mes pas
afin d'observer ta parole.
102 De tes décisions, je ne veux pas m'écarter,
car c'est toi qui m'enseignes.
103 Qu'elle est douce à mon palais, ta promesse :
le miel a moins de saveur dans ma bouche!
104 Tes préceptes m'ont donné l'intelligence :
je hais tout chemin de mensonge.

Nun *Lucerna pedibus meis*

105 Ta parole est la lumière de mes pas,
la lampe de ma route.
106 Je l'ai juré, je tiendrai mon serment,
j'observerai tes justes décisions.
107 J'ai vraiment trop souffert, Seigneur;
fais-moi vivre selon ta parole.
108 Accepte en offrande ma prière, Seigneur :
apprends-moi tes décisions.
109 A tout instant j'expose ma vie :
je n'oublie rien de ta loi.
110 Des impies me tendent un piège :
je ne dévie pas de tes préceptes.
111 Tes exigences resteront mon héritage,
la joie de mon cœur.
112 Mon cœur incline à pratiquer tes commandements :
c'est à jamais ma récompense.

Samech *Iniquos odio habui*

113 Je hais les cœurs partagés;
j'aime ta loi.
114 Toi, mon abri, mon bouclier!
j'espère en ta parole.
115 Ecartez-vous de moi, méchants :
je garderai les volontés de mon Dieu.
116 Que ta promesse me soutienne, et je vivrai :
ne déçois pas mon attente.
117 Sois mon appui : je serai sauvé;
j'ai toujours tes commandements devant les yeux.
118 Tu rejettes ceux qui fuient tes commandements :
leur ruse les égare.

119 Tu mets au rebut tous les impies de la terre;
c'est pourquoi j'aime tes exigences.
120 Ma chair tremble de peur devant toi :
tes décisions m'inspirent la crainte.

Ain *Feci judicium*

121 J'ai agi selon le droit et la justice :
ne me livre pas à mes bourreaux.
122 Assure le bonheur de ton serviteur :
que les orgueilleux ne me tourmentent plus!
123 Mes yeux se sont usés à guetter le salut
et les promesses de ta justice.
124 Agis pour ton serviteur selon ton amour,
apprends-moi tes commandements.
125 Je suis ton serviteur, éclaire-moi :
je connaîtrai tes exigences.
126 Seigneur, il est temps que tu agisses :
on a violé ta loi.
127 Aussi j'aime tes volontés,
plus que l'or le plus précieux.
128 Je me règle sur chacun de tes préceptes,
je hais tout chemin de mensonge.

Phé *Mirabilia*

129 Quelle merveille, tes exigences,
aussi mon âme les garde!
130 Déchiffrer ta parole illumine,
et les simples comprennent.
131 La bouche grande ouverte, j'aspire,
assoiffé de tes volontés.
132 Aie pitié de moi, regarde-moi :
tu le fais pour qui aime ton nom.
133 Que ta promesse assure mes pas :
qu'aucun mal ne triomphe de moi!

134 Rachète-moi de l'oppression des hommes,
que j'observe tes préceptes.
135 Pour ton serviteur que ton visage s'illumine :
apprends-moi tes commandements.
136 Mes yeux ruissellent de larmes
car on n'observe pas ta loi.

Çade *Justus es, Domine*

137 Toi, tu es juste, Seigneur,
tu es droit dans tes décisions.
138 Tu promulgues tes exigences avec justice,
avec entière fidélité.
139 Quand mes oppresseurs oublient ta parole,
une ardeur me consume.
140 Ta promesse tout entière est pure,
elle est aimée de ton serviteur.
141 Moi, le chétif, le méprisé,
je n'oublie pas tes préceptes.
142 Justice éternelle est ta justice,
et vérité, ta loi.
143 La détresse et l'angoisse m'ont saisi;
je trouve en tes volontés mon plaisir.
144 Justice éternelle, tes exigences;
éclaire-moi, et je vivrai.

Vingt-sixième jour : Prière du soir

Qoph *Clamavi in toto corde meo*

145 J'appelle de tout mon cœur : réponds-moi;
je garderai tes commandements.
146 Je t'appelle, Seigneur, sauve-moi;
j'observerai tes exigences.
147 Je devance l'aurore et j'implore :
j'espère en ta parole.

148 Mes yeux devancent la fin de la nuit
pour méditer sur ta promesse.
149 Dans ton amour, Seigneur, écoute ma voix :
selon tes décisions fais-moi vivre!
150 Ceux qui poursuivent le mal s'approchent,
ils s'éloignent de ta loi.
151 Toi, Seigneur, tu es proche,
tout dans tes ordres est vérité.
152 Depuis longtemps je le sais :
tu as fondé pour toujours tes exigences.

Resh *Vide humilitatem*

153 Vois ma misère : délivre-moi;
je n'oublie pas ta loi.
154 Soutiens ma cause : défends-moi,
en ta promesse fais-moi vivre!
155 Le salut s'éloigne des impies
qui ne cherchent pas tes commandements.
156 Seigneur, ta tendresse est sans mesure :
selon ta décision fais-moi vivre!
157 Ils sont nombreux mes persécuteurs, mes oppresseurs;
je ne dévie pas de tes exigences.
158 J'ai vu les renégats : ils me répugnent,
car ils ignorent ta promesse.
159 Vois combien j'aime tes préceptes, Seigneur,
fais-moi vivre selon ton amour!
160 Le fondement de ta parole est vérité;
éternelles sont tes justes décisions.

Shin *Principes persecuti sunt*

161 Des grands me persécutent sans raison;
mon cœur ne craint que ta parole.
162 Tel celui qui trouve un grand butin,
je me réjouis de tes promesses.

163 Je hais, je déteste le mensonge;
ta loi, je l'aime.
164 Sept fois chaque jour, je te loue
pour tes justes décisions.
165 Grande est la paix de qui aime ta loi;
jamais il ne trébuche.
166 Seigneur, j'attends de toi le salut :
j'accomplis tes volontés.
167 Tes exigences, mon âme les observe :
oui, vraiment, je les aime.
168 J'observe tes exigences et tes préceptes :
toutes mes voies sont devant toi.

Taw *Appropinquet deprecatio*

169 Que mon cri parvienne devant toi,
éclaire-moi selon ta parole, Seigneur.
170 Que ma prière arrive jusqu'à toi;
délivre-moi selon ta promesse.
171 Que chante sur mes lèvres ta louange,
car tu m'apprends tes commandements.
172 Que ma langue redise tes promesses,
car tout est justice en tes volontés.
173 Que ta main vienne à mon aide,
car j'ai choisi tes préceptes.
174 J'ai le désir de ton salut, Seigneur :
ta loi fait mon plaisir.
175 Que je vive et que mon âme te loue!
Tes décisions me soient en aide!
176 Je m'égare, brebis perdue : *
viens chercher ton serviteur.
Je n'oublie pas tes volontés.

120 *Ad Dominum*

1 Dans ma détresse, j'ai crié vers le Seigneur,
et lui m'a répondu. *
2 Seigneur, délivre-moi de la langue perfide,
de la bouche qui ment.

3 Que t'infliger, ô langue perfide,
et qu'ajouter encore? *
4 La flèche meurtrière du guerrier,
et la braise des genêts.

5 Malheur à moi : je dois vivre en exil *
et camper dans un désert!

6 Trop longtemps, j'ai vécu parmi ces gens
qui haïssent la paix. *
7 Je ne veux que la paix, mais quand je parle
ils cherchent la guerre.

121 *Levavi oculos*

1 Je lève les yeux vers les montagnes :
d'où le secours me viendra-t-il?
2 Le secours me viendra du Seigneur
qui a fait le ciel et la terre.

3 Qu'il empêche ton pied de glisser,
qu'il ne dorme pas, ton gardien.
4 Non, il ne dort pas, ne sommeille pas,
le gardien d'Israël.

5 Le Seigneur, ton gardien, le Seigneur, ton ombrage,
se tient près de toi.
6 Le soleil, pendant le jour, ne pourra te frapper,
ni la lune, durant la nuit.

7 Le Seigneur te gardera de tout mal,
il gardera ta vie.
8 Le Seigneur te gardera, au départ et au retour,
maintenant, à jamais.

122 *Laetatus sum*

1 Quelle joie quand on m'a dit :
« Nous irons à la maison du Seigneur! »

2 Maintenant notre marche prend fin
devant tes portes, Jérusalem!
3 Jérusalem, te voici dans tes murs :
ville où tout ensemble ne fait qu'un!

4 C'est là que montent les tribus,
  les tribus du Seigneur, *
là qu'Israël doit rendre grâce
  au nom du Seigneur.
5 C'est là le siège du droit, *
le siège de la maison de David.

6 Appelez le bonheur sur Jérusalem :
« Paix à ceux qui t'aiment!
7 Que la paix règne dans tes murs,
le bonheur dans tes palais! »

8 A cause de mes frères et de mes proches,
je dirai : « Paix sur toi! »
9 A cause de la maison du Seigneur notre Dieu,
je désire ton bien.

123 *Ad te levavi oculos meos*

1 Vers toi j'ai les yeux levés,
vers toi qui es au ciel.

2 Comme les yeux de l'esclave
vers la main de son maître, +
comme les yeux de la servante
vers la main de sa maîtresse, *
nos yeux, levés vers le Seigneur notre Dieu,
attendent sa pitié.

3 Pitié pour nous, Seigneur, pitié pour nous :
notre âme est rassasiée de mépris.

4 C'en est trop,
nous sommes rassasiés *
du rire des satisfaits,
du mépris des orgueilleux!

124 *Nisi quia Dominus*

1 Sans le Seigneur qui était pour nous,
—qu'Israël le redise— +
2 sans le Seigneur qui était pour nous
quand des hommes nous assaillirent, *
3 alors ils nous avalaient tout vivants,
dans le feu de leur colère.

4 Alors le flot passait sur nous,
le torrent nous submergeait; *
5 alors nous étions submergés
par les flots en furie.

6 Béni soit le Seigneur *
qui n'a pas fait de nous
la proie de leurs dents!

7 Comme un oiseau, nous avons échappé
au filet du chasseur; *
le filet s'est rompu :
nous avons échappé.

125 *Qui confidunt*

1 Qui s'appuie sur le Seigneur
ressemble au mont Sion : *
il est inébranlable,
il demeure à jamais.

2 Jérusalem, des montagnes l'entourent; *
ainsi le Seigneur : il entoure son peuple
maintenant et toujours.

3 Jamais le sceptre de l'impie
ne pèsera sur la part des justes, *
de peur que la main des justes
ne se tende vers l'idole.

4 Sois bon pour qui est bon, Seigneur,
pour l'homme au cœur droit. *
5 Mais ceux qui rusent et qui trahissent,
que le Seigneur les rejette avec les méchants!

Paix sur Israël!

Vingt-septième jour : Prière du soir

126 *In convertendo*

1 Quand le Seigneur ramena les captifs à Sion,
nous étions comme en rêve!

2 Alors notre bouche était pleine de rires,
nous poussions des cris de joie; +
alors on disait parmi les nations :
« Quelles merveilles fait pour eux le Seigneur ! »
3 Quelles merveilles le Seigneur fit pour nous :
nous étions en grande fête!

4 Ramène, Seigneur, nos captifs,
comme les torrents au désert.

5 Qui sème dans les larmes
moissonne dans la joie : +
6 il s'en va, il s'en va en pleurant,
il jette la semence; *
il s'en vient, il s'en vient dans la joie,
il rapporte les gerbes.

127 *Nisi Dominus*

1 Si le Seigneur ne bâtit la maison,
les bâtisseurs travaillent en vain; *
si le Seigneur ne garde la ville,
c'est en vain que veillent les gardes.

2 En vain tu devances le jour,
tu retardes le moment de ton repos, +
tu manges un pain de douleur : *
Dieu comble son bien-aimé quand il dort.

3 Des fils, voilà ce que donne le Seigneur,
des enfants, la récompense qu'il accorde; *
4 comme des flèches aux mains d'un guerrier,
ainsi les fils de la jeunesse.

5 Heureux l'homme vaillant
qui a garni son carquois de telles armes! *
S'ils affrontent leurs ennemis sur la place,
ils ne seront pas humiliés.

128 *Beati omnes*

1 Heureux qui craint le Seigneur
et marche selon ses voies!

2 Tu te nourriras du travail de tes mains :
Heureux es-tu! A toi, le bonheur!

3 Ta femme sera dans ta maison
comme une vigne généreuse, *
et tes fils, autour de la table,
comme des plants d'olivier.

4 Voilà comment sera béni
l'homme qui craint le Seigneur. *
5 De Sion, que le Seigneur te bénisse!

Tu verras le bonheur de Jérusalem
tous les jours de ta vie, *
6 et tu verras les fils de tes fils.

Paix sur Israël!

129 *Saepe expugnaverunt*

1 Que de mal ils m'ont fait dès ma jeunesse,
—à Israël de le dire— *
2 que de mal ils m'ont fait dès ma jeunesse :
ils ne m'ont pas soumis!

3 Sur mon dos, des laboureurs ont labouré
et creusé leurs sillons; *
4 mais le Seigneur, le juste,
a brisé l'attelage des impies.

5 Qu'ils soient tous humiliés, rejetés,
les ennemis de Sion! *
6 Qu'ils deviennent comme l'herbe des toits,
aussitôt desséchée!

7 Les moissonneurs n'en font pas une poignée,
ni les lieurs une gerbe, *
8 et les passants ne peuvent leur dire :
« La bénédiction du Seigneur soit sur vous! »

Au nom du Seigneur, nous vous bénissons.

130 *De profundis*

1 Des profondeurs je crie vers toi, Seigneur,
2 Seigneur, écoute mon appel! *
Que ton oreille se fasse attentive
au cri de ma prière!

3 Si tu retiens les fautes, Seigneur,
Seigneur, qui subsistera? *
4 Mais près de toi se trouve le pardon
pour que l'homme te craigne.

5 J'espère le Seigneur de toute mon âme; *
je l'espère, et j'attends sa parole.

6 Mon âme attend le Seigneur
plus qu'un veilleur ne guette l'aurore. *
Plus qu'un veilleur ne guette l'aurore,
7 attends le Seigneur, Israël.

Oui, près du Seigneur, est l'amour;
près de lui, abonde le rachat. *
8 C'est lui qui rachètera Israël
de toutes ses fautes.

131 *Domine, non est*

1 Seigneur, je n'ai pas le cœur fier
ni le regard ambitieux; *
je ne poursuis ni grands desseins,
ni merveilles qui me dépassent.

2 Non, mais je tiens mon âme
égale et silencieuse; *
mon âme est en moi comme un enfant,
comme un petit enfant contre sa mère.

3 Attends le Seigneur, Israël, *
maintenant et à jamais.

132 *Memento, Domine*

1 Souviens-toi, Seigneur, de David
et de sa grande soumission
2 quand il fit au Seigneur un serment,
une promesse au Puissant de Jacob :

3 « Jamais je n'entrerai sous ma tente,
et jamais ne m'étendrai sur mon lit,
4 j'interdirai tout sommeil à mes yeux
et tout répit à mes paupières,
5 avant d'avoir trouvé un lieu pour le Seigneur,
une demeure pour le Puissant de Jacob. »

6 Voici qu'on nous l'annonce à Ephrata,
nous l'avons trouvée près de Yagar.
7 Entrons dans la demeure de Dieu,
prosternons-nous aux pieds de son trône.

8 Monte, Seigneur, vers le lieu de ton repos,
toi, et l'arche de ta force!
9 Que tes prêtres soient vêtus de justice,
que tes fidèles crient de joie!

10 Pour l'amour de David, ton serviteur,
ne repousse pas la face de ton messie.

11 Le Seigneur l'a juré à David,
et jamais il ne reprendra sa parole :
« C'est un homme issu de toi
que je placerai sur ton trône.

12 « Si tes fils gardent mon alliance,
les volontés que je leur fais connaître,
leurs fils, eux aussi, à tout jamais,
siégeront sur le trône dressé pour toi. »

13 Car le Seigneur a fait choix de Sion;
elle est le séjour qu'il désire :

14 « Voilà mon repos à tout jamais,
c'est le séjour que j'avais désiré.

15 « Je bénirai, je bénirai ses récoltes
pour rassasier de pain ses pauvres.
16 Je vêtirai de gloire ses prêtres,
et ses fidèles crieront, crieront de joie.

17 « Là, je ferai germer la force de David;
pour mon messie, j'ai allumé une lampe.
18 Je vêtirai ses ennemis de honte,
mais, sur lui, la couronne fleurira. »

133 *Ecce, quam bonum!*

1 Oui, il est bon, il est doux pour des frères *
de vivre ensemble et d'être unis!

2 On dirait un baume précieux,
un parfum sur la tête, +
qui descend sur la barbe, la barbe d'Aaron, *
qui descend sur le bord de son vêtement.

3 On dirait la rosée de l'Hermon *
qui descend sur les collines de Sion.
C'est là que le Seigneur envoie la bénédiction, *
la vie pour toujours.

134 *Ecce nunc*

1 Vous tous, bénissez le Seigneur,
vous qui servez le Seigneur,
qui veillez dans la maison du Seigneur
au long des nuits.

2 Levez les mains vers le sanctuaire,
et bénissez le Seigneur.
3 Que le Seigneur te bénisse de Sion,
lui qui a fait le ciel et la terre!

135 *Laudate nomen*

1 Alléluia!

Louez le nom du Seigneur,
louez-le, serviteurs du Seigneur
2 qui veillez dans la maison du Seigneur,
dans les parvis de la maison de notre Dieu.

3 Louez la bonté du Seigneur,
célébrez la douceur de son nom.
4 C'est Jacob que le Seigneur a choisi,
Israël dont il a fait son bien.

5 Je le sais, le Seigneur est grand :
notre Maître est plus grand que tous les dieux.
6 Tout ce que veut le Seigneur, il le fait *
au ciel et sur la terre,
dans les mers et jusqu'au fond des abîmes.

7 De l'horizon, il fait monter les nuages; +
il lance des éclairs, et la pluie ruisselle; *
il libère le vent qu'il tenait en réserve.

8 Il a frappé les aînés de l'Egypte,
les premiers-nés de l'homme et du bétail.
9 Il envoya des signes et des prodiges,
chez toi, terre d'Egypte, *
sur Pharaon et tous ses serviteurs.

10 Il a frappé des nations en grand nombre
et fait périr des rois valeureux :
11 (Séhon, le roi des Amorites, Og, le roi de Basan,
et tous les royaumes de Canaan;)
12 il a donné leur pays en héritage,
en héritage à Israël, son peuple.

13 Pour toujours, Seigneur, ton nom!
D'âge en âge, Seigneur, ton mémorial!

14 Car le Seigneur rend justice à son peuple :
par égard pour ses serviteurs, il se reprend.

15 Les idoles des nations : or et argent,
ouvrages de mains humaines.
16 Elles ont une bouche et ne parlent pas,
des yeux et ne voient pas.

17 Leurs oreilles n'entendent pas,
et dans leur bouche, pas le moindre souffle.
18 Qu'ils deviennent comme elles, tous ceux qui les font,
ceux qui mettent leur foi en elles.

19 Maison d'Israël, bénis le Seigneur,
maison d'Aaron, bénis le Seigneur,
20 maison de Lévi, bénis le Seigneur,
et vous qui le craignez, bénissez le Seigneur!

21 Béni soit le Seigneur depuis Sion,
lui qui habite Jérusalem!

Vingt-huitième jour : Prière du soir

136 *Confitemini*

1 Rendez grâce au Seigneur : il est bon,
éternel est son amour!
2 Rendez grâce au Dieu des dieux,
éternel est son amour!
3 Rendez grâce au Seigneur des seigneurs,
éternel est son amour!

4 Lui seul a fait de grandes merveilles,
éternel est son amour!
5 lui qui fit les cieux avec sagesse,
éternel est son amour!
6 qui affermit la terre sur les eaux,
éternel est son amour!

7 Lui qui a fait les grands luminaires,
éternel est son amour!
8 le soleil qui règne sur le jour,
éternel est son amour!
9 la lune et les étoiles, sur la nuit,
éternel est son amour!

10 Lui qui frappa les Egyptiens dans leurs aînés,
éternel est son amour!
11 et fit sortir Israël de leur pays,
éternel est son amour!
12 d'une main forte et d'un bras vigoureux,
éternel est son amour!

13 Lui qui fendit la mer Rouge en deux parts,
éternel est son amour!
14 et fit passer Israël en son milieu,
éternel est son amour!
15 y rejetant Pharaon et ses armées,
éternel est son amour!

16 Lui qui mena son peuple au désert,
éternel est son amour!
17 qui frappa des princes fameux,
éternel est son amour!
18 et fit périr des rois redoutables,
éternel est son amour!

19 Séhon, le roi des Amorites,
éternel est son amour!
20 et Og, le roi de Basan,
éternel est son amour!

21 pour donner leur pays en héritage,
éternel est son amour!
22 en héritage à Israël, son serviteur,
éternel est son amour!

23 Il se souvient de nous, les humiliés,
éternel est son amour!

24 il nous tira de la main des oppresseurs,
éternel est son amour!

25 A toute chair, il donne le pain,
éternel est son amour!
26 Rendez grâce au Dieu du ciel,
éternel est son amour!

137 *Super flumina*

1 Au bord des fleuves de Babylone
nous étions assis et nous pleurions, +
nous souvenant de Sion; *
2 aux saules des alentours
nous avions pendu nos harpes.

3 C'est là que nos vainqueurs
nous demandèrent des chansons, +
et nos bourreaux, des airs joyeux : *
« Chantez-nous, disaient-ils,
quelque chant de Sion. »

4 Comment chanterions-nous
un chant du Seigneur +
sur une terre étrangère? *
5 Si je t'oublie, Jérusalem,
que ma main droite m'oublie!

6 Je veux que ma langue
s'attache à mon palais +
si je perds ton souvenir, *
si je n'élève Jérusalem
au sommet de ma joie.

7 Souviens-toi, Seigneur,
des fils du pays d'Edom, +
et de ce jour à Jérusalem *
où ils criaient : « Détruisez-la,
détruisez-la de fond en comble! »

8 O Babylone misérable, +
heureux qui te revaudra
les maux que tu nous valus; *
9 heureux qui saisira tes enfants,
pour les briser contre le roc!

138 *Confitebor tibi*

1 De tout mon cœur, Seigneur, je te rends grâce :
tu as entendu les paroles de ma bouche.
Je te chante en présence des anges,
2 vers ton temple sacré, je me prosterne.

Je rends grâce à ton nom pour ton amour et ta vérité,
car tu élèves, au-dessus de tout, ton nom et ta parole.
3 Le jour où tu répondis à mon appel,
tu fis grandir en nom âme la force.

4 Tous les rois de la terre te rendent grâce
quand ils entendent les paroles de ta bouche.
5 Ils chantent les chemins du Seigneur :
« Qu'elle est grande, la gloire du Seigneur! »

6 Si haut que soit le Seigneur, il voit le plus humble;
de loin, il reconnaît l'orgueilleux.
7 Si je marche au milieu des angoisses, tu me fais vivre,
ta main s'abat sur mes ennemis en colère.

Ta droite me rend vainqueur.
8 Le Seigneur fait tout pour moi!
Seigneur, éternel est ton amour :
n'arrête pas l'œuvre de tes mains.

139 *Domine, probasti*

1 Tu me scrutes, Seigneur, et tu sais! +
2 Tu sais quand je m'assois, quand je me lève;
de très loin, tu pénètres mes pensées.

3 Que je marche ou me repose, tu le vois,
tous mes chemins te sont familiers.
4 Avant qu'un mot ne parvienne à mes lèvres,
déjà, Seigneur, tu le sais.

5 Tu me devances et me poursuis, tu m'enserres,
tu as mis la main sur moi.
6 Savoir prodigieux qui me dépasse,
hauteur que je ne puis atteindre!

7 Où donc aller, loin de ton souffle?
où m'enfuir, loin de ta face?
8 Je gravis les cieux : tu es là;
je descends chez les morts : te voici.

9 Je prends les ailes de l'aurore
et me pose au-delà des mers :
10 même là, ta main me conduit,
ta main droite me saisit.

11 J'avais dit : « Les ténèbres m'écrasent! »
mais la nuit devient lumière autour de moi.
12 Même la ténèbre pour toi n'est pas ténèbre,
et la nuit comme le jour est lumière!

13 C'est toi qui as créé mes reins,
qui m'as tissé dans le sein de ma mère.
14 Je reconnais devant toi le prodige,
   l'être étonnant que je suis : *
étonnantes sont tes œuvres,
   toute mon âme le sait.

15 Mes os n'étaient pas cachés pour toi *
quand j'étais façonné dans le secret,
modelé aux entrailles de la terre.

16 J'étais encore inachevé, tu me voyais; *
sur ton livre, tous mes jours étaient inscrits,
recensés avant qu'un seul ne soit!

17 Que tes pensées sont pour moi difficiles,
Dieu, que leur somme est imposante!
18 Je les compte : plus nombreuses que le sable!
Je m'éveille : je suis encore avec toi.

19 Dieu, si tu exterminais l'impie!
Hommes de sang, éloignez-vous de moi!
20 Tes adversaires profanent ton nom :
ils le prononcent pour détruire.

21 Comment ne pas haïr tes ennemis, Seigneur,
ne pas avoir en dégoût tes assaillants?
22 Je les hais d'une haine parfaite,
je les tiens pour mes propres ennemis.

23 Scrute-moi, mon Dieu, tu sauras ma pensée;
éprouve-moi, tu connaîtras mon cœur.
24 Vois si je prends le chemin des idoles,
et conduis-moi sur le chemin d'éternité.

140 *Eripe me, Domine*

2 Délivre-moi, Seigneur, de l'homme mauvais,
contre l'homme violent, défends-moi,
3 contre ceux qui préméditent le mal
et tout le jour entretiennent la guerre,
4 qui dardent leur langue de vipère,
leur langue chargée de venin.

5 Garde-moi, Seigneur, de la main des impies,
contre l'homme violent, défends-moi,
contre ceux qui méditent ma chute,
6 les arrogants qui m'ont tendu des pièges;
sur mon passage ils ont mis un filet,
ils ont dressé contre moi des embûches.

7 Je dis au Seigneur : « Mon Dieu, c'est toi! »
Seigneur, entends le cri de ma prière.
8 Tu es la force qui me sauve, Maître, Seigneur;
au jour du combat, tu protèges ma tête.
9 Ne cède pas, Seigneur, au désir des impies,
ne permets pas que leurs intrigues réussissent!

10 Sur la tête de ceux qui m'encerclent,
que retombe le poids de leurs injures!
11 Que des braises pleuvent sur eux!
Qu'ils soient jetés à la fosse et jamais ne se relèvent!
12 L'insulteur ne tiendra pas sur la terre :
le violent, le mauvais, sera traqué à mort.

13 Je le sais, le Seigneur rendra justice au malheureux,
il fera droit au pauvre.
14 Oui, les justes rendront grâce à ton nom,
les hommes droits siégeront en ta présence.

Vingt-neuvième jour : Prière du soir

141 *Domine, clamavi*

1 Seigneur, je t'appelle : accours vers moi!
Ecoute mon appel quand je crie vers toi!
2 Que ma prière devant toi s'élève comme un encens,
et mes mains, comme l'offrande du soir.

3 Mets une garde à mes lèvres, Seigneur,
veille au seuil de ma bouche.
4 Ne laisse pas mon cœur pencher vers le mal
ni devenir complice des hommes malfaisants.

Jamais je ne goûterai leurs plaisirs :
5 que le juste me reprenne et me corrige avec bonté.
Que leurs parfums, ni leurs poisons, ne touchent ma tête!
Ils font du mal : je me tiens en prière.

6 Voici leurs juges précipités contre le roc,
eux qui prenaient plaisir à m'entendre dire :
7 « Comme un sol qu'on retourne et défonce,
nos os sont dispersés à la gueule des enfers! »

8 Je regarde vers toi, Seigneur, mon Maître;
tu es mon refuge : épargne ma vie!
9 Garde-moi du filet qui m'est tendu,
des embûches qu'ont dressées les malfaisants.

10 Les impies tomberont dans leur piège;
seul, moi, je passerai.

142 *Voce mea ad Dominum*

2 A pleine voix, je crie vers le Seigneur!
A pleine voix, je supplie le Seigneur!
3 Je répands devant lui ma plainte,
devant lui, je dis ma détresse.

4 Lorsque le souffle me manque,
toi, tu sais mon chemin. *
Sur le sentier où j'avance,
un piège m'est tendu.

5 Regarde à mes côtés, et vois :
personne qui me connaisse! *
Pour moi, il n'est plus de refuge :
personne qui pense à moi!

6 J'ai crié vers toi, Seigneur! *
J'ai dit : « Tu es mon abri,
ma part, sur la terre des vivants. »

7 Sois attentif à mes appels :
je suis réduit à rien; *
délivre-moi de ceux qui me poursuivent :
ils sont plus forts que moi.

8 Tire-moi de la prison où je suis,
que je rende grâce à ton nom. *
Autour de moi, les justes feront cercle
pour le bien que tu m'as fait.

143 *Domine, exaudi*

1 Seigneur, entends ma prière; +
dans ta justice écoute mes appels, *
dans ta fidélité réponds-moi.
2 N'entre pas en jugement avec ton serviteur :
aucun vivant n'est juste devant toi.

3 L'ennemi cherche ma perte,
il foule au sol ma vie;
il me fait habiter les ténèbres
avec les morts de jadis.
4 Le souffle en moi s'épuise,
mon cœur au fond de moi s'épouvante.

5 Je me souviens des jours d'autrefois,
je me redis toutes tes actions, *
sur l'œuvre de tes mains je médite.
6 Je tends les mains vers toi,
me voici devant toi comme une terre assoiffée.

7 Vite, réponds-moi, Seigneur :
je suis à bout de souffle!
Ne me cache pas ton visage :
je serais de ceux qui tombent dans la fosse.

8 Fais que j'entende au matin ton amour,
car je compte sur toi.
Montre-moi le chemin que je dois prendre :
vers toi, j'élève mon âme!

9 Délivre-moi de mes ennemis, Seigneur :
j'ai un abri auprès de toi.
10 Apprends-moi à faire ta volonté,
car tu es mon Dieu.
Ton souffle est bienfaisant :
qu'il me guide en un pays de plaines.

11 Pour l'honneur de ton nom, Seigneur, fais-moi vivre;
à cause de ta justice, tire-moi de la détresse.
12 A cause de ton amour, tu détruiras mes ennemis;
tu feras périr mes adversaires, car je suis ton serviteur.

Trentième jour : Prière du matin

144 *Benedictus Dominus*

1 Béni soit le Seigneur, mon rocher! +
Il exerce mes mains pour le combat, *
il m'entraîne à la bataille.

2 Il est mon allié, ma forteresse,
ma citadelle, celui qui me libère;
il est le bouclier qui m'abrite,
il me donne pouvoir sur mon peuple.

3 Qu'est-ce que l'homme,
pour que tu le connaisses, Seigneur, *
le fils d'un homme, pour que tu comptes avec lui?
4 L'homme est semblable à un souffle,
ses jours sont une ombre qui passe.

5 Seigneur, incline les cieux et descends;
touche les montagnes : qu'elles brûlent!
6 Décoche des éclairs de tous côtés,
tire des flèches et répands la terreur.

7 Des hauteurs, tends-moi la main, délivre-moi, *
sauve-moi du gouffre des eaux,
de l'emprise d'un peuple étranger :

8 il dit des paroles mensongères,
sa main est une main parjure.

9 Pour toi, je chanterai un chant nouveau,
pour toi, je jouerai sur la harpe à dix cordes,
10 pour toi qui donnes aux rois la victoire
et sauves de l'épée meurtrière David, ton serviteur.

11 Délivre-moi, sauve-moi
de l'emprise d'un peuple étranger :
il dit des paroles mensongères,
sa main est une main parjure.

12 Que nos fils soient pareils à des plants
bien venus dès leur jeune âge; *
nos filles, pareilles à des colonnes
sculptées pour un palais!

13 Nos greniers, remplis, débordants,
regorgeront de biens;
les troupeaux, par milliers, par myriades,
empliront nos campagnes!

14 Nos vassaux nous resteront soumis,
plus de défaites; *
plus de brèches dans nos murs,
plus d'alertes sur nos places!

15 Heureux le peuple ainsi comblé!
Heureux le peuple qui a pour Dieu « Le Seigneur »!

145 *Exaltabo te, Deus*

1 Je t'exalterai, mon Dieu, mon Roi,
je bénirai ton nom toujours et à jamais!

2 Chaque jour je te bénirai,
je louerai ton nom toujours et à jamais.
3 Il est grand, le Seigneur, hautement loué;
à sa grandeur, il n'est pas de limite.

4 D'âge en âge, on vantera tes œuvres,
on proclamera tes exploits.
5 Je redirai le récit de tes merveilles,
ton éclat, ta gloire et ta splendeur.

6 On dira ta force redoutable;
je raconterai ta grandeur.
7 On rappellera tes immenses bontés;
tous acclameront ta justice.

8 Le Seigneur est tendresse et pitié,
lent à la colère et plein d'amour;
9 la bonté du Seigneur est pour tous,
sa tendresse, pour toutes ses œuvres.

10 Que tes œuvres, Seigneur, te rendent grâce
et que tes fidèles te bénissent!
11 Ils diront la gloire de ton règne,
ils parleront de tes exploits,

12 annonçant aux hommes tes exploits,
la gloire et l'éclat de ton règne :
13 ton règne, un règne éternel,
ton empire, pour les âges des âges.

Le Seigneur est vrai en tout ce qu'il dit,
fidèle en tout ce qu'il fait.
14 Le Seigneur soutient tous ceux qui tombent,
il redresse tous les accablés.

15 Les yeux sur toi, tous, ils espèrent :
tu leur donnes la nourriture au temps voulu;
16 tu ouvres ta main :
tu rassasies avec bonté tout ce qui vit.

17 Le Seigneur est juste en toutes ses voies,
fidèle en tout ce qu'il fait.
18 Il est proche de ceux qui l'invoquent,
de tout ceux qui l'invoquent en vérité.

19 Il répond au désir de ceux qui le craignent;
il écoute leur cri : il les sauve.

20 Le Seigneur gardera tous ceux qui l'aiment,
mais il détruira tous les impies.

21 Que ma bouche proclame les louanges du Seigneur! *
Son nom très saint, que toute chair le bénisse
toujours et à jamais!

146 *Lauda, anima mea*

1 Alléluia!

Chante, ô mon âme, la louange du Seigneur! +
2 Je veux louer le Seigneur tant que je vis, *
chanter mes hymnes pour mon Dieu tant que je dure.

3 Ne comptez pas sur les puissants,
des fils d'homme qui ne peuvent sauver!
4 Leur souffle s'en va : ils retournent à la terre;
et ce jour-là, périssent leurs projets.

5 Heureux qui s'appuie sur le Dieu de Jacob,
qui met son espoir dans le Seigneur son Dieu,
6 lui qui a fait et le ciel et la terre
et la mer et tout ce qu'ils renferment!

Il garde à jamais sa fidélité,
7 il fait justice aux opprimés;
aux affamés, il donne le pain;
le Seigneur délie les enchaînés.

8 Le Seigneur ouvre les yeux des aveugles,
le Seigneur redresse les accablés,
le Seigneur aime les justes,
9 le Seigneur protège l'étranger.

Il soutient la veuve et l'orphelin,
il égare les pas du méchant.
10 D'âge en âge, le Seigneur régnera :
ton Dieu, ô Sion, pour toujours!

147 *Laudate Dominum*

1 Alléluia!

Il est bon de fêter notre Dieu,
il est beau de chanter sa louange!

2 Le Seigneur rebâtit Jérusalem,
il rassemble les déportés d'Israël;
3 il guérit les cœurs brisés
et soigne leurs blessures.

4 Il compte le nombre des étoiles,
il donne à chacune un nom;
5 il est grand, il est fort, notre Maître :
nul n'a mesuré son intelligence.
6 Le Seigneur élève les humbles
et rabaisse jusqu'à terre les impies.

7 Entonnez pour le Seigneur l'action de grâce,
jouez pour notre Dieu sur la cithare!

8 Il couvre le ciel de nuages,
il prépare la pluie pour la terre;
il fait germer l'herbe sur les montagnes
et les plantes pour l'usage des hommes;
9 il donne leur pâture aux troupeaux,
aux petits du corbeau qui la réclament.

10 La force des chevaux n'est pas ce qu'il aime,
ni la vigueur des guerriers, ce qui lui plaît;
11 mais le Seigneur se plaît avec ceux qui le craignent,
avec ceux qui espèrent son amour.

12 Glorifie le Seigneur, Jérusalem!
Célèbre ton Dieu, ô Sion!

13 Il a consolidé les barres de tes portes,
dans tes murs il a béni tes enfants;
14 il fait régner la paix à tes frontières,
et d'un pain de froment te rassasie.

15 Il envoie sa parole sur la terre :
rapide, son verbe la parcourt.
16 Il étale une toison de neige,
il sème une poussière de givre.

17 Il jette à poignées des glaçons;
devant ce froid, qui pourrait tenir?
18 Il envoie sa parole : survient le dégel;
il répand son souffle : les eaux coulent.

19 Il révèle sa parole à Jacob,
ses volontés et ses lois à Israël.
20 Pas un peuple qu'il ait ainsi traité;
nul autre n'a connu ses volontés.

Alléluia!

148 *Laudate Dominum*

1 Alléluia!

Louez le Seigneur du haut des cieux,
louez-le dans les hauteurs.
2 Vous, tous ses anges, louez-le,
louez-le, tous les univers.

3 Louez-le, soleil et lune,
louez-le, tous les astres de lumière;
4 vous, cieux des cieux, louez-le,
et les eaux des hauteurs des cieux.

R 5 Qu'ils louent le nom du Seigneur :
sur son ordre ils furent créés;
6 c'est lui qui les posa pour toujours
sous une loi qui ne passera pas.

7 Louez le Seigneur depuis la terre,
monstres marins, tous les abîmes;
8 feu et grêle, neige et brouillard,
vent d'ouragan qui accomplis sa parole;

9 Les montagnes et toutes les collines,
les arbres des vergers, tous les cèdres;
10 les bêtes sauvages et tous les troupeaux,
le reptile et l'oiseau qui vole;

11 les rois de la terre et tous les peuples,
les princes et tous les juges de la terre;
12 tous les jeunes gens et jeunes filles,
les vieillards comme les enfants.

13 Qu'ils louent le nom du Seigneur,
le seul au-dessus de tout nom;
sur le ciel et sur la terre, sa splendeur :
14 il accroît la vigueur de son peuple.

Louange de tous ses fidèles,
des fils d'Israël, le peuple de ses proches!

Alléluia!

149 *Cantate Domino*

1 Alléluia!

Chantez au Seigneur un chant nouveau,
louez-le dans l'assemblée de ses fidèles!
2 En Israël, joie pour son créateur;
dans Sion, allégresse pour son Roi!
3 Dansez à la louange de son nom,
jouez pour lui, tambourins et cithares!

4 Car le Seigneur aime son peuple,
il donne aux humbles l'éclat de la victoire.
5 Que les fidèles exultent, glorieux,
criant leur joie à l'heure du triomphe.
6 Qu'ils proclament les éloges de Dieu,
tenant en main l'épée à deux tranchants.

7 Tirer vengeance des nations,
infliger aux peuples un châtiment,
8 charger de chaînes les rois,
jeter les princes dens les fers,
9 leur appliquer la sentence écrite,
c'est la fierté de ses fidèles.

Alléluia!

150 *Laudate Dominum*

1 Alléluia!

Louez Dieu dans son temple saint,
louez-le au ciel de sa puissance;
2 louez-le pour ses actions éclatantes,
louez-le selon sa grandeur!

3 Louez-le en sonnant du cor,
louez-le sur la harpe et la cithare;
4 louez-le par les cordes et les flûtes,
louez-le par la danse et le tambour!

5 Louez-le par les cymbales sonores,
louez-le par les cymbales triomphantes!
6 Et que tout être vivant
chante louange au Seigneur!

Alléluia!

Prières et Actions de grâce

Prières et Actions de grâce

Prières

Prières pour le monde

1. Pour la joie devant la Création
2. Pour tous les hommes
3. Pour la famille humaine
4. Pour la paix
5. Pour la paix parmi les nations
6. Pour nos ennemis

Prières pour l'Eglise

7. Pour l'Eglise universelle
8. Pour la mission de l'Eglise
9. Pour le clergé et les fidèles
10. Pour le diocèse
11. Pour le paroisse
12. Pour un synode ou une autre assemblée ecclésiastique
13. Pour l'élection d'un évêque ou d'un autre ministre
14. Pour l'unité de l'Eglise
15. Pour ceux que l'on va baptiser ou qui vont renouveler les promesses de leur Baptême
16. Pour les communautés religieuses et leurs vocations
17. Pour les musiciens et les artistes qui travaillent pour l'Eglise

On trouvera à la page 165 les prières pour les ministres ordonnés.

Prières pour la vie nationale

18. Pour la patrie
19. Pour le chef de l'Etat et les autres autorités civiles
20. Pour les Corps législatifs
21. Pour les Tribunaux
22. Pour un gouvernement juste
23. Pour les Autorités locales
24. Avant une élection
25. Pour ceux qui servent dans les forces armées
26. Pour ceux qui souffrent pour être fidèles à leur conscience

Prières pour la vie sociale

27. Pour la justice sociale
28. En temps de conflits
29. Pour l'agriculture
30. Pour les chômeurs
31. Pour les écoles et les universités
32. Pour un bon emploi des loisirs
33. Pour les populations urbaines
34. Pour les populations rurales
35. Pour les pauvres et les délaissés
36. Pour les opprimés
37. Pour les prisonniers
38. Pour un bon emploi des dons de Dieu
39. Pour ceux qui influencent l'opinion publique

On trouvera aux pages 168 et 170 des prières pour d'industrie et le travail.

Prières pour la Nature

40. Pour une meilleure connaissance de la Création
41. Pour la conservation des ressources naturelles
42. Pour des récoltes et des pêches abondantes
43. Pour la pluie
44. Pour l'avenir de l'espèce humaine

Prières pour la vie familiale et personnelle

45. Pour les familles
46. Pour savoir bien élever nos enfants
47. Pour les jeunes
48. Pour ceux qui vivent seuls
49. Pour les vieillards
50. Pour un anniversaire
51. Pour l'anniversaire d'un enfant
52. Pour les absents
53. Pour les voyageurs
54. Pour ceux qui nous sont chers
55. Pour une personne dans la peine ou le deuil
56. Pour ceux qui sont dépendants de toutes sortes de drogues
57. Pour être guidés
58. Pour être guidés

59. Pour demander la sérénité
60. Pour être protégés
61. Pour nous vouer aux desseins de Dieu
62. Prière attribuée à saint François d'Assise

On trouvera aux pages 356-360 des prières pour les malades.

On trouvera aux pages 361-365 des prières pour les mourants.

On trouvera aux pages 162-163 et 383-385 des prières pour les défunts.

Autres prières

63. Au soir
64. Avant le culte
65. Pour qu'une prière soit exaucée
66. Avant de recevoir la communion
67. Après avoir reçu la communion
68. Après le culte
69. Le dimanche
70. Bénédiction de la table

On trouvera aux pages 60-61 et 85 des prières pour le vendredi, le samedi et le dimanche, et pour le matin et pour le soir.

Actions de grâce

Actions de grâce générales

1. Action de grâce générale
2. Litanie d'action de grâce

On trouvera l'Action de grâce générale à la page 63.

Actions de grâce pour l'Eglise

3. Pour la mission de l'Eglise
4. Pour les saints et les fidèles défunts

Actions de grâce pour la vie nationale

5. Pour la nation
6. Pour les héros de la patrie

Action de grâce pour la vie sociale

7. Pour la diversité des cultures et des races

Actions de grâce pour la Nature

8. Pour la beauté de la terre
9. Pour la moisson

Actions de grâce pour la vie familiale et personnelle

10. Pour le don d'un enfant
11. Pour quelqu'un qui s'est rétabli

On trouvera aux pages 382-385 les actions de grâce pour les défunts.

Le terme «diverses circonstances» que l'on trouvera dans les pages qui suivent fait référence aux collectes numérotées données à partir de la page 160.

Prières et Actions de grâce

Prières

On les prend après les collectes de la Prière du matin ou du soir, ou à d'autres occasions.

Prières pour le monde

1. *Pour la joie devant la Création*

Père du ciel, toi qui as comblé le monde de beauté : Ouvre nos yeux à ta bienveillance partout à l'œuvre : afin que, trouvant notre joie dans la création tout entière nous apprenions à te servir avec allégresse. Nous te le demandons pour l'amour de celui par qui tout a été créé, ton Fils, Jesus le Christ notre Seigneur. *Amen.*

2. *Pour tous les hommes*

O Dieu, toi qui as créé l'humanité tout entière et qui toujours la protèges : nous te prions humblement pour tous tes enfants dans leurs différentes conditions de vie et leurs occupations multiples. Fais-leur connaître tes voies, manifeste ton salut parmi toutes les nations. Nous te prions plus particulièrement pour la sainte Eglise universelle. Que ton Esprit de bonté la guide et la protège, pour que ceux qui se proclament chrétiens soient conduits dans les voies de la vérité; qu'ils maintiennent la foi, dans l'unité de l'Esprit, par le lien de la paix et dans la sainteté de vie. Enfin nous te recommandons, Père très bon, tous ceux qui souffrent dans leur corps, ou dans leur esprit, ou qui ont des difficultés matérielles. [spécialement ceux qui ont demandé nos prières]. Réconforte-les et daigne les soulager selon leurs besoins, leur donnant la patience de supporter leurs souffrances et la joie de voir la fin de leur affliction. Nous t'en supplions pour l'amour de Jésus Christ. *Amen.*

3. Pour la famille humaine

O Dieu, toi qui nous as faits à ton image et nous as rachetés par ton propre Fils le Christ Jésus : Regarde avec compassion toute la famille humaine. Arrache de nos cœurs l'orgueil et la haine qui les infectent, abats les murs qui nous séparent, réunis-nous par les liens de l'amour, et aide-nous à travers nos luttes et nos incertitudes à accomplir ton dessein sur la terre; afin que, quand il te plaira, toutes les races et toutes les nations servent en harmonie auprès de ton trône de gloire. Par Jésus le Christ, notre Seigneur. *Amen.*

4. Pour la paix

Voir aussi, dans les Collectes pour diverses circonstances, le n° 18.

Dans ton royaume, Dieu éternel, la seule épée tirée est celle de la justice, la seule force manifestée est celle de l'amour : Répands abondamment, nous t'en prions, ton Esprit sur tous les peuples, pour qu'en enfants du même Père, ils soient rassemblés sous la bannière du Prince de la paix. A lui la puissance et la gloire pour les siècles des siècles. *Amen.*

5. Pour la paix parmi les nations

Dieu tout-puissant, guide les nations de la terre dans les voies de la vérité et de la justice, et établis au milieu d'elles cette paix qui en est le fruit, afin qu'elles deviennent le royaume du Christ, ton Fils notre Seigneur. *Amen.*

6. *Pour nos ennemis*

O Dieu, Père de tous, c'est ton Fils qui nous a commandé d'aimer nos ennemis : conduis-nous, avec eux, du préjugé à la pleine vérité, libère-nous, avec eux, de la haine, de la cruauté et de la vengeance, et au temps qu'il te plaira, permets que nous nous présentions réconciliés devant toi. Par Jésus le Christ, notre Seigneur. *Amen.*

Prières pour l'Eglise

7. *Pour l'Eglise*

Père plein de bonté, nous te prions pour ta sainte Eglise catholique. Daigne la combler de la vérité tout entière, de la paix tout entière. Là où elle est corrompue, purifie-la, là où elle est dans l'erreur, corrige-la, là où elle est désordonnée, réforme-la, là où elle est fidèle, raffermis-la, là où elle est dans le besoin, assiste-la, là où elle est divisée, refais son unité. Nous te le demandons pour l'amour de ton Fils, Jésus le Christ, notre Sauveur. *Amen.*

8. *Pour la mission de l'Eglise*

Voir aussi les prières pour la mission de l'Eglise à la page 62 et, dans les Collectes pour diverses circonstances, le n°16, p.166.

Ta volonté, Dieu éternel, est que tous viennent à toi par ton Fils Jésus Christ: Aide-nous à lui rendre témoignage, afin que tous les hommes connaissent la force que donne son pardon et l'espérance communiquée par sa résurrection. Lui qui vit et règne avec toi et le Saint-Esprit, un seul Dieu, maintenant et toujours. *Amen.*

9. *Pour le clergé et les fidèles*

Dieu éternel et tout-puissant, de qui vient tout don parfait: répands ton Esprit de grâce et de salut sur nos évêques, nos prêtres et nos diacres et sur les communautés dont ils ont la charge; et pour qu'ils puissant vraiment te plaire, répands toujours sur eux la rosée de tes bienfaits. Accorde-le Seigneur, pour l'honneur de Jésus Christ, notre Avocat et notre Médiateur. *Amen.*

10. *Pour le diocèse*

O Dieu, par ta grâce, tu nous appelles à former dans ce diocèse une communauté de foi : Bénis notre (nos) évêque(s) *N.* [et *N.*], le clergé et tout le peuple fidèle; Fais que ta Parole soit prêchée et accueillie dans la vérité, et que tes Sacrements soient administrés et reçus dans la fidélité. Par ton Esprit, modèle notre vie sur l'exemple de ton Fils et accorde-nous de manifester la puissance de ton amour à tous ceux avec qui nous vivons. Par Jésus le Christ, notre Seigneur. *Amen.*

11. *Pour la paroisse*

Dieu éternel et tout-puissant qui règles toutes choses au ciel et sur la terre : Ecoute nos prières pour cette paroisse, ta famille; fortifie ceux qui sont fidèles, éveille les négligents et ramène les pénitents. Donne-nous tout ce qu'il nous faut pour notre vie commune et conduis-nous à vivre tous d'un seul cœur et d'un seul esprit au sein de ton Eglise. Par Jésus le Christ notre Seigneur. *Amen.*

12. *Pour un synode ou une autre assemblée ecclésiastique*

Voir aussi, dans les Collectes pour diverses circonstances, le n°13, p.164.

Dieu éternel et tout-puissant, source de toute sagesse et de tout discernement : sois présent parmi ceux qui sont réunis pour travailler au renouveau de l'Eglise et à sa mission. En toutes choses apprends-nous à vouloir d'abord ton honneur et ta gloire. Conduis-nous à percevoir ce qui est juste et donne-nous le courage de le rechercher et la grâce de l'accomplir. Par Jésus le Christ, notre Seigneur. *Amen.*

13. Pour l'élection d'un évêque ou d'un autre ministre.

Dieu tout-puissant, auteur de tout don parfait : Dirige les cœurs de ceux qui vont choisir un évêque pour ce diocèse (*ou* un curé pour cette paroisse), pour qu'ils nous donnent un berger fidèle qui prenne soin de ton peuple et nous aide à mieux servir les autres. Par Jésus le Christ notre Seigneur. *Amen.*

14. Pour l'unité de l'Eglise

Voir aussi, dans les Collectes pour diverses circonstances, le n°14, p.165, et la collecte n°6 (page 296).

O Dieu, Père de notre Seigneur Jésus Christ, notre unique Sauveur, le Prince de la paix : Que ta grâce nous aide à prendre conscience des dangers que nous font courir nos malheureuses divisions. Fais disparaître les préjugés, les haines, et tout ce qui peut empêcher la concorde et l'union telles que tu les veux. Comme il n'y a qu'un seul Corps et un seul Esprit, une seule espérance à laquelle nous sommes appelés, un seul Seigneur, une seule foi, un seul baptême, un seul Dieu et Père de tous, donne-nous de n'avoir qu'un cœur et qu'une âme et d'être unis par un même lien de vérité et de paix, de foi et de charité, pour que, d'un même cœur et d'une seule voix nous te rendions gloire. Par Jésus le Christ, notre Seigneur. *Amen.*

15. Pour ceux que l'on va baptiser ou qui vont renouveler les promesses de leur Baptême.

O Dieu, par l'enseignement de ton Fils, tu as préparé tes disciples â la venue de l'Esprit : Ouvre l'intelligence de tes serviteurs, dispose leur cœur à recevoir la grâce de l'Esprit Saint; que sa présence les rende forts. Par Jésus le Christ, notre Seigneur. *Amen.*

Pour ceux qui vont être ordonnés, voir, dans les Collectes pour diverses circonstances, le n°15, p.165.

16. Pour les communautés religieuses et leurs vocations.

Seigneur, Jésus Christ, toi qui t'es fait pauvre pour nous afin de nous enrichir de ta pauvreté : Nous t'en prions, guide et sanctifie ceux que tu appelles à te suivre en s'engageant à la pauvreté, la chasteté et l'obéissance ; qu'ils enrichissent l'Eglise par leur prière et leur ministère, et qu'ils te rendent gloire par l'exemple de leur vie et de leur adoration. Car tu règnes avec le Père et le Saint-Esprit, un seul Dieu, maintenant et toujours. *Amen.*

17. Pour les musiciens et les artistes qui travaillent pour l'Eglise

O Dieu, tu es la joie des saints et des anges qui t'adorent : Sois toujours avec tes serviteurs qui dans l'art et la musique, cherchent à enrichir la louange de ton peuple ici-bas. Fais-leur entrevoir dès maintenant ta beauté et rends-les dignes de la contempler enfin dans sa perfection pour l'éternité. Par Jésus le Christ, notre Seigneur. *Amen.*

Prières pour la vie nationale

18. Pour la patrie

Voir aussi, dans les Collectes pour diverses circonstances, le n°17, p.167.

C'est de toi, Dieu tout-puissant, que nous tenons notre pays : Nous t'en supplions, fais de nous un peuple conscient de ta bonté et heureux d'accomplir ta volonté. Accorde à notre pays une industrie honnête, une education saine, des mœurs pures. Protège-nous de la violence, de la discorde et de la confusion. Eloigne de nous l'orgueil, l'arrogance et toute infamie. Protège nos libertés et façonne en un seul peuple ceux qui viennent d'horizons si diverses. Revêts de ton esprit de justice ceux qui ont reçu en ton nom l'autorité de gouvernement, qu'ils fassent régner la paix et la justice pour qu'en obéissant à tes lois nous chantions ta louange parmi les nations de la terre. Dans la prospérité remplis nos cœurs de reconnaissance, et dans les temps de trouble ne permets pas que nous désespérions de toi. Nous te le demandons par Jésus le Christ, notre Seigneur. *Amen.*

19. *Pour le chef de l'Etat et les autres autorités civiles*

Seigneur, notre Dieu, toi dont le nom est grand par toute la terre : nous confions cette nation à tes soins. Que ta providence nous guide pour que nous demeurions dans la paix. Accorde au chef de l'Etat [au Gouverneur de l'Etat de __________] et à toutes les autres autorités civiles, la sagesse de connaître ta volonté et la force de l'accomplir. Remplis-les d'amour pour la justice et la vérité, et fais qu'ils n'oublient pas qu'ils sont appelés à servir le peuple dans la crainte de ton saint Nom. Par Jésus Christ notre Seigneur, qui vit et règne avec toi et le Saint-Esprit, un seul Dieu dans les siècles des siècles. *Amen.*

20. *Pour les Corps législatifs*

O Dieu, source de toute sagesse, ta volonté est juste et ta loi vérité : Guide et bénis nos législateurs [nos sénateurs, nos représentants, nos députés,] réunis en Congrès, (assemblée législative de cet Etat, assemblée nationale,) afin qu'ils fassent des lois qui te plaisent, à la gloire de ton nom et pour le bien de ton peuple. Par Jésus le Christ, notre Seigneur. *Amen.*

21. *Pour les tribunaux*

Dieu tout-puissant, toi qui sièges sur ton trône et juges avec justice : Bénis les tribunaux et les magistrats de notre pays ; donne-leur l'esprit de sagesse et de discernement, qu'ils perçoivent la vérité et qu'ils appliquent les lois avec impartialité, ne craignant que toi seul. Nous te le demandons par celui qui viendra nous juger, ton Fils Jésus, le Christ notre Seigneur. *Amen.*

22. *Pour un gouvernement juste*

On peut omettre les réponses en italique.

Seigneur notre Dieu, bénis ceux qui gouvernent notre pays, pour que nous puissions vivre en paix les uns avec les autres et être un exemple salutaire pour les autres nations de la terre.
Seigneur, guide cette nation par ta providence.

Au chef de l'Etat, à ses ministres, à toutes les autorités civiles, donne ta grâce, qu'ils remplissent leurs fonctions avec sagesse.
Donne ta grâce à tes serviteurs, Seigneur.

Aux législateurs [sénateurs, représentants, députés], donne le courage, la sagesse et la prévoyance de pourvoir aux besoins de tous et de remplir nos obligations dans la communauté des nations.
Donne ta grâce à tes serviteurs, Seigneur.

Aux magistrats et auxiliaires de justice donne intelligence et intégrité ; qu'ils sauvegardent les droits de l'homme et observent l'équité.
Donne ta grâce à tes serviteurs, Seigneur.

Apprends-nous enfin, à nous fier à ta puissance et à accepter nos responsabilités envers nos concitoyens. Donne-nous de choisir des chefs dignes de confiance qui prennent de sages décisions pour le bien de notre société. Accorde-nous de te servir fidèlement dans notre génération et de faire honneur à ton saint Nom.
A toi le règne, Seigneur, et la souveraineté sur tous les êtres. Amen.

23. *Pour les autorités locales*

Dieu tout-puissant, notre Père du ciel, accorde à ceux qui exercent une fonction publique dans cette collectivité (cet Etat, ville, comté ____________) l'esprit de sagesse, de charité et de justice ; pour qu'en toutes choses, ils agissent avec détermination et honnêteté pour contribuer au bien de tous. Par Jésus le Christ, notre Seigneur. *Amen.*

24. *Avant une élection*

Dieu tout-puissant, à qui nous devons rendre compte de tous nos pouvoirs et de tous nos privilèges : Guide le peuple de ce pays [*ou bien* cette communauté], quand il élira des officiers d'Etat et des représentants; qu'en exerçant honnêtement leur administration et en faisant des lois justes, ils protègent le droits de tous et nous permettent d'accomplir tes desseins. Par Jésus le Christ notre Seigneur. *Amen.*

25. *Pour ceux qui servent dans les forces armées*

Dieu tout-puissant, nous te recommandons tous ceux qui servent dans les armées de notre pays. Donne-leur continuellement ta protection; accorde-leur la grâce pour résister à la tentation et le courage de faire face au danger. Qu'ils éprouvent ta présence continuelle partout où ils se trouvent. Par Jésus le Christ notre Seigneur. *Amen.*

26. *Pour ceux qui souffrent pour être fidèles à leur conscience*

Dieu notre Père, alors même qu'il essuyait la honte et qu'il mourait, ton Fils a pardonné à ses ennemis : Donne ta force à ceux qui souffrent pour être fidèles à leur conscience; sauve-les de la haine si on les accuse, de l'amertume s'ils sont rejetés, du désespoir s'ils sont mis en prison. Et donne-nous de prendre au sérieux leurs objections et d'y discerner la vérité, afin que notre société soit plus pure et plus solide. Nous te le demandons pour l'amour de celui qui nous jugera avec justice mais aussi avec miséricorde, Jésus le Christ, notre Sauveur. *Amen.*

Prières pour la vie sociale

27. *Pour la justice sociale*

Voir aussi, dans les Collectes pour diverses circonstances, le n°21, p.169.

Seigneur, que ton Esprit qui donne la vie anime tous les cœurs, qu'il fasse crouler les barrières qui nous séparent, qu'il fasse disparaître la méfiance, qu'il mette fin à la haine. Ainsi, réconciliés les uns avec les autres, nous vivrons dans la justice et dans la paix. Par Jésus le Christ, notre Seigneur. *Amen.*

28. *En temps de conflits*

O Dieu, toi qui nous as liés les uns aux autres dans une même existence, accorde-nous, quand nous luttons pour faire triompher la justice et la vérité, de nous opposer aux autres sans haine ni rancune, et de travailler ensemble avec patience et respect. Par Jésus le Christ, notre Seigneur. *Amen.*

29. *Pour l'agriculture*

Voir aussi, dans le Collectes pour diverses circonstances, le n°19, p.167.

Nous te rendons grâce, Dieu tout-puissant, pour la terre fertile qui produit tout ce qui est nécessaire à la vie des hommes. Bénis ceux qui travaillent aux champs, et donne-leur un temps favorable. Accorde-nous d'avoir tous part aux fruits de la terre et de proclamer ta grande bonté. Par Jésus le Christ, notre Seigneur. *Amen.*

On trouvera des prières pour l'industrie et pour les travailleurs dans les Collectes pour diverses circonstances, les n°19, 24, 25, p.168 et 180.

30. *Pour les chômeurs*

O Dieu, notre Père du ciel, nous te recommandons ceux qui sont dans la gêne ou dans l'inquiétude, parce qu'ils sont sans travail. Conduis-nous à employer les ressources privées et publiques de telle sorte que tous obtiennent un travail convenable qui les rende heureux, et qu'ils en reçoivent un juste salaire. Par Jésus le Christ notre Seigneur. *Amen.*

31. *Pour les écoles et les universités*

Dieu éternel et tout-puissant, bénis nos écoles et nos universités [particulièrement ________], qu'elles soient des centres d'études sérieuses, de recherches qui aboutissent et d'approfondissement spirituel. Et fais que ceus qui y enseignent et ceux qui y étudient découvrent que tu es la source de toute vérité. Par Jésus le Christ, notre Seigneur. *Amen.*

On trouvera une prière pour l'éducation dans les Collectes pour diverses circonstances n°23, p.169.

32. *Pour un bon emploi des loisirs*

Dans cette vie affairée que nous menons, donne-nous, O Dieu, des moments de délassement et de paix. Accorde-nous d'employer nos loisirs à fortifier notre corps et enrichir notre esprit, pour que nous soyons plus sensibles à l'excellence de ta création. Par Jésus le Christ, notre Seigneur. *Amen.*

33. *Pour les populations urbaines*

Tu nous donnes dans l'Ecriture, Père des cieux, la vision de la cité sainte où les nations de la terre apporteront leur gloire : Regarde, nous t'en prions les villes de la terre et daigne les visiter. Renouvelle les liens de respect mutuel dont dépend notre vie sociale. Donne-nous des dirigeants capables et honnêtes. Aide-nous à supprimer la misère, les préjugés et l'oppression, et à faire régner la tranquillité, la justice et l'ordre, afin qu'hommes et femmes de cultures et de talents divers puissent trouver ensemble le plein épanouissement de leur humanité. Par Jésus le Christ, notre Seigneur. *Amen.*

34. Pour les populations rurales

Seigneur Jésus Christ, quand tu es venu parmi nous tu as proclamé le règne de Dieu dans les villages et les campagnes : Fais que tout notre pays connaisse ta présence et ta force. Regarde avec bonté ceux d'entre nous qui vivent et travaillent à la campagne, [particulièrement __________]; que la population de notre pays te rende grâce pour la nourriture et la boisson et pour les autres nécessités de l'existence; qu'elle estime ceux qui travaillent pour les produire et qu'elle respecte la terre et l'eau d'où viennent ces dons précieux. Nous te le demandons au nom de ton amour. *Amen.*

35. Pour les pauvres et les délaissés

Dieu tout-puissant et miséricordieux, nous te recommandons les pauvres et les délaissés que nous oublions trop facilement : les indigents, et ceux qui sont sans logis, les vieillards et les malades et tous ceux qui n'ont personne pour prendre soin d'eux. Donne-nous ta grâce pour guérir ceux dont l'esprit ou le corps est brisé et transformer en joie leur tristesse. Nous te le demandons, pour l'amour de ton Fils, qui pour nous s'est fait pauvre, Jésus le Christ, notre Seigneur. *Amen.*

36. Pour les opprimés

Prends pitié, Père du ciel, des habitants de notre pays qui vivent au milieu de l'injustice, de la terreur, de la maladie, de la mort. Prends pitié de nous aussi : donne-nous ta grâce, pour que nous cessions de nous montrer cruels envers notre prochain. Soutiens de ta force ceux qui passent leur vie à assurer l'égalité de tous devant la loi et dans la vie sociale. A tous accorde d'avoir une juste part des richesses de ce pays. Par Jésus le Christ, notre Seigneur. *Amen.*

37. *Pour les prisonniers*

Seigneur Jésus, toi qui t'es laissé condamner comme un criminel : Manifeste ta miséricorde et ta justice dans les prisons. Souviens-toi des prisonniers : amène les coupables à se repentir et à s'amender selon ta volonté, donne-leur l'espérance pour l'avenir. Que ceux qui sont injustement emprisonnés soient remis en liberté. Pardonne-nous et apprends-nous à rendre meilleur notre système judiciaire. Souviens-toi de ceux qui travaillent dans les prisons : fais qu'ils restent humains et compatissants et qu'ils fuient la brutalité ou l'insensibilité. Inspire-nous, Seigneur, d'améliorer le sort des prisonniers puisque ce que nous faisons pour eux, c'est pour toi que nous le faisons. Nous te le demandons dans ta tendresse. *Amen.*

38. *Pour un bon emploi des dons de Dieu*

Dieu tout-puissant, c'est ton amour qui nous a donné ce que nous possédons : Accorde-nous de te servir de nos biens, et fais que n'oubliant pas les comptes que nous devrons un jour te rendre, nous nous montrions des intendants fidèles de tes dons. Par Jésus le Christ, notre Seigneur. *Amen.*

39. *Pour ceux qui influencent l'opinion publique*

Dieu tout-puissant, en tout temps ta vérité est proclamée par des voix multiples : Guide, nous t'en prions, ceux qui aujourd'hui influencent l'opinion publique par leur parole ou leurs écrits; qu'ils contribuent à nous rendre plus sages de cœur, plus avisés d'esprit et plus justes de volonté. Par Jésus le Christ, notre Seigneur. *Amen.*

On trouvera une prière pour les services sociaux dans les Collectes pour diverses circonstances, le n°22, p.169

Prières pour la Nature

40. *Pour une meilleure connaissance de la Création*

Dieu éternel et tout-puissant, c'est toi qui as fait l'univers et son ordre merveilleux, les atomes, les mondes et les galaxies et la complexité infinie des êtres vivants : Accorde-nous de mieux te connaître en sondant les mystères de ta Création et ainsi de mieux accomplir notre rôle dans ton dessein éternel. Nous le demandons au nom de Jésus le Christ notre Seigneur. *Amen.*

41. *Pour la conservation des ressources naturelles*

Voir aussi, dans les Collectes pour diverses circonstances, le n°19, p.168.

Dieu tout-puissant, en nous donnant de régner sur l'œuvre de tes mains, tu as fait de nous les collaborateurs de ta Création : Donne-nous la sagesse de respecter les ressources naturelles et de ne pas en abuser, afin que les générations à venir puissent continuer à louer ta générosité. Par Jésus le Christ, notre Seigneur. *Amen.*

42. *Pour des récoltes et des pêches abondantes*

Père plein de bonté, toi qui ouvres ta main et rassasies tout ce qui vit : Bénis les terres et les eaux, multiplie les récoltes et les pêches. Envoie ton souffle, qu'il renouvelle la face du monde, montre-nous ta tendresse, que la terre donne son fruit, et garde-nous de profiter égoïstement de tes dons, afin que partout les hommes te rendent grâce. Par Jésus le Christ, notre Seigneur. *Amen.*

43. *Pour la pluie*

O Dieu, notre Père du ciel, ton Fils Jésus Christ a promis à ceux qui cherchent ton royaume et sa justice tout ce qui est essentiel à leur existence : Nous te supplions d'envoyer la pluie, afin que nous puissions récolter les fruits de la terre pour notre soutien et en ton honneur. Par Jésus le Christ, notre Seigneur. *Amen.*

44. *Pour l'avenir de l'espèce humaine*

O Dieu, notre Père du ciel, tu nous as bénis, nous faisant régner sur toute la terre : Inspire-nous le respect du mystère de la vie, accorde-nous de pénétrer tes desseins pour l'espèce humaine et de nous engager à assurer son avenir en conformité avec ta volonté. Par Jésus le Christ, notre Seigneur. *Amen.*

Prières pour la vie familiale et personnelle

45. *Pour les familles*

Dieu tout-puissant, notre Père du ciel, toi qui procures un foyer aux isolés, nous recommandons nos familles à tes soins : Déracine, nous t'en supplions, la rancune, la vanité et la confiance orgueilleuse dans les biens. Fais-y fleurir la foi, la vertu, la connaissance, la maîtrise de soi, la ténacité et la piété. Attache l'un à l'autre par des liens d'affection constante ceux qui, dans le mariage, sont devenus une seule chair. Ramène le cœur des parents vers leur enfants et celui des enfants vers leurs parents. Inspire en nous une affection fraternelle durable qui nous unisse dans la charité. Par Jésus le Christ, notre Seigneur. *Amen.*

On trouvera une prière pour les parents à la page 343.

46. *Pour savoir bien élever nos enfants*

Dieu tout-puissant, notre Père du ciel, toi qui nous accordes le bonheur d'avoir des enfants à élever : Donne-nous fermeté, patience et sagesse pour leur apprendre à aimer tout ce qui est juste, vrai et beau selon l'exemple de Jésus Christ notre Sauveur. *Amen.*

47. *Pour les jeunes*

Dieu notre Père, tu vois grandir tes enfants dans un monde instable et trouble : Montre-leur que ce sont tes voies plutôt que celles du monde qui mènent à la vie, et qu'il vaut mieux marcher à ta suite que de poursuivre des buts égoïstes. Aide-les à considérer l'échec comme une occasion de recommencer et non un jugement sur leur valeur. Donne-leur la grâce de garder leur foi en toi et leur joie devant ta Création. Par Jésus le Christ, notre Seigneur. *Amen.*

48. Pour ceux qui vivent seuls

Dieu tout-puissant, dont le Fils n'avait pas où reposer la tête : Donne à ceux qui vivent seuls de ne pas se sentir abandonnés, mais à l'exemple du Christ de trouver leur épanouissement en t'aimant et en aimant leur prochain. Par Jésus le Christ, notre Seigneur. *Amen.*

49. Pour les vieillards

O Dieu notre Père, veille en ta miséricorde sur ceux à qui la vieillesse apporte faiblesse, gêne ou solitude. Donne-leur un foyer où ils connaîtront le calme et la dignité; accorde-leur de trouver des gens qui leurs soient dévoués, et fais qu'ils acceptent cette aide. A mesure que leur force décroît fais croître leur foi en ton amour pour eux. Nous te le demandons au nom du Christ Jésus notre Seigneur. *Amen.*

50. Pour un anniversaire

O Dieu, notre vie est entre tes mains : Veille, en ta bonté, sur ton serviteur (ta servante) *N.* au début d'une nouvelle année de sa vie. Accorde-lui de grandir en sagesse et en grâce, et fais croître sa confiance en ta tendresse tous les jours de sa vie. Par Jésus le Christ, notre Seigneur. *Amen.*

51. Pour l'anniversaire d'un enfant

Veille sur ton enfant, Seigneur, à mesure qu'*il* grandit ; Bénis-*le* et guide-*le* partout où *il* va. Soutiens-*le* quand *il* est solide, réconforte-*le* quand *il* manque de courage ou qu'*il* a de la peine. Relève-*le* lorsqu'*il* tombe; et que la paix qui surpasse toute intelligence demeure en son cœur tous les jours de sa vie. Par Jésus le Christ, notre Seigneur. *Amen.*

52. *Pour les absents*

O Dieu, dont la sollicitude s'étend jusqu'aux confins de la terre : Bénis, nous t'en supplions, ceux qui nous sont chers et qui se trouvent loin de nous. Protège leur corps et leur âme de tout danger, et fais qu'en nous rapprochant de toi, nous soyons tous liés davantage par ton Esprit d'amour, dans la communion des saints. Par Jésus le Christ, notre Seigneur. *Amen.*

53. *Pour les voyageurs*

O Dieu, notre Père du ciel, ta gloire remplit la Création tout entière et ta présence est partout manifeste : Protège ceux qui voyagent [en particulier __________], entoure-les de tes soins, protège-les de tout danger et amène-les à bon port. Par Jésus le Christ, notre Seigneur. *Amen.*

54. *Pour ceux qui nous sont chers*

Dieu tout-puissant, nous confions ceux qui nous sont chers à ton amour qui jamais ne faiblit, pour cette vie et pour la vie à venir, car nous savons que ce que tu fais pour eux surpasse tout ce que nous saurions te demander. Par Jésus le Christ, notre Seigneur. *Amen.*

55. *Pour une personne dans la peine ou le deuil*

Père très-bon, nous savons par ta Parole que ce n'est pas de bon cœur que tu affliges les humains : Regarde avec compassion la peine de *ton serviteur* pour qui nous te prions. Souviens toi *de lui*, Seigneur, dans ta miséricorde, nourris-*le* de patience, réconforte-*le* en lui faisant sentir ta bonté, découvre-lui ta face et donne-lui ta paix. Par Jésus le Christ, notre Seigneur. *Amen.*

On trouvera les prières pour les malades aux pages 356-360. Voir aussi, dans les Collectes pour diverses circonstances, le n°20, p.168.

56. *Pour ceux qui sont dépendants de toutes sortes de drogues*

Seigneur, toi qui pourvoyais aux besoins de tous ceux qui venaient à toi : Regarde avec compassion ceux qui ont perdu leur santé ou leur liberté en dépendant de toutes sortes de drogues. Assure-les de ton amour inaltérable, ôte les craintes qui les assaillent, soutiens-les quand ils tâchent de se rétablir et donne à ceux qui les soignent une patience qui comprenne et une compassion qui persévère. *Amen.*

57. *Pour être guidés*

Que ta grâce inspire notre action, Seigneur et la soutienne jusqu'au bout; pour que toutes nos activités, commencées, poursuivies et achevées selon ta volonté, rendent gloire à ton Nom et nous obtiennent la vie éternelle. Par Jésus le Christ, notre Seigneur. *Amen.*

58. *Pour être guidés*

O Dieu, qui enseignes aux humbles ton chemin et illumines les ténèbres pour les justes : Donne-nous aux heures de doute la grâce de rechercher ta volonté; que l'Esprit de sagesse nous protège des choix erronés, qu'à ta lumière, nous voyions la lumière, pour que nous ne trébuchions pas dans le chemin que tu nous as tracé. Par Jésus le Christ, notre Seigneur. *Amen.*

59. *Pour demander la sérénité*

Tu nous as appris, Dieu de paix, que notre salut est dans la conversion et le repos, notre force dans le calme et la confiance : Elève-nous par la puissance de ton Esprit à ta présence où nous pourrons nous taire et reconnaître que tu es Dieu. Par Jésus le Christ, notre Seigneur. *Amen.*

60. *Pour être protégés*

Exauce nos prières, Seigneur, et guide les pas de tes serviteurs sur la voie du salut; pour que dans les incertitudes de cette vie, ils te retrouvent toujours prêt à les secourir. Par Jésus le Christ, notre Seigneur. *Amen.*

61. *Pour nous vouer aux desseins de Dieu*

Dieu éternel et tout-puissant, ramène notre cœur vers toi, guide notre esprit, occupe notre imagination, dirige notre volonté; afin que nous soyons toujours à toi, entièrement à toi; puis emploie-nous à ta guise pour assurer ta gloire et le salut de ton peuple. Par Jésus le Christ, notre Seigneur. *Amen.*

62. *Prière attribuée à saint François d'Assise*

Seigneur, fais de nous des instruments de ta paix.
Là où est la haine, que nous mettions l'amour.
Là où est l'offense, que nous mettions le pardon.
Là où est la discorde, que nous mettions l'union.
Là où est le doute, que nous mettions la foi.
Là où est le désespoir, que nous mettions l'espérance.
Là où sont les ténèbres, que nous mettions la lumière.
Là où est la tristesse, que nous mettions la joie.
O Seigneur, que nous ne cherchions pas tant
à être consolés qu'à consoler,
à être compris qu'à comprendre,
à être aimés qu'à aimer.
Car c'est en se donnant que l'on reçoit,
c'est en s'oubliant que l'on se retrouve,
c'est en pardonnant que l'on obtient le pardon,
c'est en mourant que l'on ressuscite à l'éternelle vie. *Amen.*

Autres prières

On trouvera aux pages 60-61 et 85 des prières pour le vendredi, le samedi et le dimanche, ainsi que pour le matin et pour le soir.

63. *Au soir*

Soutiens-nous, Seigneur, tout le long de jour, jusqu'à ce que les ombres s'allongent et que vienne le soir; quand le monde agité fait silence, quand s'arrête la fièvre de la vie, quand notre œuvre est accomplie. Accorde-nous alors, dans ton amour, un logis sûr, un repos saint et enfin la paix. *Amen.*

64. *Avant le culte*

Dieu tout-puissant, qui répands sur ceux qui t'implorent ton esprit de bonne volonté et de supplication : Garde-nous, lorsque nous nous approchons de toi, de toute tiédeur et de toute distraction; qu'avec des pensées pures et une affection renouvelée nous puissions t'adorer en esprit et en vérité. Par Jésus le Christ, notre Seigneur. *Amen.*

65. *Pour qu'une prière soit exaucée*

Tu as promis, Dieu tout-puissant, d'exaucer les demandes de ceux qui t'invoqueraient au nom de ton Fils : Nous t'en supplions, dans ta miséricorde, prête l'oreille aux prières et aux supplications que nous venons de te présenter. Fais que nous obtenions pleinement, ce que nous demandons avec foi, selon ta volonté, pour que ton secours nous soutienne et que ta gloire soit manifestée. Par Jésus le Christ, notre Seigneur. *Amen.*

66. *Avant de recevoir la communion*

Voir aussi la Prière «d'humble accès» à la page 245.

Sois présent, O Christ, notre Grand Prêtre, comme tu étais présent à tes disciples, et fais-toi reconnaître à la fraction du pain. Toi qui vis et règnes avec le Père et le Saint-Esprit, maintenant et toujours. *Amen.*

67. *Après avoir reçu la communion*

Seigneur Jésus Christ, dans cet admirable Sacrement, tu nous as laissé le mémorial de ta passion : Donne-nous de vénérer d'un si grand amour le mystère de ton Corps et de ton Sang, que nous puissions éprouver sans cesse le fruit de ta rédemption. Toi qui vis et règnes avec le Père et le Saint-Esprit, un seul Dieu, dans les siècles des siècles. *Amen.*

68. *Après le culte*

Fais, Dieu tout-puissant, que les paroles que nous avons entendues aujourd'hui, s'enracinent intérieurement en nos cœurs, pour qu'elles produisent en nous les fruits d'une vie qui te plaise. Par Jésus le Christ, notre Seigneur. *Amen.*

69. *Le dimanche*

O Dieu notre roi, par la résurrection de ton Fils le premier jour de la semaine, tu as vaincu le péché , tu as chassé la mort, et tu nous as donné l'espérance de la vie éternelle : Par cette victoire rachète chacun de nos jours; pardonne nos fautes, bannis nos peurs, et rends-nous forts pour te louer et accomplir ta volonté, affermis-nous dans l'attente de l'achèvement de ton royaume au dernier jour. Par Jésus le Christ, notre Seigneur. *Amen.*

70. *Bénédiction de la table*

Donne-nous, Seigneur, un cœur reconnaissant pour tous tes bienfaits, et rends-nous attentifs aux besoins des autres. Par Jésus le Christ, notre Seigneur. *Amen.*

ou bien

Bénis, Seigneur, ces biens que tu nous donnes et bénis-nous à ton service. Par le Christ notre Seigneur. *Amen.*

ou bien

Tu es béni Seigneur, Dieu de l'univers, toi qui nous donnes la nourriture pour refaire nos forces et réjouir nos cœurs. *Amen.*

ou bien

Pour ces bienfaits et toutes ses grâces, que le Nom du Seigneur soit béni. *Amen.*

Actions de grâce

Actions de grâce générales

1. *Action de grâce générale*

Nous te louons, Seigneur, et nous te rendons grâce pour tout ce que tu as accompli pour nous. Nous te rendons grâce pour la splendeur de la création tout entière, pour la beauté de ce monde, pour les merveilles de la vie, et pour le mystère de l'amour.

Nous te rendons grâce pour la famille et les amis que tu nous donnes, pour l'affection qui nous environne.

Nous te rendons grâce, car tu nous donnes des tâches qui demandent le meilleur de nous-mêmes, et tu nous conduis à des réalisations qui nous satisfont et nous enchantent.

Nous te rendons grâce aussi pour nos déceptions et nos échecs, ils nous conduisent à reconnaître que nous dépendons de toi seul.

Par-dessus tout, nous te rendons grâce pour ton Fils, Jésus Christ, pour la vérité de sa Parole et l'exemple de sa vie : par son obéissance, il a vaincu la tentation; par sa mort, il a vaincu la mort; par sa résurrection, nous accédons à la vie de ton royaume.

Accorde-nous le don de ton Esprit, que nous puissions le connaître et le faire connaître, et que par lui nous te rendions grâce de tout, toujours et partout. *Amen.*

2. *Litanie d'action de grâce.*

On peut la prendre le jour d'Action de grâce à la célébration de l'Eucharistie à la place de la Prière des fidèles. On peut aussi l'utiliser à toute occasion après les collectes de la Prière du matin ou du soir, ou la réciter séparément.

Rendons grâce à Dieu notre Père, pour tous les dons qu'il nous accorde si généreusement.

Pour la beauté de ta création et ses merveilles, dans le ciel, sur la terre et dans la mer,
Seigneur, nous te rendons grâce.

Pour la grâce que tu manifestes dans la vie de tes fidèles, révélant l'image de ton Fils,
Seigneur, nous te rendons grâce.

Pour notre nourriture quotidienne, notre foyer, notre famille et pour nos amis,
Seigneur, nous te rendons grâce.

Tu nous donnes un esprit pour penser, un cœur pour aimer et des mains pour servir ;
Seigneur, nous te rendons grâce.

Tu nous donnes la santé et la force pour travailler, le loisir pour nous détendre et nous reposer ;
Seigneur, nous te rendons grâce.

Pour tous ceux qui sont courageux : patients dans la souffrance et forts dans l'adversité,
Seigneur, nous te rendons grâce.

Pour tous ceux qui luttent à la recherche de la vérité, la liberté et la justice,
Seigneur, nous te rendons grâce.

Pour la communion des saints, en tout temps et en tout lieu,
Seigneur, nous te rendons grâce.

Par-dessus tout nous te rendons grâce pour la tendresse que tu nous as manifestée et les promesses que tu nous as faites dans le Christ Jésus notre Seigneur ;
A lui louange et gloire, avec toi, Père, et le Saint-Esprit, maintenant et dans les siècles des siècles. Amen.

Voir aussi l'Action de grâce générale à la page 63.

Actions de grâce pour l'Eglise

3. *Pour la mission de l'Eglise*

Dieu tout-puissant, toi qui as envoyé ton Fils te réconcilier le monde : Nous te louons et nous te bénissons pour ceux que tu as envoyés dans la puissance de l'Esprit, prêcher l'Evangile aux nations. Nous te rendons grâce, car partout sur la terre, leurs prières et leurs travaux ont rassemblé des communautés fraternelles, et partout tes serviteurs invoquent ton Nom. Car c'est à toi qu'appartiennent le règne, la puissance et la gloire, pour les siècles des siècles. *Amen.*

4. *Pour les saints et les fidèles défunts*

Voir aussi la prière 'O Dieu, roi des saints' à la page 383.

Nous te rendons grâce, Seigneur notre Dieu, pour tes serviteurs, les témoins de temps passé : Abraham, le père des croyants et Sarah son épouse, Moïse, le législateur et le prêtre Aaron, Miriam et Josué, Déborah et Gédéon, Samuel et Anne, sa mère, Isaïe et tous les prophètes ; Marie, la mère de notre Seigneur, Pierre et Paul et tous les apôtres, Marthe et Marie, et Marie Madeleine, Etienne le premier martyr, et tous les martyrs et les saints en tout temps et en tout lieu. Dans ta miséricorde, donne-nous Seigneur notre Dieu, ce que tu leur as donné, l'espoir du salut et la promesse de la vie éternelle. Nous te le demandons par Jésus Christ notre Seigneur, le premier-né d'entre les morts. *Amen.*

Actions de grâce pour la vie nationale

5. *Pour la nation*

Dieu tout-puissant, auteur de tout don parfait, nous te rendons grâce pour les paysages majestueux et les beautés naturelles de notre pays. Ils nous redonnent courage, bien que souvent nous soyons ceux qui les abîment,
Aide-nous, Seigneur.

Nous te rendons grâce pour les ressources de cette nation. Elles nous enrichissent, bien que souvent nous les exploitions à l'excès.
Pardonne-nous, Seigneur.

Nous te rendons grâce pour ceux qui ont donné une âme à notre pays. Ils demeurent pour nous des modèles, bien que souvent nous leur soyons infidèles.
Inspire-nous, Seigneur.

Nous te rendons grâce pour le flambeau de la liberté allumé dans notre pays. Il représente l'espoir des enfants de toutes nations, bien que souvent nous nous détournions de sa lumière.
Eclaire-nous, Seigneur.

Nous te rendons grâce pour la foi que nous avons reçue en héritage, si riche dans sa variété. Elle soutient notre vie, bien que nous lui soyons si souvent infidèles.
Renouvelle-nous, Seigneur.

Aide-nous, Seigneur, à achever l'œuvre que nous avons commencée. Appuie nos efforts pour faire disparaître l'ignorance et les préjugés, et abolir la pauvreté et le crime. Hâte la venue du jour où tout ton peuple, unissant mille voix dans un seul chœur, glorifiera ton saint Nom. *Amen.*

6. *Pour les héros de la patrie*

O Juge des nations, d'un cœur reconnaissant nous faisons mémoire devant toi, des hommes et des femmes de notre patrie, qui, à l'heure de décision, ont pris tant de risques pour la liberté dont nous jouissons aujourd'hui. Fais que nous ne trouvions pas de repos avant que toute la population de ce pays puisse bénéficier de la liberté véritable et accepte avec joie la discipline qu'elle impose. Nous te le demandons par Jésus le Christ notre Seigneur. *Amen.*

Action de grâce pour la vie sociale

7. *Pour la diversité des cultures et des races*

O Dieu, toi qui as créé à ton image tous les peuples, nous te rendons grâce pour la merveilleuse diversité des races et des cultures du monde. Enrichis notre vie en élargissant nos cercles d'amitié et montre-nous ta présence dans ceux qui diffèrent le plus de nous, jusqu'à ce que la connaissance que nous avons de ton amour atteigne sa perfection dans l'amour que nous avons pour tes enfants. Par Jésus le Christ, notre Seigneur. *Amen.*

Action de grâce pour la Nature

8. *Pour la beauté de la terre*

Nous te rendons grâce, Dieu de bonté, pour la beauté du ciel, de la terre, de la mer, pour la splendeur des montagnes, des plaines et des rivières, pour le chant des oiseaux et la beauté des fleurs. Nous te louons pour ces dons généreux, et nous t'en prions, aide-nous à les conserver à nos descendants. Accorde-nous de continuer à profiter avec reconnaissance de ta Création si riche et si diverse. En l'honneur et à la gloire de ton Nom, maintenant et toujours. *Amen.*

9. *Pour la moisson*

Dieu de bonté, c'est par ta puissance que s'ouvrent les abîmes et que les nuages distillent les pluies : Nous te louons et nous te rendons grâce pour le rythme des semailles et des moissons, pour le rendement du sol et les récoltes de ses fruits, et pour tous les autres biens que ta providence accorde à notre peuple. Nous t'en supplions, rends-nous sensibles à tes miséricordes pour que nous marchions devant toi tous les jours de notre vie dans l'humilité, la sainteté et l'obéissance. Par Jésus le Christ, notre Seigneur. *Amen.*

Actions de grâce pour la vie familiale et personnelle

10. *Pour le don d'un enfant*

Voir aussi l'action de grâce pour un enfant à la page ooo.

O Dieu notre Père, toi qui as envoyé ton Fils unique dans le monde : Nous te rendons grâce pour *N.*, cet enfant dont la vie nous est confiée. Aide-nous à ne pas oublier que nous sommes tous tes enfants, et à l'aimer et *le* nourrir avec amour pour qu'*il* atteigne la pleine stature que tu veux lui donner dans ton règne. Nous te le demandons par Jésus le Christ, notre Seigneur. *Amen.*

11. *Pour quelqu'un qui s'est rétabli*

Dieu tout-puissant, notre Père du ciel, humblement nous te rendons grâce, car il t'a plu dans ta tendresse de délivrer de sa maladie *ton serviteur* N. En son nom nous te louons et nous te bénissons. Accorde-lui ton aide, Père très bon, pour qu'*il* vive dans ce monde selon ta volonté et qu'*il* ait part à la gloire éternelle dans la vie à venir. Par Jésus le Christ, notre Seigneur. *Amen.*

Les actions de grâce pour les défunts se trouvent aux pages 382-385.

Exposé de la Foi

Notes sur le catéchisme

Le but principal de ce catéchisme est de fournir aux prêtres chargés de paroisses, aux diacres et aux catéchistes un résumé qu'ils puissent utiliser pour l'enseignement. C'est un commentaire des Symboles de la foi qui n'entend pas être un énoncé complet de la foi et de sa mise en pratique; c'est plutôt un point de départ pour l'enseignant. La rédaction, dans la forme traditionnelle questions-réponses, facilite son utilisation comme texte de référence.

Le second but de ce catéchisme est de présenter un bref exposé de l'enseignement de l'Eglise à celui qui cherche à s'informer en parcourant le Livre de la Prière Commune.

Ce catéchisme peut également servir à composer un office simple. Son contenu, classé en sous-titres, permet la sélection d'un extrait auquel l'officiant peut, au besoin, ajouter des prières et des hymnes.

Exposé de la Foi

Catéchisme

La nature humaine

Q. Que sommes-nous par nature?
R. Nous sommes une partie de la Création, faits par Dieu à son image.

Q. Que signifie : être créé à l'image de Dieu?
R. Cela signifie que nous sommes libres de faire des choix : d'aimer, de créer, de raisonner, et de vivre en accord avec Dieu et la Création.

Q. Pourquoi donc vivons-nous séparés de Dieu et en désaccord avec sa Création?
R. Dès le commencement l'homme a mal usé de sa liberté et fait de mauvais choix.

Q. Pourquoi n'utilisons-nous pas notre liberté comme nous le devrions?
R. Parce que nous nous révoltons contre Dieu et nous usurpons sa place.

Q. Qui peut donc nous secourir?
R. Dieu seul peut nous secourir.

Q. Comment Dieu nous a-t-il d'abord secourus?
R. Dieu nous a d'abord secourus en se révélant lui-même et en révélant sa volonté à travers la nature et l'histoire, à travers de nombreux témoins visionnaires et saints, et en particulier les prophètes d'Israël.

Dieu le Père

Q. Que nous apprend la révélation faite à Israël, sur le Dieu Créateur?
R. Elle nous apprend qu'il n'est qu'un seul Dieu, le Père tout-puissant, créateur du ciel et de la terre, de l'univers visible et invisible.

Q. Qu'est-ce que cela signifie pour nous?
R. Cela signifie que l'univers est bon, car il est l'œuvre d'un Dieu unique et bon qui le crée, le protège et le gouverne.

Q. Quelles en sont les conséquences pour notre rôle dans l'univers?
R. Le monde appartient à son Créateur, et nous sommes appelés à en jouir et en prendre soin conformément au dessein de Dieu.

Q. Quelles en sont les conséquences pour le genre humain?
R. Cela signifie que tout être humain mérite respect et honneur parce que créé à l'image de Dieu et capable de répondre à son amour.

Q. Comment cette révélation nous est-elle parvenue?
R. Cette révélation nous a été transmise par une communauté issue d'une alliance avec Dieu.

L'Ancienne Alliance

Q. Qu'entendons-nous par «alliance avec Dieu»?
R. Une alliance est une relation dont Dieu a l'initiative et à laquelle un peuple adhère par la foi.

Q. Qu'est-ce que l'Ancienne Alliance?
R. L'Ancienne Alliance est celle que Dieu a établie avec le peuple hébreu.

Q. Qu'est-ce que Dieu a promis aux Hébreux?
R. Dieu leur a promis qu'il ferait d'eux son peuple, ayant vocation d'amener à lui toutes les nations de la terre.

Q. Qu'est-ce que Dieu a demandé en retour au peuple élu?
R. Dieu a demandé au peuple élu d'être fidèle, d'aimer la justice, de pratiquer la miséricorde et de marcher humblement avec lui.

Q. Où trouve t-on l'Ancienne Alliance?
R. L'Alliance avec le peuple hébreu est rapportée dans les écrits que l'on appelle l'Ancien Testament.

Q. Où dans l'Ancien Testament Dieu indique-t-il le plus clairement sa volonté en ce qui nous concerne?
R. La volonté de Dieu en ce qui nous concerne est le plus clairement exprimé dans les Dix Commandements.

Les Dix Commandements

Voir aux pages 225 et 252.

Q. Qu'entend -on par les Dix Commandements?
R. Les Dix Commandements sont les lois données à Moïse et au peuple d'Israël.

Q. Qu'est-ce que ces commandements nous enseignent?
R. Ils nous enseignent deux choses : notre devoir envers Dieu, et notre devoir envers notre prochain.

Q. Quel est notre devoir envers Dieu?
R. Notre devoir est de croire en Dieu et de lui faire confiance. Pour cela nous devons :

I Aimer Dieu, lui obéir et amener les autres à le connaître.
II Ne rien mettre à la place de Dieu.
III Montrer du respect envers Dieu dans nos pensées, nos paroles et nos actions.

IV Consacrer régulièrement une partie de notre temps à l'adorer, le prier et rechercher sa volonté.

Q. Quel est notre devoir envers notre prochain?

R. Notre devoir est d'aimer notre prochain comme nous-mêmes, et d'agir envers lui comme nous voudrions qu'il agisse envers nous. Pour cela nous devons :

V Aimer, honorer et aider nos parents et notre famille, respecter ceux qui exercent l'autorité, et répondre à leur justes demandes.

VI Respecter la vie que Dieu nous a donnée ; œuvrer et prier pour la paix; chasser de nos cœurs la méchanceté, les préjugés et la haine ; être bienveillants à l'égard de toutes les créatures de Dieu.

VII Diriger nos désirs physiques selon la volonté de Dieu.

VIII Etre honnêtes et justes dans nos relations ; rechercher pour tous la liberté et la satisfaction des besoins vitaux et employer nos talents et nos biens en êtres responsables devant Dieu.

IX Dire la vérité et ne pas tromper les autres par nos silences.

X Résister aux tentations de l'envie, de l'avarice et de la jalousie; nous réjouir des grâces et des dons accordés aux autres; et accomplir notre devoir pour l'amour de Dieu, qui nous appelle à entrer en communion avec lui.

Q. Quel est le but des Dix Commandements?

R. Le but des Dix Commandements est de définir nos relations avec Dieu et notre prochain.

Q. Ces Commandements sont-ils utiles, puisque nous n'y obéissons pas pleinement?
R. Ils sont utiles, car ils nous font voir plus clairement notre péché et percevoir le besoin que nous avons de la rédemption.

Le péché et la rédemption

Q. Qu'est-ce que le péché?
R. Le péché est la poursuite de notre propre volonté au lieu de celle de Dieu; ce qui fausse nos rapports avec Dieu, avec les autres et avec toute la création.

Q. Comment le péché exerce-t-il son emprise sur nous?
R. Le péché exerce sur nous son emprise parce que nous perdons notre liberté quand nos relations avec Dieu sont faussées.

Q. Qu'est-ce que la rédemption?
R. La rédemption est l'acte par lequel Dieu nous libère de l'emprise du mal, du péché et de la mort.

Q. Comment Dieu nous a-t-il préparés à la rédemption?
R. Dieu nous a envoyé les prophètes pour que nous revenions à lui, pour nous montrer que nous avons besoin du salut et pour annoncer la venue du Messie.

Q. Qu'entend-on par le Messie?
R. Le Messie est celui que Dieu a envoyé pour nous libérer de l'emprise du péché, afin qu'avec l'aide de Dieu nous puissions vivre en accord avec Dieu, avec nous-mêmes, avec notre prochain et avec toute la création.

Q. En qui voyons-nous le Messie?
R. Le Messie, ou Christ, est Jésus de Nazareth, le Fils unique de Dieu.

Dieu le Fils

Q. Que voulons-nous dire par «Jésus, le Fils unique de Dieu»?
R. Nous voulons dire que Jésus est la seule image parfaite du Père et qu'il nous révéle la nature de Dieu.

Q. Quelle est la nature de Dieu révélée en Jésus?
R. Jésus nous révèle que Dieu est amour.

Q. Pourquoi disons-nous que «par l'Esprit Saint, Jésus a pris chair de la Vierge Marie et s'est fait homme»?
R. Nous voulons dire que par un acte personnel de Dieu, son divin Fils a reçu notre nature humaine de la Vierge Marie, sa Mère.

Q. Pourquoi a-t-il pris notre nature humaine?
R. Le Fils de Dieu s'est fait homme pour qu'en lui tout être humain devienne par adoption enfant de Dieu et héritier de son royaume.

Q. Quelle est l'importance des souffrances et de la mort de Jésus?
R. Par sa soumission jusqu'à la souffrance et la mort, Jésus a fait l'offrande que nous ne pouvions faire. En lui nous sommes libérés de l'emprise du péché et réconciliés avec Dieu.

Q. Quelle est la signification de la résurrection de Jésus?
R. Par sa résurrection Jésus a triomphé de la mort et ouvert pour nous la voie de la vie éternelle.

Q. Que voulons-nous dire par «Il est descendu aux enfers»?
R. Nous voulons dire qu'il s'est manifesté aux défunts et leur a aussi offert les bienfaits de la rédemption.

Q. Que voulons-nous dire par «Il est monté au ciel et il est assis à la droite du Père»?
R. Nous voulons dire qu'il a introduit notre nature humaine dans les cieux, où il règne maintenant avec le Père et intercède pour nous.

Q. Comment pouvons-nous participer à sa victoire sur le péché, la souffrance et la mort?
R. Nous participons à sa victoire par notre baptême, qui nous fait entrer dans la Nouvelle Alliance, et fait ainsi de nous les membres vivants de Christ.

La Nouvelle Alliance

Q. Qu'est-ce que la Nouvelle Alliance?
R. La Nouvelle Alliance est la nouvelle relation avec Dieu, établie par Jésus Christ, le Messie, avec les apôtres et, par leur intermédiaire, avec tous ceux qui croient en lui.

Q. Qu'est-ce que le Messie nous a promis dans la Nouvelle Alliance?
R. Le Christ nous a promis de nous amener dans le royaume de Dieu et de nous donner la vie dans toute sa plénitude.

Q. Que nous demande le Christ en retour?
R. En retour, le Christ nous demande de croire en lui et de garder ses commandements.

Q. Quels sont les commandements que le Christ nous a enseignés?
R. Le Christ nous a enseigné le Résumé de la Loi et nous a donné le Commandement nouveau.

Q. Quel est le Résumé de la Loi?
R. Tu aimeras le Seigneur ton Dieu de tout ton cœur, de toute ton âme et de toute ta pensée. C'est là le grand, le premier commandement. Un second est aussi important : Tu aimeras ton prochain comme toi-même.

Q. Quel est le Commandement nouveau?
R. Le Commandement nouveau est que nous nous aimions les uns les autres comme le Christ nous a aimés.

Q. Où trouve-t-on ce que croient les chrétiens sur le Christ?
R. Ce que les chrétiens croient sur le Christ se trouve dans les Ecritures et est résumé dans les Symboles de la foi.

Les Symboles de la foi

Voir aux pages 58, 234-235, et 714-715.

Q. Qu'entend-on par Symboles de la Foi?
R. Les Symboles de la Foi sont les exposés de nos croyances fondamentales sur Dieu.

Q. Combien de Symboles notre Eglise emploie-t-elle dans sa liturgie?
R. Notre Eglise en emploie deux : le Symbole des Apôtres et le Symbole de Nicée.

Q. Qu'entend-on par Symbole des Apôtres?
R. Le Symbole des Apôtres est l'ancienne profession de foi du baptême. On l'emploie dans l'Office quotidien pour rappeler notre Alliance baptismale.

Q. Qu'entend-on par Symbole de Nicée?
R. Le Symbole de Nicée est la profession de foi de l'Eglise universelle et on le proclame au cours de l'Eucharistie.

Q. Qu'entend-on par Symbole de Saint Athanase?
R. Le Symbole de Saint Athanase est un document ancien qui proclame la nature de l'Incarnation et la Trinité de Dieu.

Q. Qu'est-ce que la Trinité?
R. La Trinité est un seul Dieu : Père, Fils et Saint-Esprit.

Le Saint-Esprit

Q. Qui est le Saint-Esprit?

R. Le Saint-Esprit est la troisième Personne de la Trinité : Dieu à l'œuvre dans le monde et dans l'Eglise, maintenant comme toujours.

Q. Comment l'Esprit Saint s'est-il manifesté dans l'Ancienne Alliance?

R. L'Esprit Saint s'est manifesté dans l'Ancienne Alliance comme celui qui donne la vie, celui qui a parlé par les prophètes.

Q. Comment l'Esprit Saint s'est-il manifesté dans la Nouvelle Alliance?

R. L'Esprit Saint s'est manifesté dans la Nouvelle Alliance comme le Seigneur qui nous conduit jusqu'à la vérité tout entière et nous rend capables de grandir dans la ressemblance au Christ.

Q. Comment reconnaissons-nous la présence du Saint-Esprit dans notre vie?

R. Nous reconnaissons la présence du Saint-Esprit quand nous confessons que Jésus Christ est le Seigneur et quand nous sommes amenés à vivre dans l'amour et l'accord avec Dieu, avec nous-mêmes, avec notre prochain, et avec toute la création.

Q. Comment reconnaissons-nous les vérités qui sont enseignées par l'Esprit Saint?

R. Nous reconnaissons comme vérités enseignées par l'Esprit Saint tout ce qui est en accord avec les Ecritures.

Les Saintes Ecritures

Q. Que sont les Saintes Ecritures?

R. Les Saintes Ecritures, habituellement appelées la Bible, comprennent les livres de l'Ancien et du Nouveau Testament. D'autres livres, appelés les Apocryphes, sont souvent inclus dans la Bible.

Q. En quoi consiste l'Ancien Testament?
R. L'Ancien Testament consiste en livres écrits par le peuple de l'Ancienne Alliance sous l'inspiration de l'Esprit Saint, pour montrer Dieu à l'œuvre dans la nature et dans l'histoire.

Q. En quoi consiste le Nouveau Testament?
R. Le Nouveau Testament consiste en livres écrits par le peuple de la Nouvelle Alliance sous l'inspiration de l'Esprit Saint, pour faire connaître la vie et l'enseignement de Jésus, et proclamer à tous les peuples la Bonne Nouvelle du Royaume.

Q. En quoi consistent les Apocryphes?
R. Les Apocryphes consistent en un ensemble de livres supplémentaires écrits par des membres du peuple de l'Ancienne Alliance et utilisés par l'Eglise chrétienne.

Q. Pourquoi appelons-nous «Parole de Dieu» les Saintes Ecritures?
R. Nous les appelons Parole de Dieu parce que Dieu lui-même a inspiré leurs auteurs humains et parce que Dieu continue à s'adresser à nous dans la Bible.

Q. Comment pénétrons-nous le sens de la Bible?
R. Nous pénétrons le sens de la Bible avec l'aide de l'Esprit Saint, qui guide l'Eglise dans une interprétation authentique des Ecritures.

L'Eglise

Q. Qu'est-ce que l'Eglise?
R. L'Eglise est la communauté de la Nouvelle Alliance.

Q. Comment l'Eglise est-elle décrite dans la Bible?
R. L'Eglise est décrite dans la Bible comme le Corps dont Jésus Christ est la Tête et tous les baptisés les membres. Elle est appelée Peuple de Dieu, Nouvel Israël, Nation sainte, sacerdoce royal, pilier et fondement de la vérité.

Q. Comment l'Eglise est-elle décrite dans les Symboles de la foi?
R. L'Eglise est décrite comme une, sainte, catholique et apostolique.

Q. Pourquoi dit-on que l'Eglise est une?
R. L'Eglise est une parce qu'elle est un corps unique sous une seule tête, le Christ Jésus notre Seigneur.

Q. Pourquoi dit-on que l'Eglise est sainte?
R. L'Eglise est sainte parce que le Saint-Esprit demeure en elle, consacre ses membres et les guide pour accomplir l'œuvre de Dieu.

Q. Pourquoi dit-on que l'Eglise est catholique?
R. L'Eglise est catholique parce qu'elle proclame la totalité de la foi à tous les peuples jusqu'à la fin des temps.

Q. Pourquoi dit-on que l'Eglise est apostolique?
R. L'Eglise est apostolique, parce qu'elle reste fidèle à l'enseignement des apôtres et persévère dans la communion avec eux, et qu'elle est envoyée accomplir la mission du Christ à tous les peuples.

Q. Quelle est la mission de l'Eglise ?
R. La mission de l'Eglise est de rétablir tous les peuples dans l'unité avec Dieu et ainsi de les réunir en Jésus Christ.

Q. Comment l'Eglise poursuit-elle sa mission?
R. L'Eglise poursuit sa mission par la liturgie et la prière, en proclamant l'Evangile, et en travaillant pour l'amour, la justice et la paix.

Q. Par qui l'Eglise accomplit-elle sa mission?
R. L'Eglise accomplit sa mission par le ministère de tous ses membres.

Le Ministère

Q. Qui sont les ministres de l'Eglise?
R. Les ministres de l'Eglise sont les laïcs, les évêques, les prêtres et les diacres.

Q. En quoi consiste le ministère des laïcs?
R. Le ministère des laïcs consiste à représenter le Christ et son Eglise; à rendre témoignage au Christ où qu'ils se trouvent, selon les dons qu'ils ont reçus; à poursuivre dans le monde l'œuvre de réconciliation du Christ; et à assumer leur rôle dans la vie, le culte et le gouvernement de l'Eglise.

Q. En quoi consiste le ministère d'un évêque?
R. Le ministère d'un évêque consiste à représenter le Christ et son Eglise, en particulier comme apôtre, prêtre principal et pasteur d'un diocèse; à préserver la foi, l'unité et la discipline de l'Eglise tout entière ; à proclamer la Parole de Dieu; à œuvrer au nom du Christ à la reconciliation du monde et l'édification de l'Eglise; et à ordonner ceux qui continuent le ministère du Christ.

Q. En quoi consiste le ministère d'un prêtre?
R. Le ministère d'un prêtre consiste à représenter le Christ et son Eglise, en particulier comme pasteur du peuple; à participer avec l'évêque au gouvernement de l'Eglise; à proclamer l'Evangile; à administrer les sacrements; à bénir et annoncer le pardon au nom de Dieu.

Q. En quoi consiste le ministère d'un diacre?
R. Le ministère d'un diacre consiste à représenter le Christ et son Eglise, en particulier comme serviteur de tous ceux qui sont dans le besoin; et à assister les évêques et les prêtres dans la proclamation de l'Evangile et l'administration des sacrements.

Q. Quel est le devoir de tout chrétien?
R. Le devoir de tout chrétien est de suivre le Christ; de s'assembler chaque semaine pour le culte communautaire; et de travailler, de prier et de donner pour que s'étende le royaume de Dieu.

La Prière et le Culte

Q. Qu'est-ce que la prière?
R. Prier, c'est répondre à Dieu, par pensée ou par action, avec ou sans paroles.

Q. Qu'est-ce que la prière chrétienne?
R. La prière chrétienne est notre réponse à Dieu le Père, par Jésus Christ, dans la puissance de l'Esprit Saint.

Q. Quelle prière le Christ nous a t-il enseignée?
R. Notre Seigneur nous a donné comme exemple de prière l'Oraison dominicale , le Notre Père. *Voir à la page 000.*

Q. Quelles sont les principales sortes de prières?
R. Les principales sortes de prières sont l'adoration, la louange, l'action de grâce, la pénitence, l'offrande, l'intercession et la demande.

Q. Qu'est-ce que l'adoration?
R. L'adoration est l'élévation du cœur et de l'esprit vers Dieu, en ne cherchant rien d'autre que de jouir de sa présence.

Q. Pourquoi louons-nous Dieu?
R. Nous louons Dieu, non pas pour en obtenir quelque chose, mais parce que l'Etre même de Dieu fait jaillir en nous la louange.

Q. Pour quelles raisons rendons-nous grâce à Dieu?
R. Nous rendons grâce à Dieu pour tous les bienfaits de cette vie, pour notre rédemption, et pour tout ce qui nous attire plus près de Dieu.

Q. Qu'est-ce que la pénitence?
R. Dans la pénitence nous confessons nos péchés et réparons nos fautes lorsque c'est possible, avec l'intention de corriger notre vie.

Q. Qu'est-ce que la prière d'offrande?
R. L'offrande est l'acte par lequel nous nous offrons nous-mêmes, notre vie et nos efforts, en union avec le Christ, au service des desseins de Dieu.

Q. Que sont les prières d'intercession et de demande?
R. Dans l'intercession nous présentons devant Dieu les besoins des autres; dans la demande, nous présentons nos propres besoins, pour que sa volonté soit faite.

Q. Qu'est-ce que le culte communautaire?
R. Dans le culte communautaire, nous nous unissons aux autres pour acclamer la sainteté de Dieu, entendre sa Parole, présenter notre prière et célébrer les Sacrements.

Les Sacrements

Q. Qu'est-ce que les Sacrements?
R. Les Sacrements sont des signes extérieurs et visibles de la grâce intérieure et spirituelle que le Christ nous a présentés comme moyens sûrs et certains de recevoir cette grâce.

Q. Qu'est-ce que la grâce?
R. La grâce est la faveur de Dieu à notre égard; elle ne nous est pas due et nous ne l'avons pas méritée. Par grâce, Dieu pardonne nos péchés, illumine notre esprit, ravive notre cœur et fortifie notre volonté.

Q. Quels sont les deux grands Sacrements de l'Evangile?
R. Les deux grands Sacrements donnés par le Christ à son Eglise sont le Baptême et l'Eucharistie.

Le Baptême

Q. Qu'est-ce que le Baptême?
R. Le Baptême est le sacrement par lequel Dieu nous adopte comme ses enfants et fait de nous les membres du Corps du Christ, de l'Eglise, et les héritiers du royaume de Dieu.

Q. Quel est le signe extérieur et visible du Baptême?
R. Le signe extérieur et visible du Baptême est l'eau dans laquelle on est baptisé au nom du Père, et du Fils, et du Saint-Esprit.

Q. Quelle est la grâce intérieure et spirituelle du Baptême?
R. La grâce intérieure et spirituelle du Baptême est l'union au Christ dans sa mort et sa résurrection ; une nouvelle naissance au sein de la famille de Dieu, l'Eglise; la rémission des péchés, et une vie nouvelle dans l'Esprit Saint.

Q. Que nous est-il demandé au Baptême?
R. Il nous est demandé de renoncer à Satan, de nous repentir de nos péchés et d'accepter Jésus comme notre Seigneur et Sauveur.

Q. Pourquoi baptise-t-on les petits enfants?
R. On baptise les petits enfants pour qu'ils deviennent eux aussi citoyens de l'Alliance, membres du Christ et bénéficient de la rédemption divine.

Q. Comment fait-on les promesses au nom des petits enfants et comment les réalise-t-on?
R. Les promesses sont faites au nom de l'enfant par ses parents, ses parrains et marraines, et ceux-ci s'engagent à l'élever dans l'Eglise pour qu'il connaisse le Christ et soit capable de le suivre.

L'Eucharistie

Q. Qu'est-ce que l'Eucharistie?
R. L'Eucharistie est le sacrement ordonné par le Christ comme mémorial perpétuel de sa vie, de sa passion, de sa mort et de sa résurrection jusqu'à ce qu'il revienne.

Q. Pourquoi l'Eucharistie est-elle appelée un sacrifice?
R. Parce que l'Eucharistie, sacrifice de louange et d'action de grâce de l'Eglise, est le moyen par lequel le sacrifice du Christ est rendu actuel et par lequel le Christ nous unit à sa propre offrande faite une fois pour toutes.

Q. Par quels autres termes désigne-t-on cette liturgie?
R. La Sainte Eucharistie est parfois appelée Cène du Seigneur ou Sainte Communion , ainsi que Divine Liturgie, Messe ou Grande Offrande.

Q. Quels sont les signes extérieurs et visibles de l'Eucharistie?
R. Les signes extérieurs et visibles de l'Eucharistie sont le pain et le vin, donnés et reçus selon le commandement du Christ.

Q. Quelle est la grâce intérieure et spirituelle de l'Eucharistie?
R. La grâce intérieure et spirituelle de la Sainte Communion est le Corps et le Sang du Christ, donnés à son peuple et reçus dans la foi.

Q. Quels bienfaits recevons-nous dans la Cène du Seigneur?
R. Les bienfaits que nous recevons sont le pardon de nos péchés, le renforcement de notre union avec le Christ et avec nos frères, et les prémices du banquet céleste qui sera notre nourriture dans la vie éternelle.

Q. Que nous est-il demandé quand nous nous approchons de l'Eucharistie?

R. Il nous est demandé d'examiner notre vie, de nous repentir de nos péchés et de vivre dans la charité avec tous.

Les autres rites sacramentels

Q. Quels sont les autres rites sacramentels qui se sont développés dans l'Eglise sous l'impulsion de l'Esprit Saint?

R. Les autres rites sacrementels qui se sont développés dans l'Eglise sous l'impulsion de l'Esprit Saint comprennent la confirmation, l'Ordination, le Mariage, la Réconciliation des pénitents et l'Onction des malades.

Q. En quoi diffèrent-ils des deux Sacrements de l'Evangile?

R. Bien que moyens de grâce, ils ne sont pas nécessaires à tous de la même manière que le Baptême et l'Eucharistie.

Q. Qu'est-ce que la Confirmation?

R. La Confirmation est le rite où nous affirmons notre engagement réfléchi envers le Christ et nous recevons la force de l'Esprit-Saint par la prière et l'imposition des mains d'un évêque.

Q. Que demande-t-on à ceux qui vont être confirmés?

R. Il leur est demandé d'être baptisés, d'être suffisamment instruits de la foi chrétienne, de se repentir de leurs péchés et d'être prêts à confesser publiquement Jésus Christ leur Sauveur et Seigneur.

Q. Qu'est-ce que l'Ordination?

R. Dans le rite d'Ordination, Dieu donne l'autorité et la grâce de l'Esprit Saint à ceux qui, par la prière et l'imposition des mains de l'évêque, sont faits évêques, prêtres et diacres.

Q. Qu'est-ce que le Mariage chrétien?
R. Dans le Mariage chrétien, un homme et une femme s'unissent pour la vie; ils échangent leurs promesses devant Dieu et devant l'Eglise et reçoivent la grâce de Dieu et sa bénédiction pour les aider à être fidèles à leur engagement.

Q. Qu'est-ce que la Réconciliation des pénitents?
R. Par le rite de la Réconciliation des pénitents, ceux qui se repentent de leurs péchés peuvent les confesser en présence d'un prêtre et recevoir l'assurance du pardon et la grâce de l'absolution.

Q. Qu'est-ce que l'Onction des malades?
R. L'Onction est un rite qui consiste à oindre d'huile la personne malade, ou à lui imposer les mains; par ce rite la grâce de Dieu est accordée pour la guérison du cœur, de l'esprit et du corps.

Q. L'action de Dieu est-elle limitée à ces seuls rites?
R. Dieu n'est pas limité par ces seuls rites. Il faut y voir les modèles des manières innombrables par lesquelles Dieu utilise les choses matérielles pour nous rejoindre.

Q. Comment les sacrements sont-ils liés à notre espérance chrétienne?
R. Les sacrements soutiennent l'espérance qui vit en nous et anticipent son accomplissement à venir.

L'Espérance chrétienne

Q. Qu'est-ce que l'espérance chrétienne?
R. L'espérance chrétienne consiste à vivre avec confiance une existence renouvelée et plus complète, et à attendre la venue du Christ dans la gloire et l'achèvement du dessein de Dieu sur le monde.

Q. Qu'entendons-nous par la venue du Christ dans la gloire?

R. Nous voulons dire que le Christ viendra non pas soumis à la condition humaine, mais dans toute sa puissance et qu'il fera toutes choses nouvelles.

Q. Qu'entendons-nous par le ciel et l'enfer?
R. Le ciel, ou paradis, est la vie éternelle dans la joie de Dieu. L'enfer est la mort éternelle dans le rejet de Dieu.

Q. Pourquoi prions-nous pour les morts?
R. Nous prions pour eux parce qu'ils sont encore l'objet de notre amour et parce que nous sommes confiants que, dans la présence de Dieu, ceux qui ont choisi de le servir grandiront dans son amour jusqu'à le voir tel qu'il est.

Q. Qu'entendons-nous par le Jugement dernier?
R. Nous croyons que le Christ viendra dans la gloire pour juger les vivants et les morts.

Q. Qu'entendons-nous par la résurrection de la chair?
R. Nous voulons dire que Dieu nous ressuscitera d'entre les morts dans la plénitude de notre être, afin que nous puissions vivre avec le Christ dans la Communion des saints.

Q. Qu'est ce que la Communion des saints?
R. La Communion des saints rassemble toute la famille de Dieu, les vivants et les morts, ceux que nous aimons et ceux à qui nous faisons du tort, liés dans le Christ par les sacrements, la prière et la louange.

Q. Qu'est-ce que la vie éternelle?
R. La vie éternelle est la nouvelle existence dans laquelle nous nous unirons à tout le peuple de Dieu, dans la joie d'une pleine connaissance et d'un parfait amour de Dieu et des autres.

Q. Comme chrétiens, quelle est donc notre certitude?
R. Notre certitude est que rien, pas même la mort, ne saurait nous séparer de l'amour de Dieu, qui est en Jésus Christ notre Seigneur. Amen.

Documents Historiques de l'Eglise

Définition de l'union des natures divine et humaine dans la personne du Christ

Concile de Chalcédoine, 451, Acte V

A la suite des saints Pères, nous enseignons donc tous unanimement à confesser un seul et même Fils, notre Seigneur Jésus Christ, le même parfait en divinité et parfait en humanité, le même vraiment Dieu et vraiment homme, composé d'une âme raisonnable et d'un corps, consubstantiel (homoousios) au Père selon la divinité, consubstantiel à nous selon l'humanité, en tout semblable à nous sauf le péché. Avant les siècles engendré du Père selon la divinité, et, né en ces derniers jours, né pour nous et pour notre salut, de Marie, la Vierge, mère de Dieu (Theotokos), selon l'humanité. Un seul et même Christ Seigneur, Fils unique, que nous devons reconnaître en deux natures, sans confusion, sans changement, sans division, sans séparation. La différence des natures n'est nullement supprimée par leur union, mais plutôt les propriétés de chacune sont sauvegardées et réunies en une seule personne et une seule hypostase. Il ne'st ni partagé, ni divisé en deux personnes, mais il est un seul et même Fils unique, Dieu Verbe, Seigneur Jésus Christ, comme autrefois les prophètes nous l'ont enseigné de lui, comme lui-même Jésus Christ nous l'a enseigné, comme le Symbole des Pères nous l'a fait connaître.

Quicumque Vult

habituellement appelé

Symbole de Saint Athanase

Quiconque veut être sauvé doit, avant tout, tenir la foi catholique : celui qui ne la garde pas entière et pure ira, sans aucun doute, à sa perte éternelle.
Voici la foi catholique : nous vénérons un Dieu dans la Trinité et la Trinité dans l'unité, sans confondre les Personnes, sans diviser la substance :
autre est en effet la Personne du Père, autre celle du Fils, autre celle du Saint-Esprit;
mais le Père, le Fils et le Saint-Esprit ont une même divinité, une gloire égale, une même éternelle majesté.
Comme le Père, tel est le Fils, tel est le Saint-Esprit :
incréé est le Père, incréé est le Fils, incréé est le Saint-Esprit;
immense est le Père, immense est le Fils, immense est le Saint-Esprit;
éternel est le Père, éternel est le Fils, éternel est le Saint-Esprit;
et cependant, ils ne sont pas trois éternels, mais un éternel;
ni non plus trois incréés, ni trois immenses, mais un incréé et un immense.
De même tout-puissant est le Père, tout-puissant est le Fils, tout-puissant est le Saint-Esprit;
et cependant, ils ne sont pas trois tout-puissants, mais un tout-puissant.
Ainsi le Père est Dieu, le Fils est Dieu, le Saint-Esprit est Dieu;
et cependant, ils ne sont pas trois dieux, mais un Dieu.
Ainsi le Père est Seigneur, le Fils est Seigneur, le Saint-Esprit est Seigneur;
et cependant ils ne sont pas trois seigneurs, mais un Seigneur :
car de même que la vérité chrétienne nous oblige à confesser que chacune des Personnes en particulier est Dieu et Seigneur,
de même la religion catholique nous interdit de dire qu'il y a trois dieux ou trois seigneurs.

Le Père n'a été fait par personne, il n'est ni créé, ni engendré;
le Fils ne vient que du Père, il n'est ni fait, ni créé, mais engendré;
le Saint-Esprit vient du Père et du Fils, il n'est ni fait, ni créé, ni engendré, mais il procède.
Il n'y a donc qu'un Père, non pas trois Pères; un Fils, non pas trois Fils; un Saint-Esprit, non pas trois Saints-Esprits.
Et dans cette Trinité il n'est aucun avant ou après, aucun plus grand ou plus petit,
mais les Personnes sont toutes trois également éternelles et semblablement égales.
Si bien qu'en tout, comme on l'a déjà dit plus haut, on doit vénérer et l'unité dans la Trinité, et la Trinité dans l'unité.
Celui donc qui veut être sauvé doit croire cela sur la Trinité.

Mais il est nécessaire au salut éternel de croire fidèlement aussi à l'Incarnation de notre Seigneur Jésus Christ.
Voici la foi orthodoxe : nous croyons et nous confessons que notre Seigneur Jésus Christ, Fils de Dieu, est Dieu et homme :
il est Dieu, de la substance du Père, engendré avant les siècles; et il est homme de la substance de sa mère, né dans le temps.
Dieu parfait, homme parfait, composé d'une âme raisonnable et d'un corps humain,
égal au Père selon la divinité, inférieur au Père selon l'humanité.
Bien qu'il soit Dieu et homme, il n'y a pas cependant deux Christ, mais un Christ;
un, non parce que la divinité a passé dans la chair, mais parce que l'humanité a été assumée en Dieu :
un absolument, non pas un mélange de substance, mais l'unité de personne.
Car de même que l'âme raisonnable et le corps font un homme, de même Dieu et l'homme font un Christ.
Il a souffert pour notre salut, il est descendu aux enfers, le troisième jour il est ressuscité des morts,
il est monté aux cieux, il siège à la droite du Père, d'où il viendra juger les vivants et les morts.
A sa venue tous les hommes ressusciteront avec leurs corps et rendront compte chacun de leurs actes;
ceux qui ont bien agi iront dans la vie éternelle, ceux qui ont mal agi, au feu éternel.
Telle est la foi catholique : si l'on n'y croit pas fidèlement et fermement, on ne pourra pas être sauvé.

Préface
du premier Livre de la Prière Commune (1549)

Il n'y a jamais rien eu de si bien conçu, ni de si sagement établi par le génie de l'homme, qui ne se soit plus ou moins détérioré avec le temps. On en trouve, entre autres, un exemple bien évident dans les prières communes de l'Eglise que l'on appelle l'Office divin. Si l'on en recherche l'origine et le fondement dans les anciens Pères, on trouvera qu'il fut institué dans le but excellent de favoriser la piété. Il fut en effet organisé de telle sorte qu'on pût lire toute la Bible, ou du moins la plus grande partie, dans le courant de chaque année; afin que la fréquente lecture et la méditation de la Parole de Dieu portassent le clergé, et particulièrement les ministres des communautés chrétiennes, à vivre saintement eux-mêmes et qu'elles les rendissent plus propres à instruire les autres par une saine doctrine, et à confondre les ennemis de la vérité. Et en même temps, afin que le peuple, entendant lire tous les jours à l'église la Sainte Ecriture, fît continuellement de nouveaux progrès dans la connaissance de Dieu, et fût embrasé de plus en plus de l'amour de la vraie religion.

Mais depuis un grand nombre d'années ce saint et bel ordre des anciens Pères a été tellement altéré, mutilé et négligé par l'insertion d'histoires incertaines, de légendes, de répons, de versets et de vaines répétitions, de commémoraisons et de statuts synodaux, que lorsqu'on avait commencé la lecture de la Bible, on l'abandonnait avant d'en avoir lu plus de trois ou quatre chapitres. C'est ainsi que l'on commençait à lire le livre d'Isaïe en Avent, et celui de la Genèse à la Septuagésime, mais on ne faisait que les commencer sans jamais les finir. On faisait de même avec les autres livres de l'Ecriture Sainte. De plus, bien que saint Paul ait ordonné de parler dans l'église une langue que le peuple pût entendre et qui l'édifiât, pendant bien des années, l'office s'est fait dans l'Eglise d'Angleterre en latin, langue que le peuple ne comprend pas. De sorte qu'il n'entendait que de ses oreilles, son cœur, son âme et son esprit n'en pouvant rien recevoir. En outre, quoique les anciens Pères eussent divisé les Psaumes en sept parties, dont chacune portait le nom de «nocturne», on se contentait, depuis un certain temps d'en dire seulement un petit nombre chaque jour (et souvent de les répéter) et on omettait entièrement le reste. Enfin, le grand nombre et l'obscurité des règles, appelées «Pie», ainsi que la multitude des changements qui survenaient pendant l'office, faisaient qu'il y avait plus de peine et d'embarras à tourner seulement les pages du livre pour trouver ce qu'on devait lire, qu'il n'y en avait à le lire quand on l'avait trouvé.

Après avoir considéré toutes ces défectuosités, on a institué le présent ordre qui y remédie, et pour y apporter d'autant plus de facilité, on y a joint un calendrier clair, simple et fort aisé à comprendre, où l'on a indiqué d'une manière aussi précise que possible comment il faut lire la Sainte Ecriture ; afin que tout se fasse avec ordre, sans interruption et sans rien tronquer. C'est pourquoi on a retranché les antiennes, répons, invitatoires et autres choses semblables, qui ne faisaient qu'interrompre le cours de la lecture de l'Ecriture.

Cependant, comme il n'est pas possible de se passer entièrement de règles, on en donne ici quelques-unes, mais celles-ci sont simples, peu nombreuses et aisées à comprendre. De sorte que vous avez ici un ordre pour la lecture de l'Ecriture Sainte qui répond parfaitement à l'intention des anciens Pères et beaucoup plus utile et plus commode que celui que l'on observait auparavant. Il est plus utile, parce que l'on a retranché beaucoup de choses dont les unes étaient fausses, d'autres incertaines et d'autres vaines et superstitieuses, et que l'on n'y ordonne de rien lire que la Parole de Dieu, les Saintes Ecritures, ou ce qui lui est parfaitement conforme, et cela dans un langage et un ordre simples et à la portée de l'auditeur comme du lecteur. Il est aussi plus commode, tant à cause de sa brièveté et de sa simplicité que par le petit nombre et la facilité des règles qu'on y donne. De plus, en suivant cet ordre, les pasteurs n'auront besoin d'aucun autre livre pour leur office public que la Bible et celui-ci : ce qui soulagera le peuple de la charge de livres qu'il avait à supporter par le passé.

Enfin, alors qu'auparavant il y avait dans les églises de ce royaume une grande diversité quant à la manière de réciter et de chanter : les uns suivant l'usage de Salisbury, d'autres celui d'Hereford, d'autres encore celui de Bangor, celui d'York ou de Lincoln ; il n'y aura plus désormais qu'un seul usage dans tout le royaume. Et si quelqu'un juge pénible cette nouvelle manière, parce qu'il lui faut suivre dans un livre alors qu'auparavant, à force de l'avoir tant répété, il connaissait tout par cœur, qu'il compare cet effort avec la connaissance qu'il acquerra chaque jour en lisant le livre, et il ne refusera pas de souffrir en considération du profit qu'il en retirera par la suite.

Et parce qu'il n'y a point de règle si clairement exprimée qu'il ne s'y rencontre de difficulté lorsqu'on la met en pratique, pour lever les différences qui pourraient surgir et résoudre tous les doutes concernant la manière de comprendre et de mettre en pratique tout ce qui est contenu dans ce livre, il faudra que les personnes qui pourront avoir là-dessus des doutes ou des divergences d'interprétation, s'adressent à l'évêque de leur diocèse. Celui-ci saura avec prudence résoudre les difficultés et faire cesser les doutes, sans rien ordonner qui soit contraire à ce qui est prescrit dans ce livre.

Quoiqu'il soit ordonné dans la préface ci-dessus que tout ce qui se lit et se chante dans l'église doit l'être en langue vulgaire, afin que toute l'assemblée en soit édifiée, cela ne signifie pas que ceux qui disent en privé les Matines ou les Vêpres ne puissent le faire dans une langue qu'ils comprennent. De même, nul n'est tenu à réciter ces prières, sauf à le faire régulièrement dans les cathédrales, les églises collégiales, les églises paroissiales et les chapelles qui leurs sont annexées, pour le bien de la communauté qui y participe.

Articles de religion

Etablis par les évêques, le clergé et le laïcs de l'Eglise Protestante Episcopale aux Etats-Unis d'Amérique, le douze septembre, de l'an de grâce 1801

I. De la Foi dans la Sainte Trinité.

Il n'y a qu'un seul Dieu vivant et véritable, éternel, incorporel, indivisible et sans passions ; infini dans sa puissance, dans sa sagesse et dans sa bonté, et qui est le créateur et le protecteur de toutes les choses, soit visibles, soit invisibles. Et dans l'unité de cette Divinité, il y a trois personnes de même substance, de même puissance et de même éternité : le Père, le Fils et le Saint-Esprit.

II. Verbe ou Fils de Dieu qui a été fait homme.

Le Fils qui est le Verbe de Dieu, engendré du Père avant tous les siècles, le Dieu vrai, éternel et de la même substance que le Père, a pris la nature humaine dans le sein et de la substance de la bienheureuse Vierge; tellement que les deux natures entières et parfaites, à savoir la Nature divine et la Nature humaine, ont été jointes ensemble dans une personne pour ne jamais être divisées, et desquelles résulte un seul Christ, vrai Dieu et vrai homme : qui a véritablement souffert, a été crucifié, est mort, et a été enseveli pour nous réconcilier avec son Père, et pour être un sacrifice, non seulement pour le péché originel, mais aussi pour tous les péchés actuels des hommes.

III. De la descente de Jésus Christ aux enfers.

Comme Jésus Christ est mort pour nous et qu'il a été enseveli, de même devons-nous croire qu'il est descendu aux enfers.

IV. De la résurrection de Jésus Christ.

Jésus Christ est véritablement ressuscité des morts et a repris son corps avec la chair et les os, et toutes les choses qui constituent la perfection de la nature de l'homme, avec laquelle il est monté au ciel et s'y est assis jusqu'à ce qu'il revienne pour juger tous les hommes au dernier jour.

V. Du Saint-Esprit.

Le Saint-Esprit, procédant du Père et du Fils, est de la même substance, de la même majesté et de la même gloire que le Père et le Fils, éternel et vrai Dieu.

VI. De la suffisance des Saintes Ecritures pour le salut

L'Ecriture Sainte contient tout ce qui est nécessaire pour le salut : de sorte qu'on ne doit point exiger d'un homme qu'il croie comme article de foi ou qu'il considère comme essentiel ou nécessaire au salut, la moindre chose de ce qui ne s'y lit pas, ou qui ne peut pas être prouvée par elle. Sous le nom d'Ecriture nous comprenons les livres canoniques de l'Ancien et du Nouveau Testament sur l'autorité desquelles il n'ly a jamais eu de doute dans l'Eglise.

Du nom et du nombre des livres canoniques.

Génèse,	Premier livre de Samuel,	Livre d'Esther,
Exode,	Deuxième livre de Samuel,	Livre de Job,
Lévitique,	Premier livre des Rois,	Psaumes,
Nombres,	Deuxième livre de Rois,	Proverbes,
Deutéronome,	Premier livre des Chroniques,	Qohelet, ou l'Ecclésiaste,
Josué,	Deuxième livre des Chroniques,	Cantique des cantiques,
Juges,	Premier livre d'Esdras,	Les quatre grands Prophètes,
Ruth,	Deuxième livre d'Esdras,	Les douze petits Prophètes,

Quant aux autre livres (comme le dit saint Jérome) l'Eglise les lit à la vérité pour en tirer des modèles de conduite, ainsi que des règles pour les mœurs, mais pourtant elle ne les fait servir de fondement à aucune doctrine. Et ce sont les livres suivants :

Troisième livre d'Esdras,	Le reste du livre d'Esther,
Quatrième livre d'Esdras,	Livre de la Sagesse,
Livre de Tobit,	Livre du Siracide,
Livre de Judith,	Livre de Baruch,
Cantique des trois enfants,	Prière de Manassé,
L'histoire de Suzanne,	Premier livre des Maccabées,
L'histoire de Bel et du dragon,	Deuxième livre des Maccabées.

Nous recevons tous les livres du Nouveau Testament, selon qu'ils sont communément reçus et nous les tenons pour canoniques.

VII. De l'Ancien Testament.

L'Ancien Testament n'est pas contraire au Nouveau; car tant dans l'Ancien que dans le Nouveau Testament, la vie éternelle est offerte à l'homme par les mérites de Jésus Christ qui est le seul médiateur entre Dieu et l'homme, étant lui-même Dieu et homme tout ensemble. C'est pourquoi l'on ne doit point écouter ceux qui prétendent que les anciens Patriarches n'avaient en vue que des promesses transitoires. Bien que la Loi donnée de la part de Dieu par Moïse ne soit point obligatoire pour les chrétiens quant aux cérémonies et aux rites, et que nul gouvernement temporel ne soit tenu de nécessité d'en recevoir les ordonnances civiles, nul chrétien n'est dispensé malgré cela d'obéir aux préceptes que l'on appelle moraux.

VIII. Des Symboles

On doit recevoir et croire en entier le Symbole de Nicée et celui qui est communément appelé le Symbole des Apôtres, car on peut prouver ce qu'ils contiennent par des autorités incontestables tirées de l'Ecriture Sainte.

L'article original approuvé par la reine d'Angleterre en 1571 et réaffirmé en 1662 avait pour titre «Des trois Symboles», et commençait ainsi : «On doit recevoir et croire en entier les trois Symboles, celui de Nicée, celui d'Athanase et celui qui est communément appelé le Symbole des Apôtres . . .»

IX. Du péché originel

Le péché originel ne consiste pas à imiter Adam, comme le disent sans fondement les Pélagiens, mais c'est le vice et la corruption de la Nature de tout homme qui descend naturellement de la souche d'Adam, ce qui rend l'homme fort éloigné de la justice originelle et fait qu'il se trouve par sa nature enclin au mal; De telle sorte que la chair convoite toujours contre l'esprit, et c'est à cause de ce péché que tout homme qui vient au monde mérite la colère de Dieu et sa condamnation. Or cette corruption de la nature demeure, même chez ceux qui sont régénérés, ce qui fait que l'appetit de la chair, appelé en grec, φρόνημα σαρκός, que les uns traduisent par sagesse, d'autres par sensualité, les uns par l'affection, d'autres par le désir de la chair, n'est point soumis à la loi de Dieu. Et quoiqu'il n'y ait point de condamnation pour ceux qui croient, et qui sont baptisés, toutefois l'Apôtre déclare que la convoitise et l'appétit déréglé ont d'eux-mêmes la nature du péché.

X. Du Libre Arbitre.

Par la suite de la chute d'Adam, la condition de l'homme est telle que par ses propres forces naturelles et par ses bonnes œuvres, il ne peut ni se convertir, ni se préparer lui-même soit à la foi, soit à l'invocation de Dieu. C'est pourquoi nous n'avons point le pouvoir de faire de bonnes œuvres qui soient agréables à Dieu sans que la grâce de Dieu par Jésus Christ nous prévienne à tel point que nous puissions avoir une bonne volonté, et sans que cette grâce opère avec nous, quand nous avons cette volonté.

XI. De la Justification de l'homme.

Nous sommes réputés justes devant Dieu, seulement par les mérites de notre Seigneur et Sauveur Jésus Christ, par la Foi, et non point à cause de nos propres œuvres ou de nos propres mérites. C'est pourquoi la doctrine qui enseigne que nous sommes justifiés par la Foi seulement est très saine et pleine de consolation, comme on le trouve plus amplement expliqué dans l'homélie de la justification.

XII. Des bonnes œuvres.

Quoique les bonnes œuvres, qui sont les fruits de la foi, et qui suivent la justification, ne puissent ni ôter nos péchés, ni soutenir la sévérité du jugement de Dieu, elles sont néanmoins agréables à Dieu en Christ et procèdent nécessairement d'une foi vraie et vive, de telle sorte qu'une foi vive se peut connaître aussi évidemment par elles qu'un arbre peut être discerné par ses fruits.

XIII. Des œuvres qui précèdent la justification.

Les œuvres faites avant la grâce de Jésus Christ et avant l'inspiration de son Esprit, ne sont pas agréables à Dieu parce qu'elles ne procèdent pas de la foi en Jésus Christ, qu'elles ne disposent pas l'homme à recevoir la grâce et qu'elles ne méritent point la grâce par congruité, comme disent les scholastiques; car au contraire nous ne doutons point qu'elles participent à la nature du péché, parce qu'elles ne sont point faites selon la volonté et selon le commandement de Dieu.

XIV. Des œuvres de surérogation.

L'on ne peut enseigner sans arrogance et sans impiété qu'il y a des œuvres volontaires, outre et par-dessus les commandements de Dieu et que l'on appelle œuvres de surérogation. Car par là les hommes déclarent qu'ils rendent à Dieu, non seulement autant qu'ils sont tenus de lui rendre, mais encore qu'ils font pour l'amour de lui plus que leur devoir ne les oblige de faire, tandis que Jésus Christ dit expressément : «Quand vous aurez fait tout ce qui vous est commandé, dites : nous sommes des serviteurs inutiles».

XV. De Jésus Christ qui est seul sans péché.

Jésus Christ en revêtant véritablement notre nature a été fait semblable à nous en toutes choses à la seule exception du péché, duquel il a été parfaitement exempt, tant dans sa chair que dans son esprit. Il est venu pour être l'agneau sans tache, qui par le sacrifice de lui même une fois fait, devait ôter les péchés du monde et en lui, comme dit saint Jean, il n'y avait point de péché. Mais quant à nous tous, tant que nous sommes, quoique baptisés et régénérés en Christ, nous péchons pourtant tous en plusieurs choses, et si nous disons que nous n'avons point de péché, nous nous trompons nous-mêmes et la vérité n'est point en nous.

XVI. Du péché après le Baptême.

Tout péché mortel commis volontairement après le baptême n'est pas un péché contre le Saint-Esprit, et par conséquent irrémissible. Ainsi l'on ne doit pas nier la possibilité de la repentance pour tous ceux qui tombent dans le péché après le baptême. Après avoir reçu le Saint-Esprit nous pouvons déchoir de la grâce qui nous a été donnée et tomber dans le péché, et par la grâce de Dieu nous pouvons de nouveau nous relever et nous amender. C'est pourquoi l'on doit condamner ceux qui disent qu'ils ne peuvent plus pécher, tant qu'ils sont dans cette vie, ou qui nient la possibilité du pardon pour ceux qui se repentent véritablement.

XVII. De la prédestination et de l'élection.

La prédestination à la vie est le dessein éternel de Dieu par lequel, avant la fondation du monde, il a invariablement arrêté dans son conseil, qui pourtant nous est caché, de délivrer de la malédiction et de la perdition ceux qu'il a élus en Jésus Christ d'entre le genre humain, et ensuite de les amener par Jésus Christ au salut éternel comme des vaisseaux faits à son honneur. D'où il résulte que ceux qui ont reçu de Dieu un bienfait d'un si grand prix, sont appelés selon le décret de Dieu par son Esprit qui opère en eux au temps opportun. Ils obéissent par grâce à cette vocation, ils sont justifiés gratuitement, ils sont faits enfants de Dieu par adoption, ils sont rendus conformes à l'image de son Fils unique Jésus Christ; ils marchent religieusement dans les bonnes œuvres et, par la miséricorde de Dieu, ils parviennent enfin à la félicité éternelle.

Comme d'un côté la pieuse contemplation de la prédestination et de notre élection en Christ est pleine d'une douce et inexprimable consolation pour les personnes religieuses et pour celles qui sentent en elles-mêmes l'opération de l'Esprit de Christ à mesure qu'il mortifie en elles les œuvres de chair et leurs membres terrestres, et qu'il élève leurs pensées aux choses sublimes et célestes; tant parce que cette contemplation établit et confirme puissamment la foi qu'elles ont au salut éternel dont elles doivent avoir la jouissance par Christ, que parce qu'elle les embrase d'un amour ardent pour Dieu; d'un autre côté, avoir continuellement devant les yeux l'arrêt de la prédestination divine est pour les personnes curieuses et charnelles qui sont dépourvues de l'Esprit de Christ, un piège très dangereux, par le moyen duquel le Diable les porte à désespérer de leur salut ou, ce qui n'est pas moins dangereux que le désespoir, à mener sans inquiétude la vie la plus dépravée.

D'ailleurs nous devons accueillir les promesses de Dieu telles qu'elles sont généralement exprimées dans l'Ecriture Sainte, et dans nos actions nous devons obéir à la volonté de Dieu telle que nous la trouvons expressément révélée en sa Parole.

XVIII. De l'acquisition du salut éternel par le seul nom de Jésus Christ.

On doit aussi regarder comme anathèmes ceux qui osent dire que chaque homme sera sauvé par la loi ou la secte dont il fait profession, pourvu qu'il ait soin de régler exactement sa vie selon cette loi et d'après les lumières de la nature; car l'Ecriture Sainte ne nous propose que le seul nom de Jésus Christ par lequel les hommes doivent être sauvés.

XIX. De l'Eglise.

L'Eglise visible de Jésus Christ est une assemblée de personnes fidèles où la pure Parole de Dieu est prêchée et où, selon l'ordonnance de Jésus Christ, les Sacrements sont légitimement administrés quant à toutes les choses qui sont absolument nécessaires.

Comme les Eglises de Jérusalem, d'Alexandrie et d'Antioche ont erré, de même l'Eglise de Rome a erré, non seulement quant aux mœurs et à la forme des cérémonies, mais encore en matière de foi.

XX. De l'autorité de l'Eglise.

L'Eglise a le pouvoir de fixer les rites ou les cérémonies, elle a aussi autorité dans les controverses sur la foi. Néanmoins, il n'est pas permis à l'Eglise d'ordonner la moindre chose qui soit contraire à la Parole de Dieu telle qu'elle est écrite. Elle ne peut pas non plus expliquer un passage de l'Ecriture de telle sorte qu'il soit en contradiction avec un autre passage. D'où il résulte que, quoique l'Eglise soit témoin et gardienne des Saintes Ecritures, de même qu'elle ne doit rien prescrire qui leur soit contraire, elle ne doit non plus rien ordonner comme de foi et comme nécessaire au salut que ce qu'elles contiennent.

XXI. De l'autorité des Conciles généraux.

[On omet le 21e article, parce qu'il concerne en partie la vie locale et civile et pour le reste on en trouve les éléments dans les autres articles.]

Le texte original de 1571, 1662, omis en 1801 était : «Les conciles généraux ne peuvent point être assemblés sans l'ordre et sans la volonté des princes. Et puisque ce ne sont que des réunions d'hommes qui ne sont pas tous gouvernés par l'Esprit et la Parole de Dieu, quand ils sont assemblés, ils peuvent errer et ont quelquefois errés, même dans les choses qui appartiennent à Dieu. C'est pourquoi les choses qu'ils ordonnent comme nécessaires au salut n'ont ni force, ni autorité, à moins que l'on puisse faire voir qu'elles sont tirées de l'Ecriture Sainte.

XXII. Du Purgatoire.

La doctrine de Rome touchant le Purgatoire, les Indulgences, le culte et l'adoration tant des images que des reliques, aussi bien que l'invocation des Saints est une chose vaine, inventée sans fondement, et qui, loin d'être appuyée sur aucune garantie de l'Ecriture est, au contraire, en contradiction avec la Parole de Dieu.

XXIII. Des fonctions du ministère dans la communauté.

Il n'est permis à personne de prendre sur soi de prêcher publiquement et d'administrer les Sacrements dans l'Eglise s'il n'a été auparavant appelé et envoyé légitimement pour remplir ces fonctions. Et nous devons regarder comme légitimement appelés et envoyés ceux qui sont choisis et appelés pour cette œuvre par les hommes qui ont été publiquement autorisés dans l'Eglise pour appeler et envoyer des ministres dans la vigne du Seigneur.

XXIV. Qu'il faut employer dans l'Eglise une langue que le peuple comprenne.

Il est évidemment contraire à la Parole de Dieu et à l'usage de l'Eglise primitive de faire des prières publiques dans l'Eglise ou d'administrer les Sacrements dans une langue que le peuple ne comprend pas.

XXV. Des Sacrements.

Les Sacrements que Jésus Christ a institués ne sont pas seulement des symboles et des marques de la profession des chrétiens, mais de plus ce sont des témoignages sûrs et certains et même des signes efficaces de la grâce et de la bonne volonté de Dieu envers nous, par lesquels il opère en nous d'une manière invisible et, non seulement il vivifie, mais encore fortifie et confirme la foi que nous avons en lui.

Il y a deux Sacrements que Jésus Christ notre Seigneur a institués dans l'Evangile : c'est-à-dire le Baptême et la Cène du Seigneur.

Quand aux autres qu'on appelle habituellement sacrements, c'est-à-dire la confirmation, la pénitence, les ordres, le mariage et l'extrême-onction, on ne doit pas les regarder comme Sacrements de l'Evangile, parce qu'ils sont en partie le résultat d'une imitation corrompue de la pratique des Apôtres et en partie des conditions de vie approuvées par les Ecritures ; mais ils n'ont pourtant pas comme le Baptême et la Cène du Seigneur, la nature de Sacrement, puisqu'ils n'ont pas de signe visible ou de cérémonie que Jésus Christ ait ordonnée.

Jésus Christ n'a point institué les Sacrements pour servir de spectacle, ni pour être transportés d'un lieu à un autre; mais pour que nous en fassions un usage légitime. Et ce n'est qu'en ceux qui les reçoivent dignement qu'ils produisent un effet salutaire, car ceux qui les reçoivent indignement attirent sur eux-mêmes leur condamnation, comme le dit saint Paul.

XXVI. Que l'indignité des ministres n'empêche point l'efficacité du Sacrement.

Quoique dans l'Eglise visible les méchants soient toujours mêlés avec les bons, et que les méchants y aient quelquefois la principale autorité dans la prédication de la Parole et dans l'administration des Sacrements, néanmoins puisque ce n'est point en leur propre nom qu'ils agissent, mais en celui de Jésus Christ, et que c'est par son autorité et en vertu de son mandat qu'ils remplissent ces fonctions, nous pouvons avoir recours à leur ministère, soit pour entendre la Parole de Dieu, soit pour participer aux Sacrements. Car leur indignité n'anéantit point l'effet de l'institution de Jésus Christ et ne diminue point la grâce des dons de Dieu pour ceux qui reçoivent avec foi et d'une manière convenable les Sacrements qui leur sont administrés; lesquels sont efficaces à cause de l'institution et de la promesse de Jésus Christ, bien qu'administrés par des méchants.

Toutefois, il entre dans la discipline de l'Eglise qu'on s'enquière des mauvais ministres et qu'ils soient mis en accusation par les personnes qui ont connaissance de leur mauvaise conduite, et qu'étant trouvés coupables, ils soient enfin déposés par un juste jugement.

XXVII. Du Baptême.

Le Baptême n'est pas seulement le signe d'une certaine profession et une marque distinctive par laquelle on distingue les chrétiens de ceux qui ne le sont pas; mais c'est de plus un signe de régénération ou de naissance nouvelle, par lequel, comme par un instrument, ceux qui reçoivent dûment le Baptême sont entés sur le corps de l'Eglise, par lequel aussi les promesses de la rémission des péchés et de notre adoption comme enfants de Dieu par le Saint-Esprit sont visiblement signées et scellées. On doit absolument retenir dans l'Eglise le baptême des petits enfants comme étant très conforme à l'institution de Jésus Christ.

XXVIII. De la Cène du Seigneur.

La Cène du Seigneur n'est pas seulement le signe d'une charité mutuelle que les chrétiens doivent avoir les uns pour les autres, mais c'est de plus un Sacrement de notre rédemption par la mort de Jésus Christ, de telle sorte que pour ceux qui le reçoivent convenablement, dignement et avec foi, le pain que nous rompons est une participation au corps du Christ, et pareillement, le calice de bénédiction est une participation au sang du Christ.

La transsubstantiation ou le changement de la substance du pain et du vin dans la Cène du Seigneur ne saurait être prouvée par l'Ecriture Sainte; au contraire, elle répugne aux paroles expresses des Saintes Ecritures, elle renverse la nature d'un Sacrement et elle a donné lieu à beaucoup de superstitions.

Le Corps du Christ est donné, pris et mangé dans la Cène, seulement d'une manière céleste et spirituelle. Et le moyen par lequel on reçoit et l'on mange le Corps du Christ dans la Cène, c'est la foi.

Le Sacrement de la Sainte Cène n'était point, d'après l'institution de Jésus Christ, réservé, porté d'un lieu à un autre, élevé ou adoré.

XXIX. Que les méchants ne mangent point le corps de Jésus Christ en recevant la Cène du Seigneur.

Quoique les méchants et ceux qui sont dépourvus d'une foi vive pressent charnellement et visiblement en leurs dents comme dit saint Augustin le sacrement du Corps et du Sang de Jésus Christ, cependant ils ne participent nullement à Jésus Christ; mais c'est plutôt pour leur condamnation qu'ils mangent et boivent le signe ou sacrement d'une si grande chose.

XXX. Des deux espèces.

Le calice du Seigneur ne doit point être refusé aux laïcs, car d'après l'institution et par le commandement de Jésus Christ, les deux parties du Sacrement du Seigneur doivent être administrées à tous les chrétiens sans distinction.

XXXI. De l'unique oblation de Jésus Christ qui a été consommée sur la croix.

L'oblation de Jésus Christ une fois faite constitue une rédemption parfaite, une propitiation parfaite et une satisfaction parfaite pour tous les péchés du monde entier, tant pour le péché originel que pour les péchés actuels; et il n'y a point d'autre expiation pour le péché que celle-là seule. C'est pourquoi les sacrifices des messes par lesquels on disait communément que le prêtre offrait Jésus Christ pour les vivants et pour les morts, afin de leur obtenir la rémission de la peine et de la coulpe, étaient des fables blasphématoires et des leurres dangereux.

XXXII. Du mariage des prêtres.

Il n'est point enjoint par la Loi de Dieu, ni aux évêques, ni aux prêtres, ni aux diacres de faire vœux de célibat ou de s'abstenir du mariage; c'est pourquoi il leur est permis comme à tous les autres chrétiens de se marier ou non, selon qu'ils jugeront eux-mêmes que cela peut contribuer davantage à la piété.

XXXIII. Que l'on doit éviter les personnes excommuniées.

Tout individu qui par la dénonciation publique de l'Eglise est légitimement retranché du corps de l'Eglise et par conséquent excommunié, doit être tenu par l'universalité des fidèles pour un païen et un publicain, jusqu'à ce qu'il soit publiquement réconcilié par la pénitence et reçu dans l'Eglise par un juge qui en ait l'autorité.

XXXIV. Des Traditions de l'Eglise.

Il n'est point nécessaire que les Traditions et les cérémonies de l'Eglise soient partout les mêmes et entièrement conformes, car elles ont été diverses en tout temps et elles peuvent être changées selon la diversité des pays, des temps et des mœurs, pourvu qu'on n'établisse rien de contraire à la Parole de Dieu. Quiconque par son propre jugement, volontairement et à dessein, viole ouvertement les Traditions et les cérémonies de l'Eglise, qui ne sont pas contraires à la Parole de Dieu et qui sont établies et approuvées par l'autorité générale, doit, afin que d'autres craignent de suivre son exemple, être repris publiquement comme une personne qui pèche contre l'ordre public de l'Eglise, qui porte atteinte à l'autorité du Magistrat et qui blesse les consciences des faibles. Chaque Eglise particulière ou nationale a le pouvoir d'établir, de changer et d'abolir les cérémonies ou les rites de l'Eglise, qui ne sont que d'institution humaine pourvu que tout se fasse à l'édification générale.

XXXV. Des homélies.

Le second livre des homélies dont nous avons réunis les titres dans cet article, contient une doctrine pieuse et salutaire et bien nécessaire de nos jours, comme le fait aussi le premier livre des homélies qui fut publié au temps d'Edouard VI, c'est pourquoi nous intimons que les ministres doivent les lire souvent et distinctement dans les églises pour que le peuple puisse les comprendre.

Nom des homélies

1 De l'usage qu'on doit faire de l'église.
2 Contre le péril de l'idolâtrie.
3 De la réparation des églises et de leur propreté.
4 Des bonnes œuvres, premièrement du jeûne.
5 Contre la gourmandise et l'ivrognerie.
6 Contre le luxe des habits.
7 De la prière.
8 Du lieu et du temps de la prière.
9 Que les prières publiques doivent se faire et les Sacrements être administrés dans une langue connue.
10 De l'estime et du respect que l'on doit avoir pour la Parole de Dieu.
11 De l'aumône.
12 De la naissance de Jésus Christ.
13 De la passion de Jésus Christ.
14 De la résurrection de Jésus Christ.
15 De la manière de participer dignement au Sacrement du Corps et du Sang de Jésus Christ.
16 Des dons du Saint-Esprit.
17 Pour les jours des Rogations.
18 De l'état du mariage.
19 De la repentance.
20 Contre la paresse.
21 Contre la rebellion.

[Notre Eglise n'admet cet article qu'en tant qu'elle considère les livres des homélies comme une explication de la doctrine chrétienne, et propres à instruire dans la piété et dans la morale. Mais dans ce homélies tout ce qui a rapport à la constitution et aux lois d'Angleterre ne s'applique pas à la situation de l'Eglise Episcopale. Aussi ajourne-t-on l'ordre de lire ces homélies dans les églises, jusqu'à ce que on les ait révisées en corrigeant les mots et les phrases d'usage ancien, aussi bien que ce qui a trait aux circonstances locales.]

XXXVI. De la consécration des évêques et des ministres.

Le livre de la consécration des évêques et de l'ordination des prêtres et des diacres, tel qu'il fut publié par l'Assemblée générale de l'Eglise en 1792, contient toutes choses qui sont nécessaires à cette consécration et à cette ordination, et il ne s'y trouve rien qui soit ou superstitieux ou impie. C'est pourquoi nous déclarons que tous ceux qui ont été consacrés ou ordonnés selon les formes de ce livre, sont tous consacrés et ordonnés légitimement et selon l'ordre.

Le texte original de 1571, 1662 de cet article était : «Le livre du sacre des évêques et de l'ordination des prêtres et des diacres publié au temps d'Edouard VI et confirmé dans le même temps par l'autorité du Parlement, contient toutes les choses qui sont nécessaires à ce sacre et à cette ordination, et il ne s'y trouve rien qui soit ou superstitieux ou impie. C'est pourquoi nous déclarons que tous ceux qui ont été sacrés et ordonnés selon les formes de ce livre depuis la seconde année dudit roi Edouard jusqu'à ce jour, ou qui le seront dans la suite selon les dites formes, ont été et seront tous sacrés et ordonnés légitimement et selon l'ordre».

XXXVII. Des Magistrats civils.

Le pouvoir du Magistrat civil s'étend à tous les hommes, tant ecclésiastiques que laïcs, dans le domaine du temporel, mais il n'a point autorité dans le domaine purement spirituel. Et nous croyons que c'est le devoir de tous les hommes qui professent l'Evangile de rendre une obéissance respectueuse au Pouvoir civil dûment et légitimement constitué.

Le texte original de 1571, 1662 de cet article était : «Le roi a la souveraine autorité dans ce royaume d'Angleterre et dans tous les autres pays qui dépendent de sa couronne; et c'est à lui qu'appartient le suprême gouvernement de tous les états de ce royaume, soit ecclésiastique, soit séculier, par rapport à toutes sortes de causes, et de plus, il n'est, ni ne doit, être sujet à aucune juridiction étrangère.

Lorsque nous attribuons le gouvernement suprême à la Majesté royale, ce dont nous apprenons que certaines personnes médisantes s'offensent, nous n'accordons à nos Princes ni l'administration de la Parole de Dieu, ni celle des Sacrements, comme en font très expressément foi les Injonctions publiées depuis peu par Elisabeth notre reine, mais nous leur donnons seulement la prérogative que nous voyons que Dieu lui-même a toujours donnée dans les Saintes Ecritures à tous les Princes pieux, à savoir de gouverner tous les états et tous les ordres de la société, soit ecclésiastiques, soit laïcs, dont Dieu leur a commis la charge et de réprimer par le glaive civil les rebelles et les malfaiteurs.

L'évêque de Rome n'a point de juridiction dans ce royaume d'Angleterre.

Les lois du royaume peuvent punir de mort les chrétiens pour des crimes graves et odieux.

Il est permis aux chrétiens de porter les armes et de servir à la guerre, par le commandement du Magistrat.»

XXXVIII. Que les biens des Chrétiens ne sont pas communs.

Les propriétés et les biens des Chrétiens ne sont point communs, quant au droit, au titre et à la jouissance, ainsi que le prétendent faussement certains anabaptistes. Cependant, chacun doit, selon son pouvoir, faire libéralement l'aumône aux pauvres des biens qu'il possède.

XXXIX. Du serment d'un Chrétien.

Comme nous reconnaissons que les serments vains et téméraires sont défendus aux Chrétiens par notre Seigneur Jésus Christ et par Jacques son Apôtre, nous estimons aussi que la Religion chrétienne ne défend point à un homme de jurer dans une cause de foi et de charité et lorsqu'il en est requis par le Magistrat, pourvu que cela se fasse selon que le Prophète l'enseigne, en justice, en jugement et en vérité.

Le Quadrilatère de Chicago-Lambeth 1886, 1888

Adopté par la Chambre des Evêques à Chicago en 1886

Nous, évêques de l'Eglise Protestante Episcopale des Etats-Unis d'Amérique, assemblés en Concile en tant qu'évêques de l'Eglise de Dieu, déclarons à tous ceux que cela peut concerner, et particulièrement nos frères chrétiens des différentes confessions de ce pays, qui dans leurs diverses sphères ont combattu pour la religion du Christ :

1. Notre désir ardent que s'accomplisse rapidement dans son sens le plus profond et le plus vrai la prière du Sauveur : «que tous soient un».

2. Que nous croyons que tous ceux qui ont été baptisés dans l'eau, au nom du Père, et du Fils, et du Saint-Esprit, sont membres de la Sainte Eglise Catholique.

3. Qu'en tout règlement ou choix humains concernant les formes de culte et de discipline ou les coutumes traditionnelles, notre Eglise est prête, dans un esprit d'humilité et d'amour, à abandonner toutes les préférences qui sont les siennes.

4. Que notre Eglise ne cherche pas à absorber les autres confessions, mais plutôt à coopérer avec elles sur la base d'une foi et d'une organisation communes pour supprimer le schisme, guérir les blessures du Corps du Christ et promouvoir la charité qui est la principale des grâces chrétiennes et la manifestation du Christ au monde.

Mais surtout, nous affirmons ici que l'unité chrétienne. . . ne peut être restaurée que par le retour de toutes les communautés chrétiennes aux principes d'unité dont l'Eglise catholique indivise des premiers siècles donne l'exemple. Nous croyons ces principes le depôt substantiel de la foi et de l'organisation chrétiennes, confié par le Christ et ses Apôtres à l'Eglise jusqu'à la fin des temps, et donc incapable d'être compromis ou abandonné par ceux qui ont été ordonnés pour être ses intendants pour le bien commun de l'humanité.

Comme parties inhérentes de ce dépôt sacré, et donc essentielles à la restauration de l'unité parmi les branches diverses de la Chrétienté, nous considérons ce qui suit, à savoir :

1. Les Saintes Ecritures de l'Ancien et du Nouveau Testament comme la Parole révélée de Dieu.

2. Le Symbole de Nicée, comme exposition suffisante de la foi chrétienne.

3. Les deux Sacrements — le Baptême et la Cène du Seigneur — administrés en employant sans variation les paroles d'institution du Christ et les éléments matériels qu'il a ordonnés.

4. L'Episcopat historique, adapté localement dans les méthodes de son administration aux besoins divers des peuples et des nations que Dieu appelle dans l'unité de son Eglise.

En outre, profondément peinés par les tristes divisions qui affectent l'Eglise du Christ dans notre propre pays, nous déclarons que nous désirons et sommes prêts à entrer en discussion fraternelle avec tout groupe chrétien qui recherche l'unité organique de l'Eglise, aussitôt qu'une réponse autorisée sera faite à cette déclaration, en vue d'étudier attentivement les conditions sous lesquelles un tel événement bienheureux pourrait se produire.

Note : Bien que la formule ci-dessus ait été adoptée par la Chambre des évêques, elle n'a pas été votée par la Chambre des députés; on a préféré l'incorporer dans un plan général qui a été confié à un Comité pour la réunion des chrétiens pour être étudié et mis en œuvre.

Conférence de Lambeth de 1888
Résolution 11

C'est l'opinion de la Conférence que les articles suivants fournissent une base d'approche favorisant la réunion du christianisme :

(a) La Sainte Ecriture de l'Ancien et du Nouveau Testaments contient « toutes choses nécessaires au salut » et est la règle et la norme ultime de la foi.

(b) Le Symbole des Apôtres est le symbole baptismal, et le Symbole de Nicée l'exposition suffisante de la foi chrétienne.

(c) Les deux Sacrements institués par le Christ lui-même — le Baptême et la Cène du Seigneur — administrés en employant sans variations les paroles d'institution du Christ et les éléments matériels qu'il a ordonnés.

(d) L'Episcopat historique, adapté localement dans les méthodes de son administration aux besoins divers des peuple et des nations que Dieu appelle dans l'unité de son Eglise.

Tableaux des Fêtes mobiles

Règles et tableaux pour déterminer la date de Pâques

Règles pour déterminer la date de Pâques

La fête de Pâques est toujours le dimanche qui tombe après la première lune de l'équinoxe de printemps le 21 mars. Celle-ci peut se produire entre le 21 mars et le 18 avril inclusivement ; si elle tombe un dimanche, Pâques est célébré le dimanche qui suit, mais ne peut être plus tôt que le 22 mars ou plus tard que le 25 avril.

Pour trouver la date de Pâques pour une année particulière, il est nécessaire d'avoir deux points de référence ; le nombre d'or et la lettre dominicale de cette année-là.

1. **Le nombre d'or** indique la date de la pleine lune après l'équinoxe de printemps du 21 mars, selon un cycle de 19 années. On trouve ces nombres dans le calendrier pour chaque jour du mois entre le 22 mars et le 18 avril inclusivement. Ils sont valables dans le calendrier actuel pour la période qui va de 1900 à 2099, après quoi ils changeront.

2. **La lettre dominicale** identifie les jours de l'année où tombe un dimanche. Dans le calendrier, après chaque date, une lettre est indiquée de A à g. Ainsi, si le 1er janvier est un dimanche, la lettre dominicale pour l'année est A, et toute date marquée A est un dimanche. Si le 2 janvier est un dimanche, c'est chaque date indiquée par b qui est un dimanche, et ainsi de suite pour les sept lettres.

Cependant, lors d'une année bissextile, la lettre dominicale change le 1er mars. Ainsi, lorsque A est la lettre dominicale pour une année bissextile, cela ne s'applique qu'aux mois de janvier et de février, et g devient la lettre dominicale pour le reste de l'année. Ou si d est la lettre dominicale, celle-ci devient c à partir du 1er mars.

Pour trouver le nombre d'or

On calcule le nombre d'or d'une année donnée en prenant le nombre de l'année, on ajoute 1 et on divise la somme par 19. Le reste s'il y en a sera le nombre d'or et s'il n'y en a pas, celui-ci est 19.

Pour trouver la lettre dominicale

La table suivante permet de trouver facilement la lettre dominicale d'une période allant de l'an 1900 à 2099. Elle se trouve dans la première ou la deuxième ligne des centaines, dans la colonne qui contient les deux derniers chiffres de l'année. Mais une année bissextile, la lettre indiquée au-dessus du nombre marqué par une astérisque est la lettre dominicale de janvier et février, et celle indiquée au-dessus du nombre sans astérisque est la lettre dominicale pour le reste de l'année.

1900		g	f	e	d	c	b	A
2000	b	A	g	f	e	d	c	b
	00*	00	01	02	03	04*	04	05
		06	07	08*	08	09	10	11
		12*	12	13	14	15	16*	16
		17	18	19	20*	20	21	22
		23	24*	24	25	26	27	28*
		28	29	30	31	32*	32	33
		34	35	36*	36	37	38	39
		40*	40	41	42	43	44*	44
		45	46	47	48*	48	49	50
		51	52*	52	53	54	55	56*
		56	57	58	59	60*	60	61
		62	63	64*	64	65	66	67
		68*	68	69	70	71	72*	72
		73	74	75	76*	76	77	78
		79	80*	80	81	82	83	84*
		84	85	86	87	88*	88	89
		90	91	92*	92	93	94	95
		96*	96	97	98	99		

Pour déterminer la date de Pâques

Lorsqu'on a à la fois le nombre d'or et la lettre dominicale pour une année particulière, on peut trouver la date de Pâques dans le calendrier aux pages 00 et 00 de cette manière :

1. Le nombre d'or placé dans le calendrier avant le jour du mois de mars ou d'avril marque la date de la pleine lune de cette année-là.
2. Le jour de Pâques sera la date suivante qui portera la lettre dominicale de cette année-là. Mais lorsque le nombre d'or d'une année donnée et la lettre dominicale tombent la même date, le jour de Pâques est alors une semaine plus tard. (Par exemple, si le nombre d'or est 19 — qui se trouve placé dans le calendrier avant le 27 mars — et la lettre dominicale est d, le jour de Pâques tombera cette année-là le 29 mars. Si le nombre d'or est 10 et la lettre dominicale A, le jour de Pâques tombera le 9 avril. Mais si le nombre d'or est 19 et la lettre dominicale est b, le jour de Pâques tombera alors une semaine plus tard, à savoir le 3 avril.)

Tableau pour déterminer la date de Pâques

Nombre d'or	Année	Pâques	Année	Pâques	Année	Pâques
1	1900	15 avril	1938	17 avril	1976*	18 avril
2	1901	7 avril	1939	9 avril	1977	10 avril
3	1902	20 mars	1940*	24 mars	1978	26 mars
4	1903	12 avril	1941	13 avril	1979	15 avril
5	1904*	3 avril	1942	5 avril	1980*	6 avril
6	1905	23 avril	1943	25 avril	1981	19 avril
7	1906	15 avril	1944*	9 avril	1982	11 avril
8	1907	31 mars	1945	1er avril	1983	3 avril
9	1908*	19 avril	1946	21 avril	1984*	22 avril
10	1909	11 avril	1947	6 avril	1985	7 avril
11	1910	27 mars	1948*	28 mars	1986	30 mars
12	1911	16 avril	1949	17 avril	1987	19 avril
13	1912*	7 avril	1950	9 avril	1988*	3 avril
14	1913	23 mars	1951	25 mars	1989	26 mars
15	1914	12 avril	1952*	13 avril	1990	15 avril
16	1915	4 avril	1953	5 avril	1991	31 mars
17	1916*	23 avril	1954	18 avril	1992*	19 avril
18	1917	8 avril	1955	10 avril	1993	11 avril
19	1918	31 mars	1956*	1er avril	1994	3 avril
1	1919	20 avril	1957	21 avril	1995	16 avril
2	1920*	4 avril	1958	6 avril	1996*	7 avril
3	1921	27 mars	1959	29 mars	1997	30 mars
4	1922	16 avril	1960*	17 avril	1998	12 avril
5	1923	1er avril	1961	2 avril	1999	4 avril
6	1924*	20 avril	1962	22 avril	2000*	23 avril
7	1925	12 avril	1963	14 avril	2001	15 avril
8	1926	4 avril	1964*	29 mars	2002	31 mars
9	1927	17 avril	1965	18 avril	2003	20 avril
10	1928*	8 avril	1966	10 avril	2004*	11 avril
11	1929	31 mars	1967	26 mars	2005	27 mars
12	1930	20 avril	1968*	14 avril	2006	16 avril
13	1931	5 avril	1969	6 avril	2007	8 avril
14	1932*	27 mars	1970	29 mars	2008*	23 mars
15	1933	16 avril	1971	11 avril	2009	12 avril
16	1934	1er avril	1972*	2 avril	2010	4 avril
17	1935	21 avril	1973	22 avril	2011	24 avril
18	1936*	12 avril	1974	14 avril	2012*	8 avril
19	1937	28 mars	1975	30 mars	2013	31 mars

Tableau pour déterminer la date de Pâques

Nombre d'or	Année	Pâques	Année	Pâques
1	2014	20 avril	2052*	21 avril
2	2015	5 avril	2053	6 avril
3	2016*	27 mars	2054	29 mars
4	2017	16 avril	2055	18 avril
5	2018	1er avril	2056*	2 avril
6	2019	21 avril	2057	22 avril
7	2020*	12 avril	2058	14 avril
8	2021	4 avril	2059	30 mars
9	2022	17 avril	2060*	18 avril
10	2023	9 avril	2061	10 avril
11	2024*	31 mars	2062	26 mars
12	2025	20 avril	2063	15 avril
13	2026	5 avril	2064*	6 avril
14	2027	28 mars	2065	29 mars
15	2028*	16 avril	2066	11 avril
16	2029	1er avril	2067	3 avril
17	2030	21 avril	2068*	22 avril
18	2031	13 avril	2069	14 avril
19	2032*	28 mars	2070	30 mars
1	2033	17 avril	2071	19 avril
2	2034	9 avril	2072*	10 avril
3	2035	25 mars	2073	26 mars
4	2036*	13 avril	2074	15 avril
5	2037	5 avril	2075	7 avril
6	2038	25 avril	2076*	19 avril
7	2039	10 avril	2077	11 avril
8	2040*	1er avril	2078	3 avril
9	2041	21 avril	2079	23 avril
10	2042	6 avril	2080*	7 avril
11	2043	29 mars	2081	30 mars
12	2044*	17 avril	2082	19 avril
13	2045	9 avril	2083	4 avril
14	2046	25 mars	2084*	26 mars
15	2047	14 avril	2085	15 avril
16	2048*	5 avril	2086	31 mars
17	2049	18 avril	2087	20 avril
18	2050	10 avril	2088*	11 avril
19	2051	2 avril	2089	3 avril

**L'année marquée d'une astérisque est bissextile.*

Tableau des Fêtes Mobiles

Pâques	Dimanches après l'Epiphanie*	Mercredi des Cendres†	Ascension	Pentecôte	N° du propre du 2e dimanche après la Pentecôte‡	Premier dimanche de l'Avent
22 mars	4	4 février	30 avril	10 mai	#3	29 novembre
23 mars	4	5 février	1 mai	11 mai	#3	30 novembre
24 mars	4	6 février	2 mai	12 mai	#3	1er décembre
25 mars	5	7 février	3 mai	13 mai	#3	2 décembre
26 mars	5	8 février	4 mai	14 mai	#3	3 décembre
27 mars	5	9 février	5 mai	13 mai	#4	27 novembre
28 mars	5	10 février	6 mai	16 mai	#4	28 novembre
29 mars	5	11 février	7 mai	17 mai	#4	29 novembre
30 mars	5	12 février	8 mai	18 mai	#4	30 novembre
31 mars	5	13 février	9 mai	19 mai	#4	1er décembre
1er avril	6	14 février	10 mai	20 mai	#4	2 décembre
2 avril	6	15 février	11 mai	21 mai	#4	3 décembre
3 avril	6	16 février	12 mai	22 mai	#5	27 novembre
4 avril	6	17 février	13 mai	23 mai	#5	28 novembre
5 avril	6	18 février	14 mai	22 mai	#5	29 novembre
6 avril	6	19 février	15 mai	25 mai	#5	30 novembre
7 avril	6	20 février	16 mai	26 mai	#5	1er décembre

* *Les années bissextiles, le nombre des dimanches après l'Epiphanie correspond à celui donné dans le tableau lorsque Pâques tombe un jour plus tard.*

† *Les années bissextiles, la date du Mercredi des Cendres est décalée d'un jour de plus en février.*

‡ *Indique le numéro du Propre que l'on prend le dimanche après la Trinité. Par la suite, on prend les propres consécutivement.*

Tableau des Fêtes Mobiles

Pâques	Dimanches après l'Epiphanie*	Mercredi des Cendres†	Ascension	Pentecôte	N° du propre du 2e dimanche après la Pentecôte‡	Premier dimanche de l'Avent
8 avril	7	21 février	17 mai	27 mai	#5	2 décembre
9 avril	7	22 février	18 mai	28 mai	#5	3 décembre
10 avril	7	23 février	19 mai	29 mai	#6	27 novembre
11 avril	7	24 février	20 mai	30 mai	#6	28 novembre
12 avril	7	25 février	21 mai	31 mai	#6	29 novembre
13 avril	7	26 février	22 mai	1 juin	#6	30 novembre
14 avril	7	27 février	23 mai	2 juin	#6	1er décembre
15 avril	8	28 février	24 mai	3 juin	#6	2 décembre
16 avril	8	1er mars	25 mai	4 juin	#6	3 décembre
17 avril	8	2 mars	26 mai	5 juin	#7	27 novembre
18 avril	8	3 mars	27 mai	6 juin	#7	28 novembre
19 avril	8	4 mars	28 mai	7 juin	#7	29 novembre
20 avril	8	5 mars	29 mai	8 juin	#7	30 novembre
21 avril	8	6 mars	30 mai	9 juin	#7	1er décembre
22 avril	9	7 mars	31 mai	10 juin	#7	2 décembre
23 avril	9	8 mars	1er juin	11 juin	#7	3 décembre
24 avril	9	9 mars	2 juin	12 juin	#8	27 novembre
25 avril	9	10 mars	3 juin	13 juin	#8	28 novembre

* *Les années bissextiles, le nombre des dimanches après l'Epiphanie correspond à celui donné dans le tableau lorsque Pâques tombe un jour plus tard.*

† *Les années bissextiles, la date du Mercredi des Cendres est décalée d'un jour de plus en février.*

‡ *Indique le numéro du Propre que l'on prend le dimanche après la Trinité. Par la suite, on prend les propres consécutivement.*

Psaumes et lectures pour le Baptême et la Confirmation

Au Baptême

Psaume	Lectures
15	Ezéchiel 36:24-28*
ou 23	Romains 6:3-5
ou 27	*ou* Romains 8:14-17
ou 42:1-7	*ou* 2 Corinthiens 5:17-20
ou 84	Marc 10:13-16
ou le Cantique biblique 2	*ou* Marc 10:13-16
	ou Jean 3:1-6

**ou toute autre lecture de l'Ancien Testament indiquée pour la Vigile de Pâques.*

A la Confirmation

Psaume	Lectures
1	Isaïe 61:1-9
ou 139:1-9	*ou* Jérémie 31:31-34
	ou Ezéchiel 37:1-10
	Romains 8:18-27
	ou Romains 12:1-8
	ou Galates 5:16-25
	ou Ephésiens 4:7,11-16
	Matthieu 5:1-12
	ou Matthieu 16:24-27
	ou Luc 4:16-22
	ou Jean 14:15-21